W0234267

AUFBAU BIBLIOTHEK

Die Fabel ist eine der ältesten und weitverbreitetsten literarischen Gattungen. Als ihr Ursprung und Inbegriff gilt Äsop, der bucklige Sklave, dessen Leben selbst zur Fabel und Legende wurde. Die vorliegende Sammlung bietet einen vollständigen Überblick über die gesamte antike Fabeltradition: von den griechischen Anfängen bei Hesiod, Archilochos, Sophokles und Herodot über die Fabeln des Äsop und der römischen Kaiserzeit bis zu den spät- und nachantiken Sammlungen. Bemerkenswert ist die Aufnahme der Fabeln des Babrios sowie der späten Zusammenstellungen des Romulus, des Avian und des Ignatios Diakonos, die damit zum erstenmal in einer ungekürzten deutschen Fassung vorliegen.

ANTIKE FABELN

Herausgegeben
und aus dem Griechischen
und Lateinischen
übersetzt
von Johannes Irmscher

Aufbau Taschenbuch Verlag

ISBN 3-7466-6057-2

1. Auflage 1999
Aufbau Taschenbuch Verlag GmbH, Berlin
© Aufbau-Verlag Berlin und Weimar 1978
Umschlaggestaltung Torsten Lemme
nach einem Gestaltungskonzept von Andreas Heilmann, Hamburg
unter Verwendung eines anonymen Holzschnittes (um 1500)
zu »Fuchs und Rabe« von Äsop, AKG Berlin
Druck Ebner Ulm
Printed in Germany

EINLEITUNG

BEDEUTUNG, URSPRÜNGE UND GRIECHISCHE ANFÄNGE DER FABEL

Das deutsche Wort Fabel kommt vom lateinischen fabula (griechisch mythos), womit das Erzählte, die Erzählung schlechthin bezeichnet wird. In einem engeren, terminologischen Sinn dagegen versteht man unter fabula ebenso wie unter seinem deutschen Derivat eine kurzgefaßte Erzählung in Prosa und mitunter auch in Versform, die eine allgemeingültige Wahrheit mit der ausgesprochenen Absicht der Belehrung sinnfällig zu machen sucht, eine Absicht, die oftmals durch eine hinzugefügte Moralsentenz (Epimythion, wenn nachgestellt; Promythion, wenn vorangestellt) noch unterstrichen wird. Es macht das Wesen solcher Fabeln aus, daß in ihnen gelegentlich Götter, häufiger Menschen aus dem Alltag, selten Pflanzen und Steine, regelmäßig aber mit menschlichen Zügen ausgestattete Tiere handelnd auftreten: typische Tiercharaktere wie der mutige Löwe, der listige Fuchs, die fleißige Ameise gehören zum festen Formenschatz des Genus Fabel. Stärker als andere literarische Gattungen ist die Fabel im Volke verankert, und nicht zufällig wurde als ihr vermeintlicher Urheber Aisopos (so in der griechischen Namensform, lateinisch Aesopus), ein häßlicher, buckliger Sklave, genannt, der somit bereits in der äußeren Erscheinung das Gegenbild des aristokratischen Menschenideals verkörperte. Namentlich in ihrer Frühzeit konnte daher die Fabel zum Gefäß sozialer Kritik werden, die sich in lockerer Verhüllung im Namen der Schwachen, der Nichtprivilegierten, der Unterdrückten sowie im Zeichen eines ursprünglichen Menschenrechts gegen die Willkür der Unterdrücker und ihre Rechtsbrüche wendet; in der mündlichen Tradition der Fabel wird diese Tendenz zweifelsfrei auch weiterhin lebendig geblieben sein. Literarisch zu fassen ist für uns die griechische Fabel in dieser ursprünglichen Form freilich nur in Bruchstücken; die überlieferten Texte dagegen repräsentieren spätere Entwicklungen, welche die Fabel in vielfältiger Abzweckung darbieten: als Born der Lebensweisheit, als Mittel der Manipulation der Massen, als Übungsstoff für die Rhetorenschule, als Vorwurf poetischer Kreativität. Unverändert geblieben ist jedoch durch die Zeiten hindurch bis hin zur Gegenwart die Beliebtheit der Fabel bei einem denkbar breiten, namentlich auch die unteren Klassen der Ausbeutergesellschaften erfassenden Publikum.

Vielfältige Züge verbinden die Fabel mit dem Märchen. Beide sind ihrem Wesen und ihrer Wirkung nach ebenso volkstümlich wie volksverbunden. Beide wollen sie nicht als konkrete Historie, wohl aber — wenngleich in unterschiedlicher Verdichtung — als Abbilder von Lebensprinzipien genommen werden. Und beide gehören sie allen Völkern zu, mögen sie auch im einzelnen in differenten Ausmaßen literarisch geworden sein. Dagegen unterscheidet sich die Fabel von dem Märchen durch die knappe Form und konzise Gestaltung sowie durch das niemals verleugnete lehrhafte Moment.

Angesichts solcher Umstände ist es müßig, nach einer Urheimat der Fabel zu fragen; wohl aber scheint der Hinweis geboten, daß vor allem aus dem Zweistromland, aber auch aus Ägypten und Palästina — ebenso wie aus Indien und dem Fernen Osten — literarisch und künstlerisch Fabelmotive belegt sind, zu denen Parallelen im griechisch-römischen Bereich wiederkehren. Ohne Zweifel ist hier mit gegenseitigen Beeinflussungen und Stimulierungen zu rechnen, ohne daß sich jeweils evident machen läßt, wer der gebende und wer der nehmende Teil gewesen ist. Eine Widerspiegelung finden diese Querverbindungen zwischen dem Orient und Hellas in der Äsoplegende, die ihren Helden im kleinasiatischen Phrygien aufwachsen und nach langen Dienst- und Wanderjahren schließlich Delphi im Herzen Griechenlands erreichen läßt. Mit Aisopos' Namen verbindet sich fortan die antike Fabel, gleich ob von griechischer oder römischer Ausprägung, aber auch deren

Fortsetzer in Mittelalter und Neuzeit haben jenen Urheber zumeist ehrend beibehalten. Die äsopische Fabel hat jedoch ihre Vorläufer nicht nur bei anderen Völkern, sondern auch in Griechenland selbst. Auf diese muß daher zunächst eingegangen werden.

Im Homerischen Epos kommt die Fabel nicht vor (möglicherweise paßte sie nicht zu dem aristokratischen Genre), wohl aber findet sich bei Hesiod (8./7. Jahrhundert) in seinem Hohenlied der Arbeit, dem Epos „Werke und Tage", die Erzählung von dem Habicht und der Nachtigall, eine Tierfabel also, die durch die unleugbare Tendenz geprägt ist, das Recht des Schwachen gegenüber den Machthabern in Geltung zu bringen. Auch ein anderer Antipode Homers, der Lyriker Archilochos, geboren um 650 v. u. Z. als Sohn eines deklassierten Adligen und einer Sklavin, der das altaristokratische Menschenbild mit seinem Spott übergoß, bediente sich der volkstümlichen Tierfabel, von der sich in seinem nur fragmentarisch überlieferten Werk drei Beispiele nachweisen lassen. Angesichts einer solchen Popularität der Gattung nimmt es nicht wunder, daß auch für Sophokles (um 496—406), den klassischsten unter den attischen Tragikern, für Herodot aus Halikarnassos (484—425), den in Athen wirkenden „Vater der Geschichte", und endlich für Demosthenes (384—322), den Meister forensischer Beredsamkeit und redegewaltigen Verfechter griechischer Polisfreiheit gegenüber der makedonischen Expansion, die Verwendung der Fabel als effektvollen Kunstmittels belegt ist.

DIE ÄSOPLEGENDE. DIE VOLKSTÜMLICHE ÄSOPISCHE FABEL. DIE FABELN DES ÄSOP (CORPUS FABULARUM AESOPICARUM)

Die angeführten Belege verdeutlichten, daß die Fabel von Anbeginn an der griechischen Literatur zugehörte; eben weil sie uraltes Erzählgut darstellte, brauchte sie nicht „erfunden" zu werden. Die Griechen selbst freilich glaubten

an eine solche Erfindung und verknüpften sie mit dem
Namen des Aisopos, an den sich hinfort alles band, was der
Gattung nahekam. Als „äsopisch" ging die Fabel in die
Weltliteratur ein.

Ein altes Volksbuch, das in seinem Kern auf das 6. Jahrhundert v. u. Z. zurückgeht, jedoch nur in mittelalterlich-
byzantinischen, romanhaft erweiterten Überarbeitungen
erhalten ist, berichtet über Leben und Taten des griechischen Eulenspiegels, als der uns Aisopos hier entgegen-
tritt. Dieser war danach ein buckliger Sklave von phrygi-
scher Herkunft, der auf der durch ihren Wein bekannten
Insel Samos im Hause eines „Philosophen" Xanthos — es
handelt sich nicht um eine historische Persönlichkeit — sein
Dasein fristete. Voller Possen und Schabernack steckte
dieser Silen, der zur rechten Zeit immer das rechte Wort
fand, das er in anmutige Gestalt zu kleiden wußte; mochte
man ihn auch manchmal wegen seiner Häßlichkeit hänseln,
so hatte er sich doch einen festen Platz in den Herzen der
Samier erobert. Als er einst gar ein Vogelzeichen zutreffend
dahin deutete, daß der wegen seines sagenhaften Reichtums
vielgenannte König Kroisos (Krösus) seine Kriegsmacht
gegen die Insel rüstete, nötigten die Samier seinen Herrn,
ihn freizulassen. Doch schon forderte Kroisos die Auslieferung des ihm lästigen Propheten, und die Samier würden ihn wohl auch preisgegeben haben, wenn Aisopos sie
nicht durch die Fabel von den Schafen und den Wölfen
(Äsop, 158) hätte umstimmen können. Trotzdem begibt
er sich mit den Gesandten seiner Stadt zu Kroisos, versöhnt
den König mit seinen Mitbürgern und schreibt in großem
Ansehen bei Hofe seine Fabeln nieder. Und noch viel
mehr weiß die Legende vom Leben und Leiden, von den
Wanderungen und Wandlungen ihres Helden zu berichten, den sie sogar nach Babylon und Ägypten führt, wo er
durch Klugheit und Zauberkraft die Könige und ihre
Weisen übertrifft; orientalisches Erzählgut liegt hier
augenscheinlich zugrunde. Sein Ende findet Aisopos
in Delphi; nach einer außerhalb des Romans stehenden
Überlieferung klagten ihn die Apollonpriester des Reli-

gionsfrevels an und bewirkten seine Verurteilung zum
Tode, die vollzogen wurde, indem man ihn vom Felsen her-
abstürzte.

Die Fabeln, die sich im Rahmen und außerhalb der Legende mit Aisopos' Namen verknüpfen, sind indes nicht das
Kunstprodukt eines in seinen Lebensschicksalen mehr oder
minder genau faßbaren Autors; sie sind vielmehr Ge-
meingut des Volkes, dessen Dichten und Denken sie ent-
stammen. Trotzdem möchten wir — im Unterschied zu in
letzter Zeit geäußerten anderslautenden Auffassungen —
Aisopos als eine etwa dem 6. Jahrhundert v. u. Z. zugehö-
rige historische Persönlichkeit ansprechen und erachten es
für eine gewichtige Aufgabe der Forschung, mit den Mitteln
historischer Quellenkritik aus dem farbenreichen Blüten-
kranz, den die Legende um die Äsopgestalt schlang, deren
geschichtlichen Kern zu ermitteln.

Unmöglich ist es dagegen, bei der einzelnen Fabel fest-
zustellen, ob sie bereits aus jener Frühzeit stammt; nur in
solchen Fällen, in denen eindeutig auf spätere historische
Geschehnisse angespielt wird, ist dieser Beweis wenigstens
negativ möglich. Wohl aber lassen sich bestimmte allgemeingültige Kennzeichen herausarbeiten, nach denen
man eine Typologie entwerfen kann.

Die Fabel spielt vornehmlich im Lebenskreis der Bauern
und Hirten sowie der städtischen Handwerker; sie wider-
spiegelt deren Sorgen und Kümmernisse, deren Gedanken
und Überlegungen, aber auch deren Pragmatismus und
naiven Rationalismus. Sie ist — im Gegensatz zum Mythos
etwa — durchaus unheroisch, Idealen und Idealisierungen
abhold und, trotzdem in ihr Götter und Götterkultus vor-
kommen, areligiös. Die Lehren, die sie durch sich selbst zu
geben hat, sind fern von jeder Metaphysik, beziehen sich
auf die ganz konkrete Lebenspraxis, ja, oftmals zielen sie in
der uns überlieferten Form weithin sogar auf opportuni-
stische Anpassung; das gilt ganz besonders für die meist aus
späterer Zeit stammenden, mitunter geradezu sinnwidrigen
Moralsentenzen. Die Fabel gehört nach dem Gesagten in die
Nähe des Sprichwortes, während weitere Exempla sich an

X EINLEITUNG

Novelle, Sage, Märchen und andere Formen der erzählen-
den Literatur anlehnen.

Als Akteure treten in erster Reihe Tiere (in Griechenland
vertraute, aber auch fremdartige), häufig auch Menschen
und gelegentlich Götter auf, und manchmal werden sogar
Pflanzen und Gegenstände personifiziert, ohne daß davon
die Inhalte und Tendenzen grundsätzlich berührt werden.
Von den Erzählformen her lassen sich unterscheiden:
Märchenfabeln (wie die vom Fuchs und vom Panther, Äsop,
12, oder die vom kreißenden Berg, Phaedrus, IV 24),
Tierfabeln schlechthin (wie die Mehrzahl der äsopischen
Fabeln), Fabeln von Mensch und Tier (wofür Beispiele
vorzutragen sich ebenfalls erübrigt), Pflanzenfabeln (wie die
vom Dornstrauch und Fuchs, Äsop, 19, oder die von Eiche
und Schilfrohr, Äsop, 71), Fabeln, in denen Gegenstände
die Handlung tragen (wie die von der Wand und dem
Pflock, Äsop, 296, oder die vom irdenen und ehernen Topf,
Babrios, 193), mythologisch-theologische Fabeln (wie die
von der Wahl des Ölbaums durch Athene, Phaedrus, III 17,
oder die von Aphrodite und der Magd, Babrios, 10), Sa-
genfabeln (wie die von Simonides' Errettung, Phaedrus,
IV 26), Novellenfabeln (wie die vom Mann mit der jungen
und der alten Frau, Äsop, 31, oder die vom Schatz im
Weinberge, Äsop, 42) und Anekdotenfabeln (wie die von
Äsop und dem schlechten Schriftsteller, Phaedrus,
Appendix 7, und die von den beiden Hunden, Äsop, 94).
Von Inhalt und Tendenz her kann man festhalten: Lebens-
weisheiten und Lebenserfahrungen (worunter der größte
Teil der erzählten Fabeln fällt), Charakterfabeln (mit den
Typen des Selbstsüchtigen, des Mißgünstigen, des Geizigen,
des Treulosen, des Streitsüchtigen, des Doppelzüngigen
usf.), Weltanschauungsfabeln (wie der Gedanke, daß nie-
mand seinem Schicksal entgehen kann, dargestellt am Kind
und dem gemalten Löwen, Äsop, 279, oder die Auffassung,
daß der Tod das größte Übel ist, Äsop, 60), religiöse Fabeln
(positiven Inhalts, daß z. B. der Gott allwissend ist, vgl.
Äsop, 36, oder skeptisch-aufklärerische wie die, daß die
Götter Tempeldiebe nicht zu ermitteln vermögen, Babrios,

2), pädagogische Fabeln (wie die von der förderlichen Mutterliebe, Äsop, 121, oder die von der schädlichen Affenliebe, Äsop, 243), Trostfabeln (z. B., daß Reichtum nicht glücklich macht, Äsop, 256, oder daß Undank der Welt Lohn ist, z. B. Äsop, 62 oder 185), moralisierende Fabeln (wie die von Herakles und dem Reichtum, Äsop, 113).

Diese Fülle so ungleichartigen Materials, vermengt mit Erzählgut, das sich überhaupt nicht mehr unter dem Fabelbegriff fassen läßt, wurde, wie man mit Wahrscheinlichkeit geschlossen hat, um das Jahr 300 v. u. Z. durch den Aristotelesschüler Demetrios von Phaleron zusammengefaßt, der in Athen und in Ägypten für den Diadochenkönig Ptolemaios I. Soter politisch tätig und überdies ein fruchtbarer Schriftsteller war. Seine Arbeit bildet einer begründeten Annahme zufolge das Fundament der im 1. oder 2. Jahrhundert entstandenen Collectio Augustana, so benannt nach dem im 14. Jahrhundert geschriebenen Münchner Kodex 564 olim Augustanus (aus Augsburg), der diese Sammlung am besten wiedergibt. Volksbuchcharakter trägt die Collectio Vindobonensis, benannt nach ihrem Hauptzeugen, einem Wiener Kodex: Vindobonensis Graécus historicus 130, ebenfalls im 14. Jahrhundert geschrieben; sie zeigt in vielfacher Weise den Einfluß der Rhetorenschule, der antiken sowohl wie der byzantinischen, der das Fabelmaterial erwünschten Stoff für ihre Deklamationsübungen zur Verfügung stellte. Eine dritte Sammlung wird als Accursiana bezeichnet, nach dem italienischen Gelehrten Bonus Accursius (Buonaccorso), der sie seiner Mailänder Äsop-Ausgabe von 1479, dem ersten Druck äsopischer Fabeln überhaupt, zugrunde legte. In der handschriftlichen Überlieferung sind diese drei Sammlungen nur in wenigen Fällen gesondert bewahrt worden, vielmehr finden sich zahlreiche wechselseitige Übernahmen einzelner Stücke. Hinzu kommen außer den Bearbeitungen durch spätere Dichter oder Gelehrte, von denen noch die Rede sein wird, kleinere Sammlungen aus spätantiker und byzantinischer Zeit, die neben Bekanntem gelegentlich auch Eigengut enthalten. Die Aufgabe, eine wissenschaftliche

Gesamtausgabe der äsopischen Fabeln, ein Corpus fabularum Aesopicarum, zu erarbeiten, ist daher äußerst
diffizil und völlig befriedigend bisher noch nicht gelöst.

DIE LITERARISCH AUSGESTALTETE FABEL
IN DER RÖMISCHEN UND
DER SPÄTEREN GRIECHISCHEN LITERATUR

Daß ein so volkstümliches, eingängiges, vielseitig verwend-
bares literarisches Genus, wie es die Fabel darstellte, sich
rasch ausbreitete, ist nur natürlich. Aristophanes, der Vater
der Alten Komödie, konnte sich seiner Wirkung gewiß sein,
wenn er auf Aisopos zurückkam, dem die Athener ein
Denkmal errichtet hatten, und spätere Stückeschreiber
folgten seinem Beispiel. Von Sokrates wird berichtet, daß
er sich im Gefängnis mit dem Gedanken trug, Fabeln in
Verse umzusetzen; sein Schüler Platon wußte den Fabelstil
zu meistern. Für die Moralpredigt der Kyniker anempfahl
sich die Fabel nach Inhalt und Form, und der Moral-
philosoph Plutarchos aus Chaironeia in der beginnenden
römischen Kaiserzeit griff ebenso gern auf sie zurück wie
der syrische Spötter Lukianos von Samosata im 2. Jahrhundert u. Z. Daß sich die Rhetorenschule ihrer als Bei-
spielsammlung wie als stilistischen Übungsfeldes bemäch-
tigte, wurde schon in anderem Zusammenhang angedeu-
tet.

Aber dieses Interesse blieb nicht auf Hellas und das
griechische Sprachgebiet beschränkt. So wie das Homeri-
sche Epos dürfte auch die äsopische Fabel durch Ver-
mittlung des hellenistischen Schulunterrichts nach Rom
gekommen sein; denn schon bei den frühesten römischen
Dichtern, die wir kennen, taucht sie auf. Quintus Ennius
(239—169), der erste Nationalepiker der Römer, der das
Griechische ebenso wie das Lateinische beherrschte, zitiert
in einem Fragment seiner „Satiren" (das heißt bei ihm soviel wie vermischte Gedichte) die ·Fabel von der Haubenlerche, und ein paar Jahrzehnte später wußte der römische

Ritter Gaius Lucilius (um 180—102), dessen „Satiren" im heutigen Sinne des Wortes scharfzüngige Polemik gegen gesellschaftliche Mißstände, künstlerische und literarische Fehlleistungen sowie menschliche Schwächen beinhalten, die Geschichte vom Fuchs und dem kranken Löwen zu erzählen. Diese Tradition setzte· Roms großer Lyriker Quintus Horatius Flaccus (65—8) fort, der sowohl in seinen „Satiren" (im Sinne des Sprachgebrauchs des Lucilius) wie auch in seinen „Episteln", literarischen Briefen, auf äsopische Fabeln anspielt. Im Werke des augusteischen Nationalhistorikers Titus Livius (59 v. u. Z.—17 u. Z.) endlich bildet die Fabel von dem Magen und den übrigen Körperteilen, die dem Aristokraten Menenius Agrippa in den Mund gelegt wird, einen wichtigen Markierungspunkt.

Die erwähnten Autoren bewiesen Kenntnis der äsopischen Fabel, indem sie sich ihrer zu gelegentlicher Exemplifikation bedienten. Das Augusteische Zeitalter brachte indes nicht nur einen Horaz und einen Livius hervor, sondern zugleich auch den lateinischen Fabeldichter par excellence: Phaedrus. Als Sklave in Piërien (Nordgriechenland) geboren, wurde er, offenbar wegen seiner literarischen Verdienste, von Augustus freigelassen. Erhalten ist von ihm ein Auszug aus einer Sammlung von Fabeln, die er in Anlehnung an sein Vorbild Aisopos in lateinischer Sprache gestaltete; das sozialkritische Moment der Fabel ließ er stark anklingen ebenso wie die satirischen Anspielungen auf Zeitverhältnisse. Er schrieb in jambischen Senaren („Sechsfüßern"), der römischen Variante des griechischen jambischen Trimeters ($\smile \perp \smile \perp \smile \perp \smile \perp \smile \perp \smile \perp$), die er mit Sorgfalt gestaltete. Die Sprache ist gemäß dem Publikum, an das sich Phaedrus wandte, einfach und verständlich. Bei der tonangebenden Gesellschaftsschicht hat er wegen dieser schlichten Form sowie wegen seiner mitunter aggressiven Kritik zunächst wenig Anklang gefunden. Aber er hat die Fabel als ein selbständiges literarisches Genus in Rom heimisch gemacht und mit seinem Opus in späteren Jahrhunderten namentlich die Fabeldichtung der Aufklärung beeinflußt.

In Griechenland hatte sich währenddessen der immer
mehr an Umfang und Bedeutung gewinnende Rhetorik-
unterricht der Fabel bemächtigt. Zugleich griff um das Jahr
100 u. Z. oder wenig später in Kleinasien Babrios, wahrscheinlich ein gräzisierter Römer mit dem Vornamen Va-
lerius, auf die alten Sammlungen zurück und setzte deren
Texte, eigene Anekdoten und Kurznovellen hinzufügend, in
Hinkjamben (Choliamben; $\smile \acute{} \, \smile \acute{} \, \smile \, \acute{} \, \smile \acute{} \, \smile \acute{} \, \acute{} \, —$)
um, ein volkstümliches Versmaß, zu dem der einfache In-
halt und Babrios' schlichte Sprache gleichermaßen gut paß-
ten. Die Babrios-Fabeln wurden viel gelesen, auch in Prosa
umgeschrieben und dienten späteren Autoren als Vorbild.

Die zwei zeitlich folgenden Bearbeitungen gehören wiederum der römischen Literatur zu und sind beide um
400 u. Z. entstanden. Unter dem Titel „Aesopus Latinus"
besitzen wir eine Sammlung von 98 Fabeln in schlechtem
Spätlatein, die mit einem Verfassernamen Romulus verbunden wird. Die Prosatexte gehen in der Hauptsache auf
eine Phaedrus-Ausgabe zurück, welche mehr Stücke enthielt
als die auf uns überkommenen Phaedrus-Rezensionen. Auf
Babrios, und zwar augenscheinlich auf eine lateinische
Prosafassung, stützte sich dagegen Avianus, der 42 Fabeln
in Distichen wiedergab. Obgleich dieses Versmaß für den
vorgesehenen Zweck sich als wenig geeignet erwies und
überdies Avian in einem recht geschraubten Stil schrieb,
fand sein Fabelbuch in mittelalterlichen Schulen und
Klosterbibliotheken weite Verbreitung, offenbar deshalb,
weil es im Gegensatz zu Babrios jede Indezenz vermied.

Auf den ebengenannten Babrios gründete sich im beginnenden 9. Jahrhundert ein byzantinischer Autor, Ignatios, Diakon in Konstantinopel und später Metropolit von
Nikäa in Kleinasien. Dieser Hierarch betätigte sich als viel-
seitiger Literat. Er verfaßte Biographien zeitgenössischer
Patriarchen, asketische Schriften, ein versifiziertes Gespräch
über den biblischen Sündenfall, erbauliche Sentenzen, literarische Briefe und eben auch eine Paraphrase äsopischer
Fabeln in pedantischen, oftmals ohne das Original kaum
verständlichen Tetrasticha (Vierzeilern).

DAS NACHWIRKEN DER ÄSOPISCHEN FABEL
IM MITTELALTER

Der Überblick über die Entwicklung der äsopischen Fabel im griechisch-römischen Altertum hat sichtbar gemacht, wie vielfältig sich diese volkstümliche Literaturgattung in ihren Formen als wandlungsfähig und in ihren Inhalten als manipulierbar erwies. Diese Eigenschaften sicherten ihr eine weite Verbreitung, machten sie zum beliebten Unterrichtsgegenstand, an dem der Rhetor Entfaltungsmöglichkeiten des Wortes und der Philosoph Grundsätze der Moral entwickelte. Im oströmischen Reich verkörperten diese Kontinuität die verschiedenen Korpusbildungen ebenso wie die Verse des Ignatios Diakonos. Dazu treten rhetorische Ausgestaltungen für Unterrichtszwecke bei Nikephoros Basilakes im 12. und Gregorios von Kypros im 13. Jahrhundert. Der Äsoproman blieb das ganze byzantinische Mittelalter hindurch ein beliebtes Volksbuch; seine Neubearbeitung wurde, augenscheinlich zu Unrecht, mit der Person des weitwirkenden Humanisten Maximos Planudes (etwa 1260—1310) verbunden. Dadurch war der Name des Aisopos jedermann bekannt und vertraut, und es nimmt nicht wunder, daß dem berühmten Fabeldichter auch noch eine Sprichwortsammlung zugeschrieben wurde. Äsopische Fabeln gehörten denn auch zu den ersten Texten, die übertragen wurden, als man die Volkssprache, die sich im Laufe einer jahrhundertelangen Entwicklung neben der an den antiken Vorbildern orientierten Literatursprache herausgebildet hatte, als selbständiges Idiom, eben als Neugriechisch, zu empfinden begann. Die Übersetzung des Kalligraphen und Reisebegleiters Nikandros Nukios wurde — als eines der frühesten neugriechischen Bücher — 1543 in Venedig gedruckt, während die Nachdichtung des Georgios von Ätolien (um 1525—1580) nur handschriftlich tradiert wurde (herausgegeben von Spyridon P. Lambros 1900).

Die abendländisch-lateinische Fabelüberlieferung stützte sich, wie wir hörten, einerseits auf den sogenannten Aesopus Latinus und zum anderen auf Avian. Vor allem der mit

dem Verfassernamen Romulus verknüpfte Aesopus Latinus
wurde von seinen Abschreibern in vielfältiger Weise überar-
beitet, so daß sich, genauso wie bei dem griechischen Äsop-
Korpus, die einzelnen Stücke in einer Vielzahl von Varian-
ten darbieten. Daß nicht selten christliches Gedankengut in
die Fabelüberlieferung einging, ist leicht verständlich. So
verwendete man nach dem Beispiel des Enzyklopädisten
Vincenz von Beauvais (um 1190—um 1264) Fabeln dazu, um
die vielfach mehrere Stunden dauernden Predigten auf-
zulockern.

Aber auch zu dichterischer Neugestaltung reizte das über-
kommene Gut an. Zur Übung des jungen Prinzen Wilhelm
von Sizilien verfaßte der Kaplan König Heinrichs II. von
England (Regierungszeit 1154—1189) und nachmalige
Erzbischof von Palermo, Gualterus Anglicus (häufig nach
seinem ersten Editor Nevelet, 1610, auch als Anonymus
Neveleti zitiert), in korrekten lateinischen Distichen
60 Fabeln, die 1323 auf Veranlassung der Gemahlin
Philipps VI. von Frankreich ins Französische, Englische,
Italienische und Deutsche übersetzt wurden. Unabhängig
von Gualterus Anglicus brachte etwa zur selben Zeit sein
Landsmann Alexander Neckam (1157—1217) zwei Fabelsammlungen zustande, den „Novus Aesopus" und den un-
vollendet gebliebenen „Novus Avianus", und zwar beide
gleichfalls in Distichen. Neckam war ein Philosoph und
für seine Zeit bedeutender Naturforscher, der als erster in
Europa den Seekompaß beschrieb; trotzdem und ungeachtet
seiner flüssigen Diktion vermochte er mit Gualterus nicht
zu konkurrieren. Zwei Versübersetzungen des „Novus
Aesopus" ins Französische, die im 13./14. Jahrhundert
von unbekannten Verfassern angefertigt wurden, nennen
das Werk Ysopet und verschweigen Neckams Namen. Daß
das Distichon für die Wiedergabe der Fabel keine sonder-
lich geeignete Versform ist, erweisen die genannten Versuche aufs neue.

Die mittelalterliche Fabel entwickelte sich weiterhin in
zwei Richtungen. Zum ersten wurde sie der Tierdichtung
und hier wieder speziell dem Tierepos integriert. Das Tier-

epos nahm aus der Fabeltradition die Tierpersönlichkeiten
auf — wie zum Beispiel den Fuchs als den Inbegriff der
Schlauheit und den Wolf, der als grausam und zugleich als
dumm charakterisiert wird — und gab seinen Akteuren fest-
stehende Namen: Reinhard (Reineke) der Fuchs, Isegrim
der Wolf, Bruno der Bär. Das sozialkritische und das sati-
rische Element spielen in dieser durch antifeudale und
antiklerikale Akzente gekennzeichneten Dichtung, deren
Verfasser wohl zumeist deklassierte Mönche, Kleriker und
Vaganten waren, eine nicht geringe Rolle. Die Fabelmotive
sind zum Bestandteil des neuen literarischen Genus geworden; dieses nahm seine selbständige Entwicklung, die wir
hier nicht weiter verfolgen können.

Zum zweiten wurde die Fabel wie schon bei Vincenz von
Beauvais für die Predigt genutzt. Während die antike Fabel
zwar die Tiere als mit Sprache begabt zeigte, ließ sie diese
doch im Rahmen ihrer Möglichkeiten und Fähigkeiten handeln, und die Aussagen, die sie traf, bedurften keiner besonderen Erklärung; das Epimythion unterstrich lediglich die
zu ziehende Lehre. Die mittelalterliche Predigtfabel dagegen folgte dem gleichen Prinzip wie die allegorische Bibel-
exegese; sie will, und zwar in möglichst vielen Zügen, ent-
schlüsselt werden, da sie im übertragenen Sinne (per tropo-
logiam) in Symbolen spricht und somit in die Nähe des
Rätsels tritt. Die Tiere handeln nicht mehr so, wie es ihre
Art ist, sondern verkörpern vornehmlich Menschen und
menschliche Eigenschaften: sie verkleiden sich als
Menschen, nehmen einander die Beichte ab, machen Geschäfte miteinander, führen heidnische Klassiker und die
Bibel im Munde, wie denn überhaupt das Bibelzitat dazu
dient, die überlieferten Fabelstoffe praktikabel zu
machen.

In der ersten Hälfte des 13. Jahrhunderts legte der anglo-
normannische Zisterzienserabt Odo von Cherington
(Ciringtonia) in lebendiger mittellateinischer Prosa eine
Sammlung von Fabeln und Parabeln vor, die rasch weite
Verbreitung fand und dabei ins Französische und Spanische
übersetzt wurde. Seine Erzählungen scheuen vor Kritik

nicht zurück, insonderheit nimmt er Laster und Schwächen des geistlichen Standes aufs Korn. Der Autor zeigt sich in der Bibel und in der lateinischen Literatur des Altertums bewandert, bald bedient er sich allegorischer Verschlüsselung, bald bietet er bloße Anekdoten. Dagegen werden die Tiere zu spitzfindigen und zugleich weitschweifigen Disputanten scholastischen Denkens in dem von dem Aesopus Latinus weit entfernten „Speculum sapientiae" (Spiegel der Weisheit), das einem gewissen Cyrillus de Quidenone (wohl „aus Quidone" bei Neapel) zugeordnet wird. Die Sammlung gehört wahrscheinlich ins 13. Jahrhundert. Ihr geistesverwandt, jedoch volkstümlicher und darum dem Äsop nahestehend ist der um ein Jahrhundert jüngere „Dialogus creaturarum" (Dialog der Kreaturen), als dessen Autor ein sonst unbekannter Nicolaus Pergamenus, sicherlich ein Geistlicher, genannt wird. Auch hier werden von Tieren, Pflanzen, Menschen und personifizierten Gegenständen moralische Fragen erörtert. Antike, orientalische und mittelalterliche Überlieferungen sind in diesen Lehrfabeln zusammengeflossen.

Mit dem 14. Jahrhundert endet die Sammlung und Herausgabe lateinischer Fabeln, welche, ihre ursprünglichen Formen und Inhalte immer stärker preisgebend, durch Einschübe späteren Geistesgutes den Bedürfnissen der Feudalgesellschaft angepaßt werden. Die Nationalsprachen und ihre Träger, die volksverbundenen Kräfte des Bürgertums, übernehmen jetzt die Fabel und führen sie zu neuer Blüte. Dabei greifen sie wiederum unmittelbar auf die antike Tradition zurück.

DAS NACHWIRKEN DER ÄSOPISCHEN FABEL IN DEN MODERNEN NATIONALLITERATUREN

In der deutschen Sprache hat den Äsop der Ulmer Stadtarzt Heinrich Steinhöwel (1412—1483) heimisch gemacht. Hochgebildet, Haupt eines Humanistenkreises und bereits mit anderen Übersetzungen hervorgetreten, ließ Steinhöwel am

Ende seines Lebens (nach 1476) seinen „Esopus" erscheinen in dem Bestreben, die neuentdeckten ethischen Werte der Antike breitesten Schichten seines Volkes zugänglich werden zu lassen. Die Epimythien der ebenso genauen wie allgemeinverständlichen Übersetzung unterstreichen die Bedeutung gediegener Bildung, die Einleitung nennt die pädagogische Absicht: Im Bilde der Tiere sollen die Menschen einander besser verstehen lernen. Steinhöwels Sammlung fand ein weites Leserpublikum und wurde ins Französische, Englische, Spanische, Holländische und Tschechische weiterübersetzt.

Ebenso wie Steinhöwel auf dem lateinischen Text fußend, erachtete auch Martin Luther (1483—1546) das äsopische Fabelbuch als voll von „Nutz, Kunst und Weisheit" und somit brauchbar für die Schulen; er übersetzte daraus 1530 dreizehn Stücke, die jedoch erst nach seinem Tode 1557 gedruckt wurden. Mit plastischen, einprägsamen Sprachbildern nutzte Luther die wiedergefundene Gattung im Dienste des bürgerlich-protestantischen Moralkodexes, und seine Mitstreiter Erasmus Alberus (um 1500—1553), zuletzt Generalsuperintendent in Neubrandenburg, sowie Burkard Waldis (um 1490—1556), gleichfalls ein Geistlicher, gingen über sein Beispiel hinaus, indem sie die äsopische Fabel zum Ausgangspunkt für die scharf polemische Zeitsatire werden ließen. Daß das Genus in den folgenden zwei Jahrhunderten der bürgerlichen Klassenohnmacht in Deutschland gänzlich in den Hintergrund trat, wird aus solchen Bindungen unschwer verständlich.

Erst mit der Aufklärungsbewegung gewann die Fabel noch einmal literarische und gesellschaftliche Bedeutung. Vorher hatten sich bereits der universale Italiener Leonardo da Vinci (1452—1519) und der französische Erzähler Jean de La Fontaine (1621—1695) der Gattung angenommen; vor allem letzterer, Sohn eines bürgerlichen Forstmeisters, ein Poet von hohem Rang, hatte die im amüsant-ironischen Ton gehaltene Fabel als kunstvolles Genre zugleich zur ideologischen Waffe entwickelt. Diese Möglichkeiten nutzten englische und deutsche Dichter der Aufklärung, obwohl die

Fabel als Genre auf die Dauer die Vielfalt und Kompliziert-
heit der sich herausbildenden bürgerlich-kapitalistischen
Gesellschaft nicht zu fassen vermochte und ihre Funktion
noch im 18. Jahrhundert von Drama und Roman übernommen wurde.

Über ihr Land hinaus wirkten die Engländer John Gay
(1685—1732; Fabeln, 1727) und Edward Moore (1712—1757;
Fabeln für das weibliche Geschlecht, 1744), ohne sich freilich an die äsopische Tradition zu binden. In Deutschland
schrieb Gotthold Ephraim Lessing (1729—1781), der theo-
retische Durchdringung und literarische Gestaltung auf-
klärerischen Ideengutes miteinander verband, am Rande
seines großen Lebenswerkes „Abhandlungen über die
Fabel" (1759), deren Theorie, die auf einen mit der Person
Äsops verbundenen Originaltypus lehrbarer Moraldichtung
orientiert, inzwischen freilich anfechtbar geworden ist, und
legte zugleich auf unbedingte Kürze bedachte, treffsichere
Prosafabeln vor, die Franz Mehring ein „fortlaufendes
Kleingewehrfeuer" gegen den Feudalismus nannte. Vor,
neben und nach ihm wirkten Christian Fürchtegott
Gellert (1715—1769; Fabeln und Erzählungen, 1746—1748),
der seinen beachtlichen Einfluß vor allem andern seinen
Fabeln verdankte, Friedrich von Hagedorn (1708—1754)
mit seinem „Versuch in poetischen Fabeln und Erzählungen" (1738), der Rationalist Magnus Gottfried Lichtwer
(1719—1783) durch seine „Vier Bücher äsopischer Fabeln" (1748), Konrad Pfeffel (1736—1809) und andere; bald
näherte sich ihr Weg dem äsopischen Vorbild, bald entfernte er sich von ihm.

Während der Epoche der kapitalistischen Klassengesell-
schaft mit ihrem verwickelten Herrschaftsmechanismus
wurde das kleine Genre der Fabel zur Kinderliteratur, indem sich die Aussage auf die Anprangerung individueller
menschlicher Schwächen begrenzte. Zu größerer gesell-
schaftlicher Wirkung vermochte die Gattung dagegen noch
einmal im zaristischen Rußland zu gelangen, wo sie in Iwan
A. Krylow (1769—1844), einem verarmten Adligen, der als
Bibliothekar sein Dasein fristete, ihren Meister fand; Ideen

der Aufklärung und russische Folklore wußte Krylow als wahrer Volksdichter mit den überkommenen Formen im Dienste der sozialen Kritik zu vereinigen. Die von ihm geprägte Tradition setzten Sowjetschriftsteller wie Demjan Bedny (1883–1945) und Sergej W. Michalkow (geboren 1913) fort. Und nicht minder bediente und bedient sich die deutschsprachige Literatur der Fabel, insbesondere der Tierfabel, als eines operativen Genres, uraltes Erbe für Gegenwart und Zukunft bewahrend und aufhebend.

GRIECHISCHE ANFÄNGE DER FABEL

HESIOD

Aus: Werke und Tage

DER HABICHT UND DIE NACHTIGALL

Es sprach der Habicht zu der Nachtigall mit ihrem
    bunten Hals,
als er sie, fest gepackt mit seinen Krallen,
    hoch dahintrug in den Wolken;
erbarmungswürdig weinte sie, weil sie durchbohrt war
    allenthalben von gekrümmten Krallen;
er aber rief sie an voll Ungestüm:
„Was hast du, Törin, nur geschwätzt? Jetzt hat dich
    ein viel Stärkerer in der Gewalt.
Du wirst nun dorthin gehn, wohin ich dich geleite,
    magst du noch so gut auch singen.
Zum Mahle werd ich dich für mich bestimmen,
    wenn mir's paßt, oder die Freiheit schenken dir.
Verstand entbehrt, wer sich mit Stärkeren auf gleiche
    Stufe stellen möchte.
Der Sieg wird ihm genommen, und außer Schmach
    und Schande muß er Leiden noch erdulden."
So sprach der schnelle Habicht, der Vogel mit den
    ausgespreizten Flügeln.   (203—212)

ARCHILOCHOS

DER FUCHS UND DER AFFE

Ich werde dir, Kerykides, erzählen eine Fabel;
voll Leid ist die Geschichte.
Ein Affe ging, getrennt von allen Tieren,
allein dahin auf einem abgelegnen Acker.
Da kam entgegen ihm ein schlauer Fuchs
mit listigem Sinn ...
Ein Fleischstück lag in einer Falle, und der Stein
wurde gestützt vom Stellholz ...
„Mit einem solchen Steiß willst, Affe, du
der König aller Tiere sein?"   (Fragment 81—83)

DER ADLER UND DER FUCHS

Eine gewisse Fabel ist in Umlauf bei den Leuten,
daß einmal Fuchs und Adler einen Bund
geschlossen hatten ...
Als nun der Adler einmal nichts für seine Jungen
zu fressen hatte, holte er die kleinen Füchse
und setzte seinen Jungen diese widerwärtige Mahlzeit vor.
Dem Fuchs blieb nur der Spott:
„Siehst du, wo jene hohe Bergesspitze sich befindet,
so wild und feindlich?
Auf dieser sitzt er und hat gar leichten Kampf mit dir ..."
Dann höhnte ihn der Adler:
„Wenn du an die Geraubten denkst,
dann spüle deinen Zorn hinweg,
nimm eilends durch den Äther deinen Weg,
beweg die schnellen Flügel doch im Kreise!
Es hofft dein Herz ..."
Doch auch dem Adler mit dem weißen Sterze droht
          Gefahr:

„Daß nur auf jenen mit dem schwarzen Sterze du nicht
        triffst!"...
O Zeus, o Vater Zeus, bei dir liegt alle Macht im Himmel,
du siehst der Menschen Taten,
die frevelhaften und die guten, bei den Tieren
bekümmerst du dich auch um Übermut und Recht.
Den Jungen bracht der Adler
die schlimme Speise;
fern von der Erde auf der Bergeshöhe,
da setzte er sie ihnen vor.
Doch war vom Feuer dran ein Fünkchen.
„Den großen Eid brachst du", so sprach der Fuchs,
„die Salz- und Tischgemeinschaft."   (Fragment 89—95)

DER LÖWE, DER FUCHS UND DER HIRSCH

Du hast auf deiner Leber keine Galle.
Tritt ein! Du bist ein Edler ja.
Sich duckend wie ein Rebhuhn.
Ja, ja, beim Sproß des Mohns.   (Fragment 96—99)

SOPHOKLES

DES ESELS SCHATTEN

Was auch geschieht, es ist das alles nur ein Eselsschatten.
(Fragment 331)

Als erster, sagt man, habe Demosthenes diese Wendung
gebraucht, als er eine Verteidigungsrede zugunsten eines
Mannes hielt, der großer Verbrechen angeklagt wurde, und
sehen mußte, wie die Zuhörer viel Lärm machten.
Demosthenes bat deshalb um ein wenig Aufmerksamkeit
und fing an, die folgende Geschichte zu erzählen: „Ein
Mann, der nach Megara reiste, mietete sich einen Esel. Als
es unterwegs heiß wurde, wollte er sich unter dem Schatten
des Esels erholen; denn es war weder Baum noch Strauch
in der Nähe. Der Eseltreiber hinderte ihn jedoch daran und
sagte, er habe ihm nur den Esel, nicht aber auch dessen
Schatten vermietet. Darüber kam es zwischen den beiden zu
einer heftigen Auseinandersetzung." Da nun Demosthenes
bei seiner Erzählung feststellte, daß die Athener mit Aufmerksamkeit und Freude zuhörten und auf den Fortgang
gespannt waren, tadelte er sie und sagte: „Über den Schatten eines Esels könnt ihr nicht genug erfahren; wenn es aber
um Leben und Tod eines Menschen geht, wollt ihr nicht
zuhören."   (Suda)

HERODOT

Aus: Das Geschichtswerk

DER FLÖTENSPIELER UND DIE FISCHE

Ein Flötenspieler sah die Fische im Meer und spielte auf
seinem Instrument, weil er meinte, sie würden dann aufs
Land herauskommen. Als er sich in seiner Erwartung getäuscht sah, nahm er ein Netz, fing damit eine große Menge
Fische und zog sie aus dem Wasser. Wie er sie nun zappeln
sah, sagte er zu den Fischen: ,,Hört jetzt auf, mir etwas
vorzutanzen! Denn als ich die Flöte blies, wolltet ihr ja auch
nicht herauskommen und tanzen.''   (I 141)

DIE FABELN DES ÄSOP

Der Adler und die Füchsin hatten Freundschaft miteinander geschlossen und kamen überein, um die Festigkeit ihrer Freundschaft zu erweisen, nahe beieinander Wohnung zu nehmen. Der Adler nun flog auf einen ganz hohen Baum und machte sich da sein Nest, während die Füchsin im Gebüsch darunter ihre Jungen warf. Als sie nun einmal auf Nahrungssuche ausgegangen war, geschah es, daß der Adler, der gerade nichts zu fressen hatte, zu dem Gebüsch herabflog, die kleinen Füchslein wegriß und zusammen mit seinen Jungen verspeiste. Als die Füchsin nach ihrer Rückkehr das Geschehene bemerkte, ergriff sie Betrübnis nicht nur über den Tod ihrer Jungen, sondern mehr noch über die Unmöglichkeit, Rache zu nehmen; denn als Landtier war sie außerstande, einen Vogel zu verfolgen. Deshalb tat sie das, was den Kranken und Schwachen allein zu tun übrigbleibt: sie machte sich aus dem Staube und verfluchte ihren Feind.
Es fügte sich jedoch, daß der Adler schon bald für seinen Verstoß gegen die Freundschaft büßen mußte, und zwar wie folgt. Als Bauern auf dem Felde eine Ziege opferten, kam er heruntergeflogen und trug von dem Altar ein Stück brennendes Opferfleisch hinweg. Kaum hatte er das in sein Nest gebracht, da erhob sich ein Wind und entfachte das dünne, alte Reisig zur leuchtenden Flamme. Dabei wurden auch seine Jungen vom Brand erfaßt — sie waren nämlich noch nicht flügge — und fielen auf die Erde herunter. Die Füchsin lief herbei und fraß sie vor den Augen des Adlers alle auf.

Die Fabel beweist, daß die, welche Freundschaft brechen, auch dann, wenn sie der Zurechtweisung durch die Geschädigten entgehen, Gottes Strafe bestimmt nicht aufhalten werden.   (1)

DER ADLER UND DER FUCHS

Der Adler geriet einstens in Gefangenschaft. Der Mann, der
ihn gefangen hatte, stutzte ihm die Flügel und hielt ihn im
Hause bei den Hühnern. Doch der Adler blieb stolz, einem
König gleich, den man in Fesseln warf, und mochte vor
Trauer keine Nahrung anrühren. Schließlich kaufte ihn ein
anderer; der ließ dem Adler die Flügel wachsen, salbte sie
mit Öl und erlaubte ihm, frei herumzufliegen. Da erhob sich
der Vogel in die Lüfte, packte mit seinen Fängen einen
Hasen und brachte ihn seinem Herrn zum Geschenk. Das
sah der Fuchs und sprach zu dem Adler: „Nicht dem da gib,
sondern dem ersten! Denn dieser ist von Natur aus gut;
jenen aber mußt du dir geneigt machen, daß er dir, fängt
er dich ein zweites Mal, nicht wieder die Federn nehme!"

Den Wohltätern soll man Gutes mit Gutem vergelten, die
Bösen durch Klugheit umstimmen.   (1a)

DER ADLER, DIE DOHLE UND DER HIRT

Ein Adler kam von einem hohen Felsen heruntergeflogen
und raubte ein Lamm. Das sah die Dohle und wollte aus
Eifersucht es ihm nachtun. Also ließ sie sich mit viel Getöse
herabfallen und stürzte sich auf einen Widder. Doch ihre
Krallen verkrampften sich in der Wolle des Widders, und
sie konnte sich nicht mehr erheben. So zappelte sie herum,
bis der Hirt das Geschehene bemerkte und herbeilief. Der
fing die Dohle, stutzte ihr die Flügel und brachte sie, als der
Abend hereinbrach, seinen Kindern. Als diese fragten, was
das für ein Vogel sei, antwortete er: „Wie ich genau weiß,
eine Dohle, nach dem aber, was sie selbst sein möchte, ein
Adler."

So erntet, wer sich mit den Überlegenen messen will, außer
Mißerfolg und Schaden noch Hohnlachen dazu.   (2)

DER ADLER UND DER MISTKÄFER

Der Adler war hinter einem Hasen her. Als dieser jeder Hoffnung auf Hilfe beraubt schien, erblickte er — wahrhaftes Geschenk des Zufalls! — einen Mistkäfer. Den rief er an, und der Mistkäfer sprach ihm auch Mut zu. Als er des Adlers, der inzwischen nahe herangekommen war, ansichtig wurde, bat er ihn, doch seinen Schützling nicht fortzunehmen. Der Adler indes übersah den winzigen Käfer und verspeiste vor seinen Augen den Hasen. Diese Schandtat wollte der Mistkäfer nicht ungesühnt lassen. Er beobachtete daher die Nester des Adlers, und wenn dieser Eier gelegt hatte, kroch er hinauf, rollte die Eier aus dem Nest und zerbrach sie. Das ging so weit, daß der Adler, überall vertrieben, zu Zeus seine Zuflucht nahm und ihn bat, ihm doch einen sicheren Ort für seine Brut zu verschaffen. Der Gott gestattete dem Adler, in seinen, Zeus' eigenen Schoß die Eier zu legen. Der Mistkäfer, der das gesehen hatte, bildete eine Kugel aus Mist, flog damit hinauf und legte sie in Zeus' Schoß ab. Zeus wollte den Unrat abschütteln; doch als er sich erhob, ließ er unversehens auch die Eier fallen. Von daher sagt man: Zu der Zeit, da die Mistkäfer aufkommen, wollen die Adler nicht nisten.

Die Fabel lehrt, man soll niemanden verachten, sondern bedenken, daß keiner so schwach ist, daß er sich nicht zu rächen vermöchte, wenn man ihn unwürdig behandelt.

(3)

DIE NACHTIGALL UND DER HABICHT

Eine Nachtigall saß auf einem hohen Baume und sang, wie es ihre Gewohnheit war. So erblickte sie der Habicht, dem es gerade an Nahrung fehlte; der stieß auf sie nieder und packte sie. Da bat ihn die Nachtigall, die ihr Ende gekommen fühlte: „Ach, friß mich doch nicht; ich bin ja viel zuwenig, um einen Habichtsmagen zu füllen! Du mußt, wenn du Speise brauchst, auf größere Vögel gehen." Doch

der Habicht fiel ihr ins Wort: „Ein Tor müßte ich sein,
wollte ich, was ich in Händen habe, loslassen, um dem
nachzujagen, was ich nicht einmal sehe."

Die Fabel zeigt, daß auch bei den Menschen die unklug sind,
welche, weil sie auf Größeres hoffen, das preisgeben, was
sie in Händen haben.   (4)

DER SCHULDNER

In Athen stand ein Mann in Schulden. Von seinem Gläu-
biger um Rückzahlung ersucht, bat er zunächst um Ge-
währung eines Aufschubs, da er, wie er sagte, in Geld-
verlegenheit sei. Als jener sich nicht darauf einließ, führte
er die einzige Sau, die er besaß, heran und stellte sie in
Gegenwart des Gläubigers zum Verkauf. Ein Käufer trat
herzu und fragte, ob es eine Zuchtsau sei. „Nicht nur das,
sondern etwas ganz Besonderes!" erwiderte der Gefragte.
„Am Mysterienfest wirft sie nämlich weibliche Ferkel und
am Panathenäenfest männliche." Als der Käufer über diese
Aussage erstaunte, antwortete der Schuldner: „Darüber
brauchst du dich nicht zu wundern. Am Dionysosfest wird
sie dir sogar Zicklein werfen."

Die Fabel zeigt, daß viele, wenn es um den eigenen Vorteil
geht, unbedenklich das Blaue vom Himmel herunterlügen.
                                                            (5)

DIE WILDEN ZIEGEN UND DER HIRT

Ein Hirt hatte seine Ziegen auf die Weide geführt. Als er sah,
daß sie sich unter wilde Ziegen gemengt hatten, trieb er bei
Einbruch des Abends alle zusammen in seine Höhle. Am
andern Tag gab es Winterwetter, und er konnte die Tiere
nicht auf die gewohnte Weide führen. Deshalb versorgte er
sie in der Höhle, wobei er den eigenen nur knappes Futter
zumaß, daß sie eben nicht zu hungern brauchten, während

er den fremden zusätzlich aufschüttete, weil er auch sie
seiner Herde einverleiben wollte. Als nun das schlechte
Wetter nachgelassen und er sie alle auf die Weide geführt
hatte, nahmen die wilden Ziegen Kurs auf die Berge und
machten sich davon. Der Hirt beschuldigte sie der Undankbarkeit; ihnen sei bessere Pflege zuteil geworden und trotzdem ließen sie ihn im Stich. Sich umwendend, erwiderten
die Ziegen: „Gerade darum sind wir ja besonders vorsichtig.
Denn wenn du uns, die wir dir gestern zuliefen, den alten
gegenüber erheblich bevorzugtest, so ist doch offenkundig,
daß du, wenn später wieder einmal andere zu dir stoßen
werden, diese uns gegenüber begünstigen wirst."

Die Fabel beweist: Man soll die Freundschaft derer nicht
allzu hoch schätzen, die uns, die neu Hinzugetretenen, ihren
alten Freunden vorziehen, sondern sollte bedenken, daß
solche Leute, wenn ihre Freundschaft mit uns eine Zeitlang
andauert und sie wieder andere Freunde gewinnen, diesen
den Vorrang geben werden.   (6)

DIE ZIEGE UND DER HIRT

Der Ziegenhirt rief seine Ziegen in die Hürde. Doch eine
von ihnen blieb zurück, weil sie fette Weide gefunden hatte.
Da warf der Hirt einen Stein nach ihr, traf sie und zerschmetterte ihr ein Horn. Voller Angst bat er die Ziege,
doch dem Herrn nichts von dem Vorgefallenen zu sagen.
Sie aber antwortete ihm: „Wenn ich es auch verschwiege,
wie sollte es verborgen bleiben? Liegt es doch vor aller
Augen, daß mein Horn zerschmettert ist!"

Wenn die Schuld vor aller Augen ist, läßt sie sich nicht mehr
verheimlichen.   (6a)

DIE KATZE UND DIE HÜHNER

Als die Katze davon hörte, daß auf einem Meierhofe die Hühner krank wären, gab sie sich als Arzt aus, nahm die Instrumente mit sich, die zu dieser Kunst gehören, und machte sich auf den Weg. Auf dem Hofe angelangt, erkundigte sie sich bei den Hühnern, wie es ihnen ginge. „Gut, sehr gut", unterbrachen die ihre Rede, „wenn du nur von hier wegbleibst."

Auch bei den Menschen können die Bösen den Klugen nicht unerkannt bleiben, sosehr sie auch Biederheit heucheln mögen.   (7)

ÄSOP AUF DER WERFT

Als der Fabeldichter Äsop einmal der Muße pflegte, betrat er eine Werft. Weil die Schiffbauer sich über ihn lustig machten und ihn provozierten, erzählte ihnen Äsop zur Antwort eine Geschichte. Vor alters, sagte er, gab es das Chaos und das Wasser, Zeus wollte aber auch das Element Erde in Erscheinung bringen. Darum habe er der Erde den Rat gegeben, in drei Zügen das Meer auszutrinken. Die Erde begann damit und ließ beim ersten Zug die Berge zutage treten, und beim zweiten Zug entblößte sie die Ebenen. „Wäre es ihr aber gut erschienen, auch das letzte Drittel des Wassers wegzutrinken, so würde eure Kunst nichts nütze sein."

Die Fabel beweist, daß die, welche Überlegene verspotten, unversehens von ihnen größere Ärgernisse auf sich ziehen.
                                                        (8)

DER FUCHS UND DER BOCK

Der Fuchs war in einen Brunnen gefallen und mußte notgedrungen darin bleiben, da er nicht wußte, wie er hinaufsteigen sollte. Ein Bock aber, der Durst litt, kam zufällig zu diesem Brunnen; er sah den Fuchs und fragte ihn, ob das Wasser gut sei. Der Fuchs, erfreut über dieses Zusammentreffen, erging sich in breiten Lobreden über die Vortrefflichkeit des Wassers und riet dem Bock, ebenfalls hinabzusteigen. Und der sprang auch ohne weiteres Überlegen hinunter, weil er nur an seinen Durst dachte. Als er nun, nachdem er den Durst gelöscht hatte, mit dem Fuchs die Rückkehr überlegte, sagte dieser, er habe etwas herausgefunden, was beide retten könne. „Wenn du deine Vorderbeine gegen die Wand stellen und deine Hörner nach vorn beugen möchtest, könnte ich über deinen Rücken hinauflaufen und dich nachziehen." Der Bock ging auch auf diesen zweiten Ratschlag bereitwillig ein. So konnte der Fuchs über die Hinterbeine auf die Schultern des Bockes klettern; von dort erreichte er, auf die Hörner gestützt, den Rand des Brunnens. Oben angelangt, machte er Miene davonzugehen. Als der Bock ihn schalt, daß er die Vereinbarung nicht einhalte, drehte der Fuchs sich um und sagte: „Du Dummkopf, wenn du so viel Verstand besäßest, wie du Haare im Bart hast, dann wärest du erst dann heruntergekommen, wenn du dir einen Rückweg ausgedacht hättest."

So müssen sich auch bei den Menschen die Verständigen erst über den Ausgang ihrer Unternehmungen klarwerden, ehe sie sich darauf einlassen.   (9)

DER FUCHS UND DER LÖWE

Ein Fuchs, der noch nie einen Löwen gesehen hatte, begegnete einst einem durch Zufall, und da er seiner gewahr wurde, erschrak er derart, daß er meinte, er müsse sterben. Als er ihm aber zum zweiten Mal in den Weg lief, fürchtete er sich wohl noch, aber nicht mehr so heftig wie beim ersten. Beim dritten Male gar schwoll ihm so sehr der Mut, daß er herzutrat und mit dem Löwen redete.

Die Fabel zeigt, daß die Gewohnheit auch dem Furchterregenden seinen Schrecken nimmt.   (10)

DER FISCHER

Ein Fischer, der sich aufs Flötenspiel verstand, nahm seine
Flöten und seine Netze und begab sich ans Meer. Er trat auf
eine vorstehende Klippe und ließ zuerst einmal sein Spiel
erklingen, weil er meinte, die Fische würden auf die schönen
Töne hin von selber aus dem Wasser gesprungen kommen.
Doch sosehr er sich auch anstrengte, wollte sich doch kein
Ergebnis einstellen. Endlich legte er die Flöten beiseite, warf
sein Netz aus, zog es durchs Wasser und fing viele Fische.
Wie er die nun aus dem Netz auf den Strand warf und dort
zappeln sah, sagte er: ,,Was seid ihr doch für böse Tiere!
Als ich spielte, wolltet ihr nicht tanzen; jetzt aber, wo ich
aufgehört habe, tut ihr es.''

Für Leute, die etwas zu unpassender Zeit machen, schickt
sich diese Fabel.   (11)

DER FUCHS UND DER PANTHER

Der Fuchs und der Panther stritten sich einmal über die
Schönheit. Als dabei der Panther vor allem das Wohl-
gestaltetsein des Körpers herauskehrte, fiel ihm der Fuchs
ins Wort und sagte: ,,Um wieviel bin ich schöner als du, der
ich zwar nicht physisch, wohl aber psychisch wohlgestaltet
bin!''

Die Fabel zeigt, daß der körperlichen Schönheit ein
blendender Geist überlegen ist.   (12)

DIE FISCHER

Einst zogen Fischer ihr Netz. Da es schwer war, freuten sie
sich überschwenglich; denn sie rechneten auf einen reichen
Fang. Nachdem sie es aber an Land gezogen, fanden sie nur
einige wenige Fische darin, Steine und Sand dagegen in

Menge. Da wurden sie sehr böse, nicht so sehr deshalb, weil sie so wenig gefangen hatten, als vielmehr, weil ihre Erwartung enttäuscht wurde. Einer jedoch unter ihnen, ein alter Mann, meinte: „Wollen wir nicht zornig sein, Freunde! Lust und Leid, scheint mir, sind verschwistert. So mußte es kommen, daß wir, nachdem wir uns überschwenglich freuten, auch Trauer litten."

Aber auch wir müssen die Veränderlichkeit des Lebens sehen, dürfen unseren Stolz nicht immer auf dieselben Dinge richten, sondern sollten bedenken, daß aus längerer Heiterkeit des Himmels mit Notwendigkeit auch Sturm erwächst. (13)

DER FUCHS UND DER AFFE

Der Fuchs und der Affe hatten einmal den gleichen Weg; dabei stritten sie sich über die Vornehmheit ihrer Abkunft. Ein jeder hatte viel darüber vorzubringen. Als sie nun an etlichen Gräbern vorbeikamen, wandte der Affe seinen Blick darauf und begann zu wehklagen. Vom Fuchs nach der Veranlassung befragt, wies der Affe auf die Grabsteine und sagte: „Sollte ich etwa nicht weinen, wenn ich die Grabmäler der Freigelassenen und Sklaven meiner Vorväter sehe?" Doch der Fuchs erwiderte: „Schwindle nur, soviel du willst! Keiner von diesen nämlich wird auferstehen und dich der Lüge überführen."

So tragen auch unter den Menschen die Schwindler dann am meisten auf, wenn es niemanden gibt, der sie widerlegen könnte. (14)

DER FUCHS UND DIE TRAUBEN

Der Fuchs, den es hungerte, sah an einem Weinstock Trauben hängen. Wollte er sie sich verschaffen und konnte es doch nicht! Schließlich machte er sich davon und sagte zu sich selbst: „Sie sind sauer."

So ist es auch bei manchen Menschen. Infolge ihrer Un-
zulänglichkeit vermögen sie an bestimmte Dinge nicht her-
anzukommen und geben dafür den Umständen die Schuld.
(15)

DER MARDER UND DER HAHN

Ein Marder, der einen Hahn gefangen hatte, wollte diesen
mit einer einleuchtenden Begründung verspeisen. So warf
er ihm denn als erstes vor, daß er mit seinem nächtlichen
Krähen den Menschen lästig werde und sie nicht einmal
zum Schlafen kommen lasse. Der Hahn erwiderte, das tue
er zum Nutzen der Menschen; denn er wecke sie ja zu ihrer
gewohnten Tätigkeit. Darauf kam der Marder mit seinem
zweiten Anwurf: „Aber auch wider die Natur vergehst du
dich, indem du die eigenen Schwestern und die eigene
Mutter bespringst." Auch dies geschähe, bemerkte der
Hahn, zum Nutzen seiner Herren; denn er sorge ja dafür,
daß viele Eier gelegt würden. In die Enge getrieben, entgegnete der Marder: „Wenn du auch über immer neue
Argumente verfügst, meinst du, daß ich dich deshalb nicht
auffressen werde?"

Die Fabel zeigt: Wenn ein Schurke sich eine Schandtat zu
begehen vorgenommen hat und es fehlt ihm an einem einleuchtenden Vorwand, so begeht er sie eben ganz unver-
hohlen.   (16)

DER FUCHS MIT DEM GESTUTZTEN SCHWANZ

Dem Fuchs war von einer Falle der Schwanz abgeschnitten
worden. Weil er sich darüber schämte und sein Leben nicht
mehr für lebenswert hielt, kam er zu dem Schluß, es sei
notwendig, auch die anderen Füchse in dieselbe Situation
zu bringen; durch die gemeinsame Verstümmelung würde
sich der persönliche Mangel verbergen lassen. Also ließ er
alle Füchse zusammenkommen und suchte sie zu bereden,

ihre Schwänze abzuschneiden; der Schwanz, argumentierte
er, sei nicht nur häßlich, sondern stelle dazu für sie eine
überflüssige Last dar. Da entgegnete ihm einer der Versammelten: „Mein Lieber, wenn dieser Vorschlag nicht
deinem Nutzen entspräche, würdest du ihn uns nicht unter-
breitet haben."

Diese Fabel paßt auf jene Leute, die ihren Nachbarn
Ratschläge geben nicht deshalb, weil sie ihr Gutes wollen,
sondern weil sie ihren eigenen Nutzen dabei finden.
(17)

DER FISCHER UND DER SALZFISCH

Der Fischer warf sein Netz aus und brachte einen Salzfisch
ans Licht. Der flehte den Fischer an: „Laß mich doch jetzt
wieder frei, da ich ja noch klein bin; später, wenn ich gewachsen sein werde, kannst du mich zu deinem größeren
Vorteil aufs neue einfangen!" Sagte darauf der Fischer:
„Ich müßte ja ein Dummkopf sein, wenn ich den in meiner
Hand befindlichen Gewinn fahrenließe und einer un-
gewissen Hoffnung nachliefe."

Die Fabel beweist, daß der handgreifliche Vorteil, wenn er
auch gering ist, dem bloß zu erwartenden vorzuziehen ist,
mag dieser auch noch so groß scheinen. (18)

DER FUCHS UND DER DORNSTRAUCH

Ein Fuchs, der über eine Umzäunung stieg, geriet in Gefahr
auszugleiten und faßte, um sich zu halten, in einen Dornstrauch. Dabei wurde er erheblich verletzt und sagte zu dem
Dornstrauch: „Du schlimmer Freund, zu dir als Helfer habe
ich Zuflucht genommen, und du hast mir arg mitgespielt!"
— „Du irrst dich, mein Lieber", antwortete ihm der Dornstrauch, „denn du wolltest dich an mir festhalten, wiewohl
ich es doch gewohnt bin, mich selbst an allem festzuhalten."

Die Fabel zeigt, daß ebenso auch unter den Menschen diejenigen Toren sind, die sich an Helfer wenden, denen das Unrechttun zur Natur geworden ist.   (19)

DER FUCHS UND DAS KROKODIL

Der Fuchs und das Krokodil stritten sich um ihre vornehme Abstammung. Das Krokodil erging sich in langen Reden über den Ruhm seiner Vorfahren und sagte am Ende, seine Vorväter hätten Gymnasien, Sportschulen, geleitet. Da fiel ihm der Fuchs in die Rede: „Allerdings, selbst wenn du das nicht erzählt hättest, sieht man an deiner Haut, daß mit dir viel Sport getrieben wurde."

So werden auch verlogene Leute durch die Tatsachen widerlegt.   (20)

DIE FISCHER

Einmal waren Fischer auf Fang ausgefahren, hatten sich lange geplagt und nichts gefangen, nun saßen sie in ihrem Kahn und bliesen Trübsal. In diesem Augenblick erschien mit viel Getöse ein Thunfisch, der verfolgt wurde, und sprang wie von ungefähr in ihr Fahrzeug hinein. Die Fischer kappten ihn, brachten ihn in die Stadt und machten ihn zu Geld.

So ist es oft: Was die Kunst nicht einbringt, das schenkt das Glück.   (21)

DER FUCHS UND DER HOLZFÄLLER

Der Fuchs wurde, von den Jägern verfolgt, eines Holzfällers gewahr; den bat er, ihm Unterschlupf zu gewähren. Der Holzfäller riet ihm, sich in seiner Hütte zu verkriechen und darin stillzuhalten. Doch als nicht viel später die Jäger kamen und ihn fragten, ob er nicht den Fuchs habe vorbeikommen sehen, da leugnete jener zwar mit Worten, etwas von dem Fuchs zu wissen, mit der Hand aber gab er ein Zeichen und wies dorthin, wo dieser sich verbarg. Doch die Jäger achteten des Zeichens nicht, sondern ließen sich an den Worten genügen. Sobald der Fuchs sah, daß sie verschwunden waren, sprang er hervor und wollte grußlos von dannen. Da tadelte ihn der Holzfäller; er habe ihn, den Fuchs, errettet, und nun wolle der ihm dafür nicht einmal Dank wissen. Aber der Fuchs erwiderte: „Oh, ich würde dir schon gedankt haben, wenn die Bewegungen deiner Hände und deine Gebärden deinen Worten gleich gewesen wären."

Diese Fabel läßt sich auf jene Leute beziehen, welche zwar das Gute im Munde führen, in Wirklichkeit aber das Böse tun.   (22)

DIE HÄHNE UND DAS REBHUHN

Ein Mann, der in seinem Hause Hähne hielt, kam dazu, wie ein zahmes Rebhuhn verkauft wurde. Er erstand es und brachte es nach Hause, wo es mit den Hähnen zusammen gehalten werden sollte. Doch die gingen auf das Rebhuhn los und suchten es zu vertreiben. Darüber war das Rebhuhn betrübt; denn es meinte, es werde deshalb verachtet, weil es fremden Stammes sei. Als es jedoch schon nach kurzer Zeit sah, daß die Hähne auch gegeneinander kämpften und nicht eher Ruhe gaben, als bis sie sich blutig gebissen hatten, sagte es zu sich selbst: „Jetzt brauche ich mich nicht mehr zu ärgern, wenn ich von ihnen mißhandelt werde. Denn ich sehe ja, daß sie voreinander auch nicht haltmachen."

Die Fabel zeigt, daß die verständigen Leute Kränkungen von seiten ihrer Nachbarn nicht schwernehmen, wenn sie sehen, daß diese mit ihren Angehörigen genauso umgehen.
                                            (23)

DER FUCHS MIT DEM BLÄHBAUCH

Der Fuchs, den es hungerte, sah in einem hohlen Baum
Brote und Fleischstücke, die von den Hirten zurückgelassen
worden waren; flugs stieg er hinein und fraß alles auf.
Davon blähte sich sein Bauch so auf, daß er nicht mehr
herausschlüpfen konnte; deshalb stöhnte und jammerte er
sehr. Ein anderer Fuchs, der vorüberkam und seine Seufzer
hörte, trat hinzu und erkundigte sich nach dem Grunde.
Nachdem er das Geschehene erfahren, sagte er zu dem
ersten: „Dann mußt du eben so lange hierbleiben, bis du
wieder so wirst, wie du warst, als du hineinstiegst, und wirst
dann sicher ohne Beschwernis herauskommen."

Die Fabel demonstriert, daß die Zeit die Schwierigkeiten
aufhebt.   (24)

DER EISVOGEL

Der Eisvogel liebt die Einsamkeit und hält sich immerfort
am Meer auf. Weil er sich vor den Nachstellungen der
Menschen sichern wolle, sagt man, niste er auf den
Meeresklippen. So flog er einstens, um Eier zu legen, auf
ein Vorgebirge, erblickte da einen Felsen, der aus dem Meer
herausragte, und brütete darauf seine Jungen aus. Als er
aber gerade auf Futtersuche ausgegangen war, da geschah
es, daß das Meer, von einem heftigen Sturm in Bewegung
gebracht, bis zum Nest hinauf anstieg, dieses überspülte und
die jungen Vögel vernichtete. Als der Eisvogel bei seiner
Rückkehr sah, was sich zugetragen hatte, sagte er: „Ich
Unglückseliger, weil ich das Land für heimtückisch hielt,
suchte ich hier auf dem Meere meine Zuflucht; das aber hat
sich mir als weit heimtückischer erwiesen!"

So ist es auch bei den Menschen: Weil sie sich gegen ihre
Feinde sichern wollen, werfen sich etliche unversehens an
Freunde, die ihnen viel schädlicher sind als ihre Feinde.
                                                          (25)

DER FISCHER

Ein Fischer fischte in einem Fluß. Und nachdem er von beiden Ufern seine Netze quer durch die Strömung gespannt hatte, band er einen Stein an ein Holz und wühlte damit das Wasser auf; die aufgescheuchten Fische sollten unversehens in die Maschen geraten. Ein Mann, der in der Gegend wohnte, beobachtete den Fischer bei seinem Tun und machte ihm Vorwürfe; er verunreinige den Fluß und nehme den Anwohnern das klare Trinkwasser. Doch der Fischer antwortete: „Wenn nicht in solcher Weise der Fluß aufgewühlt wird, so muß ich Hungers sterben."

So erreichen auch in der Staatenwelt die Demagogen dann am meisten, wenn sie in ihren Heimatländern Unruhe stiften.   (26)

DER FUCHS ZUM POPANZ

Der Fuchs betrat einstens das Haus eines Puppenspielers, durchstöberte alle seine Requisiten und fand dabei auch den Kopf eines Popanzes, der mit Geschick gefertigt war. Den nahm er in die Hand und sagte: „Was für ein Kopf, und hat doch kein Hirn!"

Die Geschichte bezieht sich auf Männer, die gut aussehen und doch keinen Verstand besitzen.   (27)

DER BETRÜGER

Ein armer Mann lag krank und elend danieder und betete zu den Göttern, wenn sie ihn erretteten, wolle er ihnen eine Hekatombe darbringen. Und weil die Götter ihn auf die Probe zu stellen beabsichtigten, ließen sie ihn alsbald genesen. Nachdem er sich nun von seinem Krankenlager erhoben hatte, bildete er Rinder aus Talg — denn wirkliche besaß er ja nicht — und verbrannte sie auf einem Altar mit

den Worten: „Nehmet hin, ihr Götter, mein Gelübde!"
Indes beschlossen die Götter, ihn ihrerseits gleichfalls zu
hintergehen. Sie schickten ihm nämlich einen Traum und
gaben ihm den Rat, sich an den Strand zu begeben; dort
werde er tausend attische Drachmen finden. Hocherfreut
machte sich jener auf den Weg zum Meer. Dabei fiel er
Räubern in die Hände, wurde weggeführt und verkauft und
fand so seine tausend Drachmen.

Für einen Lügner ist diese Fabel gerade recht.   (28)

DER KOHLENBRENNER UND DER WALKER

Ein Kohlenbrenner, der ein Häuschen bewohnte, lud einen
Walker, der ihn besuchte, ein, bei ihm zu logieren. Doch der
Walker entgegnete ihm: „Nein, darauf könnte ich mich
nicht einlassen. Denn ich müßte befürchten, daß du rußig
machst, was ich weiß mache."

Die Fabel demonstriert, daß, was ungleich, nicht zusammen-
paßt.   (29)

DER SCHIFFBRÜCHIGE

Ein reicher Athener unternahm zusammen mit anderen
eine Seefahrt. Als ein heftiger Sturm aufkam und das Schiff
kenterte, suchten sich die übrigen alle durch Schwimmen
zu retten. Der Athener dagegen rief immer und immer
wieder Athene an und gelobte ihr alles mögliche, falls er
überleben sollte. Da kam einer von denen, die mit ihm
Schiffbruch erlitten hatten, herangeschwommen und sagte
zu ihm: „Wohlan mit Athene! Aber du mußt auch selbst die
Hand bewegen."

So müssen auch wir neben der Anrufung der Götter mit
Verstand selber für uns tätig werden.   (30)

DER GRAUKOPF UND DIE HETÄREN

Ein Graukopf hatte zwei Geliebte; von denen war die eine noch jung, die andere schon älter. Da nun die, welche in vorgerücktem Alter stand, sich schämte, daß ein jüngerer Mann ihr beiwohnte, so nahm sie ihm immer, wenn er bei ihr war, ein paar von den schwarzen Haaren ab. Die jüngere dagegen, die keinen Greis zum Liebhaber haben wollte, riß ihm die grauen Haare aus. So kam es, daß er am Ende, von jeder zu ihrem Teile gezupft, kahl wurde.

So schlägt das Anormale überall zum Schaden aus.

(31)

DER MÖRDER

Ein Mörder wurde von den Verwandten des Gemordeten verfolgt. Als er an den Nilfluß kam, begegnete er einem Wolf. Voller Furcht stieg er deshalb auf einen Baum, der am Flusse stand, und verbarg sich darin. Doch schon erblickte er eine Schlange, die sich um seinen Körper legen wollte; deshalb ließ er sich in den Fluß hinab. Im Flusse aber verschlang ihn ein Krokodil.

Daß dem Verbrecher weder Erde noch Luft noch Wasser Sicherheit bieten, beweist diese Fabel. (32)

DER PRAHLERISCHE FÜNFKÄMPFER

Ein Fünfkämpfer, der wegen seiner Schlappheit bei seinen Mitbürgern immer nur Schimpf und Schande erntete, reiste einmal ins Ausland. Als er nach einiger Zeit zurückkehrte, hielt er prahlerische Reden; er habe, so erzählte er, in vielen Städten große Taten vollbracht und besonders in Rhodos einen Sprung gemacht, wie ihn noch kein Olympionike vollführt habe. Als Zeugen dafür, sagte er, werde er die Leute aufbringen, welche dabeigewesen seien, und zwar

dann, wenn sie einmal hierherkämen. Da fiel ihm einer der
Anwesenden ins Wort und sagte: „Aber, lieber Freund,
wenn das, was du erzähltest, wahr ist, dann bedarfst du
keiner Zeugen; denn hier ist Rhodos, und hier kannst du
springen."

Die Fabel beweist: Bei Angelegenheiten, wo der Beweis
unschwer durch die Tat erbracht werden kann, ist jedes
weitere Wort zuviel.   (33)

VON EINEM, DER UNMÖGLICHES VERSPRACH

Ein armer Mann war krank, und es ging ihm schlecht. Als
er von den Ärzten schon aufgegeben war, betete er zu den
Göttern und gelobte ihnen, eine Hekatombe darzubringen
und Bildwerke zu weihen, wenn er wieder aufkäme. Seine
Frau, die gerade bei ihm stand, fragte ihn: „Und woher
willst du das alles nehmen?" Antwortete er: „Meinst du
denn, ich werde wieder aufkommen, damit die Götter das
alles von mir einfordern können?"

Die Fabel beweist, daß die Leute leicht Dinge versprechen,
mit deren Verwirklichung sie ernstlich nicht rechnen.
                                                          (34)

DER MENSCH UND DER SATYR

Ein Mensch, so erzählt man, schloß einmal Freundschaft mit
einem Satyrn. Während nun der Winter kam und es kalt
wurde, legte der Mensch seine Hände an den Mund und
hauchte darauf. Als der Satyr nach dem Grunde fragte,
warum er das tue, erwiderte jener, er erwärme so seine
Hände angesichts der Kälte. Später ging man zu Tisch, und
das aufgetragene Essen war sehr heiß. Da erhob der Mensch
seinen Teller, brachte ihn langsam zum Munde und blies
darauf. Als der Satyr aufs neue fragte, wozu er das tue,
antwortete jener, er kühle das Essen, weil es sehr heiß sei.

Wandte sich der Satyr an ihn: „Ach, mein Lieber, ich kündige dir die Freundschaft, wenn du aus demselben Munde Wärme und Kälte herausläßt."

Also müssen auch wir eine Freundschaft meiden, deren Grundlage zweifelhaft ist.   (35)

DER ARGLISTIGE

Ein arglistiger Mensch erschien einst vor dem Orakel in Delphi, um den Gott zu versuchen. Also nahm er einen Sperling in die Hand, bedeckte ihn mit seinem Mantel, trat in das Heiligtum und fragte den Gott: „Was habe ich in meinen Händen, Lebendiges oder Totes?" Würde der Gott „Etwas Totes" antworten, so wollte er ihm den lebendigen Sperling vorweisen; hieß es „Etwas Lebendiges", so gedachte er das Tier zu ersticken und es tot darzubieten. Doch der Gott erkannte seine Hinterlist und sprach: „Tu, was du willst; denn es ist an dir, zu handeln! Willst du Totes, so zeige Totes; willst du Lebendiges, so zeige Lebendiges!"

Die Fabel beweist, daß man der Gottheit nicht beikommen kann; denn nichts entgeht ihr.   (36)

DER BLINDE

Ein Blinder pflegte ein jedes Lebewesen, das ihm in die Hände gelegt wurde, zu betasten und konnte dann sagen, was es sei. So wurde ihm einmal auch ein kleiner Wolf gebracht. Er faßte ihn an und sagte unschlüssig: „Ich weiß nicht, ob es sich um das Junge eines Wolfes, eines Fuchses oder eines andern Tieres dieser Art handelt; so viel weiß ich jedoch gewiß, daß dieses Wesen nicht mit einer Schafherde zusammentreffen sollte."

So wird die Gesinnung der Bösewichte oftmals schon vom Körper her fühlbar.   (37)

4*

DER PFLÜGER UND DER WOLF

Ein Pflüger hatte seine Stiere ausgespannt und zur Tränke geführt. Ein hungriger Wolf, der nach Nahrung suchte, fand den Pflug und beleckte zunächst die Jochringe der Stiere. Dabei steckte er, ohne es zu merken, mit der Zeit den ganzen Nacken durch die Ringe; schließlich konnte er ihn nicht mehr herausbekommen und schleppte so den Pflug mit sich auf den Acker. Der Pflüger kam hinzu, sah das Vorgefallene und sprach: ,,Wenn du doch, alter Bösewicht, das Räubern und Unrechttun lassen und dich dem Landbau zuwenden wolltest!''

Gleichermaßen finden schlechte Menschen, auch wenn sie Biederkeit an den Tag legen, wegen ihres Charakters keinen Glauben.   (38)

DIE SCHWALBE UND DIE VÖGEL

Als die Mistel eben zu wachsen begann, erkannte die Schwalbe sogleich die den Vögeln dadurch drohende Gefahr. Sie rief deshalb alles, was Federn trägt, zusammen und gab den Rat, die Eichen, weil sie die Misteln beherbergen, am besten allesamt abzuhauen; wenn ihnen das aber nicht möglich sei, so müßten sie zu den Menschen ihre Zuflucht nehmen und sie flehentlich bitten, den Klebstoff der Mistel doch nicht für den Vogelfang zu verwenden. Als nun die anderen Vögel die Schwalbe als vermeintliche Schwätzerin verlachten, begab sich diese, Hilfe heischend, zu den Menschen. Die nahmen sie ob ihrer Klugheit auf und machten sie sich zur Hausgenossin. So ist es gekommen, daß die anderen Vögel von den Menschen gefangen und verzehrt werden und nur die Schwalbe als ihr Schützling unbeschadet in ihren Häusern nisten kann.

Die Fabel zeigt, daß die, welche ihre Zukunft vorausschauen, mit Wahrscheinlichkeit den ihnen drohenden Gefahren entgehen.   (39)

DER STERNKUNDIGE

Ein Sternkundiger hatte die Gewohnheit, alle Abende auszugehen, um nach den Sternen zu schauen. Und als er
wieder einmal in die Vorstadt wanderte, waren alle seine
Gedanken so mit dem Himmel beschäftigt, daß er unversehens in einen Brunnen stürzte. Während er nun jammerte
und schrie, kam einer vorüber, der hörte sein Seufzen und
trat hinzu. Und nachdem er erfahren hatte, was dem Stern-
kundigen geschehen war, meinte er: „Lieber Freund, du
bemühst dich, was im Himmel ist, zu ergründen, und über-
siehst dabei, was es auf Erden gibt."

Diese Geschichte läßt sich auf jene Leute beziehen, die über
die Maßen von sich reden machen und doch das, was alle
können, nicht zustande bringen.   (40)

DER FUCHS UND DER HUND

Ein Fuchs machte sich an eine Schafherde heran, wo gerade
die Lämmer gesäugt wurden. Er nahm eines auf und tat so,
als ob er es liebhabe. Auf die Frage des Hundes: „Was
machst du da?" antwortete er: „Ich bemuttere es und spiele
mit ihm." Da sagte der Hund zu ihm: „Und ich werde jetzt,
wenn du das Lamm nicht sofort freigibst, die Meute auf dich
loslassen."

Auf einen nachlässigen, dummen Spitzbuben paßt die
Geschichte.   (41)

DER BAUER UND SEINE SÖHNE

Ein Bauer lag in seinen letzten Zügen, und weil er wünschte,
daß seine Söhne mit dem Landbau vertraut werden sollten,
rief er sie zu sich und sprach: „Liebe Kinder, in einem
meiner Weingärten liegt ein Schatz." Da nahmen die Söhne,
nachdem der Vater verstorben war, Pflugschar und Grab-

scheit und durchwühlten all sein Land. Zwar den Schatz fanden sie nicht, aber der Weingarten gewährte ihnen vielfältige Frucht.

Die Fabel beweist, daß Mühe und Arbeit ein Schatz sind für die Menschen. (42)

DIE FRÖSCHE

Zwei Frösche, denen ihr Teich ausgetrocknet war, machten sich auf den Weg und suchten nach einer anderen Bleibe. Wie sie nun zu einem Brunnen gekommen waren, da riet der eine, ohne Bedenken hineinzuspringen. Doch der andere meinte: „Wenn nun auch hier das Wasser versiegt, wie werden wir dann heraufkommen können?"

Die Fabel lehrt uns, nicht unüberlegt an die Dinge heranzutreten. (43)

DIE FRÖSCHE VERLANGEN NACH EINEM KÖNIG

Betrübt über die bei ihnen herrschende Anarchie, schickten die Frösche Abgesandte zu Zeus und baten, ihnen einen König zu geben. Der Gott, der ihre Beschränktheit erkannte, warf ein Holz in den See hinab. Zuerst erschrocken über den Wellenschlag, tauchten die Frösche in der Tiefe des Sees unter, später aber, als das Holz sich nicht mehr bewegte, tauchten sie wieder auf und bezeugten ihm eine derartige Mißachtung, daß sie auf das Holz stiegen und sich darauf niederließen. Entrüstet darüber, daß sie einen solchen König haben sollten, begaben sie sich ein zweites Mal zu Zeus und ersuchten ihn, ihren Herrscher auszutauschen; denn der erste sei doch gar zu träge. Darüber verärgert, schickte ihnen Zeus eine Seeschlange, die sie fing und verspeiste.

Die Fabel beweist, daß es besser ist, stumpfsinnige Herrscher zu haben als Unruhe stiftende. (44)

DIE RINDER UND DIE ACHSEN

Rinder zogen einen Wagen. Als die Achse knarrte, drehten sie sich um und sagten zu ihr: „Du da, was machst du für einen Lärm, während wir die ganze Last ziehen müssen?"

So ist es auch bei den Menschen: Während die anderen sich abmühen, tun einige so, als ob sie die Arbeit leisteten.

(45)

BOREAS UND HELIOS

Boreas und Helios hatten einen Wettstreit miteinander, wer der Stärkere sei. Sie beschlossen, demjenigen von ihnen den Sieg zuzuerkennen, der in der Lage sei, einen Wanderer zu entkleiden. Und Boreas begann voller Ungestüm und bedrängte den Menschen, der ihm begegnete, empfindlich an seiner Kleidung. Doch jener legte, unter der Kälte leidend, nur noch weitere Kleidungsstücke an, bis Boreas schließlich aufgab und Helios in Tätigkeit treten ließ. Dieser begann zunächst mit einer mäßigen Wärmeausstrahlung. Als aber der Mensch alle überflüssigen Kleidungsstücke ablegte, verstärkte Helios den Sonnenschein erheblich, bis jener die Hitze nicht mehr aushalten konnte, sich gänzlich auszog und sich zum Baden in einen vorbeifließenden Fluß stürzte.

Die Fabel beweist, daß oftmals Überzeugung wirksamer ist als Zwang.   (46)

DAS KIND, DAS EINGEWEIDE ERBRACH

Einmal schlachteten Leute ein Rind auf dem Felde und riefen ihre Nachbarn herbei. Unter diesen befand sich auch eine arme Frau, die kam zusammen mit ihrem Kind. Wie nun der Schmaus seinen Fortgang nahm, stopfte sich das Kind mit der Zeit mit Eingeweidefleisch und Wein voll.

Davon wurde sein Magen überladen, und es rief unter
Schmerzen: „Mutter, ich erbreche meine Eingeweide." —
„Nicht die deinen, mein Kind", erwiderte die Mutter,
„sondern die, welche du gegessen hast."

Diese Fabel paßt auf einen Schuldner, der bereitwillig das
Fremde nimmt; wenn er aber zurückzahlen muß, ärgert er
sich, als ob er das Eigene preisgeben müßte.   (47)

DIE NACHTIGALL

Eine Nachtigall, die in einem Fenster hing, ließ von dorther
des Nachts ihre Stimme erschallen. Da kam die Fledermaus
hinzu und fragte jene nach dem Grunde, warum sie am
Tage ruhe und des Nachts singe. Die Nachtigall erwiderte,
das tue sie nicht ohne Vorbedacht; denn am Tage sei sie
beim Singen gefangen worden, und daraus habe sie gelernt.
Darauf die Fledermaus: „Aber jetzt brauchst du dich nicht
mehr vorzusehen, weil es ja doch nichts mehr hilft; früher,
ehe du gefangen wurdest, wäre es Zeit dafür gewesen."

Die Fabel zeigt, daß im Unglück die Reue nicht mehr
weiterhilft.   (48)

DER RINDERHIRT

Ein Hirt, der eine Herde Rinder weidete, hatte ein Kalb
verloren. Er machte sich auf die Suche und vermochte es
doch nicht zu finden; so betete er zu Zeus, daß er ihm,
wenn er den Dieb gewahr werde, ein Böckchen opfern
wolle. Schließlich kam er zu einem Wäldchen und erblickte
dort den Löwen, der gerade das Kalb verspeiste. Von
Furcht erfaßt, hob er die Hände zum Himmel und rief:
„O Herrscher Zeus, vorhin habe ich dir ein Böckchen zu
opfern versprochen, wenn ich den Dieb gewahr würde; jetzt
aber werde ich dir einen Stier zum Opfer bringen, wenn ich
dem Dieb entgehe."

Diese Fabel könnte man auf Leute anwenden, die, vom
Unglück verfolgt, sich in ihrer Not ein Gegenmittel
wünschen, wenn sie es aber gefunden haben, danach suchen, es wieder loszuwerden.   (49)

DER HIRT UND DER LÖWE

Der Hirt hatte einen Ochsen verloren. Also gelobte er Gott,
wenn er den Dieb fände, wolle er den Ochsen zum Opfer
darbringen. Doch als er unversehens erkennen mußte, daß
der Löwe es war, der seinen Ochsen verzehrte, bat er den
Gott: „Ich will dir noch einen Ochsen dazu opfern, wenn
ich dem Räuber entkomme."

Ohne Überlegung soll man Gott keine Gelübde geben, sonst
kommt die Reue zu ihrer Stunde.   (49a)

DIE KATZE UND APHRODITE

Eine Katze, die sich in einen wohlgestalten jungen Mann
verliebt hatte, bat Aphrodite, sie in eine Frau zu verwandeln.
Die Göttin erbarmte sich auch ihrer Leidenschaft und gab
ihr die Gestalt eines hübschen jungen Mädchens. In dieser
Gestalt wurde der junge Mann der Katze ansichtig, gewann
sie lieb und führte sie fort in sein Haus. Und während sie
beide im Brautgemach weilten, kam Aphrodite der Wunsch,
erfahren zu wollen, ob die Katze mit der Verwandlung ihres
Körpers auch ihren Charakter geändert habe, und sie ließ
deshalb eine Maus durch den Raum laufen. Alles andere
vergessend, sprang da die Katze von ihrem Bett auf und
sauste der Maus nach, um sie zu verspeisen. Verärgert über
ihr Verhalten, versetzte sie die Göttin in ihren alten Zustand
zurück.

So ist es auch bei den Menschen: Die, welche von Natur böse
sind, vermögen ihren Charakter nicht zu ändern, auch wenn
sie ihre äußere Erscheinung wandeln.   (50)

DER BAUER UND DIE SCHLANGE

An den Sohn eines Bauern hatte sich die Schlange herangeschlichen und ihn getötet. Darüber in heftige Betrübnis versetzt, nahm der Bauer eine Axt, begab sich zum Lager der Schlange und bezog dort Posten, um sie, wenn sie herauskäme, sogleich erschlagen zu können. Kaum hatte sich die Schlange sehen lassen, schlug er auch schon mit der Axt auf sie ein; sie selbst zwar verfehlte er, doch den Felsen daneben konnte er spalten. Zur Vorsicht gemahnt, bat er hernach die Schlange, sich mit ihm zu versöhnen. Doch die entgegnete: „Ich kann dir kein Wohlwollen entgegenbringen, weil ich den gespaltenen Felsstein vor Augen habe, und auch du kannst es nicht, weil du auf das Grab deines Sohnes blicken mußt."

Die Fabel beweist, daß aus tiefen Feindschaften nicht leicht Versöhnung erwächst.   (51)

DER BAUER UND DIE HUNDE

Ein Bauer war zur Winterszeit in seinem Pferch eingeschlossen, und da es ihm unmöglich war, auszugehen und Nahrung zu besorgen, verzehrte er fürs erste seine Schafe. Als aber der Winter noch immer nicht nachließ, schlachtete er die Ziegen. Zum dritten, da auch jetzt noch keine Linderung sich spürbar machte, ging er an die Zugochsen. Da sprachen die Hunde, die mit angesehen hatten, was hier geschah, zueinander: „Wir müssen fort von hier; denn wenn der Herr nicht einmal von den Ochsen ließ, die doch mit ihm arbeiten, wie sollte er dann uns verschonen?"

Die Fabel lehrt, daß man sich besonders vor denen in acht nehmen muß, die keine Bedenken tragen, sogar ihren eigenen Leuten Unrecht zu tun.   (52)

DIE SÖHNE DES BAUERN

Die Söhne eines Bauern lagen miteinander im Streit. Da er
sie mit gutem Zureden nicht zu einer Sinnesänderung zu
bewegen vermochte, meinte er, es mit einer Demonstration
bewirken zu sollen, und hieß sie ein Bündel Ruten her-
beibringen. Nachdem sie den Auftrag ausgeführt hatten,
gab er ihnen zuerst die Ruten gebündelt mit der Auffor-
derung, sie zu knicken. Doch sosehr sie sich auch mühten,
gelang es ihnen nicht. Da löste er das Bündel wieder auf und
reichte ihnen jeweils nur eine Rute. Als sie diese ganz ohne
Schwierigkeiten knickten, sprach er zu ihnen: „So ist es auch
mit euch, meine Söhne. Wenn ihr zusammenhaltet, werdet
ihr für eure Feinde unbezwingbar sein, eine leichte Beute
dagegen, wenn ihr im Streit liegt."

Die Fabel zeigt, daß in dem Maße die Eintracht wächst, in
dem die Zwietracht niedergehalten wird.   (53)

DIE SCHNECKEN

Der Sohn eines Bauern briet sich Schnecken. Als er sie
knistern hörte, sagte er: „Ihr seid böse Tiere! Während eure
Häuser brennen, singt ihr dazu."

Die Fabel beweist, daß alles, was nicht zur rechten Zeit
geschieht, Tadel hervorruft.   (54)

DIE FRAU UND DIE DIENERINNEN

Eine fleißige Witwe hatte die Gewohnheit, ihre Mägde nach
dem ersten Hahnenschrei zur Arbeit zu wecken. Also hatten
die Mägde viel Plage und beschlossen darum, den Haus-
hahn zu erwürgen; denn der sei schuld an allem Übel,
meinten sie, weil er ja die Herrin zu nachtschlafender Zeit
aufwecke. Doch nachdem sie ausgeführt hatten, worauf sie

übereingekommen waren, sollten sie noch ärgeres Unglück erfahren. Weil nämlich nun die Herrin die Stunde des Hahnenschreis nicht mehr wußte, weckte sie die Mägde bereits zur Nachtzeit zur Arbeit.

So bringen für viele die eignen Entschlüsse Nachteile mit sich.   (55)

DIE ZAUBERIN

Eine Zauberin, die sich anbot, göttlichen Zorn zu bannen und zu mildern, hatte viel Zulauf und erzielte große Einnahmen dabei. Da beschuldigten sie einige, daß sie Neuerungen in Religionssachen einführe, und brachten sie vor Gericht; sie wurde angeklagt und zum Tode verurteilt. Als sie aus dem Gerichtshof abgeführt wurde, erblickte sie einer und sagte zu ihr: „Du botest dich an, die Zornesanwandlungen der Götter abzuwehren! Wie nun vermochtest du nicht einmal die Menschen umzustimmen?"

Auf Betrüger und Leute, die große Versprechungen machen, bezieht sich die Fabel; die werden nämlich alsbald in kleinen Dingen entlarvt.   (56)

DIE ALTE UND DER ARZT

Eine alte Frau, die an einer Augenkrankheit litt, ließ gegen Honorar einen Arzt kommen. Der besuchte sie, und wenn er sie eingesalbt hatte und sie ihre Augen geschlossen halten mußte, dann nahm er jedesmal ein Stück ihrer Einrichtung mit fort. Nachdem er sie geheilt und dabei alles weggetragen hatte, forderte er den vereinbarten Lohn. Da sie nicht zahlen wollte, führte er sie vor die Obrigkeit. Dort erklärte die Frau, sie habe das Geld versprochen, wenn er ihre Augen heile; jetzt aber ginge es ihr infolge der Behandlung schlechter als vorher. „Denn damals", sagte sie, „habe ich alle Gegenstände in meinem Hause gesehen; jetzt aber kann ich nichts mehr sehen."

So geht es auch den schlechten Menschen: Infolge ihrer
Habgier übersehen sie, daß sie gegen sich selbst die Beweise
liefern.   (57)

DIE ALTE FRAU UND DIE HENNE

Eine alte Frau besaß eine Henne, die legte jeden Tag ein
Ei. Da kam sie auf den Gedanken, daß die Henne, wenn sie
ihr mehr zu fressen gäbe, auch zweimal am Tage legen
würde. Doch als sie so verfuhr, geschah es, daß die Henne
fett wurde und überhaupt nicht mehr legte.

Die Fabel zeigt, daß viele Menschen aus Habsucht nach
größerem Gewinn streben und dabei das, was sie besitzen,
verlieren.   (58)

DAS WIESEL

Das Wiesel kam in die Werkstatt eines Schmieds und beleckte die Feile, die dort lag. Dabei geschah es, daß es sich
die Zunge aufrieb und viel Blut floß. Das Wiesel, das meinte,
daß dadurch etwas von dem Eisen abgerieben würde, freute
sich darüber so lange, bis es seine ganze Zunge verloren
hatte.

Die Fabel bezieht sich auf solche Leute, die sich im Übereifer
selber schaden.   (59)

DER ALTE UND DER TOD

Ein alter Mann hatte Holz geschlagen, es sich aufgeladen
und zog nun einen langen Weg. Ermüdet von dem Marsch,
warf er schließlich die Last ab und rief den Tod herbei. Als
aber der Tod erschien und ihn fragte, weshalb er ihn gerufen habe, antwortete er: „Damit du mir die Last auf die
Schultern hebst."

Die Fabel zeigt, daß jeder Mensch am Leben hängt, auch
wenn es ihm noch so schlecht geht.   (60)

DER BAUER UND DIE TYCHE

Ein Bauer grub in der Erde und fand ein Goldstück, und er bekränzte alle Tage die Erde, weil er, wie er meinte, von ihr die Wohltat empfangen hatte. Da trat die Tyche zu ihm und sagte: „Du Dummkopf, was schreibst du der Erde meine Geschenke zu, meine Geschenke, die ich dir gegeben habe, weil ich dich reich machen möchte? Sollten sich nämlich die Zeiten ändern und dieses Goldstück in andere, schlechte Hände gelangen, dann wirst du wieder der Tyche Vorwürfe machen."

Die Fabel beweist, daß es gilt, den wahren Wohltäter zu erkennen und *ihm* Dank abzustatten.   (61)

DER BAUER UND DIE SCHLANGE

Ein Bauer fand zur Winterszeit eine Schlange, die vor Kälte steif geworden war. Aus Mitleid nahm er sie auf und legte sie an seine Brust. Kaum hatte sich die Schlange erwärmt und ihre Natur wiedererlangt, da biß sie ihren Wohltäter und tötete ihn. Sterbend sagte der Bauer:

„Zu Recht leid ich, weil ich der Bösen mich erbarmt."

Die Fabel beweist, daß die bösen Charaktere sich nicht wandeln lassen, auch wenn man ihnen mit größter Freundlichkeit begegnet.   (62)

DER REDNER DEMADES

Als der Redner Demades einmal vor den Athenern sprach und sie seiner nicht recht achteten, bat er sie, ihm zu gestatten, daß er ihnen eine äsopische Fabel erzähle. Als seine Mitbürger dem zustimmten, begann er: „Demeter, die Schwalbe und der Aal gingen vorzeiten den gleichen Weg. Als sie an einen Fluß gekommen waren, da flog die Schwalbe

davon, der Aal tauchte unter ...", und damit schwieg er.
Auf die Frage der Athener: „Und was tat Demeter?" gab
er ihnen zur Antwort: „Sie ist böse auf euch, weil ihr die
Angelegenheiten eurer Stadt vernachlässigt und euch statt
dessen äsopische Fabeln erzählen laßt."

Gleich unklug handeln diejenigen, die sich um ihre Be-
dürfnisse nicht kümmern, aber für Lustbarkeiten Zeit
haben.   (63)

EINER, DER VOM HUNDE GEBISSEN WURDE

Ein Mann war von seinem Hund gebissen worden und hielt
Umschau nach jemandem, der ihn heilen könnte. Einer von
den Herumstehenden bemerkte, wonach jener suchte, und
meinte: „Lieber Freund, willst du gerettet werden, so nimm
Brot, mische diesem das Blut der Wunde bei und gib's dem
Hund, der dich gebissen hat, zu fressen!" Doch der andere
erwiderte lachend: „Wenn ich das tue, muß ich damit rechnen, von allen Hunden in der Stadt gebissen zu werden."

Die Geschichte zeigt, daß auch bei den Menschen die Bösen,
wenn man ihnen Gutes tut, nur zu noch größeren Schandtaten angereizt werden.   (64)

DIE EICHEN UND ZEUS

Die Eichen führten Klage vor Zeus: „Weshalb hast du uns
erschaffen, da es uns doch bestimmt ist, von den Menschen
gefällt zu werden?" Jener hingegen erwiderte: „Daß ihr
gefällt werdet, daran bin nicht ich, sondern seid ihr selbst
schuld. Denn ließet ihr euch keine Stämme wachsen, würde
euch die Axt auch nicht fällen."   (64a)

DIOGENES AUF DER REISE

Der Kyniker Diogenes machte einmal eine Reise. Als er zu einem Fluß kam, der über die Ufer getreten war, hielt er inne, weil er nicht wußte, wie er hinüberkommen sollte. In dieser Not sah ihn einer von den Männern, welche die Wanderer überzusetzen pflegten; der kam herbei und brachte ihn ans andere Ufer. Berührt durch so viel Freundlichkeit, stand Diogenes da und machte sich Skrupel wegen seiner Armut, die ihn daran hinderte, sich gegenüber seinem Wohltäter erkenntlich zu zeigen. Während er noch darüber seinen Gedanken nachhing, erblickte jener einen anderen Wanderer, der ebenfalls nicht hinüber konnte, lief zu ihm hin und brachte auch ihn über den Fluß. Da trat Diogenes zu ihm und sagte: „Nein, jetzt bin ich dir nicht mehr dankbar wegen des Geschehenen; denn ich sehe, du tust das nicht aus Überlegung, sondern aus krankhafter Veranlagung."

Die Fabel beweist, daß die, welche neben den Würdigen auch den Ungeeigneten Gutes zukommen lassen, sich nicht den Ruf des Wohltäters als vielmehr den des Dummkopfes erwerben.   (65)

DIE WANDERER UND DER BÄR

Zwei Freunde zogen einmal dieselbe Straße. Als sie plötzlich eines Bären ansichtig wurden, stieg der eine der beiden eilends auf einen Baum und verbarg sich darin. Der zweite, in der Gefahr, von dem Bären erfaßt zu werden, ließ sich zu Boden fallen und stellte sich tot. Als der Bär ihn beschnüffelte und beroch, hielt er den Atem an; denn einen Toten soll ja das Tier nicht berühren. Sobald nun der Bär davongetrottet war, stieg der erste von seinem Baum herunter und fragte den zweiten, was ihm der Bär ins Ohr geflüstert habe. Der antwortete: „Unter anderm das, daß man nicht mit solchen Freun-

den auf die Reise gehen soll, die in Gefahren nicht aus-
dauern."

Die Fabel beweist, daß erst Notlagen die echten Freunde
sichtbar machen.   (66)

DIE JUNGEN MÄNNER UND DER SCHLÄCHTER

Zwei junge Männer kauften an demselben Orte Fleisch.
Während der Schlächter abgelenkt war, nahm der eine der
beiden heimlich eine Haxe und steckte sie dem andern in
die Tasche. Als nun der Schlächter sich umdrehte, fehlte
ihm die Haxe, und er beschuldigte deshalb die beiden. Doch
der, welcher sie genommen, schwor, daß er sie nicht habe,
und der, welcher sie hatte, daß er sie nicht genommen. Aber
der Schlächter durchschaute ihre Verschlagenheit und
sagte: „Nun, wenn ihr auch mich mit eurem Meineid
hintergeht, die Götter werdet ihr jedenfalls nicht hintergehen."

Die Fabel beweist, daß der Meineid ein Verbrechen bleibt,
selbst wenn ihn einer spitzfindig bemäntelt.   (67)

DIE WANDERER

Zwei Wanderer hatten denselben Weg. Als der eine von
ihnen eine Axt fand, sagte der andere: „Die haben wir
gefunden." Doch der erste riet ihm, er solle nicht sagen:
„Wir haben sie gefunden", sondern: „Du hast sie gefunden." Wenig später kamen die Leute hinzu, welche die Axt
verloren hatten. Da sagte der, welcher sie trug, weil er sich
bedrängt fühlte, zu seinem Gefährten: „Wir sind verloren."
Der aber erwiderte: „Du mußt sagen: Ich bin verloren.
Denn als du die Axt fandest, wolltest du dich keineswegs mit
mir in den Besitz teilen."

Die Fabel lehrt, daß, wer an erfreulichen Ereignissen nicht teilhaben will, auch im Unglück kein zuverlässiger Freund ist.   (68)

DIE FEINDE

Zwei, die einander feind waren, fuhren zusammen auf einem Schiffe. Und da sie einander nicht begegnen mochten, ging der eine zum Bug und blieb dort und der andere zum Heck und blieb da. Als nun ein arger Sturm ausbrach und das Schiff hin und her warf, erkundigte sich der, welcher am Heck stand, bei dem Steuermann, an welchem Teile das Schiff am meisten gefährdet sei. Und wie der ihm „Am Bug" antwortete, sprach er: „So macht mir der Tod keine Betrübnis; denn ich werde sehen, wie mein Feind zuerst ertrinkt."

Ja, es gibt Menschen, die aus Bosheit gegen ihre Nächsten gern selbst Schlimmes erleiden, wenn sie nur jene in gleicher Not erblicken können.   (69)

DIE FRÖSCHE

Zwei Frösche wohnten in Nachbarschaft. Der eine hauste in einem tiefen Teich fern der Straße, der andere, mit wenig Wasser, auf der Straße. Und der Frosch, der in dem Teich wohnte, riet dem andern, zu ihm überzusiedeln, um gleichfalls in den Genuß eines vorteilhafteren und gesicherteren Lebens zu gelangen. Doch der andere wollte nicht darauf eingehen, denn, so bemerkte er, er trenne sich nur ungern von dem gewohnten Orte. So kam es, daß ihn am Ende ein Wagen, der dort vorbeikam, überfuhr.

So geht es auch bei den Menschen: Die in schlechten Gewohnheiten verharren, gehen unversehens zugrunde, ehe sie sich zum Besseren wenden.   (70)

DIE EICHE UND DAS SCHILFROHR

Die Eiche und das Schilfrohr stritten miteinander, wer der
Stärkere sei. Als sich ein heftiger Sturm erhob, schwankte
und beugte sich zwar das Schilfrohr unter dessen Stößen,
in den Wurzeln aber blieb es fest. Die Eiche dagegen widerstand wohl im großen und ganzen, wurde aber dennoch aus
den Wurzeln gehoben.

Die Fabel lehrt, daß man mit den Stärkeren nicht streiten
soll.   (71)

DER FEIGLING, DER EINEN GOLDENEN LÖWEN FAND

Ein feiger Geizhals, der einen goldenen Löwen gefunden
hatte, sprach zu sich selbst: „Ich weiß nicht, was in dieser
Situation aus mir werden soll. Ich bin ganz von Sinnen und
weiß nicht, was zu tun ist. Ich bin geteilt zwischen Habsucht
und Feigheit des Herzens. Welcher Zufall oder welche
Gottheit hat den goldenen Löwen gemacht? Meine Seele
widerstreitet unter solchen Verhältnissen sich selbst. Sie liebt
das Gold, aber sie hat Angst vor dem Geschöpf aus Gold.
Den Fund zu berühren, treibt mich mein Verlangen, aber
der Charakter rät zur Zurückhaltung. O Schicksal, das du
gibst und das Nehmen doch nicht zuläßt! Du Schatz, der
keine Freude in sich birgt! Du Gunst der Götter, die du zur
Ungunst wurdest! Was nun, welcher Möglichkeit soll ich
mich bedienen? Auf welches Mittel soll ich bauen? Ich werde
gehen und meine Hausleute hierherholen. Sie müssen
angesichts ihrer großen Zahl es mit dem Löwen aufnehmen,
und ich werde von weitem zusehen."

Die Fabel paßt auf einen reichen Mann, der es nicht wagt,
seine Schätze anzurühren und davon Gebrauch zu machen.
                                                         (72)

DIE DELPHINE UND DER GRÜNDLING

Die Delphine und die Wale lagen einmal im Kampf miteinander. Als sich ihr Streit lange hinzog und immer heftiger wurde, tauchte ein Gründling auf — es ist das ein kleiner Fisch — und versuchte, sie miteinander auszusöhnen. Doch einer der Delphine fiel ihm ins Wort und sagte: „Laß, es wird für uns zuträglicher sein, wenn wir im Kampf gegeneinander zugrunde gehen, als daß du uns versöhnst!"

So ist es auch mit manchen Menschen: Sie bedeuten nichts; aber wenn es drunter und drüber geht, meinen sie, etwas zu bedeuten.   (73)

DER IMKER

Als der Imker gerade abwesend war, kam einer hinzu und stahl den Honig und die Waben. Bald kehrte jener zurück, und da er die Stöcke leer fand, blieb er stehen, um die Sache in Augenschein zu nehmen. Auch die Bienen fanden sich von ihren Weideplätzen wieder ein, und wie sie den Imker da antrafen, stachen sie ihn mit ihren Stacheln und setzten ihm arg zu. Da sprach jener zu ihnen: „Ach, ihr bösen Tiere, den, der euch die Waben gestohlen hat, habt ihr unversehrt laufenlassen, mich aber, der ich für euch sorge, wollt ihr stechen?"

So hüten sich auch manche Menschen aus mangelnder Einsicht nicht vor ihren Feinden, und ihre Freunde stoßen sie als vermeintliche Widersacher von sich.   (74)

DER DELPHIN UND DER AFFE

Leute, die eine Seefahrt machen, haben die Gewohnheit, sich zur Kurzweil auf die Reise maltesische Hunde und Affen mitzubringen. Und so führte einmal jemand, der eine

Seereise antrat, einen Affen mit sich. Als man bereits die
Gegend von Sunion — das ist das Vorgebirge von Athen —
erreicht hatte, kam plötzlich ein heftiger Sturm auf. Das
Schiff kenterte, alle versuchten, schwimmend durchzukommen, und dasselbe tat der Affe auch. Da erblickte ihn ein
Delphin, und weil der ihn für einen Menschen hielt, hieß
er den Affen aufsitzen und trug ihn davon. Als man in die
Nähe des Piräus kam, des Hafens von Athen, fragte der
Delphin den Affen, ob er seiner Herkunft nach Athener sei.
Als der erwiderte, daß er sogar von recht ansehnlichen
Voreltern abstamme, fragte er ihn weiter, ob er den Piräus
kenne. Und weil der Affe annahm, daß das ein Mensch sei,
erwiderte er, er sei mit diesem sogar eng befreundet. Verärgert über solche Lügenreden, warf der Delphin den Affen
ab und ertränkte ihn.

Die Fabel zielt auf einen Lügner. (75)

DER HIRSCH UND DER LÖWE

Ein Hirsch begab sich, vom Durst geplagt, zu einer Quelle.
Als er beim Trinken sein Abbild im Wasser erblickte, da
freute er sich über sein Geweih, dessen Größe und merkwürdige Gestaltung er bewunderte, während ihm seine
Beine Anlaß zu heftigem Ärgernis boten, weil sie ihm dünn
und schwach schienen. Während er noch seinen Betrachtungen nachhing, erschien der Löwe und scheuchte ihn auf.
Der Hirsch lief eilends davon und gewann einen erheblichen Vorsprung. Solange nun die Gegend eben war, rettete
jenen sein Vorsprung; als er aber in ein Waldgebiet kam,
da geschah es, daß sich sein Geweih in den Zweigen verhedderte, er nicht weiterlaufen konnte und festgehalten
wurde. Während ihm der Tod vor Augen stand, sprach er
zu sich selber: „Ich Dummkopf, durch das, wodurch ich
glaubte verloren zu sein, wurde ich gerettet, und von dem,
auf das sich vornehmlich mein Vertrauen setzte, fand ich
den Tod."

Oft schon sind in Gefahren Freunde, denen man arg-
wöhnisch begegnete, zu wahren Rettern geworden und die,
denen man besonders vertraute, zu Verrätern.   (76)

DER HIRSCH

Ein Hirsch, der auf einem Auge blind war, kam an einen
Strand und weidete dort, das gesunde Auge, das auf das
Herankommen von Jägern achtete, aufs Land, das blinde
auf die See gerichtet; denn von dorther erwartete er keine
Gefahr. Da kamen Leute in einem Boot an der Gegend
vorübergefahren, erblickten den Hirsch und erlegten ihn
leicht. Und als er seine Seele aushauchte, sprach er zu sich
selbst: ,,Ach, ich Unglücklicher, vor dem Lande habe ich
mich in acht genommen, weil ich es fürchtete; viel widriger
aber war mir die See, bei der ich meine Zuflucht suchte!''

So stellen sich oftmals gegen unsere Annahme Dinge, die
uns widrig scheinen, als hilfreich heraus und das, was wir
für heilsam halten, als verderblich.   (77)

DER HIRSCH UND DER LÖWE

Auf der Flucht vor Jägern kam ein Hirsch zu einer Höhle,
in der ein Löwe lag, und ging hinein, um sich zu verbergen.
Als der Löwe ihn packte und zerriß, da rief er: ,,O ich
Unseliger, der ich, den Menschen entrinnend, mich einem
wilden Tier auslieferte!''

So geht es auch manchen Menschen: Aus Furcht vor ge-
ringeren Gefahren stürzen sie sich in das größere Übel.
                                                (78)

DER HIRSCH UND DER WEINSTOCK

Ein Hirsch versteckte sich, von den Jägern verfolgt, unter einem Weinstock. Als nun die Jäger vorüber waren und er sich außer Gefahr glaubte, verzehrte er die Blätter des Weinstocks. Doch einer von den Jägern drehte sich um, entdeckte den Hirsch, richtete seinen Speer auf ihn und traf ihn. Im Verenden sprach dieser stöhnend zu sich selbst: „Ich muß zu Recht leiden, denn ich habe mich an dem Weinstock vergangen, der mich gerettet hatte."

Diese Fabel könnte man auf Leute beziehen, die Gutes mit Bösem vergelten und darum von Gott heimgesucht werden.

(79)

DIE SEEFAHRER

Ein paar Männer bestiegen ein Schiff und unternahmen eine Seefahrt. Als sie auf die hohe See hinausgekommen waren, geschah es, daß sich ein schrecklicher Sturm erhob und das Schiff beinahe unterging. Da zerriß mancher unter den Fahrgästen seine Kleider, flehte mit Stöhnen und Wehklagen zu den heimischen Penaten und gelobte, Dankopfer zu bringen, wenn man nur überlebte. Als aber der Sturm aufgehört hatte und wieder Ruhe eingetreten war, machten sich die Seefahrer ans Schmausen, tanzten und sprangen, da sie ja unerwartet gut davongekommen waren. Und sturmerprobt, wie er war, sagte der Steuermann zu ihnen: „Nun, Freunde, so fröhlich müßt ihr sein, wenn es allfällig wieder einmal stürmen sollte."

Die Fabel lehrt, daß man die Launenhaftigkeit des Schicksals bedenken und sich im Glück nicht über die Maßen erheben soll.   (80)

DIE KATZE UND DIE MÄUSE

In einem Hause gab es viele Mäuse. Die Katze erfuhr davon, begab sich in das Haus und fing eine nach der anderen, um sie aufzufressen. Als die Mäuse immer weniger wurden, verkrochen sie sich in ihren Löchern; dort konnte sie die Katze nicht mehr erreichen, und deshalb beschloß sie, jene mit List herauszuholen. Also stieg sie auf einen Holzpflock, hängte sich daran und stellte sich tot. Eine von den Mäusen, die hervorlugte, sah das und rief: „Ach du, selbst wenn du ein Sack wärest, näher komme ich dir doch nicht!"

Die Fabel lehrt: Wenn kluge Leute die Bosheit gewisser Mitmenschen erfahren haben, dann lassen sie sich durch deren Heucheleien nicht mehr täuschen.   (81)

DIE FLIEGEN

In einer Vorratskammer war Honig verschüttet worden. Da kamen die Fliegen herbeigeflogen und kosteten davon, und wegen des angenehm süßen Geschmacks konnten sie gar nicht mehr aufhören. Dabei klebten ihre Beine fest, so daß sie außerstande waren, wieder davonzufliegen. Während sie so erstickten, sagten sie zueinander: „Wie dumm sind wir doch, daß wir um eines kurzen Genusses willen zugrunde gehen müssen!"

So wird für viele ihre Naschsucht zur Ursache ihres Unglücks.   (82)

DER FUCHS UND DER AFFE

In einer Versammlung der Tiere tanzte der Affe, und weil er viel Anerkennung fand, wurde er von den anderen zum König erwählt. Der Fuchs neidete ihm den Erfolg. Als er nun in einer Falle ein Stück Fleisch liegen sah, führte er den Affen dorthin und sagte: „Ich habe einen Schatz gefunden,

wollte aber nicht Gebrauch davon machen, sondern habe
ihn als Ehrengabe für deine Majestät aufbewahrt. So rate
ich dir, ihn zu nehmen." Unbedacht kam der Affe heran
und wurde von der Falle erfaßt. Als er nun den Fuchs beschuldigte, daß der ihm diesen Hinterhalt gelegt habe, erwiderte jener: „Du Affe, wie willst du mit so wenig Verstand
König der Tiere sein?"

So geht es denen, die ohne Vorbedacht an ihre Aufgaben
herantreten; zum Schaden ernten sie auch noch den Spott.

(83)

DER ESEL, DER HAHN UND DER LÖWE

In einem Pferch befanden sich ein Esel und ein Hahn. Als
ein hungriger Löwe den Esel erblickte, dachte er daran,
einzudringen und jenen zu verspeisen. Da fing der Hahn
an zu krähen. Über dieses Geräusch erschrak der Löwe —
es heißt ja, daß die Löwen vor der Stimme der Hähne Angst
haben — und trollte sich. Der Esel aber, mutig geworden,
weil der Löwe wirklich vor dem Hahn davongelaufen sei,
machte sich auf, um jenen zu verfolgen. Als aber der Löwe
weit genug entfernt war, drehte er sich um und verzehrte
den Esel.

So geht es manchen Menschen: Sie sehen ihre Feinde gedemütigt, dadurch wächst ihre eigene Tollkühnheit, und
ohne daß sie es merken, werden sie die Beute ihrer Feinde.

(84)

DER AFFE UND DAS KAMEL

Bei einer Versammlung der Tiere trat der Affe auf und
tanzte. Als er bei allen viel Beifall und Anerkennung fand,
wurde das Kamel neidisch und wollte es ihm gleichtun. Also
stand es auf und versuchte auch seinerseits zu tanzen. Weil
es jedoch nur Albernheiten zustande brachte, wurden die
Tiere böse und jagten es mit Stockschlägen davon.

Diese Fabel paßt auf solche Leute, die aus Neid mit Überlegenen in Konkurrenz treten und dabei zu Fall kommen.

(85)

DIE BEIDEN KÄFER

Auf einem Inselchen weidete ein Stier. Von dessen Mist
ernährten sich zwei Käfer. Als nun der Winter anbrach,
sagte der eine zu dem anderen, er wolle auf das Festland
hinüberfliegen; für den anderen allein werde es hier genug
zu fressen geben, und er selber würde drüben überwintern.
Und wenn er, sagte er weiter, ergiebige Weide finde, so
wolle er ihm auch etwas bringen. Auf dem Festland angelangt, fand er reichlich Mist vor, und zwar sogar feuchten;
er blieb darum dort und ließ es sich gut gehen. Als der
Winter vorüber war, flog er auf die Insel zurück. Der andere
sah ihn, wie er fett und wohlgenährt war, und hielt ihm vor,
warum er trotz seines früheren Versprechens nichts gebracht habe. Da erwiderte der erste: „Nicht mich, sondern
die Natur jener Gegend mußt du tadeln. Denn man kann
dort gut leben, kann aber nichts mitnehmen.“

Die Fabel dürfte auf die Leute passen, bei denen Freundschaft nur bis zu guter Bewirtung geht, die aber darüber
hinaus für ihre Freunde nichts übrig haben.   (86)

DAS FERKEL UND DIE SCHAFE

In eine Herde Schafe geriet ein Ferkel und weidete mit
ihnen. Als es einmal der Hirt packte, da schrie es laut und
widersetzte sich. Die Schafe machten ihm Vorhaltungen
wegen seines Lärmens und sagten: „Packt er uns nicht
dauernd, ohne daß wir deswegen schreien?“ Doch das
Ferkel erwiderte: „Aber es ist nicht dasselbe, wenn er euch
oder mich packt. Euch fängt er nämlich wegen der Wolle
oder wegen der Milch, mich aber wegen des Fleisches.“

Die Fabel beweist, daß die mit Recht in Klagen ausbrechen, bei denen nicht Geld und Gut, sondern das Leben in Gefahr steht.   (87)

DIE DROSSEL

In einem Myrtenhain nistete eine Drossel und konnte sich von den süßen Früchten nicht trennen. Doch ein Vogelsteller lauerte ihr an dem Orte auf, an dem sie so gern verweilte, und fing sie mit seiner Leimrute. Und als es ans Sterben ging, da sagte sie: „Ich Unglückselige, die ich der süßen Früchte wegen mein Leben verliere!"

Die Geschichte zielt auf einen zügellosen Genießer.

(88)

DIE GANS, DIE GOLDENE EIER LEGTE

Hermes wurde von einem Manne über die Maßen verehrt und schenkte ihm darum eine Gans, die goldene Eier legte. Der Beschenkte aber wollte den ihm mit der Zeit zuteil werdenden Nutzen nicht abwarten, weil er vermutete, die Gans würde alle ihre Innereien aus Gold haben, und schlachtete sie deshalb ohne Verzug. Dadurch geschah es, daß er nicht nur in seiner Erwartung getäuscht wurde, sondern auch noch ihrer Eier verlustig ging; denn in ihrem Inneren fand er nur Fleisch.

So geben oftmals die Habgierigen aus der Sucht nach mehr sogar das preis, was sie in den Händen haben.   (89)

HERMES UND DER BILDHAUER

Weil Hermes erfahren wollte, in welchem Ansehen er bei den Menschen stehe, begab er sich in Menschengestalt in die Werkstatt eines Bildhauers. Dort erblickte er eine Statue des Zeus und fragte: „Wieviel kostet die?" Während der

Bildhauer „Eine Drachme" antwortete, fragte er lachend
weiter: „Und wieviel kostet die der Hera?" — „Etwas mehr",
war die Antwort. Da fiel der Blick auf sein eigenes Stand-
bild, und der Gott dachte bei sich, daß die Menschen ihn,
den Götterboten und Gewinnbringer, hoch bewerten
müßten. Darum fragte er nochmals: „Und wieviel kostet
der?" Der Bildhauer erwiderte: „Nun, wenn du die beiden
andern kaufst, dann bekommst du den als Zugabe."

Auf einen eitlen Fatzken, der bei den andern nichts gilt,
paßt diese Fabel. (90)

HERMES UND TEIRESIAS

Einmal wollte Hermes die Seherkunst des Teiresias auf ihre
Wahrheit hin erproben. Er stahl ihm darum die Ochsen vom
Acker, begab sich in Menschengestalt zu ihm in die Stadt
und ließ sich von ihm als Gast empfangen. Als man Teiresias
von dem Verlust seiner Zugtiere in Kenntnis setzte, wanderte er mit Hermes in die Vorstadt, um wegen des Diebstahls
den Vogelflug zu beobachten; seinen Begleiter bat er dabei,
ihm zu sagen, welchen Vogel er jeweils sehe. Und Hermes
erblickte als erstes einen Adler, der von links nach rechts
flog, und meldete das dem Seher. Doch der erklärte, der
Adler gehe sie nichts an. Als zweites bemerkte der Gott eine
Krähe, die auf einem Baume saß und bald nach oben
schaute, bald sich nach unten beugte; das teilte er Teiresias
mit. Der fiel ihm sogleich ins Wort: „Aber ja, diese Krähe
schwört feierlich bei Himmel und Erde, daß ich, wenn du
es nur willst, meine Ochsen wiederbekommen werde."

Diese Fabel sollte man in bezug auf einen Spitzbuben anwenden. (91)

DIE NATTER UND DIE WASSERSCHLANGE

Die Natter kam regelmäßig zu einer Quelle und trank
daraus. Die dort wohnende Wasserschlange wollte sie
daran hindern, verärgert darüber, daß jene sich nicht
mit dem eigenen Bezirk begnüge, sondern noch in
den fremden Lebensbereich eindringe. Als der Streit
immer heftiger wurde, einigten sie sich schließlich darauf, miteinander zu kämpfen; dem Sieger solle das Ver-
fügungsrecht über Wasser und Land zuteil werden. Als
man bereits den Termin anberaumt hatte, erschienen
die Frösche, weil sie die Wasserschlange haßten, bei der
Natter, sprachen ihr Mut zu und erboten sich, selber
an ihrer Seite zu kämpfen. Als nun die Schlacht begann,
da kämpfte die Natter gegen die Wasserschlange, die
Frösche jedoch, die weiter nichts tun konnten, erhoben
ein großes Gequake. Nachdem die Natter den Sieg davon-
getragen hatte, machte sie ihnen darum Vorwürfe; sie
hätten ihr Bundesgenossenschaft versprochen, im Ver-
laufe des Kampfes jedoch nicht nur keine Hilfe geleistet,
sondern sogar noch gesungen. Die Frösche aber erwiderten ihr: „Du mußt wissen, daß unsere Bundesgenossenschaft nicht im Handanlegen, sondern im Stimmeerheben
besteht."

Die Fabel zeigt, daß da, wo es der Hände bedarf, eine Hilfe
bloß mit Worten nichts nützt.   (92)

DER HUND UND SEIN HERR

Jemand besaß einen Malteserhund und einen Esel und gab
sich fortwährend mit dem Hund ab. Und wenn er einmal
auswärts speiste, dann brachte er dem Hund etwas mit und
warf es ihm vor, wenn er sich schweifwedelnd an ihn her-
andrängte. Der Esel, der darauf neidisch geworden war,
kam ebenfalls herbeigelaufen, sprang hoch und stieß dabei
seinen Herrn mit dem Fuß an. Der geriet dadurch in

Unwillen, hieß den Esel verprügeln, abführen und an seine Krippe binden.

Die Fabel zeigt, daß nicht alle für dasselbe befähigt sind.

(93)

DIE BEIDEN HUNDE

Jemand hatte zwei Hunde, von denen richtete er den einen für die Jagd, den anderen für das Haus ab. Und immer wenn der Jagdhund zur Jagd unterwegs gewesen war und etwas mitgebracht hatte, warf der Herr ein Stück davon auch dem andern Hunde hin. Das ärgerte den Jagdhund, und er schalt den zweiten deswegen, daß er selber hinaus müsse und sehr viel auszustehen habe, während der andere nichts tue und von seinen, des ersteren Mühen ein gutes Leben habe. Doch der Haushund erwiderte: „Nicht mich mußt du tadeln, sondern den Herrn, der mich nicht dazu erzogen hat, selber zu arbeiten, sondern dazu, von der Arbeit anderer zu leben."

So darf man auch die Unbekümmertheit der Kinder nicht schelten, wenn ihre Eltern sie dazu anhalten. (94)

DIE NATTER UND DIE FEILE

Die Natter begab sich in die Werkstatt eines Schmieds und forderte von den Werkzeugen eine milde Gabe. Nachdem sie von allen erhalten hatte, kam sie zu der Feile und bat auch diese, ihr etwas zu schenken. Doch die ließ sie gar nicht zu Ende sprechen, sondern sagte: „Du bist wirklich dumm, wenn du meinst, von mir etwas holen zu können. Denn nicht zu geben bin ich gewohnt, sondern von allen zu nehmen."

Die Fabel zeigt, wie einfältig diejenigen sind, welche von Geizhälsen etwas zu gewinnen hoffen. (95)

DER VATER UND SEINE TÖCHTER

Ein Vater hatte zwei Töchter; die eine gab er einem Gärtner zur Frau, die andere einem Töpfer. Nachdem einige Zeit vergangen war, kam er zu der Gärtnersfrau und fragte sie, wie es ihr gehe und wie ihre Geschäfte stünden. Sie hätten alles, antwortete die Gefragte, nur um eines beteten sie zu den Göttern, daß nämlich ausgiebig Regen komme, weil das Gemüse Feuchtigkeit brauche. Nicht viel später traf der Vater auch die Töpfersfrau und erkundigte sich bei ihr in gleicher Weise nach dem Befinden. An allem anderen, erwiderte die, hätten sie keinen Mangel, nur darum müßten sie beten, daß blauer Himmel bleibe und strahlender Sonnenschein, damit der Ton gut trockne. Da sagte der Vater zu ihr: „Wenn du also Sonnenschein verlangst und deine Schwester Regen, mit wem von euch beiden soll ich mich dann im Gebet vereinen?"

So geht es Leuten, die sich zur selben Zeit mit einander widersprechenden Dingen befassen; nach aller Wahrscheinlichkeit straucheln sie beide Male. (96)

DER MANN UND SEINE FRAU

Einer hatte eine Frau, die war mit allen im Hause verfeindet; so wollte er wissen, ob sie es mit den Leuten in ihrem Elternhause genauso halten werde. Darum schickte er sie unter einem guten Vorwand zu ihrem Vater. Als sie schon wenige Tage später zurückkehrte, fragte er sie, wie man sie aufgenommen habe. Als sie erwiderte: „Die Rinder- und die Schafhirten haben mich böse angesehen", sagte der Mann zu ihr: „Ja, liebe Frau, wenn du nicht einmal mit denen auskommst, die am frühen Morgen schon ihre Herden hinaustreiben und erst am späten Abend heimkehren, wie mag es dir dann erst mit denen ergangen sein, die mit dir den ganzen Tag zusammen waren?"

So läßt sich am Geringen oft Großes und am Augenfälligen
oft das Unsichtbare erkennen.   (97)

DIE NATTER UND DER FUCHS

Die Natter wurde auf einem Bund Disteln von einem Flusse
fortgeschwemmt. Der Fuchs, der das sah, rief: „Dem Schiffe
entspricht der Schiffsherr."

Auf einen schlechten Menschen, der sich auf zweifelhafte
Geschäfte einließ, geht diese Fabel.   (98)

DAS GEISSLEIN UND DER WOLF

Ein Geißlein, das hinter seiner Herde zurückgeblieben war,
wurde vom Wolf verfolgt. Plötzlich drehte es sich um und
sagte zu dem Wolf: „Ich bin mir gewiß, Wolf, daß ich dir
zur Speise dienen werde. Aber damit ich nicht ganz un-
rühmlich sterbe, mußt du Flöte spielen, und ich will dazu
tanzen." Während nun der Wolf flötete und das Geißlein
tanzte, wurden die Hunde aufmerksam und machten sich
hinter dem Wolf her. Der drehte sich um und sagte zu dem
Geißlein: „Das geschieht mir ganz recht. Schlächter von Be-
ruf, hätte ich nicht den Flötenspieler nachahmen sollen."

So verlieren die, welche gegen das Gebot der Stunde
handeln, sogar das noch, was sie in den Händen haben.
                                                                (99)

DER WOLF UND DAS GEISSLEIN

Das Geißlein verspottete, auf einem Dache stehend, den
daherkommenden Wolf. Doch der sagte zu ihm: „Nicht du
verspottest mich, sondern dein Standort."

Die Fabel beweist, daß günstige Gelegenheiten Mut machen
gegenüber den Stärkeren.   (100)

DER STATUENVERKÄUFER

Einer hatte eine hölzerne Hermesfigur angefertigt und bot sie auf dem Markte feil. Als sich kein Käufer einfand, rief er, um Vorübergehende zum Kauf anzulocken, daß er einen wohltätigen und gewinnbringenden Gott anzubieten habe. Da kam einer aus der Menge herzu und sagte zu dem Manne: „Lieber Freund, warum willst du, wenn das ein solcher Gott ist, ihn verkaufen, wo du es doch selber nötig hättest, sich seiner Wohltaten zu erfreuen?" Der Angesprochene erwiderte: „Weil ich einer möglichst schnellen Hilfe bedarf, der Gott aber seine Gaben nur gemächlich zu gewähren pflegt."

Auf einen habgierigen Verächter der Götter zielt diese Geschichte. (101)

ZEUS, PROMETHEUS, ATHENE UND MOMOS

Als Zeus den Stier, Prometheus den Menschen und Athene das Haus geschaffen hatten, wählten sie sich Momos als Schiedsrichter in ihrem Wettstreit. Voller Neid auf jene Schöpfungen begann dieser zu mäkeln. Zeus habe unzulänglich gearbeitet, weil er die Augen des Stiers nicht auf die Hörner setzte, so daß dieser sehen könnte, wohin er stößt. An Prometheus tadelte er, daß er die Seele des Menschen nicht außen angehängt habe; die Bösewichte würden dann nicht verborgen bleiben, und es würde offenbar werden, was ein jeder im Sinne hat. Als drittes bemerkte er, Athene hätte an ihrem Haus Räder anbringen sollen, damit, wenn einer neben einen bösen Nachbarn zu wohnen käme, er sich leicht entfernen könne. Über so viel Mäkelei ergrimmte Zeus und warf den Momos aus dem Olymp.

Die Fabel lehrt, daß nichts so vollkommen ist, daß sich nicht irgend etwas daran tadeln ließe. (102)

DIE KRÄHE UND DIE VÖGEL

Zeus wollte einen König der Vögel einsetzen und bestimmte daher einen Zeitpunkt, zu dem diese erscheinen sollten. Da lief die Krähe, die sich ihrer Häßlichkeit wohlbewußt war, überall herum, sammelte die Federn auf, die den anderen Vögeln ausgefallen waren, und heftete sie sich selber an. Als nun jener Tag herankam, trat sie buntgeschmückt vor Zeus. Der war gesonnen, sie wegen ihres guten Aussehens zum König zu machen; doch die anderen Vögel wurden unwillig darüber, bildeten einen Kreis um die Krähe, und ein jeder nahm die ihm gehörige Feder wieder an sich. So geschah es, daß diese, ihrer Herrlichkeit entblößt, aufs neue zur Krähe wurde.

So geht es auch bei den Menschen mit den Schuldnern. Solange sie das fremde Geld haben, erwecken sie den Eindruck, als wären sie etwas; sobald sie es aber zurückgeben müssen, befinden sie sich in derselben Verfassung wie von Anfang an.   (103)

HERMES UND DIE ERDE

Als Zeus Mann und Frau geschaffen hatte, befahl er Hermes, sie auf die Erde zu geleiten und ihnen zu zeigen, wo sie graben und ihre Behausung einrichten müßten. Hermes führte seinen Auftrag aus, doch die Erde widersetzte sich ihm anfänglich. Als sie aber der Gott zwang mit dem Hinweis, daß Zeus es so angeordnet habe, sagte sie: ,,So mögen sie graben, soviel sie wollen! Denn unter Seufzen und Weinen werden sie, was sie herausgruben, zurückgeben.''

Auf Leute, die leichtsinnig Darlehen aufnehmen, aber nur mit Bedauern das Geliehene zurückgeben, paßt diese Fabel.
                                                         (104)

HERMES

Zeus befahl Hermes, allen Handwerkern ein Lügengift
einzugeben. Der rieb das Gift, setzte ein gleiches Maß fest
und flößte es einem jeden ein. Als nun nur noch der
Schuster übrigblieb, jedoch noch viel Gift vorhanden war,
nahm er den Mörser und ergoß den ganzen Inhalt auf
jenen. Von daher kommt es, daß es die Handwerker allesamt mit der Wahrheit nicht genau nehmen, am wenigsten
aber die Schuster.

Die Fabel paßt gut auf einen Lügner.   (105)

DER WAGEN DES HERMES UND DIE ARABER

Hermes fuhr einstens mit einem Wagen, der mit Lügen,
Hinterlist und Betrug beladen war, über Land und verteilte
an jedem Orte ein bißchen von seiner Last. Als er aber ins
Araberland kam, so erzählt man sich, schüttete der Wagen
plötzlich um. Die Araber raubten die vermeintlich wertvolle
Ladung und verhinderten so, daß sie zu den anderen
Menschen gelangte.

Die Araber sind nämlich die allerschlimmsten Lügner und
Betrüger; in ihren Reden gibt es keine Wahrheit.
                                                       (105a)

ZEUS UND APOLLON

Zeus und Apollon hatten einst einen Wettstreit im Bo-
genschießen. Nachdem Apollon den Bogen gespannt und
seinen Pfeil ausgesandt hatte, machte Zeus bloß einen
Schritt, so weit, wie Apollon geschossen hatte.

Wer mit dem Stärkeren wetteifert und es ihm doch nicht
gleichtun kann, hat nur den Spott noch dazu.   (106)

DAS PFERD, DAS RIND, DER HUND UND DER MENSCH

Als Zeus den Menschen schuf, gab er ihm nur eine geringe Lebenszeit. Doch der Mensch bediente sich seines Verstandes, und als der Winter nahte, baute er sich ein Haus und wohnte darin. Die Kälte wurde heftig, und es gab viel Regen, da konnte es das Pferd nicht mehr ertragen, eilte zu dem Menschen und bat ihn, es zu beherbergen. Der sagte, das könne er nur unter der Bedingung tun, daß es ihm von seinen eigenen Lebensjahren einen Teil abgebe. Darauf ließ sich das Pferd gern ein. Wenig später erschien das Rind, das gleichfalls die Kälte nicht mehr aushalten konnte. Und da der Mensch wiederum erklärte, er werde es nicht aufnehmen, es sei denn, daß es ihm eine Anzahl seiner Lebensjahre abtrete, gab auch das Rind seinen Teil, um Unterkunft zu finden. Schließlich erschien, von der Kälte beinah aufgerieben, der Hund, trat ein Stück seiner Lebenszeit ab und erlangte dafür Schutz. So ist es dahin gekommen, daß die Menschen, solange sie sich in dem von Zeus zugebilligten Lebensalter befinden, gut und tüchtig sind; erreichen sie die Jahre des Pferdes, werden sie prahlerisch und hochnäsig; kommen sie in die Jahre des Rindes, so sind sie herrschsüchtig, und erreichen sie gar die Lebenszeit des Hundes, werden sie jähzornig und bissig.

Diese Fabel läßt sich auf einen griesgrämigen, starrsinnigen Alten anwenden.   (107)

ZEUS UND DIE SCHILDKRÖTE

Als Zeus Hochzeit hielt, hatte er alle Tiere zu Gast. Allein die Schildkröte war zu spät gekommen. Da Zeus den Grund dafür wissen wollte, fragte er sie am nächsten Tage, warum sie als einzige nicht rechtzeitig zu dem Festmahl erschienen sei. Über ihre Antwort: „Mein Haus ist mir lieb, mein Haus ist das beste" wurde er böse und richtete es so ein, daß die Schildkröte immer ihr Haus mit sich herumtragen muß.

Ebenso ziehen es auch viele Menschen vor, schlicht unter eigenem Dach zu wohnen als aufwendig bei Freunden zu leben.   (108)

ZEUS UND DER FUCHS

Da Zeus den Fuchs wegen der Schärfe und Wendigkeit seines Verstandes bewunderte, übertrug er ihm die Herrschaft als König der Tiere. Weil er aber erfahren wollte, ob der Fuchs mit der Veränderung seines Geschickes zugleich auch seine Habsucht abgelegt habe, ließ er ihm, während er in einer Sänfte getragen wurde, einen Käfer vor die Augen kommen. Da konnte der Fuchs nicht widerstehen, sondern sprang, als der Käfer um die Sänfte herumflog, wider alle Ordnung auf und versuchte, jenen zu fangen. Deshalb wurde Zeus böse auf ihn und versetzte ihn in seinen früheren Stand zurück.

Die Fabel zeigt, daß nichtswürdige Menschen, auch wenn sie noch so glänzende Masken annehmen, ihr Wesen doch nicht ändern.   (109)

ZEUS UND DIE MENSCHEN

Als Zeus die Menschen schuf, gebot er dem Hermes, ihnen Verstand einzuflößen. Der setzte für jeden das gleiche Maß an und gab es entsprechend ein. Dabei geschah es, daß für die Kleingewachsenen das Maß ausreichte und sie klug wurden, während die Langgeratenen, weil die Flüssigkeit nur ihre Knie, nicht aber den ganzen Körper erreichte, dümmer ausfielen.

Auf einen körperlich stattlichen, geistig jedoch beschränkten Mann zielt diese Fabel.   (110)

DIE MENSCHEN UND ZEUS

Als Zeus die Tiere erschaffen, so berichtet die Sage, und einem jeden nach seinem Willen gegeben hatte, dem einen Kraft, dem andern Schnelligkeit, dem dritten Flügel, da stand der Mensch noch nackt da und sprach: „Mich allein hast du sonder Gnade gelassen." Der Gott antwortete ihm: „Du bist nur unempfänglich für deine Gabe, wiewohl du die größte erlangt hast. Denn du besitzt Vernunft, die bei Göttern und Menschen gilt; nichts ist stärker, nichts ist schneller als sie." Da erkannte der Mensch seine Gabe, ehrte den Gott und ging dankbaren Herzens von dannen.

Wirklich gibt es unter denen, die von Gott durch Vernunft ausgezeichnet wurden, etliche, die diese Gnade nicht erkennen und statt dessen die Tiere beneiden, die doch weder fühlen noch denken können.   (110a)

ZEUS UND DIE SCHAM

Als Zeus die Menschen bildete, gab er ihnen sogleich alle anderen Anlagen mit, nur die Scham hatte er vergessen. In Verlegenheit, von woher er sie einführen könnte, hieß er sie schließlich durch den After ihren Einzug halten. Die Scham widersetzte sich zunächst und empörte sich über das unwürdige Ansinnen; als Zeus sie aber heftig bedrängte, sagte sie: „Nun, unter der einen Bedingung will ich meinen Einzug halten, daß ich sogleich wieder ausziehen werde, sollte noch etwas anderes auf demselben Wege wie ich hineinkommen." Seither ist es so, daß die Päderasten keine Scham besitzen.

Diese Fabel könnte man auf einen perversen Mann beziehen.   (111)

DER HEROS

Jemand hatte einen Heros in seinem Hause, dem brachte er überreiche Opfer dar. Als er nun seinen Aufwand immer mehr steigerte und große Mittel für die Opfer verwandte, erschien ihm eines Nachts der Heros und sagte: „Hör auf, lieber Freund, dein Vermögen zu verschwenden! Denn wenn du alles aufgebraucht hast und mittellos dastehst, dann wirst du mir die Schuld geben."

So schieben viele, die durch eigenen Unverstand Unglück leiden, die Schuld auf die Götter.   (112)

HERAKLES UND DER REICHTUM

Als Herakles, göttergleich geworden, von Zeus bewirtet wurde, begrüßte er einen jeden der Götter mit viel Freundlichkeit. Doch als zuletzt der Gott des Reichtums eintrat, blickte der Held zu Boden und wandte sich ab. Darüber verwundert, fragte ihn Zeus, weswegen er, der doch die andern alle freundlich angesprochen habe, den Gott des Reichtums schief ansehe. Jener antwortete: „Ihn allein mag ich nicht leiden; denn solange ich unter den Menschen weilte, mußte ich erfahren, daß er meistenteils bei den Bösen wohnte."

Die Fabel könnte auf einen Mann gemünzt sein, der durch Zufall reich, seinem Charakter nach jedoch schlecht war.
                                                     (113)

DIE AMEISE UND DIE GRILLE

Es war kalter Winter, und Schnee fiel vom Olymp. Die Ameise hatte zur Erntezeit viel Speise eingetragen und ihre Scheuern damit angefüllt. Die Grille hingegen kauerte in ihrem Loch und litt gar sehr, von Hunger und arger Kälte geplagt. Sie bat darum die Ameise, ihr von ihrer Speise

abzugeben, damit sie davon essen könne und nicht zu
sterben brauche. Doch die Ameise sprach zu ihr: „Wo warst
du denn im Sommer? Warum hast du zur Erntezeit nicht
Speise eingetragen?" Darauf die Grille: „Ich habe gesungen
und mit meinem Gesang die Wanderer erfreut." Da lachte
die Ameise laut und rief: „So magst du im Winter tanzen!"

Die Fabel zeigt, daß es nichts Besseres gibt, als für die
notwendige Nahrung zu sorgen, und daß man sich nicht bei
Lust und Tanz ergehen soll.   (114)

DER THUNFISCH UND DER DELPHIN

Der Thunfisch, den der Delphin verfolgte, wurde mit
großer Geschwindigkeit durch die Wellen getragen. Als der
Verfolger ihn gerade einholen wollte, da geschah es, daß er
durch den enormen Schwung unversehens auf den Strand
geworfen wurde. Von derselben Bewegung wurde auch der
Delphin ergriffen und mit ihm zusammen hinausgeschleu-
dert. Als das der Thunfisch sah, wandte er sich, schon in
den letzten Zügen liegend, an den Delphin: „Jetzt ist mir
der Tod nicht mehr schmerzlich, sehe ich doch, daß der,
der daran Schuld trägt, mit mir zusammen sterben muß."

Die Fabel lehrt, daß die Menschen ihr Unglück leicht tragen,
wenn sie nur feststellen, daß es denen, die daran schuld
haben, ebenfalls schlecht geht.   (115)

DER ARZT UND DER PATIENT

Ein Arzt nahm an der Beisetzung eines Bekannten teil.
Dabei äußerte er sich zu den Trauergästen: „Wenn dieser
Mann keinen Wein getrunken und ein Klistier genommen
hätte, wäre er nicht gestorben." Doch einer der Anwesenden fiel ihm ins Wort: „Lieber Freund, das solltest du nicht

jetzt sagen, wo es ohne Nutzen ist; damals hättest du ihm raten müssen, als er von dem Rat auch Gebrauch machen konnte."

Die Fabel zeigt, daß man den Freunden zu Hilfe kommen muß, wenn sie der Hilfe bedürfen, sie aber nicht lächerlich machen soll, wenn etwas schiefgegangen ist.   (116)

DER VOGELSTELLER UND DIE SCHLANGE

Ein Vogelsteller nahm Mistelleim und seine Ruten und begab sich auf die Jagd. Als er eine Drossel auf einem hohen Baume sitzen sah, traf er Anstalten, sie zu fangen. Entsprechend verlängerte er seine Ruten und blickte gespannt und mit voller Aufmerksamkeit in die Luft. Während er sich so ausschließlich nach oben orientierte, trat er unversehens auf eine Schlange, die vor seinen Füßen schlief. Die fuhr eilends herum und biß ihn tödlich. Sein Leben aushauchend, sprach der Vogelsteller zu sich selbst: „Ich Unglücklicher, anderes wollte ich jagen und wurde ungewollt selber in den Tod gejagt!"

So geht es denen, die ihren Nächsten nachstellen; unversehens schlittern sie selber ins Unglück.   (117)

DER KREBS UND DER FUCHS

Der Krebs stieg aus dem Meer und ließ sich an einer Küste nieder. Als der Fuchs, den eben hungerte, seiner ansichtig wurde, lief er herbei und fing ihn. Da meinte der Krebs, als er gerade verspeist werden sollte: „Es geschah mir schon recht; denn wozu wollte ich, der ich ein Meeresbewohner bin, auf dem Lande leben?"

So geht es mit Recht solchen Menschen schlecht, die ihre gewohnten Lebensformen aufgeben und sich auf Dinge legen, die zu ihnen nicht passen.   (118)

DAS KAMEL UND ZEUS

Das Kamel wurde neidisch, als es den Stier mit seinen stolzen Hörnern zu Gesicht bekam, und wünschte sich, ebensolche zu haben. Darum begab es sich zu Zeus und bat ihn, er möchte ihm doch auch Hörner zuteilen. Zeus aber ärgerte sich über das Kamel, daß es sich nicht mit der Größe und Kraft seines Körpers begnügte, sondern noch weitere Wünsche äußerte, und versagte ihm daher nicht nur die Hörner, sondern nahm ihm auch noch ein Stück von den Ohren.

So werden manche, die habgierig mit Fremdem liebäugeln, unversehens noch das los, was sie selber besitzen.

(119)

DER BIBER

Der Biber ist ein Vierfüßler, der im Sumpf lebt. Seine Geschlechtsteile sollen für manche Kuren zu brauchen sein. Darum jagt ihn der Mensch, wenn er ihn zu Gesicht bekommt, weil er jene Organe abschneiden möchte. Der Biber nun weiß, weswegen er verfolgt wird, und läuft daher, auf die Schnelligkeit seiner Füße vertrauend, ein Stück davon, um sich in vollkommene Sicherheit zu bringen.. Wenn man ihn aber faßt, dann beißt er sich die Schamteile ab und wirft sie hin und erlangt so seine Rettung.

In gleicher Weise nehmen kluge Menschen, wenn es um Leben und Tod geht, keine Rücksicht auf Geld und Gut.

(120)

DER GÄRTNER

Zu dem Gärtner, der sein Gemüse begoß, trat einer hinzu und fragte ihn nach dem Grunde, warum das Wildgemüse so üppig und fest, das Edelgemüse dagegen zart und empfindlich ist. Der Gärtner antwortete: „Die Erde ist für die einen Mutter, für die andern Stiefmutter."

So besteht auch bei den Menschen ein Unterschied, ob die Kinder von einer Stiefmutter aufgezogen werden oder ob sie eine Mutter haben.   (121)

DER GÄRTNER UND DER HUND

Der Hund des Gärtners war in einen Brunnen gefallen. Weil sein Besitzer den Hund herausziehen wollte, stieg er selber hinunter. Doch der Hund verstand nicht, weshalb jener zu ihm gekommen war; da er vielmehr glaubte, der Gärtner könnte ihn nur noch mehr untertauchen, biß er ihn. Und unter Schmerzen rief der Gärtner: „Es ist mir ganz recht geschehen! Warum auch versuchte ich, dich von der Gefahr zu befreien, da du dich doch selber hinunterstürztest!"

Auf einen Mann, der undankbar ist und Gutes mit Bösem vergilt, zielt diese Fabel.   (122)

DER SÄNGER

Ein wenig talentierter Sänger sang immerfort in einem kalkgetünchten Raume, und weil seine Stimme volltönend widerhallte, meinte er, er sei besonders gut veranlagt. Das machte ihn sehr stolz, und er glaubte darum, sich im Theater produzieren zu sollen. Als er aber zum Auftritt kam und sehr schlecht sang, bewarfen ihn die Zuhörer mit Steinen und jagten ihn davon.

So geht es auch mit manchen Rednern. Auf den Schulen gelten sie für etwas; wenn sie aber ins politische Leben treten, taugen sie nichts.   (123)

DIE DIEBE UND DER HAHN

Einst drangen Diebe in ein Haus ein, fanden aber nichts als einen Hahn; den nahmen sie mit sich und verschwanden. Als sie aber den Hahn schlachten wollten, bat er sie, sie möchten ihm das Leben schenken; wie nützlich mache er sich doch den Menschen, daß er sie zur Nachtzeit zur Arbeit wecke! Da unterbrachen ihn die Diebe: „Gerade deshalb werden wir dich um so eher schlachten; denn weil du die Leute aufweckst, können wir nicht stehlen."

Daß das, was für die Guten eine Wohltat ist, für die Bösen gerade das Gegenteil bedeutet, zeigt diese Fabel.

(124)

DIE DOHLE UND DIE RABEN

Eine Dohle tat sich durch ihre Größe gegenüber den Stammesgenossen hervor. Weil sie diese darum verachtete, begab sie sich zu den Raben und bat, mit ihnen zusammen leben zu dürfen. Da aber diese mit ihrem Aussehen und ihrer Stimme nicht ins reine kamen, bissen sie die Dohle und jagten sie fort. Von den Raben vertrieben, fand sie zu den Stammesgenossen zurück. Doch verärgert über ihren Hochmut, nahmen die sie nicht auf. So kam es, daß sie weder mit den einen noch mit den anderen zusammen leben durfte.

So geht es auch den Menschen, die ihr Vaterland verlassen und die Fremde vorziehen; dort kommen sie nicht zur Geltung, und die eigenen Leute kehren ihnen den Rücken.

(125)

DER RABE UND DER FUCHS

Ein Rabe hatte ein Stück Fleisch gestohlen und saß damit auf einem Baume. Der Fuchs sah ihn, und weil er sich das Fleisch aneignen wollte, lief er herbei und lobte den Raben.

Er sei stattlich und schön, sagte er, und müsse deshalb König der Vögel werden, und das würde durchaus auch geschehen, wenn er eine Stimme hätte. Der Rabe nun wollte beweisen, daß er eine Stimme besitze; er ließ darum das Fleisch fallen und krächzte laut. Da sprang der Fuchs herzu, packte das Fleisch und sagte: „O Rabe, wenn du auch Verstand besäßest, so hätte nichts gefehlt, und du wärest König über alle geworden."

Auf einen dummen Kerl paßt die Fabel sehr gut.

(126)

DIE KRÄHE UND DER RABE

Die Krähe beneidete den Raben, weil er durch Zeichen den Menschen weissagen und ihre Zukunft verkündigen konnte und deshalb von ihnen als Zeuge angerufen wurde, und wollte es ebensoweit bringen. Als sie nun einmal ein paar Wanderer vorübergehen sah, flog sie auf einen Baum, blieb da sitzen und erhob ein lautes Gekrächze. Die Wanderer achteten auf den Ruf und erschraken darüber, doch einer von ihnen bemerkte: „Gehen wir, Freunde! Das ist eine Krähe, deren Gekrächze hat keine Vorbedeutung."

So geht es auch den Menschen, die mit den Stärkeren in Konkurrenz treten; weil sie es diesen nicht gleichtun können, machen sie sich nur lächerlich. (127)

DIE DOHLE UND DER FUCHS

Die Dohle setzte sich hungrig auf einen Feigenbaum. Sie fand aber nur Bocksfeigen vor, die noch nicht reif waren, und wollte darum warten, bis es richtige Feigen würden. Als der Fuchs sie so lange aushalten sah und den Grund von ihr erfahren hatte, bemerkte er: „Da bist du aber im Irrtum, meine Liebe, wenn du dich an eine Hoffnung klammerst, die dich zwar hinhalten, aber niemals nähren kann!"

Auf einen Streitsüchtigen. (128)

DIE KRÄHE UND DER HUND

Als die Krähe der Athene opferte, lud sie den Hund zu Gast. Der sagte zu ihr: „Was verschwendest du für nichts deine Opfer? Die Göttin haßt dich so sehr, daß sie sogar den Glauben an deine Voraussagen raubt." Die Krähe antwortete darauf: „Gerade darum, weil ich weiß, daß sie mir feind ist, opfere ich der Göttin, um sie mir zu versöhnen."

So tragen viele aus lauter Furcht keine Bedenken, ihren Feinden Gutes zu tun.   (129)

DER RABE UND DIE SCHLANGE

Als der Rabe, dem es an Nahrung fehlte, die Schlange an einer sonnigen Stelle schlafen sah, kam er heruntergeflogen und packte sie. Doch die Schlange drehte sich um und biß ihn. Sterbend bemerkte der Rabe: „Was bin ich doch für ein Unglückswesen, daß ich diesen Glücksfund machte, an dem ich nun zugrunde gehen muß!"

Diese Fabel könnte man auf einen Mann beziehen, der einen Schatz fand und dadurch in Lebensgefahr geriet.
(130)

DIE DOHLE UND DIE TAUBEN

Die Dohle hatte gesehen, wie gut die Tauben in ihrem Taubenschlag lebten. Sie färbte sich daher weiß und flog zu ihnen, um an ebendiesem guten Leben teilzuhaben. Solange sie sich still verhielt, meinten die Tauben, sie sei eine von ihnen, und duldeten sie. Als sie aber einmal versehentlich einen Laut von sich gab, erkannten sie ihre Stimme und jagten sie davon. Nachdem die Dohle so ihr gutes Leben im Taubenschlag verloren hatte, kehrte sie wieder zu ihren Stammesgenossen zurück. Doch die vermochten sie wegen ihrer Farbe nicht zu erkennen und schlossen sie daher von ihrer Gemeinschaft aus. So hatte sie zweierlei zu gewinnen versucht, aber weder das eine noch das andere erreicht.

Also müssen nun auch wir uns mit dem Unsrigen begnügen und dabei bedenken, daß die Habgier nichts nützt, daß sie uns vielmehr das, was uns zusteht, auch noch wegnimmt.

(131)

DER BAUCH UND DIE FÜSSE

Der Bauch und die Füße stritten um ihre Bedeutung. Vor allem, behaupteten die Füße, ergebe sich ihre größere Wichtigkeit daraus, daß sie den Bauch zu tragen hätten. Doch der erwiderte ihnen: „Aber, ihr Lieben, wenn ich euch keine Nahrung zuführte, so könntet ihr mich ja auch nicht tragen!"

Ebenso nützt bei Kriegsheeren die große Menge gar nichts, wenn nicht die Führer die rechten Entschlüsse fassen.

(132)

DIE FLÜCHTIGE DOHLE

Einer hatte eine Dohle gefangen, und nachdem er ihren Fuß mit einem Faden festgebunden hatte, schenkte er sie seinem Sohne. Doch die Dohle mochte das Zusammenleben mit den Menschen nicht aushalten; als sie daher für einen Augenblick frei war, entfloh sie und kehrte in ihr Nest zurück. Weil sich aber der Faden in den Zweigen verfilzte, wurde es ihr unmöglich, davonzufliegen. Den Tod vor Augen, sagte sie zu sich selbst: „Ich Unglückswesen, weil ich die Unfreiheit von seiten der Menschen nicht ertragen wollte, habe ich, ohne es zu merken, dazu noch mein Leben verwirkt!"

Diese Fabel paßt gut auf jene Leute, die sich aus erträglichen Gefahren retten wollen und dadurch ungewollt in größere Bedrängnisse geraten. (133)

DER FURCHTSAME JÄGER UND DIE HOLZHAUER

Ein Jäger war einstens einem Löwen auf der Spur. Und als er einen Holzhauer fragte, ob er nicht die Fährte des Löwen gesehen habe und wisse, wo sich sein Lager befinde, erhielt er zur Antwort: „Nicht nur das; ich kann dir sogar den Löwen zeigen." Da erbleichte der Jäger vor Angst, die Zähne klapperten ihm, und er rief: „Ach, ich suche bloß die Fährte, nicht den Löwen selber."

Gegen die feigen Prahler richtet sich die Fabel, auf die, welche mit Worten viel wagen, aber nicht mit Taten.

(133a)

DER HUND UND DER KOCH

Der Hund kam in eine Küche, und während der Koch gerade beschäftigt war, stahl er ein Herz und machte sich davon. Als der Koch sich umdrehte und ihn laufen sah, bemerkte er: „Wart nur, du Spitzbube, wo du auch sein magst, will ich mich vor dir in acht nehmen!"

Die Fabel lehrt, daß aus Leiden den Menschen oftmals Lehren erwachsen.   (134)

DER HUND UND DER FUCHS

Ein Jagdhund, der einen Löwen erblickt hatte, nahm dessen Verfolgung auf. Als sich aber der Löwe umdrehte und zu brüllen begann, bekam es der Hund mit der Angst zu tun, und er nahm Reißaus. Der Fuchs, der das mit angesehen hatte, sagte: „Du Feigling, du wolltest einen Löwen verfolgen, von dem du nicht einmal das Brüllen ertragen konntest?"

Die Fabel dürfte auf Großmäuler gemünzt sein, die Leute, welche ihnen weit überlegen sind, zu verleumden suchen, aber sogleich den Rückzug antreten, wenn die Angegriffenen Widerstand leisten.   (135)

DER FLEISCH TRAGENDE HUND

Ein Hund, der ein Stück Fleisch trug, watete einst durch einen Fluß. Und als er im Wasser sein Spiegelbild wahrnahm, meinte er, einen anderen Hund zu erkennen, der ein noch größeres Stück Fleisch trage. Darum ließ er das seine los und stürzte sich auf das andere, um es jenem zu entreißen. Auf diese Art verlor er beide, das, welches er begehrte, weil es ja gar nicht vorhanden war, und das, welches er besessen hatte, weil der Fluß es fortriß.

Die Fabel paßt gut auf einen Habgierigen.   (136)

DER HUND UND DER WOLF

Ein Hund lag schlafend vor einem Bauerngut. Der Wolf sah ihn, packte ihn und war drauf und dran, ihn aufzufressen. Da bat der Hund seinen Verfolger, ihn doch vorerst noch einmal laufenzulassen. „Jetzt", sagte er, „bin ich dünn und mager. Aber meine Herrschaft will demnächst ihre Hochzeit ausrichten. Gibst du mich jetzt frei, so wirst du mich später, wenn ich fetter geworden bin, verzehren können." Der Wolf ließ sich davon überzeugen und gab den Hund frei. Als er aber nach ein paar Tagen wiederkam und jenen oben auf dem Herde schlafen sah, berief er sich auf die Vereinbarung und versuchte, ihn damit herunterzulocken. Doch der Hund entgegnete ihm: „Ja, lieber Wolf, wenn du mich wieder einmal vor dem Hause schlafen siehst, brauchst du nicht mehr auf die Hochzeit zu warten."

So ist es auch mit klugen Menschen; wenn sie einmal einer Gefahr entronnen sind, dann nehmen sie sich später in acht.
                    (137)

DIE HUNGERNDEN HUNDE

Hunde, die Hunger litten, erblickten in einem Flusse Häute, die feucht geworden waren. Da sie an die Häute nicht herankamen, verabredeten sie untereinander, zuerst das Wasser auszutrinken, damit sie dann die Häute erreichten. Dabei geschah es, daß sie beim Trinken zerplatzten, ehe ihnen die Häute zugänglich wurden.

So geht es auch manchen Menschen. Auf Gewinn rechnend, stürzen sie sich in gefahrvolle Mühen und verfallen dabei selber in Erschöpfung, ehe sie, was sie wünschten, erlangen.

(138)

DER HUND UND DER HASE

Ein Jagdhund hatte einen Hasen gefangen. Den kniff er mit seinen Bissen, um ihm darauf wieder die Lippen abzulekken. Der Hase verbat sich ein solches Verhalten und sagte: „Mit einem, mein Lieber, mußt du aufhören, entweder mit dem Beißen oder mit dem Küssen, denn ich möchte wissen, ob ich es mit einem Feind oder mit einem Freund zu tun habe."

Auf einen charakterlosen Mann paßt die Fabel recht gut.

(139)

DIE MÜCKE UND DER STIER

Die Mücke setzte sich auf ein Horn des Stieres und verweilte dort lange Zeit. Als sie nun fortfliegen wollte, fragte sie den Stier, ob es ihm erwünscht sei, daß sie sich entferne. Doch der brummte bloß: „Ach, ich habe nicht gemerkt, daß du kamst, und werde es auch nicht merken, wenn du gehst."

Diese Fabel könnte man auf einen Schwächling beziehen, der, gleichgültig, ob er da ist oder nicht, weder Schaden noch Nutzen anrichtet.   (140)

DER NUSSBAUM

Ein Nußbaum stand an einem Wege und wurde von den Vorübergehenden mit Steinen beworfen. Da sagte er seufzend zu sich selber: „Es ist mein Unglück, daß ich Jahr für Jahr mir Schelte und Schmerzen einbringe."

Die Fabel geht auf Leute, die durch ihre eigenen Qualitäten Nachteile haben.   (141)

DAS KAMEL

Als das Kamel von seinem eigenen Herrn gezwungen wurde zu tanzen, da sagte es: „Aber nicht nur beim Tanzen, schon beim bloßen Gehen mache ich eine schlechte Figur!"

Die Fabel paßt auf einen jeden, der etwas Unangemessenes tut.   (142)

DIE HASEN UND DIE FRÖSCHE

Als den Hasen ihre Feigheit bewußt geworden war, kamen sie zu dem Schluß, sie müßten sich das Leben nehmen. Zu diesem Zwecke begaben sie sich auf einen Bergrand, dem ein Teich vorgelagert war. Als nun die Frösche ihr Getrappel vernahmen, suchten sie in den Tiefen des Teiches Schutz. Einer von den Hasen hatte sie beobachtet und wandte sich an die andern: „Nun, wir brauchen uns noch nicht zu entleiben! Denn seht nur, es gibt Tiere, die noch feiger sind als wir!"

So können auch bei den Menschen Schicksalsschläge, die andere erleiden, zum Trost im eigenen Unglück dienen.
                                                               (143)

DIE MÖWE UND DER WEIH

Die Möwe hatte einen Fisch verschlungen, und dabei war ihr die Gurgel geplatzt. So lag sie tot am Strande. Der Weih wurde ihrer ansichtig und sagte: „Recht ist es dir ergangen; denn obgleich du als Vogel geboren wurdest, suchtest du auf dem Meere deine Nahrung zu finden."

Also geht es mit Recht denen schlecht, die ihre eigene Umgebung aufgeben und sich auf Dinge werfen, die sie nichts angehen. (144)

DER LÖWE UND DER BAUER

Der Löwe entbrannte in Liebe zur Tochter des Bauern und hielt um ihre Hand an. Nun wollte der Alte sein Kind keinem Tier zur Frau geben, wagte es aber auch nicht, sie dem Löwen zu versagen, und bedachte sich darum folgendermaßen. Da der Löwe ihm fortwährend in den Ohren lag, sagte er zu ihm, er halte ihn gewißlich für den rechten Schwiegersohn, allein könne er ihm seine Tochter nur unter der Bedingung geben, daß er sich seine Zähne ausreißen und seine Krallen abschneiden lasse; denn davor habe das Mädchen Angst. In seiner Verliebtheit verstand sich der Löwe schnell zu beidem; der Bauer aber spottete seiner, als er vor ihm erschien, und jagte ihn mit Stockschlägen davon.

Die Fabel beweist, daß die, welche, leichtgläubig ihren Feinden vertrauend, sich ihrer eigenen Mittel entblößen, eine bequeme Beute für jene werden, denen sie früher Furcht einflößten. (145)

DER LÖWE UND DER FROSCH

Als der Löwe den Frosch laut quaken hörte, achtete er auf diese Stimme; denn er meinte, das müsse ein großes Tier sein. Doch als er eine Zeitlang gewartet hatte, mußte er

feststellen, daß bloß ein Frosch aus dem Wasser herauskam.
Da lief er hinzu, zertrat den Frosch und sagte: „Keinen
mehr soll deine Stimme schrecken, ehe er dich gesehen!"

Diese Fabel zielt auf einen Prahlhans, der nichts weiter als
nur reden kann.   (146)

DER LÖWE UND DER FUCHS

Der Löwe war alt geworden und vermochte aus eigner Kraft
nicht mehr seine Nahrung zu beschaffen; darum mußte er
auf eine List sinnen. Schließlich trabte er in eine Höhle, ließ
sich darin nieder und spielte den Kranken. Und alle Tiere,
die ihn besuchten, packte und verzehrte er. Nachdem er
auf diese Weise schon manchem den Garaus gemacht hatte,
kam auch der Fuchs einmal vorüber. Da er die List des
Löwen bemerkte, blieb er draußen vor der Höhle stehen
und fragte hinein, wie es jenem ginge. „Schlecht", antwortete der Löwe, „doch warum trittst du nicht ein?" —
„Ja", erwiderte der Fuchs, „ich wäre wohl zu dir gekommen, hätte ich nicht bemerkt, daß zwar viele Spuren hin-
einführen, aber keine wieder zurück."

Kluge Menschen schließen so aus Merkzeichen auf drohende Gefahren und meiden diese.   (147)

DER LÖWE UND DER STIER

Der Löwe war hinter einem riesengroßen Stier her und
wollte ihn mit List erledigen. Darum gab er vor, er habe ein
Schaf geschlachtet, und lud den Stier zum Essen ein in der
Absicht, ihn bei Tische zu überwältigen. Der Stier erschien.
Wie er aber viele Kessel und lange Spieße, nirgends jedoch
ein Schaf erblickte, trottete er wortlos von dannen. Als der
Löwe ihm deshalb Vorwürfe machte und nach der Ursache
fragte, warum er sich, ohne daß ihm ein Leid geschehen sei,

grundlos davonmache, antwortete jener: „Ach, ich habe schon einen guten Grund. Ich sehe nämlich alle Vorbereitungen zum Schlachten getroffen, jedoch nicht für ein Schaf, sondern für einen Stier."

Die Fabel zeigt, daß klugen Leuten die Machenschaften der Bösewichte nicht verborgen bleiben.   (148)

DER LÖWE UND DER BAUER

Der Löwe war in das Gehöft des Bauern eingedrungen. Der Bauer wollte die Bestie fangen und schloß deshalb die Hoftür. Da nun der Löwe nicht mehr heraus konnte, machte er sich zuerst über die Schafe her, und dann ging er auch auf die Rinder los. Um sein eigenes Leben fürchtend, öffnete der Bauer schließlich die Tür. Als sich der Löwe getrollt hatte und die Frau ihren Mann immer noch stöhnen hörte, sagte sie: „Dir ist es ganz recht ergangen! Was wolltest du den Löwen einschließen, vor dem du doch sogar von ferne hättest zittern müssen!"

So müssen sich die, welche die Stärkeren reizen, damit abfinden, daß man sich an ihnen vergeht.   (149)

DER LÖWE UND DER DELPHIN

Der Löwe erging sich einmal an einem Strande. Als er den Delphin erblickte, der gerade aus dem Wasser schaute, lud er ihn ein, sein Bundesgenosse zu werden, wobei er sagte: „Es paßt sich bestens, wenn wir beide Freunde und Helfer werden; denn du bist König über die Tiere im Meere und ich über die auf dem Festlande." Der Delphin stimmte mit Freuden zu. Als der Löwe wenig später einen Kampf mit einem wilden Stier zu bestehen hatte, ersuchte er den Delphin um Hilfe. Weil der jedoch trotz besten Willens das Meer nicht verlassen konnte, schalt ihn der Löwe einen

Verräter. Der Delphin aber fiel ihm ins Wort: „Nicht mir solltest du Vorwürfe machen, sondern der Natur, die mich als Meerestier geschaffen hat und nicht zuläßt, daß ich das Land betrete."

Auch wir müssen, wenn wir Freundschaft schließen, uns solche Genossen suchen, die uns in Gefahren zur Seite stehen können. (150)

DER LÖWE, DER DIE MAUS FÜRCHTETE

Während der Löwe schlief, spazierte ihm die Maus im Maule herum. Erwacht, wandte er sich nach allen Seiten, um den Eindringling zu suchen. Der Fuchs, der ihn beobachtete, schmähte ihn, ob denn der Löwe eine Maus zu fürchten habe. Doch der erwiderte: „Nicht die Maus fürchte ich, sondern über ihre Frechheit bin ich ergrimmt."

Die Fabel lehrt, daß verständige Leute auch scheinbare Kleinigkeiten nicht unbeachtet lassen. (151)

DER LÖWE UND DER BÄR

Der Löwe und der Bär hatten ein Hirschkalb gefunden und stritten sich darum. Dabei setzten sie einander hart zu, bis die Kräfte sie verließen und sie halbtot dalagen. Da kam der Fuchs des Weges, und wie er die beiden erschöpft daliegen sah und das Kitzlein zwischen ihnen, nahm er es und ging in der Mitte zwischen dem Löwen und dem Bären davon. Die aber vermochten sich nicht zu erheben und sagten: „Wir Dummköpfe, die wir uns für den Fuchs abgemüht haben!"

Die Fabel zeigt, daß die mit Recht empört sind, welche mit ansehen müssen, wie der erste beste die Frucht ihrer Mühen für sich einstreicht. (152)

DER LÖWE UND DER HASE

Der Löwe stieß auf einen schlafenden Hasen und traf Anstalten, ihn zu verspeisen. Währenddes fiel sein Blick auf einen Hirsch, der des Weges kam; da ließ er den Hasen und setzte jenem nach. Der Hase war derweile von dem Lärm wach geworden und machte sich auf und davon. Nachdem der Löwe nun den Hirsch eine lange Strecke verfolgt hatte und ihn doch nicht einzuholen vermochte, kehrte er zu dem Hasen zurück. Als er merkte, daß auch dieser sich in Sicherheit gebracht hatte, rief er: „Ganz zu Recht geht es mir schlecht; denn ich habe die Speise, die ich in den Händen hielt, fahrenlassen und der Hoffnung auf mehr den Vorzug gegeben."

So geben auch manche Menschen, die sich mit einem maßvollen Gewinn nicht bescheiden wollen, unversehens auch noch das preis, was sie in der Hand halten.

(153)

DER LÖWE, DER ESEL UND DER FUCHS

Der Löwe, der Esel und der Fuchs taten sich zusammen und zogen auf Jagd. Nachdem sie reichlich Beute gemacht hatten, hieß der Löwe den Esel sie verteilen. Der machte drei Teile und bat den Löwen, sich eines auszusuchen. Da sprang der Löwe wütend auf ihn los und fraß ihn auf und trug dann dem Fuchs auf zu verteilen. Der brachte alles auf einen Haufen, wobei er für sich selber nur ein klein wenig zurückbehielt, und bat den Löwen, den Hauptteil für sich zu nehmen. Als dieser den Fuchs fragte, wer ihn denn diese Art zu teilen gelehrt habe, erwiderte der: „Das Mißgeschick, das dem Esel widerfuhr."

Die Fabel zeigt, daß den Menschen das Unglück der Nachbarn zur Lehre werden kann.

(154)

DER LÖWE UND DIE MAUS

Während der Löwe schlief, lief ihm eine Maus über den Körper. Aus dem Schlaf erwacht, packte er das Tier und traf Anstalten, es zu verspeisen. Als aber die Maus bat, er möge sie doch laufenlassen, weil sie sich ihm, wenn sie am Leben bliebe, dankbar erweisen würde, gab er sie lachend frei und ließ sie ihrer Wege ziehen. In der Tat geschah es, daß schon wenig später der Löwe durch die Dankbarkeit der Maus gerettet wurde. Als er nämlich von Jägern gefangen und mit einem Seil an einen Baum gebunden worden war, da vernahm die Maus sein Stöhnen. Flugs lief sie herzu, benagte das Seil ringsum und sagte zu dem Löwen, den sie befreit hatte: „Damals hast du so über mich gelacht, weil du nicht glauben wolltest, daß ich dir meine Freilassung entgelten könnte; jetzt aber weißt du, daß es auch bei den Mäusen Dankbarkeit gibt."

Die Fabel zeigt, wie im Wechsel der Zeitläufte auch die sehr Mächtigen auf die Schwächeren angewiesen sein können.
                                                              (155)

DER LÖWE UND DER WALDESEL

Der Löwe und der Waldesel gingen einst zusammen jagen, der Löwe ausgestattet mit seiner Körperkraft, der Waldesel mit seiner Schnellfüßigkeit. Und nachdem sie einiges Wild erlegt hatten, teilte der Löwe die Beute in drei Teile. „Den ersten", sprach er, „bekomme ich, denn ich bin der König. Den zweiten bekomme ich ebenfalls, weil ich dasselbe geleistet habe wie du. Und der dritte wird dir nur Kummer machen, wenn du dich nicht schleunigst davonscherst."

Schön ist es, wenn man sich in allen Dingen nach seinen Kräften begnügt und mit Mächtigeren weder anbändelt noch gemeinsame Sache macht.   (155a)

DER LÖWE UND DER ESEL

Der Löwe und der Esel taten sich zusammen und zogen auf Jagd. Als sie zu einer Höhle gekommen waren, in der sich Wildziegen aufhielten, stellte sich der Löwe an den Eingang der Höhle und lauerte den Ziegen, die heraustraten, auf, während der Esel hineinging, mitten unter die Ziegen sprang und sie durch sein Iahen aufzuscheuchen suchte. Nachdem der Löwe auf diese Weise die meisten hatte fangen können, kam auch der Esel wieder heraus und fragte jenen, ob er sich wacker verhalten und die Ziegen gut aufgescheucht habe. Der Löwe antwortete: „Du sollst wissen, daß auch ich vor dir Angst bekommen hätte, wüßte ich nicht, daß du ein Esel bist."

Also ernten die Prahlhänse bei den Wissenden mit Recht nur Lachen.   (156)

DER RÄUBER UND DER MAULBEERBAUM

Ein Räuber hatte auf der Straße einen Mann erschlagen. Als Passanten die Verfolgung aufnahmen, ließ er den Toten liegen und ergriff blutbefleckt die Flucht. Den Entgegenkommenden, die sich danach erkundigten, womit er sich die Hände besudelt habe, erzählte er, er sei von einem Maulbeerbaum heruntergekommen. Während er solche Reden hielt, kamen seine Verfolger heran, verhafteten ihn und kreuzigten ihn an einem Maulbeerbaum. Der Maulbeerbaum sagte dazu: „Oh, es macht mir nichts aus, daß ich zu deinem Tod beitrage; denn den Mord, den du selber begingst, wolltest du an mir abwischen!"

So haben häufig auch von Natur anständige Leute, wenn sie von anderen als böse verleumdet werden, keine Bedenken, gegen ihre Verleumder vorzugehen.   (157)

DIE WÖLFE UND DIE SCHAFE

Die Wölfe hatten es einmal auf eine Schafherde abgesehen und vermochten ihr doch nicht beizukommen, weil die Hunde Wacht hielten. Also suchten sie durch List ihr Ziel zu erreichen. Sie schickten nämlich Gesandte zu den Schafen, welche die Auslieferung der Hunde forderten; denn die Hunde, behaupteten sie, seien schuld an ihrer Feindschaft miteinander, und wären die erst abgeschafft, würde auch Friede zwischen ihnen sein. Die Schafe, die sich des Kommenden nicht bedachten, gaben die Hunde heraus. So wurden die Wölfe ihrer leicht Herr und vernichteten die ganze schutzlose Herde.

In gleicher Weise schwächen sich auch Staatswesen gegenüber ihren Feinden, welche ihre Führer preisgeben.
(158)

DER WOLF UND DAS PFERD

Der Wolf, der über einen Acker schlenderte, fand dort Gerste; da er sie als Nahrung nicht gebrauchen konnte, ließ er sie liegen und ging weiter. Als er aber dem Pferd begegnete, führte er es zu dem Acker; er habe dort Gerste gefunden, bemerkte er, sie aber nicht selbst gefressen, sondern für das Pferd aufbewahrt, weil er selber so gern das Knirschen der Zähne höre. Doch das Pferd unterbrach ihn: „Ach, mein Lieber, wenn die Wölfe Gerste fressen könnten, dann hättest du niemals den Ohren vor dem Magen den Vorzug gegeben."

Die Fabel zeigt, daß die Bösewichte, auch wenn sie Biederkeit an den Tag legen, kein Vertrauen finden.   (159)

DER WOLF UND DAS LAMM

Der Wolf hatte das Lamm erblickt, wie es gerade aus einem
Flusse trank, und suchte nach einem guten Grunde, um es
zu verspeisen. Also nahm er weiter oben seinen Platz und
beschuldigte das Lamm, daß es das Wasser verschmutze und
ihn nicht trinken lasse. Als das Lamm erwiderte, daß es nur
mit den Lippen das Wasser berühre und im übrigen, weiter
unten stehend, ihm oben das Wasser gar nicht trüben
könne, hatte der Wolf sein Argument verloren und meinte:
,,Aber im vorigen Jahr hast du meinen Vater beschimpft!''
Wie nun das Lamm entgegnete, damals sei es noch gar nicht
geboren gewesen, schrie der Wolf es an: ,,Wenn du auch
noch so viele Entschuldigungen hast, meinst du, ich werde
dich nicht fressen?''

Die Fabel beweist, daß bei denen, die den Vorsatz haben,
Böses zu tun, auch eine noch so stichhaltige Verteidigung
nichts gilt.   (160)

DER WOLF UND DER REIHER

Der Wolf hatte einen Knochen verschlungen und lief
herum, um jemanden zu finden, der ihn heilen könnte.
Schließlich traf er auf den Reiher und bat diesen, ihm gegen
guten Lohn den Knochen herauszuziehen. Und jener
steckte seinen Kopf in den Hals des Wolfes, zog den
Knochen heraus und forderte den vereinbarten Lohn. Doch
der Wolf unterbrach ihn: ,,Lieber Freund, ist es nicht
genug, daß du deinen Kopf aus dem Rachen des Wolfes heil
herausbekommen hast? Und da forderst du noch einen
Lohn!''

Die Fabel beweist, daß bei den Bösewichten der größte
Gunsterweis darin besteht, wenn sie einen nicht noch zusätzlich Unrecht erleiden lassen.   (161)

DER WOLF UND DIE ZIEGE

Der Wolf sah die Ziege an einem Abhang weiden, und da
er an sie nicht herankonnte, redete er ihr zu, doch ein wenig
herabzusteigen, damit sie nicht unversehens zu Fall käme.
Auch seien bei ihm, so fügte er hinzu, die Wiese und das
Gras ganz großartig. Doch die Ziege entgegnete ihm: „Ach,
du willst ja nicht mich zur Weide rufen, sondern brauchst
selbst etwas zum Fressen."

So ergeht es auch den Bösewichten unter den Menschen.
Wenn sie unter Eingeweihten ihre Schandtaten üben wollen,
nützen ihnen ihre Schliche nichts.   (162)

DER WOLF UND DIE ALTE

Der Wolf streifte hungernd umher, um Nahrung zu suchen.
Dabei geschah es, daß er in einem Dorfe eine alte Frau
hörte, die einem weinenden Kinde drohte: „Wenn du nicht
aufhörst, werde ich dich dem Wolfe zu fressen geben." Da
der Wolf das für Ernst nahm, wartete er lange Zeit. Erst als
es Abend wurde und auf die Worte nichts folgte, trollte er
sich und sagte: „In diesem Dorf reden die Leute anders, als
sie handeln."

Diese Fabel wäre auf jene Menschen zu beziehen, bei denen
die Taten mit den Worten nicht in Einklang stehen.

                                                      (163)

DER WOLF UND DER LÖWE

Der Wolf raubte einst ein Schaf von der Herde und brachte
es in sein Lager. Da kam der Löwe des Weges daher und
entriß dem Wolf seine Beute. Der schrie von ferne: „Mit
Unrecht hast du genommen, was mein war." Doch lachend
erwiderte ihm der Löwe: „Dir hat wohl ein Freund das
Schaf nach Recht und Gesetz geschenkt?"

Wie habgierige Räuber, wenn die Zeit es ergibt, gegeneinander gehen, zeigt diese Fabel.   (163a)

DER WOLF UND DAS SCHAF

Als der Wolf reichlich gefressen hatte, erblickte er das Schaf,
das auf der Erde lag, und merkte, daß es aus Furcht vor ihm
sich hingestreckt hatte. Also trat er hinzu, machte ihm Mut
und sagte, er werde es laufenlassen, wenn es ihm drei
Wahrheiten ins Gesicht sage. Das Schaf begann: „Erstens
wünschte ich, du wärest mir gar nicht begegnet. Zweitens,
wenn es schon so bestimmt war, daß du blind wärest. Und
drittens wünschte ich, daß ihr Wölfe alle ein schlimmes Ende
nähmet, weil ihr uns befehdet, ohne von uns Böses erlitten
zu haben." So viel Wahrheitsliebe mußte sogar der Wolf
anerkennen, und er ließ darum das Schaf laufen.

Die Fabel beweist, daß die Wahrheit häufig sogar bei den
Feinden etwas bedeutet.   (164)

DER WOLF UND DER HIRT

Der Wolf ging hinter einer Schafherde her, ohne ihr etwas
zuleide zu tun. Anfangs nahm sich der Hirt vor ihm, dem
Feinde, in acht und beobachtete ihn furchtsam. Wie aber
jener fortwährend hinterhertrottete und keine Anstalten
traf, etwas zu rauben, kam dem Hirten der Gedanke, der
Wolf möchte vielleicht lieber Wächter als Angreifer sein. Als
er daher einmal in die Notwendigkeit versetzt wurde, zur
Stadt zu gehen, überließ er dem Wolfe die Schafe und entfernte sich. Der aber sah seine Gelegenheit gekommen und
fraß die Überzahl der Herde. Wie nun der Hirt zurückkehrte und seine Herde vernichtet sah, da rief er bloß: „Es
ist mir ganz recht ergangen; denn warum hatte ich dem
Wolfe Schafe anvertraut?"

So erleiden auch unter den Menschen diejenigen nach
Gebühr Verluste, die den Geldgierigen ihre Ersparnisse
anvertrauen.   (165)

DER WOLF UND DAS SCHAF

Der Wolf lag, von den Hunden gebissen und übel zugerichtet, danieder und vermochte sich keine Nahrung zu beschaffen. Da wurde er des Schafes gewahr; das bat er, es
möchte ihm aus dem Bache, der vorüberfloß, einen Trunk
reichen. „Denn wenn du mir", so sagte er, „etwas zu trinken
gibst, so werde ich meine Nahrung schon selber finden."
Doch das Schaf unterbrach ihn: „Wenn ich dir zu trinken
reiche, wirst du *mich* dazu fressen."

Auf einen Bösewicht, der gleisnerisch Hinterhälte legt, paßt
diese Fabel recht gut.   (166)

DIE LÖWIN UND DER FUCHS

Die Löwin, die vom Fuchs geschmäht wurde, weil sie immer
nur *ein* Junges zur Welt bringe, sagte: „Ja gewiß, aber einen
Löwen!"

Die Fabel demonstriert, daß das Gute nicht in der Menge,
sondern in der Qualität liegt.   (167)

DER WOLF UND DAS LAMM

Der Wolf war hinter dem Lamm her, und das flüchtete sich
in einen Tempel. Als der Wolf es ansprach und darauf
hinwies, daß der Priester es, wenn er es finge, dem Gotte
opfern würde, erwiderte jenes: „Nun, ich ziehe es vor, der
Gottheit geopfert als von dir niedergemacht zu werden."

Die Fabel zeigt, daß für die, denen es zu sterben bestimmt
ist, ein ruhmvoller Tod den Vorzug besitzt.   (168)

DIE HASEN UND DIE FÜCHSE

Als die Hasen einstmals mit den Adlern Krieg führten,
boten sie den Füchsen ein Bündnis an. Doch die meinten:
„Wir hätten euch schon Hilfe geleistet, wüßten wir nicht,
wer ihr seid und mit wem ihr kämpft."

Die Fabel zeigt, daß die, welche mit Mächtigeren Streit
suchen, ihr eigenes Leben aufs Spiel setzen.   (169)

DER WAHRSAGER

Ein Wahrsager, der auf dem Markte saß, strich reichlich
Geld ein. Da kam plötzlich einer zu ihm und teilte ihm mit,
daß in seinem, des Wahrsagers, Hause die Türen aufgerissen
und alles Inventar gestohlen sei. Erschrocken sprang der
Wahrsager auf und lief unter Jammern eilends nach Hause,
um das Geschehene in Augenschein zu nehmen. Doch von
den Anwesenden sagte einer, der alles mit angesehen hatte:
„Lieber Mann, die Angelegenheiten anderer erbotest du
dich vorher zu wissen, und deine eigenen konntest du nicht
voraussehen?"

Diese Fabel sollte man auf jene Leute beziehen, die ihr
eigenes Leben recht unbefriedigend einrichten, sich aber
gleichzeitig um Dinge zu kümmern suchen, die sie nichts
angehen.   (170)

DER KNABE UND DER RABE

Einer Mutter, die sich wegen ihres Knaben befragte, gaben
die Wahrsager das Orakel, der Knabe werde von dem Raben
getötet werden. Darüber erschrocken, baute die Mutter
einen großen Kasten und schloß darin den Knaben ein, um
zu verhindern, daß er von dem Raben getötet werden
könnte. Und zu bestimmten Stunden öffnete sie regelmäßig
den Kasten und brachte ihrem Knaben die notwendige

Speise. Als sie nun wieder einmal den Kasten aufgemacht
und etwas zu trinken hineingestellt hatte, guckte der Knabe
einen Augenblick unerwartet hinaus. Flugs schlug ihm der
Rabe — so nennt man die Klapptür des Kastens — auf den
Kopf und tötete ihn.

Die Fabel beweist, daß man dem Schicksal nicht zu entgehen
vermag.   (171)

DIE BIENEN UND ZEUS

Die Bienen, die den Menschen ihren Honig neideten, erschienen vor Zeus und baten ihn, er möchte ihnen doch die
Kraft geben, die, welche sich ihren Waben näherten, mit
ihren Stacheln zu verwunden und zu töten. Zeus verdroß
ihre neidische Gesinnung, und er bildete sie darum so, daß
sie, wenn sie jemanden stechen, ihren Stachel und darauf
auch ihr eigenes Leben verlieren.

Diese Fabel dürfte auf mißgünstige Leute passen, denen es
nichts ausmacht, wenn sie dabei selber Schaden nehmen.
                                                         (172)

DIE BETTELPRIESTER

Bettelpriester hatten einen Esel, dem pflegten sie das Gepäck aufzulegen, wenn sie ihres Weges gingen. Und als
schließlich der Esel von den Mühen verendet war, zogen sie
ihm die Haut ab, machten aus der Haut Trommelfelle und
bedienten sich dieser. Als eine andere Gruppe von Priestern
ihnen begegnete und sie fragte, wo der Esel wäre, da sagten
sie, der sei zwar gestorben, bekomme aber so viele Schläge,
wie er niemals zu Lebzeiten habe ertragen müssen.

So werden auch manche Haussklaven, selbst wenn sie aus
der Sklaverei entlassen sind, doch nicht von der Sklaven-
arbeit befreit.   (173)

DIE MÄUSE UND DIE KATZEN

Zwischen den Mäusen und den Katzen herrschte Krieg; dabei erlitten die Mäuse immerfort Niederlagen. Als sie sich deshalb zur Beratung versammelt hatten, kamen sie zu der Auffassung, daß ihnen dieses Mißgeschick infolge ihrer Anarchie widerfahre. Darum erwählten sie einige aus ihrer Mitte und beriefen sie zu Feldherren. Weil diese sich von den übrigen sichtbar unterscheiden wollten, machten sie sich Hörner und setzten sie sich auf. Als nun das nächstemal eine Schlacht geschlagen wurde, da geschah es, daß die Mäuse wieder alle unterlagen. Die übrigen nun suchten Zuflucht in ihren Löchern und schlüpften leicht hinein, die Feldherren dagegen fanden ihrer Hörner wegen keinen Eingang, wurden gefangengenommen und verspeist.

So wird für viele ihre Eitelkeit zum Anlaß von Verderbnis.

(174)

DIE AMEISE

Die Ameise war vor alten Zeiten ein Mensch, der, mit Landwirtschaft beschäftigt, sich mit den eigenen Erträgen nicht genügen lassen wollte, sondern immerfort neidisch auch noch auf das Fremde schaute und sich heimlich die Feldfrüchte der Nachbarn aneignete. Zeus war verärgert über die Habsucht dieses Menschen und verwandelte ihn in ebenjenes Tier, das man Ameise nennt. Die hat zwar ihre Gestalt verändert, nicht jedoch ihren Charakter abgelegt. So streift sie bis auf den heutigen Tag durch die Felder, sammelt Weizen und Gerste auf den Tennen und speichert alles für sich auf.

Die Fabel zeigt, daß die von Natur schlechten Menschen, auch wenn sie noch so hart bestraft werden, ihren Charakter nicht verändern.

(175)

DIE AMEISE UND DIE TAUBE

Die Ameise war zu einer Quelle herabgestiegen, hatte dort ihren Durst stillen wollen und drohte dabei zu ertrinken. Da brach die Taube, die auf einem danebenstehenden Baume saß, ein Blatt ab und warf es der Ameise zu; die kletterte darauf und wurde so gerettet. Bald kam ein Vogelfänger an den Ort, der legte seine Leimruten aus und versuchte, die Taube einzufangen. Doch die Ameise biß den Vogelfänger in den Fuß; dadurch brachte er seine Leimruten in Erschütterung, und die Taube konnte davonfliegen.

Die Fabel zeigt, daß auch von den Schwachen mitunter gelegene Hilfe kommt. (176)

DIE FLIEGE

Die Fliege war in einen Fleischtopf gefallen und drohte in der Brühe zu ersticken. Da sprach sie zu sich selber: „Nun, ich habe gegessen, getrunken und gebadet; wenn ich auch sterben muß, so macht es mir nichts aus."

Die Fabel lehrt, daß die Menschen den Tod leicht ertragen, wenn er ohne Qual auf sie zukommt. (177)

DER SCHIFFBRÜCHIGE UND DAS MEER

Ein Schiffbrüchiger, den das Meer auf den Strand geworfen hatte, schlief infolge der Ermüdung. Als er jedoch wenig später sich erhob und das Meer erblickte, tadelte er es, daß es durch seinen lieblichen Anblick die Menschen betöre, wenn es sie aber aufgenommen habe, in wilder Wut vernichte. Einer Frau gleichend, antwortete ihm das Meer: „Nicht mich, lieber Freund, sondern die Winde solltest du anklagen. Von Natur aus bin ich nämlich so, wie du mich siehst; doch die Winde fallen plötzlich über mich her und bringen mich in Wallung und Raserei."

Doch auch wir sollten in mißlichen Situationen nicht den ausführenden Organen, die ja nur anderen untergeordnet sind, die Schuld zuschieben, sondern denen, die ihnen vorgesetzt sind.   (178)

DER JUNGE LIEDERJAN UND DIE SCHWALBE

Ein junger Liederjan hatte das väterliche Erbe durchgebracht, und es war ihm nur noch ein Mantel geblieben. Als er eine Schwalbe erblickte, die sich wider die Zeit sehen ließ, glaubte er, daß es bereits Sommer sei und er des Mantels nicht mehr bedürfe. Deshalb nahm er ihn und verkaufte ihn. Wie nun später der Winter eintrat und es sehr kalt wurde, da sah er, während er umherirrte, die Schwalbe tot liegen und sagte zu sich selber: „Du Böse, du hast mir und dir den Untergang gebracht!"

Die Fabel zeigt, daß alles, was nicht zur richtigen Zeit geschieht, Gefahr bringen kann.   (179)

DER PATIENT UND DER ARZT

Der Patient antwortete auf die Frage des Arztes, wie es ihm gehe, er habe über Gebühr geschwitzt. Das sei, erwiderte der Arzt, gut. Als der Patient ein nächstes Mal gefragt wurde, wie es ihm gehe, erwiderte er, er sei von Fieberschauern gepackt und durchgeschüttelt worden. Auch das hieß der Arzt gut. Als er zum drittenmal erschien und den Patienten wegen seiner Krankheit fragte, entgegnete dieser, er habe Wassersucht bekommen. Auch das sei, stellte der Arzt fest, gut. Wie nun einer seiner Bekannten bei dem Patienten erschien und sich nach seinem Befinden erkundigte, antwortete der bloß: „Vor lauter guten Dingen bin ich jetzt am Ende."

So werden viele Menschen von ihren Nachbarn auf Grund
äußeren Scheins für Umstände glücklich gepriesen, die für
sie selber Anlaß tiefsten Unglücks sind.   (180)

DIE FLEDERMAUS, DER DORNSTRAUCH UND
DER TAUCHERVOGEL

Die Fledermaus, der Dornstrauch und der Tauchervogel
taten sich zusammen und beschlossen, Handel zu treiben.
Die Fledermaus brachte Silber, das sie geliehen hatte, als
Einlage mit, der Dornstrauch steuerte Kleiderstoffe bei, der
Tauchervogel kaufte Bronze und legte sie hinzu. Dann
schifften sie sich ein. Als aber ein heftiger Sturm ausbrach
und das Boot kenterte, da verloren sie alles und vermochten
gerade noch sich selbst aufs Land zu retten. Seither taucht
der Tauchervogel in die Tiefe, die Bronze suchend, die er
wiederzufinden hofft, die Fledermaus, die sich vor ihren
Gläubigern fürchtet, läßt sich tagsüber nicht blicken und
geht nur nachts auf Nahrungssuche aus, und der Dornstrauch, der nach seinen Stoffen sucht, hängt sich an die
Kleider der Vorübergehenden, weil er erwartet, dabei etwas
von seinem Eigentum wiederzuerkennen.

Die Fabel demonstriert, daß wir besonders um das bemüht
sind, um dessentwillen wir früher einmal Unglück hatten.
                                                    (181)

DIE FLEDERMAUS UND DIE WIESEL

Die Fledermaus fiel auf die Erde und wurde von einem
Wiesel gefaßt; den Tod vor Augen, bat sie um ihr Leben.
Doch das Wiesel sagte, es könne sie nicht freilassen; denn
seiner Natur nach widerstrebe es allen Vögeln. Als aber die
Fledermaus einwandte, sie sei gar kein Vogel, sondern eine
Maus, erhielt sie dadurch die Freiheit. Wie sie nun später
wieder einmal zu Fall kam und von einem anderen Wiesel
ergriffen wurde, flehte sie, es möchte sie doch nicht um-

bringen. Auf die Entgegnung des Wiesels, daß es allen
Mäusen feind sei, erwiderte die Fledermaus, sie sei ja gar
keine Maus, sondern ein Flugtier, und kam so aufs neue
frei. Derart geschah es, daß sie, indem sie zweimal ihren
Namen wechselte, am Leben blieb.

Doch auch wir dürfen nicht immer auf demselben beharren,
sondern sollten bedenken, daß die, welche sich den Verhältnissen anzupassen wissen, häufig auch schweren Gefahren zu entgehen vermögen.   (182)

DER HOLZFÄLLER UND HERMES

Ein Holzfäller hatte an einem Flusse seine Axt verloren.
Während die Flut sie fortriß, setzte er sich ans Ufer und
klagte, bis Hermes sich seiner erbarmte und hinzukam.
Nachdem der Gott die Ursache für seine Tränen erfahren
hatte, stieg er ein erstes Mal in den Fluß, brachte eine goldene
Axt mit hinauf und fragte den Holzfäller, ob es die seine
sei. Als der erwiderte, diese sei es nicht, brachte der Gott
beim zweiten Mal eine silberne mit und fragte wiederum,
ob er diese vermisse. Da er auch jetzt abschlägigen Bescheid
erhielt, schaffte er beim dritten Mal die Axt des Holzfällers
herbei. Der anerkannte sie als die seinige, und im Hinblick
auf solche Redlichkeit schenkte der Gott ihm alle drei. Der
Holzfäller nahm sie und erzählte, sobald er mit seinen
Freunden zusammenkam, was ihm widerfahren war. Das
stach einem von ihnen ins Auge, und er wollte es dem
Freunde nachtun. Darum nahm er seine Axt, zog zu dem
Flusse, ließ beim Holzmachen das Werkzeug absichtlich in
die Strömung fallen, setzte sich hin und weinte. Als Hermes
erschien und sich erkundigte, was geschehen sei, berichtete
er den Verlust seiner Axt. Wie nun der Gott ihm eine
goldene heraufbrachte und ihn fragte, ob er diese verloren
habe, behauptete er, von Gewinnsucht erfaßt, diese sei es.
Doch Hermes schenkte sie ihm nicht, ja ersetzte ihm nicht
einmal sein eigenes Werkzeug.

Die Fabel lehrt, daß die Gottheit im selben Maße, in dem
sie die Gerechten unterstützt, sich den Ungerechten widersetzt.   (183)

DER WANDERER UND TYCHE

Ein Wanderer, der einen langen Weg hinter sich hatte, fiel,
von der Anstrengung erschöpft, an einem Brunnen nieder
und schlief ein. Als er eben gerade hinunterzufallen drohte,
trat die Tyche zu ihm, weckte ihn und sprach: „Lieber
Freund, wenn du hinuntergestürzt wärest, so würdest du
nicht deiner Unüberlegtheit, sondern mir die Schuld gegeben haben."

Also klagen viele Leute, die durch eigenes Verschulden ins
Unglück gerieten, die Gottheit an.   (184)

DER WANDERER UND DIE WAHRHEIT

Ein Wanderer zog durch die Wüste und begegnete in dieser
Einsamkeit einer Frau, welche gesenkten Hauptes dastand.
Redete er sie an: „Wer bist du?" Antwortete sie ihm: „Ich
bin die Wahrheit." — „Und weshalb hast du die Stadt verlassen und hausest in der Wüste?" Erwiderte ihm jene: „In
alten Zeiten wohnte die Lüge nur bei wenigen. Jetzt aber
findest du sie bei allen Menschen, wenn du nur etwas hören
oder sagen willst."

Ein elendes, erbärmliches Leben führen die Menschen,
wenn sie der Lüge den Vorzug vor der Wahrheit geben.
                                                   (184a)

DIE WANDERER UND DIE PLATANE

Als Wanderer, die zur Sommerszeit gegen Mittag sehr unter
der Hitze zu leiden hatten, eine Platane erblickten, gingen
sie auf sie zu, ließen sich in ihrem Schatten nieder und

erquickten sich. Während sie nun zu der Platane hoch-
blickten, sagten sie zueinander: „Wie unnütz und unergiebig für die Menschen ist doch dieser Baum!" Da fiel ihnen
die Platane ins Wort: „Ihr Undankbaren, noch genießt ihr
meine Wohltat und heißt mich doch schon unnütz und
unergiebig!"

So werden auch manche Menschen derart vom Unglück
verfolgt, daß man an ihrer Redlichkeit zweifelt, selbst wenn
sie ihren Nächsten Gutes tun.   (185)

DER WANDERER UND DIE NATTER

Ein Wanderer, der des Winters seine Straße zog, sah eine
Natter, die vor Kälte erstarrt war. Aus Erbarmen nahm er
sie auf, legte sie in seinen Gewandbusen und versuchte, sie
zu erwärmen. Solange die Natter noch unter der Kälte litt,
verhielt sie sich still; sobald sie aber erwärmt war, biß sie den
Wanderer in den Leib. Den Tod vor Augen, sagte dieser:
„Mir ergeht es ganz recht; was habe ich diese Natter, als sie
am Verenden war; gerettet, die man doch, selbst wenn sie
bei Kräften gewesen wäre, hätte beseitigen müssen!"

Die Fabel zeigt, daß Bosheit, der man mit Guttaten begegnet, nicht nur diese nicht entgilt, sondern sich sogar
noch gegen die Wohltäter wendet.   (186)

DIE WANDERER UND DAS STRAUCHWERK

Wanderer, die an einer Küste entlang ihren Weg nahmen,
gelangten zu einem Ausguck. Von dort gewahrten sie
Strauchwerk, das in der Ferne dahinschwamm, glaubten
jedoch, es sei ein großes Schiff. Als nun das Strauchwerk,
vom Winde herangetrieben, ganz in die Nähe kam, warteten
sie weiter, weil sie immer noch vermuteten, daß es ein Schiff
sei, freilich nicht mehr ein großes, wie vorher. Erst als es

ziemlich nahe herangekommen war, erkannten sie, daß es ein Strauch war, und sagten zueinander: „Auf dieses Nichts haben wir umsonst gewartet."

So erscheinen auch manche Menschen von ferne her als furchterregend; wenn man sie indes kennenlernt, erweisen sie sich als unbedeutend.   (187)

DER WANDERER UND HERMES

Ein Wanderer, der einen langen Weg zurückzulegen hatte, gelobte, von allem, was er fände, Hermes die Hälfte zu weihen. Zufällig stieß er auf einen Beutel, in dem sich Mandeln und Datteln befanden; den hob er auf, weil er meinte, daß Geld darin sei. Als er beim Ausschütteln den Inhalt fand, verzehrte er diesen. Dabei nahm er von den Mandeln die Schalen und von den Datteln die Kerne und legte sie auf einen Altar mit den Worten; „Da hast du, Hermes, was ich gelobte. Denn von dem, was ich fand, habe ich sowohl den Inhalt als auch die Hülle mit dir geteilt."

Auf einen geldgierigen Mann, der in seiner Habsucht sogar die Götter überlistet, bezieht sich diese Geschichte.
                                        (188)

DAS SCHWEIN UND DER FUCHS

Auf seinen Esel band einer eine Ziege, ein Schaf und ein Schwein und trieb ihn in die Stadt. Da das Schwein den ganzen Weg über lärmte, fragte es der Fuchs, der das hörte, nach dem Grunde dafür, daß die anderen Tiere sich ruhig tragen ließen, während das Schwein allein sich vernehmbar mache. Dieses entgegnete ihm: „Nicht ohne Ursache habe ich zu klagen. Denn ich weiß sehr wohl, daß der Herr, weil er die Wolle und die Milch des Schafes bekommt, es weiter unterhalten wird und ebenso die Ziege wegen des Käses und der Zicklein. Mich aber kann er für nichts anderes brauchen und wird mich daher schlachten."

So darf man auch unter den Menschen diejenigen nicht tadeln, die zukünftiges Unglück vorhersehen und entsprechend beklagen.   (189)

DER ESEL UND DER GÄRTNER

Ein Esel diente einem Gärtner, bei dem er wenig zu essen bekam und viel zu leiden hatte. Darum betete er zu Zeus, er möchte ihn doch von dem Gärtner erlösen und einem andern Herrn geben. Gottvater schickte den Hermes, der hieß den Gärtner den Esel an einen Töpfer verkaufen. Doch der Esel war wieder unzufrieden, weil er jetzt noch schwerere Lasten zu tragen hatte, und wandte sich abermals an Zeus. Der bewirkte, daß er an einen Gerber verkauft wurde. Als aber der Esel sah, welches Handwerk sein neuer Herr trieb, rief er: „Da war doch das Leben bei meinen früheren Herren vorzuziehen! Diesem hier nämlich werde ich, wie mir scheint, noch die Haut dazugeben müssen."

Die Fabel beweist, daß sich Diener dann am meisten nach ihrem ersten Herrn sehnen, wenn sie einen anderen ausgekostet haben.   (190)

DER MIT SALZ BELADENE ESEL

Der Esel durchquerte, mit Salz beladen, einen Fluß. Dabei glitt er aus und stürzte ins Wasser, und weil das Salz sich auflöste, fühlte er sich erleichtert, als er wieder aufstand. Naturgemäß freute er sich darüber. Als er später einmal Schwämme zu tragen hatte und sein Weg an einen Fluß führte, meinte er, daß er auch diesmal, wenn er hineinfiele, wieder erleichtert herauskommen werde. Und so ließ er sich absichtlich hinfallen. Da jedoch die Schwämme das Wasser aufsaugten, kam es dahin, daß er nicht mehr aufzustehen vermochte und ertrank.

So geht es auch manchen Menschen, daß sie durch ihre eigenen Ränke sich unversehens selber ins Unglück stürzen.

(191)

DER ESEL UND DAS MAULTIER

Ein Eseltreiber hatte seinem Esel und seinem Maultier Lasten aufgelegt und sich auf den Weg gemacht. Solange man in der Ebene blieb, zeigte sich der Esel dem Gewicht gewachsen. Als sie aber ins Gebirge kamen, konnte der Esel seine Last nicht mehr tragen und bat darum das Maultier, ihm einen Teil abzunehmen, damit er selbst den Rest des Weges durchhalten könne. Doch das Maultier wollte von seinen Gründen nichts wissen, bis daß der Esel an einer abschüssigen Stelle ins Wanken geriet, abstürzte und den Tod fand. Verzweifelt darüber, was er tun sollte, legte der Treiber dem Maultier nicht nur die Last des Esels zu, sondern packte ihm auch noch das Fell des Esels auf. Das machte dem Maultier nicht geringe Pein, und es sprach: „Es ist mir ganz recht ergangen. Hätte ich dem Esel entsprochen, als er mich bat, ihm ein wenig Erleichterung zu bringen, so brauchte ich jetzt außer seiner Last nicht noch ihn selber zu tragen."

So geben manche Zinsleiher, um nicht ihren Schuldnern ein wenig entgegenkommen zu müssen, häufig ihr ganzes Kapital preis. (192)

DER ESEL MIT DEM GÖTTERBILD

Einst zog ein Esel mit einem Götterbild beladen zur Stadt. Da die Vorübergehenden dem Bilde ihre Verehrung erwiesen, meinte der Esel, ihm gelte diese Huldigung, iahte laut und weigerte sich, es noch länger zu tragen. Doch der

Treiber hatte wohl gemerkt, was vorgefallen war, schlug
darum den Esel mit dem Stocke und rief: „Du Dummkopf,
so geht es, wenn ein Esel von Memmen geehrt wird!"

Wer sich mit Fremdem großtut, erntet bei denen, die Bescheid wissen, nur Lachen. Das beweist diese Fabel.

(193)

DER WILDESEL

Als ein Wildesel einen Hausesel an einem sonnigen Platz
erblickte, begab er sich zu ihm und pries ihn wegen seiner
guten körperlichen Verfassung und seiner geordneten
Versorgung. Später aber sah er, wie jener Lasten tragen
mußte, der Treiber hinter ihm her war und mit Knüppeln
auf ihn einschlug. Da meinte er: „Jetzt vermag ich dein
Glück nicht mehr zu preisen, sehe ich doch, daß dir dein
Wohlstand nicht ohne große Übel zuteil wird."

Also sind Vorteile, die mit Gefahren und Unannehmlich-
keiten verbunden sind, nicht des Nacheiferns wert.

(194)

DER ESEL UND DIE GRILLEN

Der Esel hörte die Grillen singen. Weil er sich über den
Wohlklang freute und sie um diese liebliche Eigenschaft
beneidete, fragte er sie: „Wovon nährt ihr euch, daß ihr
solche Laute von euch gebt?" Sie erwiderten: „Vom Tau."
Da wartete der Esel auf den Tau, bis daß er vor Hunger
starb.

So erfahren die, welche unnatürliche Wünsche hegen,
großes Leid, ganz abgesehen davon, daß sie nicht erreichen,
wonach sie streben.   (195)

DIE ESEL VOR ZEUS

Einst schickten die Esel, verärgert über ihre beständigen
Plackereien und Quälereien, Gesandte zu Zeus und ersuchten ihn um Befreiung von ihren Nöten. Weil dieser ihnen
vor Augen führen wollte, daß das unmöglich sei, erwiderte
er ihnen, sie könnten vielleicht dann aus ihrer mißlichen
Lage erlöst werden, wenn sie aus ihrem Urin einen Fluß
bildeten. Die Esel nahmen das für bare Münze und halten
es von daher bis auf den heutigen Tag so, daß sie, wenn sie
den Urin eines der Ihren erblicken, sich auch hinstellen und
ihr Wasser abschlagen.

Die Fabel beweist, daß niemand an seinem Schicksal etwas
ändern kann.   (196)

DER ESEL UND DER ESELTREIBER

Als ein Esel, der von seinem Treiber geführt wurde, ein
Stück des Weges zurückgelegt hatte, verließ er den ge-
bahnten Pfad und begab sich in unwegsames Gelände. Dabei
geriet er in Gefahr abzustürzen. Der Treiber faßte ihn am
Schwanze und versuchte, ihn festzuhalten. Als sich jedoch
der Esel heftig widersetzte, ließ jener ihn los und sagte: „Ich
gönne dir den Sieg; denn es ist ein schlechter Sieg, den du
erringst."

Auf einen streitsüchtigen Menschen paßt diese Fabel.
                                                  (197)

DER ESEL UND DER WOLF

Als der Esel, der auf einer Wiese weidete, sah, wie der Wolf
sich auf ihn losstürzen wollte, tat er so, als ob er lahm ginge.
Während sich ihm der Wolf näherte und nach der Ursache
seines Lahmens fragte, erwiderte er: „Beim Überqueren
eines Grabens bin ich in einen Splitter getreten." Gleich-

zeitig riet er dem Wolf, ihm zunächst den Splitter herauszuziehen und erst dann ans Verzehren zu denken, damit
er nicht beim Essen gestört werde. Dem Wolfe leuchtete das
ein, und er ergriff den Fuß des Esels. Während seine ganze
Aufmerksamkeit auf dessen Huf gerichtet war, schlug der
Esel aus und traf Mund und Zähne des Wolfes. Arg
zugerichtet, rief dieser aus: „Mir ist es ganz recht ergangen;
denn was verstehe ich von der Kunst des Arztes, der ich von
meinem Vater als Schlächter ausgebildet wurde?"

So geraten auch Menschen mit Fug und Recht ins Unglück,
die sich an Dinge machen, die sie nichts angehen.

(198)

DER ESEL UND DAS LÖWENFELL

Der Esel, der sich ein Löwenfell übergeworfen hatte, zog
umher und schreckte die anderen Tiere. Dabei erblickte er
den Fuchs und versuchte, auch ihm Furcht einzujagen.
Doch der Fuchs hatte gerade kurz vorher des Esels Stimme
gehört und sagte zu diesem: „Du darfst ruhig wissen, auch
ich hätte Angst vor dir, würde ich nicht dein Iah vernommen haben."

Gleichermaßen bemühen sich auch manche Leute ohne
Bildung, durch äußeren Krimskrams etwas herzumachen,
und entlarven sich dann durch ihren eigenen Redefluß.

(199)

VON EINEM, DER EINEN ESEL KAUFTE

Ein Mann nahm einen Esel, den er kaufen wollte, auf Probe,
brachte ihn zu seinen eigenen Eseln und stellte ihn vor die
Krippe. Der Esel trennte sich alsbald von den übrigen und
rückte zu dem faulsten und gefräßigsten, der überhaupt
nichts tat. Da packte ihn der Mann kurzerhand am Strick
und führte ihn zu seinem Besitzer zurück. Als der sich
erkundigte, ob das denn schon die richtige Probe gewesen

sei, erwiderte jener: „Ja, ich bedarf keiner weiteren Prüfung. Denn ich weiß, daß er so ist wie der Gefährte, den er
sich aus der ganzen Gesellschaft ausgewählt hat."

Die Fabel zeigt, daß einer danach beurteilt wird, was für
Umgang er sich aussucht. (200)

DER ESEL UND DIE FRÖSCHE

Ein Esel, der eine Last Holz trug, mußte einen Sumpf
durchwaten. Dabei glitt er aus, und als er hinfiel und nicht
mehr aufstehen konnte, jammerte und stöhnte er. Die
Frösche in dem Sumpf, die seine Seufzer vernahmen,
meinten dazu: „Was würdest du, lieber Freund, tun, wenn
du so lange Zeit wie wir hier verweilen müßtest, da du ja
schon, weil du bloß ein bißchen gefallen bist, ein solches
Gejammer erhebst?"

Auf einen leichtsinnigen Kerl, der schon bei der geringsten
Anstrengung in Unmut gerät, könnte einer, der selber ein
Mehrfaches unschwer auf sich nimmt, diese Fabel anwen-
den. (201)

DER ESEL, DER RABE UND DER WOLF

Ein Esel, der mit einem Geschwür auf dem Rücken behaftet
war, weidete auf einer Wiese. Als der Rabe sich dazusetzte
und das Geschwür untersuchte, iahte und hüpfte der Esel.
Der Eseltreiber stand in der Ferne und lachte dazu. Das alles
sah der Wolf, der gerade des Weges kam, und sagte zu sich
selbst: „Vom Unglück verfolgt sind doch wir Wölfe, die wir
gejagt werden, wenn man unser nur ansichtig wird, während man diesem Raben zulächelt, wenn er sich bloß sehen
läßt."

Die Fabel demonstriert, daß die Bösewichte unter den
Menschen schon von weitem zu erkennen sind.
(202)

DER ESEL, DER FUCHS UND DER LÖWE

Der Esel und der Fuchs hatten sich zusammengetan und zogen auf Jagd. Da traf zufällig der Löwe auf sie. Der Fuchs erkannte die drohende Gefahr, machte sich an den Löwen heran und versprach ihm, den Esel auszuliefern, sofern er ihm selber Sicherheit garantiere. Als der Löwe ihm zusagte, daß er ihn laufenlassen werde, brachte der Fuchs den Esel heran und richtete es so ein, daß er in eine Falle geriet. Wie nun der Löwe feststellte, daß der Esel nicht mehr entkommen konnte, packte er zuerst den Fuchs und wandte sich darauf dem Esel zu.

So geraten Leute, die ihren Gefährten nachstellen, häufig unversehens selbst mit ins Unglück.   (203)

DER ESEL UND DAS MAULTIER

Der Esel und das Maultier zogen denselben Weg. Als der Esel merkte, daß sie beide die gleichen Lasten hatten, wurde er ärgerlich und beklagte sich darüber, daß das Maultier, welches das doppelte Futter bekäme, nicht mehr zu tragen brauche. Sie waren nur wenig weitergegangen, da merkte der Treiber, daß der Esel nicht mehr tragen konnte, und nahm ihm etwas von seiner Last und legte sie dem Maultier auf. Und als sie wieder ein Stück weitergekommen waren, sah er, daß der Esel sich immer mehr erschöpfte, und entlastete ihn aufs neue, bis er schließlich alles von dem Esel fortgenommen und statt dessen dem Maultier auferlegt hatte. Da blickte dieses auf den Esel und sagte zu ihm: „Nun, Kamerad, scheint dir es jetzt berechtigt, daß man mir doppeltes Futter zubilligt?"

So müssen auch wir die Lage eines jeden nicht vom Ausgangspunkt, sondern vom Ergebnis her beurteilen. (204)

DER VOGELFÄNGER UND DAS REBHUHN

Der Vogelfänger erhielt zu später Stunde Besuch, und weil er nicht wußte, was er ihm vorsetzen sollte, machte er sich an sein zahmes Rebhuhn und traf Anstalten, es zu schlachten. Das Rebhuhn zieh ihn deshalb der Undankbarkeit, denn er habe ja von ihm großen Nutzen gehabt, weil es seine Stammesgenossen herausgelockt und ihm übergeben habe, und jetzt wolle er ihm selber ans Leben! Doch der Vogelfänger erwiderte: „Gerade darum werde ich dich um so eher schlachten, weil du nicht einmal vor deinen Stammesgenossen haltmachst."

Die Fabel zeigt, daß die, welche ihre eigenen Leute verraten, nicht nur von denen gehaßt werden, die durch sie Unrecht leiden, sondern auch von denen, für die sie Verrat üben.

(205)

DAS HUHN UND DIE SCHWALBE

Das Huhn hatte Eier der Schlange gefunden, die wärmte es sorgfältig an und machte sich ans Ausbrüten. Das sah die Schwalbe und sagte: „Du Törin, was ziehst du dir da heran! Wenn das erst groß geworden ist, wird es bei dir mit seinen Übeltaten beginnen."

Die Bosheit läßt sich eben nicht zähmen, auch wenn man ihr noch so viel Gutes tut.   (206)

DER VOGELFÄNGER UND DIE LERCHE

Der Vogelfänger war dabei, sein Fangnetz für die Vögel aufzustellen. Die Lerche beobachtete ihn und fragte, was er tue. „Ich gründe eine Stadt", erwiderte der Vogelfänger und trat ein wenig beiseite. Durch seine Worte bewogen, flog die Lerche herbei, verspeiste den Köder und geriet, ohne daß sie es sich versah, in die Schlinge. Als der Vo-

gelfänger gelaufen kam und sie packte, sagte die Lerche
bloß: „Mensch, wenn du solche Städte gründest, wirst du
bestimmt viele Bewohner finden!"

Die Fabel zeigt, daß Häuser ebenso wie Städte besonders
dann entvölkert werden, wenn die, die an der Spitze stehen,
böse sind.   (207)

DER VOGELFÄNGER UND DER STORCH

Der Vogelfänger hatte für die Kraniche Netze ausgespannt
und wartete von der Ferne her auf seine Beute. Als der
Storch sich zusammen mit den Kranichen niedergelassen
hatte, kam der Vogelfänger herbeigelaufen und fing zusammen mit den Kranichen auch den Storch. Der bat ihn,
er möchte doch seiner schonen, denn, so begründete er das,
er füge ja den Menschen keinen Schaden zu, sondern sei
ihnen im Gegenteil höchst nützlich, fange und vernichte er
doch die Schlangen und die anderen Kriechtiere. Aber der
Vogelfänger antwortete: „Magst du auch noch so tüchtig
sein, Strafe verdienst du trotzdem, weil du dich mit den
Bösewichtern zusammengesetzt hast."

Entsprechend müssen auch wir den Umgang mit schlechten
Menschen meiden, um nicht in den Verdacht zu kommen,
wir nähmen an ihren Schandtaten teil.   (208)

DIE WILDEN UND DIE ZAHMEN TAUBEN

Der Vogelfänger hatte sein Netz ausgespannt und zahme
Tauben daran festgebunden. Dann trat er zur Seite und
wartete darauf, was kommen würde. Nachdem die wilden
Tauben herbeigeflogen waren und sich in den Maschen
verstrickt hatten, kam er wieder herzu und versuchte, sie
einzufangen. Da beschuldigten die wilden Tauben die
zahmen, daß sie ihnen, obgleich sie doch miteinander
verwandt seien, die drohende Gefahr nicht angezeigt

hätten; doch die erwiderten nur: „Es ist nun einmal für uns vorteilhafter, wenn wir unsere Herren respektieren, als wenn wir unserer Verwandtschaft zu Gefallen sind."

So darf man auch Diener nicht schelten, die aus Zuneigung zu ihren Herren es an Liebe zu ihren Verwandten fehlen lassen.   (209)

DAS KAMEL

Als die Menschen zum erstenmal ein Kamel sahen, erschraken sie derart über die Größe des Tieres, daß sie vor lauter Furcht davonliefen. Wie sie aber im Laufe der Zeit dessen Sanftmut erkannten, wagten sie sich allmählich näher heran. Und als sie gar entdeckten, daß das Kamel keine Galle besitzt und darum nicht zürnen kann, ging ihre Geringschätzung so weit, daß sie ihm Zügel umlegten und es von Kindern treiben ließen.

Die Fabel beweist, daß die Zeit den Dingen ihre Schrecken nimmt.   (210)

DIE SCHLANGE UND DER KREBS

Die Schlange und der Krebs lebten am selben Orte miteinander. Und der Krebs verhielt sich schlicht und freundlich, während die Schlange stets hinterhältig und böse war. Obwohl der Krebs immerfort auf die Schlange einredete, ebenfalls Schlichtheit anzunehmen und seinem Beispiel zu folgen, wollte sie doch nicht nachgeben. Darüber verärgert, lauerte der Krebs ihr auf, bis sie schlief, packte sie mit seiner Schere an der Kehle, preßte sie mit aller Kraft und tötete sie am Ende. Als er sie so langgestreckt liegen sah, sagte er: „Du Dummkopf, das hättest du dir ersparen können, daß du jetzt — im Tode — schlicht und unkompliziert bist; doch als ich dir gut zuredete, wolltest du nicht hören!"

9*

Diese Fabel könnte man passend auf jene Menschen beziehen, die ihr ganzes Leben hindurch ihren Freunden weh
tun und trotzdem nach ihrem Tode Lobsprüche ernten.

(211)

DIE SCHLANGE, DIE KATZE UND DIE MÄUSE

Die Schlange und die Katze lagen in einem Hause zusammen im Kampf. Als die Mäuse im Haus, die sonst von den
beiden aufgefressen zu werden pflegten, sie miteinander
kämpfen sahen, kamen sie aus ihren Schlupfwinkeln heraus.
Kaum waren sie sichtbar geworden, ließen die Schlange und
die Katze vom Kampf miteinander ab und wandten sich
gegen die Mäuse.

So geht es auch in den Staaten zu. Wer sich in die Auseinandersetzungen unter den Demagogen einmischt, wird
unversehens zum Opfer beider Parteien. (212)

DIE GETRETENE SCHLANGE

Weil die Schlange von vielen getreten wurde, begab sie sich
zu Zeus. Doch Zeus sagte zu ihr: „Hättest du den ersten,
der dich trat, gebissen, so würde kein zweiter den Versuch
gemacht haben, dich zu treten."

Die Fabel beweist, daß die, die dem ersten Angriff standhalten, von den anderen gefürchtet werden. (213)

DER TREUHÄNDER UND DER EID

Einer hatte von seinem Freunde Geld zur Verwahrung
übernommen und trachtete danach, ihn zu betrügen. Als
der Freund nun jenen zur Eidesleistung vor Gericht lud,
scheute der sich davor und zog über Land. Am Tor angelangt, erblickte er einen lahmen Mann, der ebenfalls

hinausging; den fragte er, wer er sei und wohin sein Weg führe. Als der Angesprochene erwiderte, er sei Horkos, der Gott des Eides, und sei hinter den Meineidigen her, fragte er weiter, wie oft er denn in die Städte zu kommen pflege. „Alle vierzig, manchmal auch nur alle dreißig Jahre", war die Antwort. Da zögerte der Mann nicht länger, sondern legte am nächsten Tage den Eid ab, daß er das Geld nicht in Empfang genommen habe. Dadurch dem Horkos verfallen und von diesem zur Richtstätte geführt, beschuldigte er den Gott, dieser habe behauptet, nur alle dreißig Jahre zu kommen, und jetzt lasse er ihn nicht einmal einen Tag straflos. Doch Horkos fiel dem Sprecher ins Wort: „Du solltest wissen, wenn mir einer gar zu beschwerlich wird, dann komme ich für gewöhnlich noch am selben Tag."

Die Fabel zeigt, daß kein Termin gesetzt ist, wann Gott die Frevler für ihre Übeltaten bestrafen wird.   (214)

DER KNABE, DER HEUSCHRECKEN JAGTE

Ein Knabe war vor der Stadtmauer auf Heuschreckenjagd. Als er schon viele gefangen hatte und einen Skorpion erblickte, machte er, weil er auch ihn für eine Heuschrecke hielt, die Hand hohl und war drauf und dran, ihn in seine Gewalt zu bringen. Doch der Skorpion straffte seinen Stachel und sagte: „Solltest du mir etwas antun, so wirst du dazu noch die Heuschrecken verlieren, die du gesammelt hast."

Diese Fabel lehrt uns, daß wir nicht mit allen, den Tüchtigen wie den Bösen, in derselben Weise Umgang pflegen dürfen.
          (215)

DER DIEBISCHE KNABE UND SEINE MUTTER

Ein Knabe hatte in der Schule die Schreibtafel seines Mitschülers an sich genommen und seiner Mutter gebracht. Da diese ihn nicht nur nicht tadelte, sondern sogar noch lobte, stahl er das nächste Mal ein Kleidungsstück und brachte ihr auch das, und die Mutter nahm es noch beifälliger auf. Wie er nun im Laufe der Jahre zum jungen Mann wurde, gewöhnte er sich daran, auch größere Sachen zu stehlen. Endlich wurde er einmal auf der Tat ertappt; man band ihm die Hände auf den Rücken und übergab ihn dem Henker. Als ihm die Mutter auf seinem Wege folgte und sich vor Schmerz an die Brust schlug, bat der Gefangene, ihr etwas ins Ohr sagen zu dürfen, und während sie zu ihm trat, faßte er sie rasch am Ohrläppchen und biß es ab. Darauf beschuldigte ihn die Frau der Ruchlosigkeit, daß er es mit dem, was er schon verfehlt habe, nicht genug sein lasse, sondern dazu noch seine Mutter mißhandle; doch jener ergriff das Wort und sagte: „Ja, hättest du mich damals geschlagen, als ich dir das erstemal die gestohlene Schreibtafel brachte, so wäre es nicht so weit gekommen und ich würde jetzt nicht zum Tode geführt!"

Die Fabel demonstriert, daß, was nicht von vornherein in Schranken gehalten wird, sich immer mehr auswächst.

(216)

DIE DURSTIGE TAUBE

Als die Taube, vom Durst geplagt, auf einem Bilde einen Krug mit Wasser gemalt sah, meinte sie, das sei Wirklichkeit; sie versetzte sich darum in Schwung und stürzte sich unbedacht auf das Bild. So kam es, daß sie sich die Flügel brach, zur Erde fiel und von einem Passanten aufgelesen wurde.

Nicht anders ergeht es auch manchen Menschen, die sich aus überschwellender Begehrlichkeit unüberlegt in Unternehmungen stürzen und damit ihr eigenes Unglück herbeiführen.   (217)

DIE TAUBE UND DIE KRÄHE

Eine Taube, die in einem Taubenschlag gehalten wurde, brüstete sich mit ihrer zahlreichen Nachkommenschaft. Die Krähe, die ihre Worte hörte, sagte: „Ach, meine Liebe, hör auf, damit zu prahlen! Denn je mehr Kinder du hast, über um so größere Sorgen wirst du zu klagen haben."

So sind auch die unter den Haussklaven am schlimmsten daran, die im Stande ihrer Unfreiheit Kinder in die Welt setzen.   (218)

DER AFFE UND DIE FISCHER

Als der Affe, auf einem hohen Baum sitzend, Fischer an einem Flusse ihr Netz auswerfen sah, achtete er genau auf das, was sie taten. Wie nun die Fischer ihr Netz wieder herauszogen und in naher Entfernung ihr Frühstück hielten, stieg er von dem Baum herab und schickte sich an, es ihnen nachzutun; denn man weiß ja, das Nachahmen liegt in seinem Wesen. Als er sich jedoch an den Netzen zu schaffen machte, wurde er ergriffen und sagte zu sich selber: „Ganz recht ist es mir ergangen. Denn was versuche ich zu fischen, ohne es gelernt zu haben?"

Die Fabel zeigt, daß die Beschäftigung mit Dingen, die einem nicht zukommen, nicht nur nichts einbringt, sondern sogar noch schadet.   (219)

DER REICHE MANN UND DER GERBER

Ein reicher Mann, der einen Gerber zum Nachbarn hatte, konnte den Gestank nicht mehr aushalten und lag daher jenem in den Ohren, er möchte umziehen. Der aber schob die Sache immer wieder hinaus, indem er erwiderte, bald werde er sein Quartier wechseln. Nachdem das eine Woche gegangen war, geschah es, daß der Reiche sich

an den Gestank gewöhnte und den Gerber nicht mehr
behelligte.

Die Fabel zeigt, daß die Gewohnheit auch unangenehme
Dinge mildert.   (220)

DIE REICHEN UND DIE KLAGEWEIBER

Ein reicher Mann hatte zwei Töchter. Als von denen die eine
gestorben war, dingte er Klageweiber. Da sprach die andere
zu ihrer Mutter: „Weh uns, die wir, ob doch der Schmerz
an uns ist, nicht zu klagen vermögen, währenddes jene, die
unversehens ins Haus kamen, so laut jammern und weinen!" Die Mutter erwiderte: „Darüber, liebes Kind,
brauchst du dich nicht zu wundern, daß diese Frauen so
heftig jammern; denn sie tun es ja um Geld."

So machen manche aus Habsucht fremdes Unglück bedenkenlos zu dem ihrigen.   (221)

DER HIRT UND DER HUND

Ein Hirt hatte einen riesig großen Hund, dem pflegte er die
Keimlinge sowie die todgeweihten unter seinen Schafen
vorzuwerfen. Und als nun wieder einmal die Herde eintraf,
sah der Hirt, wie der Hund sich an die Schafe heranmachte
und sie umschwänzelte, und meinte dazu: „Das, mein Alter,
was du ihnen wünschst, sollte mit deinem Kopfe geschehen!"

Die Fabel paßt gut auf einen Schmeichler.   (222)

DER HIRT UND DAS MEER

Als ein Hirt, der in einem Küstenbezirk seine Herde weidete, das Meer still und ruhig erblickte, überkam ihn die
Lust zur Seefahrt. Er verkaufte daher seine Schafe, handelte

Datteln ein, belud damit ein Schiff und stach in See. Als jedoch ein heftiger Sturm ausbrach und das Schiff kenterte, verlor er alles und kam mit Mühe schwimmend an Land. Nachdem nun wieder Stille eingetreten war und einer am Strande die Ruhe des Meeres pries, sagte er nur: „Ja, lieber Freund, du kannst mir glauben, das Meer hat wieder Appetit auf Datteln."

So wird für vernünftige Leute schlechte Erfahrung oftmals zur Lehre.   (223)

DER HIRT UND DIE SCHAFE

Der Hirt hatte seine Schafe in einen Eichenwald getrieben, und als er dort einen mächtig großen Baum voller Früchte erblickte, breitete er seinen Mantel darunter aus, stieg auf den Baum hinauf und schüttelte die Früchte herunter. Die Schafe verspeisten die Eicheln, ohne zu bemerken, daß sie dabei auch den Mantel mitverzehrten. Doch der Hirt, als er herabstieg und sah, was geschehen war, sagte nur: „Ihr bösen Tiere, für die anderen Leute liefert ihr Wolle zur Bekleidung, mir aber, der ich euch ernähre, habt ihr sogar noch den Mantel genommen!"

So ist es auch bei vielen Menschen. Während sie aus Unverstand Leuten, die sie gar nichts angehen, gefällig sind, tun sie denen, die ihnen nahestehen, Böses an.

                                                        (224)

DER HIRT UND DIE JUNGEN WÖLFE

Der Hirt hatte junge Wölfe gefunden und zog sie mit viel Sorgfalt auf; denn er meinte, diese würden, wenn sie größer wären, nicht nur seine eigenen Schafe behüten, sondern überdies die Schafe anderer stehlen und ihm zuführen. Sobald nun aber die Wölfe herangewachsen waren, gingen sie zunächst einmal, da sie ja vor Strafe sicher waren, auf die eigene Herde los. Und der Hirt stöhnte bloß: „Es ist mir schon ganz recht geschehen. Warum nur habe ich diese Bestien, als sie klein waren, am Leben gelassen, die ich jetzt, nachdem sie heranwuchsen, aus dem Wege räumen muß?"

Wer die Bösewichter am Leben erhält, stärkt dadurch ungewollt deren Kräfte, die sich bei erster Gelegenheit gegen ihn selber richten.   (225)

DER SCHERZENDE HIRT

Der Hirt trieb seine Herde ein ganzes Stück von seinem Dorfe fort und machte wiederholt folgenden Scherz. Er rief die Landleute um Hilfe an und schrie, daß Wölfe sich auf seine Schafe gestürzt hätten. Ein zweites und ein drittes Mal noch versetzte er so seine Dorfgenossen in Schrecken und Bewegung, um sie dann mit Hohngelächter wieder nach Hause zu schicken. Dann aber geschah es, daß der Wolf wirklich herankam. Als nun die Herde zersprengt wurde und der Hirt um Hilfe rief, da glaubten die Bauern, er scherze in gewohnter Weise, und scherten sich nicht darum. Und so geschah es, daß jener seine Schafe verlor.

Die Fabel beweist, daß die Lügner nur den Gewinn haben, daß man ihnen auch dann nicht glaubt, wenn sie die Wahrheit sprechen.   (226)

DIE WANDERER UND DER RABE

Reisenden, die in Geschäften unterwegs waren, begegnete ein Rabe, der auf einem Auge erblindet war. Als nun jene auf den Raben blickten und einer von ihnen zur Umkehr riet — denn das wolle das Erscheinen des Vogels bedeuten —, fiel ihm ein anderer ins Wort: „Wie soll dieser Rabe uns die Zukunft verkünden können, der nicht einmal, um sich entsprechend in acht zu nehmen, seine eigene Erblindung vorhersah?"

So sind auch bei den Menschen solche, die in ihren eigenen
Angelegenheiten nicht Rat wissen, ungeeignet als Ratgeber
für ihre Umgebung.   (227)

PROMETHEUS UND DIE MENSCHEN

Prometheus hatte in Zeus' Auftrag Menschen und Tiere
gebildet. Als nun Gottvater sah, daß es viel mehr Tiere
waren, befahl er Prometheus, einige von den Tieren zu
vernichten und in Menschen umzugestalten. Der tat, wie
ihm geheißen, und so geschah es, daß die derart entstandenen Wesen zwar die äußere Gestalt von Menschen, jedoch
die Mentalität von Tieren besitzen.

Auf einen linkischen Trampel paßt die Fabel recht gut.
                                                      (228)

DIE ZWEI RANZEN

Als Prometheus die Menschen bildete, hängte er ihnen zwei
Ranzen um, einen mit den fremden Bosheiten und einen
mit den eigenen. Den Ranzen mit den fremden Bosheiten
brachte er vorn an, den mit den eigenen hängte er hinten
fest. Von daher kommt es, daß die Menschen die Bosheiten
anderer recht gut wahrnehmen, die eigenen aber nicht
dazu sehen.

Diese Fabel könnte man auf einen vielgeschäftigen Mann
beziehen, der, für seine eigenen Angelegenheiten blind, sich
um Dinge kümmert, die ihn nichts angehen.   (229)

DER BADENDE KNABE

Ein Knabe badete einmal in einem Flusse und geriet in
Gefahr zu ertrinken. Darum schrie er um Hilfe, als er einen
daherkommenden Wanderer erblickte. Der tadelte den

Knaben wegen seiner Unvorsichtigkeit. Doch jener erwiderte: „Jetzt mußt du mir helfen; später, wenn ich gerettet bin, kannst du mich schelten."

Die Fabel lehrt, statt zu tadeln, Barmherzigkeit zu üben; denn sonst bringt man den Geschädigten in Erregung.

(230)

DIE FÜCHSE AM MÄANDER

Einst waren die Füchse am Mäanderfluß versammelt und wollten daraus trinken. Weil aber das Wasser mit reißender Strömung dahinfloß, wagten sie sich nicht hinein, sosehr sie auch einander zuredeten. Einer jedoch tat sich groß darin, die anderen zu verspotten und ihre Feigheit zu belächeln, und sprang schließlich, indem er seine Überlegenheit herauskehrte, kühn in das Wasser. Die Strömung trieb ihn bis zur Flußmitte, und als die anderen, die am Ufer standen, ihm zuriefen: „Verlaß uns nicht, sondern komm zurück und zeig uns den Weg, auf dem wir ungefährdet zum Trinken gelangen!", da antwortete er, während er schon fortgespült wurde: „Ich habe eine Nachricht für Milet und will die erst überbringen; wenn ich dann zurückkomme, werde ich euch zur Verfügung stehen."

Auf Leute, die sich durch ihre Großsprecherei selber in Gefahr bringen. (231)

DAS GESCHORENE SCHAF

Als ein Schaf bei der Schur arg zu leiden hatte, sprach es zu dem, der es schor: „Verlangt es dich nach meiner Wolle, so schneide weiter oben; begehrst du aber mein Fleisch, dann schlachte mich auf einmal und bewahre mich davor, stückweis zu Tode gemartert zu werden!"

Diese Fabel paßt für die, welche sich auf Dinge werfen, für die sie nicht geschickt sind. (232)

DER GRANATAPFELBAUM, DER APFELBAUM UND DER DORNSTRAUCH

Der Granatapfelbaum und der Apfelbaum stritten sich, wer mehr Früchte habe. Als ihr Streit immer heftiger entbrannte, mengte sich der Dornstrauch ein, der von der nahen Hecke her zugehört hatte: „Aber Freunde, wollen wir nicht unsere Auseinandersetzung beenden?"

So versuchen bei den Streitigkeiten der Großen die Bedeutungslosen sich ins Spiel zu bringen. (233)

DER MAULWURF

Der Maulwurf — ein, wie man weiß, blindes Tier — sagte zu seiner Mutter: „Ich kann sehen." Um ihn auf die Probe zu stellen, gab die ihm Weihrauchkörner und fragte ihn, was das sei. Als der Maulwurf „Kieselsteine" antwortete, meinte die Mutter: „Mein Kind, du bist nicht nur der Sehkraft beraubt, sondern hast auch den Geruchssinn verloren."

So versprechen manche Aufschneider unmögliche Dinge und versagen doch schon bei der ersten besten Kleinigkeit. (234)

DIE WESPEN, DIE REBHÜHNER UND DER BAUER

Vom Durst getrieben, kamen die Wespen und die Rebhühner einst zu einem Bauern und erbaten sich etwas zu trinken; zum Entgelt für das Wasser erboten sich die Rebhühner, die Weinberge des Bauern umzugraben und seine Trauben zu veredeln, während die Wespen einen Kreis bilden und mit ihren Stacheln die Diebe vertreiben wollten. Doch der Bauer ließ sie nicht ausreden: „Ich besitze zwei Ochsen, die machen mir keine Versprechungen, aber sie besorgen das alles; ihnen werde ich daher lieber als euch zu trinken geben."

Auf einen Nichtsnutz paßt die Fabel. (235)

DIE WESPE UND DIE SCHLANGE

Die Wespe ließ sich auf dem Kopf der Schlange nieder und setzte dieser arg zu, indem sie sie immer neu mit ihrem Stachel verletzte. Doch so heftig auch ihr Schmerz war, vermochte sich doch die Schlange ihrer Feindin nicht zu erwehren. Schließlich kroch sie hinaus auf die Straße und sah einen Wagen heranrollen. Flugs legte sie ihren Kopf unter das Rad und fand mit den Worten: „Ich gehe mit meiner Feindin zugrunde" zusammen mit der Wespe den Tod.

Die Fabel zielt auf diejenigen, die darauf ausgehen, mit ihren Feinden zu sterben.   (236)

DER WURM UND DIE SCHLANGE

An einem Wege stand ein Feigenbaum. Dort sah der Wurm die Schlange schlafend liegen; bei ihrem Anblick ergriff ihn Neid wegen ihrer Länge. Und weil er ihr gleich zu werden wünschte, ließ er sich neben sie fallen und versuchte immer neu, sich auszustrecken, bis daß er das Maß überspannte und unversehens barst.

So ergeht es denen, die mit den Stärkeren in Wettbewerb treten. Sie werden eher selbst zerbrochen, als daß sie es jenen gleichzutun vermögen.   (237)

DAS SCHWEIN, DAS PFERD UND DER JÄGER

Das Wildschwein und das Pferd weideten auf demselben Platze. Da das Schwein allenthalben das Gras besudelte und das Wasser trübte, sann das Pferd auf Abhilfe und nahm zu dem Jäger als Bundesgenossen seine Zuflucht. Als der feststellte, daß er dem Pferd nur dann helfen könne, wenn es den Zügel erdulde und ihn als Reiter aufnehme, ging dieses auf alle Bedingungen ein. Da bestieg der Jäger das Pferd, überwältigte das Schwein, führte sein Reittier an die Krippe und band es dort fest.

So unterwerfen sich viele, wenn sie ihre Feinde abwehren möchten, in unüberlegter Gemütsaufwallung anderen.

(238)

DIE BÄUME UND DAS SCHILFROHR

Als die Bäume einmal von den Winden gebrochen wurden und zugleich sehen mußten, daß die Schilfrohre unbeschädigt blieben, erkundigten sie sich bei diesen, wie es möglich sei, daß sie selbst trotz ihrer Kraft und ihres Gewichts dermaßen mitgenommen wurden, während jene, obgleich zart und schwach, ohne Schaden blieben. Die Schilfrohre gaben zur Antwort: „Da wir uns unserer Schwäche bewußt sind, geben wir dem Ansturm der Winde nach und biegen so ihr Ungestüm ab; ihr aber leistet, weil ihr eurer eigenen Kraft vertraut, Widerstand und werdet darum zerbrochen."

Die Fabel beweist, daß gegenüber schwierigen Dingen nachgeben zuverlässiger ist als Widerstand leisten.   (239)

DIE HYÄNEN

Von den Hyänen erzählt man sich, sie wechselten Jahr für Jahr ihr Geschlecht und seien bald männlich, bald weiblich. Nun setzte einmal eine männliche Hyäne einer weiblichen böse zu. Da sagte diese zu jener: „So solltest du nicht handeln; in Bälde wirst du ja Gleiches erleiden."

Ähnlich könnte zu einem, der an der Herrschaft ist, jemand sprechen, der selbst die Anwartschaft darauf besitzt und doch von jenem noch Unrecht hinnehmen muß.

(240)

DIE HYÄNE UND DER FUCHS

Von den Hyänen erzählt man, weil sich ihre Natur Jahr für
Jahr ändere, seien sie bald männlich, bald weiblich. Als nun
einmal eine Hyäne den Fuchs sah, schalt sie ihn, daß er,
obgleich sie mit ihm verkehren wolle, sie nicht heranlasse.
Doch der Fuchs unterbrach sie: „Nicht mich solltest du
schelten, sondern deine Natur, dank deren ich nicht weiß,
ob ich mit dir als Freundin oder als Freund verkehren
soll."

Auf einen zweideutigen Charakter zielt die Fabel.

(241)

DER STIER UND DIE WILDZIEGEN

Der Stier wurde von dem Löwen verfolgt und flüchtete sich
in eine Höhle, in der sich Wildziegen befanden. Als die ihn
mit den Füßen und den Hörnern stießen, sagte der Stier:
„All das ertrage ich nicht aus Furcht vor euch, sondern aus
Furcht vor dem, der draußen vor der Höhle steht."

So müssen viele oftmals aus Angst vor den Stärkeren auch
die Mißhandlungen von seiten Schwächerer erdulden.

(242)

DIE JUNGEN DES AFFEN

Man erzählt sich, daß die Affen immer zwei Junge zur Welt
bringen; von denen lieben sie das eine abgöttisch und ziehen
es mit Sorgfalt auf, während ihnen das andere unlieb ist,
so daß sie es vernachlässigen. Manchmal will es nun aber
das göttliche Schicksal, daß das, welches derart umsorgt ist,
den Tod findet, während das vernachlässigte überlebt und
groß wird.

Die Fabel zeigt, daß das Schicksal mächtiger ist als alles
Vorsorgen.   (243)

DER PFAU UND DIE DOHLE

Als die Vögel darüber berieten, wer ihr König werden solle, forderte der Pfau, daß man ihn wegen seiner Schönheit in das Amt erhebe. Während die übrigen Vögel sich dazu anschickten, sprach die Dohle: „Gesetzt aber, du bist unser König und der Adler stellt uns nach, wie willst du uns dann beistehen?"

Daß die Herrscher sich nicht durch Schönheit, sondern durch persönliches Gewicht auszeichnen müssen, lehrt die Fabel.   (244)

DIE GRILLE UND DER FUCHS

Die Grille sang auf einem hohen Baum ihr Lied. Der Fuchs, der sie fressen wollte, kam auf folgende List. Er trat heran, äußerte sich voller Bewunderung über den Wohlklang und bat die Grille herunterzukommen; denn er wolle doch gern sehen, was für ein Tier solch eine schöne Stimme besäße. Die Grille indes ahnte die Hinterlist und ließ ein Blatt, das sie abgerissen hatte, herunterfallen. Als der Fuchs danach heransprang, so als sei es die Grille, meinte diese: „Du irrst dich, mein Lieber, wenn du denkst, ich würde herabsteigen. Ich weiß mich nämlich vor den Füchsen in acht zu nehmen, seitdem ich im Kot eines Fuchses die Flügel einer Grille erblickte."

Kluge Leute lernen aus den Mißgeschicken ihrer Mitmenschen.   (245)

DAS KAMEL, DER ELEFANT UND DER AFFE

Als die Tiere übereingekommen waren, sich einen König zu erwählen, traten das Kamel und der Elefant vor und eiferten miteinander; denn sie hofften, ihrer Körpergröße und -kraft halber würden sie vor den andern den Vorrang

haben. Doch der Affe behauptete, sie seien beide ungeeignet für dieses Amt; denn das Kamel könne denen, die
ihm wehe täten, nicht zürnen, und wenn der Elefant König
würde, so stünde zu befürchten, daß dann das Schweinchen
auf die übrigen Tiere losfahren würde.

Die Fabel lehrt, daß viele große Dinge aus winziger Ursache
nicht zustande kommen.   (246)

DER SCHWAN

Die Schwäne, erzählt man, singen nur im Sterben. Als nun
einmal ein Mann einen Schwan fand, der zum Verkauf
stand, und hörte, daß es ein sehr musisches Tier sei, da
kaufte er ihn. Bei einer Gelegenheit hatte der Mann Gäste
im Haus; da ging er zu dem Schwan und bat ihn, während
des Umtrunkes zu singen. Damals schwieg der Schwan stille,
später jedoch, als er fühlte, daß es ans Sterben ging, sang
er sein Trauerlied. Als der Herr das hörte, sagte er: „Nun,
da du sonst nicht singst als nur beim Sterben, war es dumm
von mir, daß ich dich seinerzeit zum Singen einlud, statt dich
zu schlachten."

So müssen auch manche Menschen wider ihren Willen
ausführen, was sie freiwillig zu gewähren nicht bereit sind.
                                                          (247)

ZEUS UND DIE SCHLANGE

Als Zeus Hochzeit hatte, brachten ihm alle Tiere Geschenke,
ein jedes, was es konnte. Auch die Schlange kam herangekrochen, mit einer Rose im Munde, und trat vor den
Gott. Doch als Zeus sie erblickte, sagte er: „Von den anderen
allen nehme ich die Geschenke, doch aus deinem Munde
will ich nichts haben."

Die Fabel zeigt, daß bei den bösen Leuten selbst Freund-
lichkeitsbezeugungen in Schrecken versetzen.   (248)

DER PFAU UND DER KRANICH

Der Pfau machte sich über den Kranich lustig, spottete über seine Farbe und sagte: „Ich bin in Gold und Purpur gekleidet, du dagegen hast nichts Schönes an deinen Federn." Doch der Kranich erwiderte: „Dafür lasse ich meine Stimme bei den Sternen erklingen und erhebe mich mit meinen Flügeln in die Himmelshöhen, während du wie ein Hahn unten mit den Hennen einhertrottest."

Daß es besser ist, wenn einer bescheidene Kleidung trägt, aber etwas gilt, als daß einer mit seinem Reichtum protzt, aber ein ungeachtetes Dasein führt, das beweist diese Fabel.

(249)

DAS SCHWEIN UND DER HUND

Das Schwein und der Hund beschimpften einander. Da schwor das Schwein bei Aphrodite, es werde mit seinen Zähnen den Hund zerreißen. Der aber sagte ironisch zu ihm: „Sehr berechtigt leistest du deinen Schwur bei Aphrodite. Denn du bekundest damit, bei der Göttin in besonderem Ansehen zu stehen, die ja einen jeden, der bloß von deinem unreinen Fleisch kostete, nicht in ihr Heiligtum einläßt!" Darauf das Schwein: „Gerade darin offenbart die Göttin, daß sie mich liebt, verabscheut sie doch jeden, der mich tötet oder mir in anderer Weise weh tut. Du aber stinkst, magst du nun lebend oder tot sein."

Die Fabel zeigt, wie gescheite Redner die von ihren Gegnern vorgebrachten Vorwürfe leichthin in Lob umbilden.

(250)

DIE SAU UND DIE HÜNDIN

Die Sau und die Hündin führten ein Streitgespräch über die leichte Geburt. Als die Hündin behauptete, sie als einzige unter den Vierfüßlern vermöge schnell zu gebären, fiel die Sau ein: „Gewiß, doch wenn du das sagst, so denk daran, daß du blinde Junge zur Welt bringst!"

Die Fabel zeigt, daß man die Dinge nicht nach dem Tempo, sondern nach der Qualität beurteilt.   (251)

DAS WILDSCHWEIN UND DER FUCHS

Das Wildschwein stand an einem Baum und wetzte seine Zähne. Als der Fuchs nach dem Grunde fragte, weshalb es, da doch weder ein Jäger noch sonst eine Gefahr drohe, seine Zähne schärfe, antwortete das Wildschwein: „Nun, ich tue das nicht ohne Bedacht. Denn wenn mir Gefahr droht, werde ich mich nicht erst mit dem Schärfen aufzuhalten haben, sondern kann dann meine Hauer bereits geschärft einsetzen."

Die Fabel lehrt, daß man, ehe es gefährlich wird, seine Vorbereitungen treffen muß.   (252)

DER GEIZHALS

Ein Geizhals hatte sein Vermögen zu Geld gemacht, damit einen Klumpen Gold gekauft und diesen vor der Stadtmauer vergraben. Nun ging er unentwegt hin und paßte auf. Einer von den Feldarbeitern, der das Erscheinen des Geizhalses beobachtet und daraus die richtigen Schlüsse gezogen hatte, brachte das Gold an sich, als jener sich einmal entfernt hatte. Als nun der Geizhals bei seiner Rückkehr den Ort leer fand, wehklagte er und raufte sich die Haare. Ein Dritter erblickte ihn in seiner Verzweiflung und sagte tröstend, nachdem er die Ursache erfahren hatte: „Sei nicht traurig deswegen! Nimm dir einen Stein, deponiere ihn am selben Orte und denke dir, das Gold läge dort! Denn auch damals, als es da war, hast du nicht davon Gebrauch gemacht."

Die Fabel zeigt, daß Besitz nichts ist, wenn nicht auch der Nutzen dazukommt.   (253)

DIE SCHILDKRÖTE UND DER HASE

Die Schildkröte und der Hase führten einen Wettstreit, wer der schnellere sei. Sie bestimmten sich ein Ziel und brachen von ihrem Ausgangspunkt auf. Der Hase, der auf seine natürliche Schnelligkeit vertraute, bekümmerte sich nicht um den Lauf, sondern legte sich am Wegrande schlafen. Die Schildkröte dagegen, die sich ihrer Langsamkeit wohl bewußt war, gönnte sich keine Pause und überholte so den schlafenden Hasen, ja kam in den Besitz des Siegespreises.

Die Fabel zeigt, daß oftmals Anstrengung eine mangelhafte Anlage auszugleichen vermag.   (254)

DIE SCHWALBE UND DIE SCHLANGE

Die Schwalbe, die in einem Gericht ihr Nest gebaut hatte, war ausgeflogen. Da kam die Schlange herangekrochen und fraß ihr die Jungen weg. Als die Schwalbe zurückkehrte und ihren Bau leer fand, jammerte sie voller Verzweiflung. Eine andere Schwalbe versuchte sie zu trösten und sagte, daß es ja nicht ihr allein widerfahren sei, die Kinder zu verlieren; doch die erste fiel ihr ins Wort: „Ach, ich klage ja nicht so sehr der Jungen wegen als vielmehr deshalb, daß mir an diesem Orte Unrecht widerfuhr, an dem die, denen Unrecht geschieht, Hilfe erlangen."

Die Fabel zeigt, daß ein Unglück für den, der es erleiden muß, belastend wird, wenn es ihm jemand zufügt, von dem er das am wenigsten erwartet.   (255)

DIE GÄNSE UND DIE KRANICHE

Die Gänse und die Kraniche weideten auf derselben Wiese. Als Jäger auf den Plan traten, konnten die Kraniche angesichts ihres geringen Gewichts leicht davonfliegen, während die Gänse mit ihren schweren Körpern dableiben mußten und gefangen wurden.

So ist es auch bei den Menschen, wenn Unruhen in einer Stadt ausbrechen: Die Armen, die nicht viel mit sich zu tragen haben, bringen sich leicht von einer Stadt in die andere in Sicherheit; die Reichen dagegen müssen wegen ihres umfänglichen Besitzes dableiben und geraten dabei oft in Sklaverei. (256)

DER WALDESEL UND DER WOLF

Der Waldesel lahmte, weil er sich einen Dorn eingetreten hatte, und war verärgert darüber, daß der Fuß ihn schmerzte und er den Fluß nicht überqueren konnte. Den starken Wolf, der dahertrottete, überkam Lust, den Esel, in dem er eine bequeme Beute gefunden zu haben glaubte, zu verspeisen. Doch der Esel bat ihn inständig: „Befrei mich zuerst von dem Übel und zieh mir den Dorn aus dem Fuß heraus!" Kaum hatte der Wolf den Dorn mit seinen Zähnen entfernt, da versetzte ihm der Esel, von den Schmerzen befreit, mit dem Huf einen Tritt und brachte dadurch den Wolf zur Strecke; er selber suchte eilends im Gebirge Zuflucht.

Die Fabel lehrt uns, daß man, wenn man einem Bösen etwas Gutes tut, nicht Dank, sondern weit eher Spott erntet.
(257)

DIE SCHWALBE UND DIE KRÄHE

Die Schwalbe und die Krähe stritten sich um die Schönheit. Da fiel die Krähe der Schwalbe in die Rede: „Deine Schönheit steht ja nur für die Sommerszeit in Blüte, mein Körper dagegen widersteht auch dem Winter."

Die Fabel demonstriert, daß Ausdauer des Körpers besser ist als Wohlgeformtheit. (258)

DIE SCHILDKRÖTE UND DER ADLER

Die Schildkröte, die einen Adler hatte durch die Lüfte schweben sehen, ergriff das Verlangen, ebenfalls zu fliegen. Darum ging sie zu jenem und bat ihn, er möchte sie gegen Geld in dieser Kunst unterweisen. Der Adler mühte sich, sie davon zu überzeugen, daß das unmöglich sei; aber die Schildkröte gab nicht nach. So faßte er sie denn, hob sich mit ihr in die Höhe und ließ sie am Ende auf einen Fels hinunterfallen. Auf diesen stürzend, fand die Schildkröte den Tod.

Viele wollen aus Ehrgeiz nicht auf die Klügeren hören und schaden sich dadurch nur selbst. (259)

DER FLOH UND DER ATHLET

Der Floh war auf den Fuß des Athleten gehüpft. Dieser suchte ihn zu verscheuchen, doch beim Wegspringen biß ihn der Floh. Darüber geriet der Athlet in heftigen Zorn und schickte sich an, mit seinen Nägeln den Floh zu zerquetschen; doch der nutzte den ihm angeborenen Schwung, machte einen weiten Sprung und entging so dem Tode. Da rief der Athlet voller Empörung: „O Herakles, wenn du mir so gegen einen Floh beistehst, wie wirst du mir dann erst gegen meine Gegner im Ring beistehen?"

Die Fabel lehrt, daß man in den geringfügigen, ungefährlichen Dingen nicht gleich die Götter anrufen darf, sondern nur in den größeren Notfällen. (260)

DER PAPAGEI UND DIE KATZE

Ein Mann hatte einen Papagei gekauft und hielt ihn sich in seinem Hause. Ein solches Entgegenkommen nutzend, flog der Vogel auf den Herd, ließ sich da nieder und krächzte ganz wohlgemut. Die Katze, die das sah, fragte ihn, wer er denn sei und woher er komme. Der Papagei antwortete: „Der Herr hat mich neulich gekauft." — „So, du unverschämtes Vieh", erwiderte ihm die Katze, „obgleich du solch ein Neuankömmling bist, machst du ein derartiges Geschrei, wie es mir, die ich im Hause geboren bin, die Herrschaften niemals erlauben; vielmehr, wenn ich je so handelte, würden sie mich mit Schimpf und Schande davonjagen." Doch der Papagei entgegnete: „Liebe Hausgenossin, mach dich nur weit weg! Über meine Stimme empfinden nämlich die Herrschaften nicht solches Mißvergnügen wie über die deinige."

Auf einen Tadelsüchtigen, der immer andern gern die Schuld zuschieben möchte, paßt die Fabel recht gut.

(261)

DIE HOLZFÄLLER UND DIE EICHE

Die Holzfäller waren beim Fällen einer Eiche. Sie hatten sich von ebendieser Eiche Keile gemacht und versuchten, sie damit zu spalten. Da sprach die Eiche: „Nicht so sehr der Axt bin ich gram, die mich gefällt hat, als den Keilen, die aus mir herauswuchsen."

Bekanntlich ist das Leid schmerzhafter, wenn es von Verwandten als wenn es von Fremden zugefügt wird.

(262)

DIE TANNE UND DER DORNSTRAUCH

Die Tanne rühmte sich gegenüber dem Dornstrauch und sagte: „Zu nichts bist du brauchbar, während ich an den Tempeldächern und in den Häusern meine Dienste leiste." Doch der Dornstrauch erwiderte: „Du Unglückliche, gedächtest du der Äxte und Sägen, die dich zurechtstutzen, so würdest du ein Dornstrauch und keine Tanne sein wollen!"

Besser ist ungetrübte Armut als Reichtum mit Zwang und
Nötigung.   (263)

DER MENSCH UND DER LÖWE AUF DER WANDERSCHAFT

Der Löwe zog mit dem Menschen den gleichen Weg. Da
sagte der Mensch zu ihm: „Ein mächtigeres Wesen ist der
Mensch im Vergleich zum Löwen." Der Löwe erwiderte
darauf: „Das mächtigere Wesen ist der Löwe." Und während sie so ihres Weges zogen, zeigte der Mensch auf
Schmucksäulen, welche die Menschen mit Reliefs aus-
gestalteten; darauf stellten sie die Löwen dar, die unterlegen
und den Menschen unterworfen waren. Auf den Hinweis:
„Siehst du, wie die Löwen sind?" entgegnete der Löwe:
„Wenn die Löwen zu modellieren verstünden, würdest du
viele Menschen zu Füßen der Löwen sehen."

Weil es gelegentlich Leute gibt, die sich wegen Leistungen
rühmen, die sie nicht zu vollbringen vermögen, ist diese
Fabel erzählt.   (264)

DER HUND UND DIE SCHNECKE

Ein Hund, der gern Eier ausschlürfte, riß, als er eine
Schnecke mit ihrem Haus erblickte, sein Maul breit auf und
verschlang beide unter erheblichem Würgen, glaubte er
doch, es handle sich um ein Ei. Die ungewöhnliche Speise
lag ihm schwer im Magen und bereitete ihm Schmerzen. Da
sagte er: „Mit Recht muß ich das aushalten; denn warum
habe ich alles, was rund ist, als Ei angesehen?"

Die Fabel lehrt uns, daß die, welche unüberlegt etwas in
Angriff nehmen, sich unversehens in Widersprüche ver-
stricken.   (265)

DIE ZWEI HÄHNE·UND DER ADLER

Zwei Hähne kämpften miteinander um die Hennen, dabei vermochte der eine den andern zu verscheuchen. Und dieser, der unterlegene, flüchtete sich an einen schattigen Ort und versteckte sich dort; der Sieger dagegen erhob sich in die Höhe, setzte sich auf eine hochragende Mauer und krähte laut. Da kam alsbald ein Adler herabgestoßen, packte ihn und trug ihn hinweg. Der andere hingegen blieb im Dunkel verborgen und konnte von nun an ungestört die Hennen bespringen.

Die Fabel zeigt, daß der Herr sich den Hoffärtigen widersetzt und den Demütigen Gnade gibt.   (266)

DIE MÜCKE UND DER LÖWE

Die Mücke kam zum Löwen und sagte zu ihm: „Ich habe keine Furcht vor dir, und du bist auch nicht stärker als ich. Worin besteht denn eigentlich deine Kraft? Darin, daß du mit deinen Krallen kratzen und mit deinen Zähnen beißen kannst? Das kann auch eine Frau, wenn sie mit ihrem Manne im Streit liegt. Ich jedoch bin viel stärker als du. Wenn du magst, dann wollen wir miteinander kämpfen." Darauf trompetete die Mücke und stach dem Löwen ins Gesicht in der Nähe der Nase, wo es unbehaart ist. Der Löwe versuchte, sich mit seinen Krallen zu jucken, bis ihm das über wurde. So blieb die Mücke Siegerin; trompetend und ihr Siegeslied summend, flog sie davon. Am Ende aber verfing sie sich im Netz der Spinne, und während sie von dieser aufgezehrt wurde, wehklagte sie: „Ich, die ich mit den Stärksten im Kampfe lag, muß durch ein so armseliges Wesen wie diese Spinne zugrunde gehen!"

Die Fabel zielt auf solche Leute, die Mächtige zu Fall bringen und selber von Schwachen zu Fall gebracht werden.

(267)

DER HUND, DER FUCHS UND DER HAHN

Der Hund und der Hahn hatten Freundschaft miteinander geschlossen und unternahmen zusammen eine Wanderung. Als die Nacht hereinbrach, hatten sie gerade ein Waldgebiet erreicht. Da schwang sich der Hahn auf einen Baum und ließ sich in seinen Zweigen nieder, während der Hund unten in einer Höhlung des Baumes sein Lager fand. Nachdem die Nacht vorüber war und der Morgen anbrach, krähte der Hahn laut, wie es seine Gewohnheit war. Der Fuchs vernahm das Krähen, und weil es ihn gelüstete, den Hahn zu verspeisen, kam er heran, trat unter den Baum und rief jenem zu: „Ein guter Vogel bist du und nützlich für die Menschen. Komm doch herunter, damit wir das Morgenlied singen und uns gemeinsam daran erfreuen!" Doch der Hahn unterbrach ihn und sagte: „Geh, Freund, unten an die Wurzel des Baumes und ruf den Küster, damit er das Weckholz schlägt!" Als der Fuchs sich aufmachte, um den Hund zu rufen, da war der schon aufgesprungen, packte den Fuchs und zerriß ihn.

Die Fabel beweist, daß es den klugen Menschen ebenso geht. Wenn denen etwas Böses geschieht, wissen sie unschwer an ihren Feinden gebührend Rache zu nehmen.   (268)

DER LÖWE, DER WOLF UND DER FUCHS

Der Löwe lag alt und krank in seiner Höhle. Da erschienen, um ihren König zu besuchen, alle anderen Tiere bis auf den Fuchs. Der Wolf ergriff diese Gelegenheit, um den Fuchs bei dem Löwen anzuschwärzen; ihn, ihrer aller Herrscher, mißachte er und sei darum auch nicht zu Besuch gekommen. In diesem Augenblick erschien der Fuchs und vernahm gerade noch die letzten Worte des Wolfes. Der Löwe aber brüllte ihn an. Der Fuchs bat um die Möglichkeit, sich zu verteidigen: „Wer von denen, die hier zusammenkamen, hat dir so viel genützt wie ich, der ich überall herumlief, um

ein Heilmittel für dich zu finden, und es auch erfuhr?" Als
ihm der Löwe befahl, das Heilmittel augenblicks zu nennen,
erwiderte der Fuchs: „Du mußt einem Wolf lebend die Haut
abziehen und sie dir, während sie noch warm ist, anlegen."
Und als der Wolf bereits tot dalag, meinte der Fuchs lachend: „Nicht zur Antipathie, zur Sympathie muß man
seinen Herrn einstimmen."

Die Fabel zeigt, daß, wer gegen einen anderen intrigiert, sich
selbst die Schlinge zuzieht.   (269)

DAS KALB UND DER STIER

Als das Kalb den Stier sich rackern sah, bedauerte es ihn,
weil er sich so plagen mußte. Als aber der Festtag nahte, ließ
man den Stier frei, während man das Kalb zur Schlachtbank
führte. Der Stier, der das sah, lächelte und sagte zu dem
Kalb: „Darum, liebes Kälbchen, durftest du müßig gehen,
damit man dich zu gegebener Zeit schlachten konnte."

Die Fabel zeigt, daß dem Müßiggänger Gefahr droht.
                                                        (270)

DIE LERCHE

Die Lerche, die in eine Falle geraten war, rief wehklagend:
„Oh, ich armer, unglücklicher Vogel! Niemandes Gold oder
Silber oder sonst einen Wertgegenstand habe ich mir an-
geeignet, ein kleines Getreidekorn jedoch hat mir den Tod
eingetragen."

Die Fabel wendet sich an Leute, die um geringen Gewinns
willen große Gefahr auf sich nehmen.   (271)

DER ESEL UND DAS PFERD

Der Esel pries das Pferd glücklich, weil es üppig genährt und aufmerksam gepflegt werde, er selber dagegen nicht einmal ausreichend Spreu habe und dabei die schwersten Arbeiten verrichten müsse. Als aber Krieg ausbrach, der Soldat mit seinen Waffen auf das Pferd stieg, es bald hier-, bald dorthin jagte, es mitten in die Feinde hineintrieb und das Pferd schließlich getroffen dalag, da änderte der Esel, der das alles mit angesehen hatte, seine Meinung und bedauerte das Pferd.

Die Fabel demonstriert, daß es nicht recht ist, die Vornehmen und Reichen zu beneiden; vielmehr muß man die Mißgunst und Gefahr, in der jene stehen, in Rechnung setzen und sich mit seiner Armut bescheiden.   (272)

DER ADLER

Hoch oben auf einem Felsen saß der Adler, bemüht, sich einen Hasen zu erjagen. Ihn traf ein Bogenschütze; das Geschoß durchbohrte den Adler, und der Pfeil mit den Federn blieb unmittelbar vor seinen Augen stecken. Da sprach der Adler: „Daß ich an meinen eigenen Federn zugrunde gehen muß, das macht mir zusätzlich Pein."

Die Fabel zeigt, daß es besonders bedrückt, wenn einer von seinen eigenen Leuten Leid erfährt.   (273)

DER NEGER

Ein Mann hatte einen Neger gekauft und meinte, dessen Farbe rühre von daher, daß der Vorbesitzer ihn vernachlässigt habe. Also brachte er den Sklaven nach Hause, holte alle möglichen Laugen heran und versuchte, ihn mit immer neuen Bädern rein zu waschen. Doch der Neger vermochte seine Farbe nicht zu ändern, wohl aber machte ihn die Behandlung krank.

Die Fabel zeigt, daß Naturanlagen so bleiben, wie sie von Anfang an waren.   (274)

DAS HIRSCHKALB UND DER HIRSCH

Das Hirschkalb sagte einmal zu dem Hirsch: „Vater, von Natur aus bist du größer und schneller als die Hunde, und außerdem trägst du zu deinem Schutze ein gewaltiges Geweih. Was also hast du von ihnen zu fürchten?" Lachend erwiderte der Hirsch: „Mit alldem hast du schon recht, mein Kind. Aber ich weiß jedenfalls das eine: wenn ich das Bellen eines Hundes vernehme, dann gibt es für mich kein Halten mehr!"

Die Fabel demonstriert, daß die geborenen Feiglinge kein Zureden zu ermutigen vermag.   (275)

DER HIRT UND DER WOLF

Der Hirt hatte einen Wolf, der noch ganz jung war, gefunden und mitgenommen und zog ihn zusammen mit seinen Hunden auf. Groß geworden, nahm dieser, wenn einmal ein Wolf ein Schaf raubte, zusammen mit den Hunden die Verfolgung auf. Manchmal konnten die Hunde den Wolf nicht einholen und machten darum kehrt; dann lief jener weiter, bis er den Räuber erreichte, und nahm als Wolf, der er war, an dem Beutezug teil. Anschließend kehrte er zurück. Wenn aber kein Wolf von außen her plündernd einfiel, dann riß er selber ein Schaf und verzehrte es heimlich gemeinsam mit den Hunden. Endlich kam ihm der Hirt auf die Schliche, bemerkte sein Treiben und ließ ihn sterben, indem er ihn an einem Baum aufhängte.

Die Fabel demonstriert, daß eine schlechte Natur keine gute
Gesinnung hervorzubringen vermag.   (276)

DER SCHWAN

Ein Reicher hielt sich eine Gans und einen Schwan, jedoch
nicht zu demselben Zweck, den letzteren vielmehr seines
Gesanges wegen und jene für die Pfanne. Als nun die Zeit
gekommen, da die Gans erleiden sollte, wozu sie bestimmt
war, war es Nacht und darum unmöglich, die beiden Vögel
in der Dunkelheit zu unterscheiden. Doch als man den
Schwan anstelle der Gans ergriff, stimmte er sein Sterbelied
an. So gab sein Gesang zu erkennen, wer er war, und be-
wahrte ihn vor dem Tode.

Die Fabel zeigt, daß oftmals die Musik einen Aufschub des
Todes bewirken kann.   (277)

DIE FRAU UND DER TRUNKENBOLD

Eine Frau hatte einen Trunkenbold zum Manne. Da sie ihn
von seiner Sucht befreien wollte, kam sie auf folgende List.
Sie wartete, bis er vollkommen betrunken und wie ein Toter
ohne Gefühl war, nahm ihn dann auf die Schultern, brachte
ihn ins Leichenhaus, setzte ihn dort ab und entfernte
sich. Zu der Zeit, als sie annehmen mußte, daß er bereits
wieder nüchtern sei, kehrte sie zurück und klopfte an die
Tür des Leichenhauses. Als jener fragte: „Wer hat ge-
klopft?", erwiderte die Frau: „Ich bin es, der Mann, der
den Toten ihr Essen bringt." Jener entgegnete: „Statt zu
essen, guter Freund, bring mir lieber zu trinken! Es tut
mir leid, daß du ans Essen und nicht ans Trinken dach-
test." Da schlug sich die Frau vor die Brust. „Ach, ich
Unglückliche, nicht das geringste hat mir meine List
eingebracht! Du, Mann, hast nicht nur keine Lehre angenommen, sondern bist gegenüber früher sogar noch

gesunken, weil dir die Sucht zur Gewohnheit geworden ist.''

Die Fabel zeigt, man soll sich mit schlechten Verhaltens- weisen nicht zu lange abgeben; mit der Zeit werden sie nämlich, auch wenn es der Betreffende nicht will, zur Gewohnheit.   (278)

DER KNABE, DER VATER UND DER GEMALTE LÖWE

Ein furchtsamer alter Mann hatte einen einzigen Sohn, der vortrefflich war. Den sah er in seinen Träumen, wie er, zur Jagd gehend, von einem Löwen getötet wurde. Aus Angst, der Traum könnte Wahrheit werden, baute der Alte ein hübsches Landhaus; dort brachte er seinen Sohn hin und stellte ihn unter Bewachung. Um den Sohn zu vergnügen, ließ er in dem Hause viele Arten von Tieren an die Wände malen, darunter auch einen Löwen. Doch je mehr der Sohn hinsah, um so größer wurde seine Betrübnis. Schließlich stellte er sich in die Nähe des Löwen und sagte: ,,Du böses Tier, deinetwegen und wegen des falschen Traumes meines Vaters wurde ich in diesem Hause eingesperrt wie in einem Gefängnis; was soll ich mit dir machen?'' Und während er das sagte, schlug er mit der Faust auf die Wand, um den Löwen zu blenden. Da geriet ihm ein Splitter in den Finger und bewirkte dadurch eine Entzündung und Schwellung, Fieber kam hinzu und beförderte ihn alsbald zum Tode. So erledigte der Löwe den Knaben, ohne daß dem Vater seine List etwas nützte.

Die Fabel beweist, daß niemand seinem Schicksal zu ent- gehen vermag.   (279)

DER FLUSS UND DAS FELL

Der Fluß sah in der Spiegelung ein Fell, das dahingetragen wurde, und fragte es, wie es sich nenne. ,,Trocken'', war die Antwort. Da überspülte es der Fluß mit einer Woge und sagte: „Du mußt nach einer anderen Benennung suchen; ich werde dich nämlich sogleich weich machen."

Die Fabel beweist, daß sich die Dinge leicht in den gleichen Naturzustand bringen lassen.   (280)

DER SCHÜTZE UND DER LÖWE

Ein Mann, der mit dem Bogen umzugehen verstand, begab sich ins Gebirge zum Jagen. Alle Tiere, die seiner ansichtig wurden, nahmen Reißaus, nur der Löwe forderte ihn zum Kampf auf. Der Schütze richtete seinen Pfeil auf den Löwen, traf ihn und sagte: „Nimm diesen meinen Boten auf und sieh ihn dir an, wie er beschaffen ist; später werde ich dann selbst zu dir kommen!" Da wandte sich der Löwe, von Furcht ergriffen, zur Flucht. Als der Fuchs ihm sagte, er solle Mut beweisen und dürfe nicht fliehen, erwiderte der Löwe: „Mich wirst du nicht schwanken machen. Denn wer einen so bitteren Boten hat, den werde ich, wenn er selber erscheint, nicht ertragen können."

Die Fabel zeigt, daß man keinesfalls denen nahe kommen darf, die einem schon von ferne schaden.   (281)

DER KAHLKOPF

Ein Kahlkopf, der sich eine Perücke aufgesetzt hatte, unternahm einen Ritt; dabei riß ihm der aufkommende Wind die Perücke weg, und die Zeugen dieses Vorfalls brachen in schallendes Gelächter aus. Der Kahlkopf nun hielt in seinem Wege inne und sagte: „Was ist schon Seltsames daran, daß die Haare, die ja nicht meine eigenen waren, mir entflohen, nachdem sie ja auch ihren Besitzer, mit dem sie geboren waren, verlassen mußten?"

Keiner sollte sich durch ein ihm begegnendes Unglück verdrießen lassen. Denn was einer nicht seit Geburt von Natur her besitzt, das bleibt auch nicht.   (282)

DER ZU TISCH GELADENE HUND

Ein Mann bereitete ein Gastmahl vor, um einen lieben
Freund zu bewirten. Da lud auch sein Hund einen anderen,
ihm befreundeten Hund ein mit den Worten: „Lieber
Freund, komm, speise mit mir!" Der Hund folgte der Ein-
ladung, erblickte die große Tafel, trat heran und überlegte:
„Ah, welch große Freude ist mir da eben zuteil geworden!
Unversehens ist mir das zugefallen, und so will ich bis zum
Überdruß schwelgen." Während er das bei sich erwog und
mit dem Schwanze wedelte, richtete er seinen Blick auf den
Freund, der ihn zum Mahle geladen hatte. Als aber der
Koch des schweifwedelnden Hundes ansichtig wurde,
packte er ihn am Schenkel und warf ihn zur Tür hinaus.
Wieder auf die Beine gekommen, trollte sich der Hund
unter lautem Gebell. Als nun die anderen Hunde sich sehen
ließen und ihn fragten: „Wie hast du gespeist?", erwiderte
er ihnen: „Volltrunken von dem, was ich zu mir nahm, habe
ich nicht einmal den Weg gesehen, auf dem ich wieder
herauskam."

Die Fabel beweist, daß man den Unfähigen nicht vertrauen
darf.   (283)

DER MANN, DER SEIN GÖTTERBILD ZERSTÖRTE

Ein Mann besaß ein hölzernes Götterbild, und weil er arm
war, flehte er zu ihm, es möchte ihm helfen. Doch sosehr
er auch flehte, er blieb doch weiter in seiner Armut. Deshalb
wurde er zornig, faßte die Figur am Schenkel und warf sie an
die Wand. Dabei fiel der Kopf zu Boden und zerbrach, und
viel Gold floß daraus hervor. Das sammelte der Mann auf
und rief: „Verdreht bist du, meine ich, und dumm! Denn
solange ich dich verehrte, hast du mir nichts genützt; da ich
dich aber zerschlug, belohntest du mich mit so viel Gutem."

Wie die Fabel zeigt, hat es keinen Zweck, einem Taugenichts
freundlich zu kommen; schlägt man ihn dagegen, so wird
man größeren Nutzen haben.   (284)

DER MAULESEL

Ein Maulesel, der von der Gerste fett geworden war, hüpfte
frohlockend und sprach zu sich selbst: „Das Pferd ist mein
Vater, das schnellfüßige, und ich bin ihm ganz und gar
gleich!" Eines Tages nun kam der Maulesel in eine Notlage
und war gezwungen, schnell zu laufen. Als er die Strapaze
hinter sich hatte, kam ihm ärgerlich zum Bewußtsein, daß
sein Vater ein Esel war.

Die Fabel lehrt, daß man, auch wenn einen die Zeit zu
Ansehen gebracht hat, doch seiner Herkunft nicht vergessen darf; denn unsicher ist nun einmal dieses Leben.

(285)

DAS PFERD UND DER ESEL

Ein Mann besaß ein Pferd und einen Esel. Als die beiden
unterwegs waren, sprach der Esel zu dem Pferd: „Nimm
etwas von meiner Last, wenn du willst, daß ich überlebe!"
Das Pferd gab jedoch nicht nach. Da kam der Esel von seiner
Last zu Fall und starb. Der Mann aber legte dem Pferd alle
Lasten auf und sogar noch das Fell des Esels dazu. Da rief
das Pferd wehklagend: „Weh mir Armem! Was geschah mir
in meinem Unglück? Da ich die kleine Last nicht nehmen
wollte, so muß ich jetzt alles und sogar noch jenes Fell
tragen."

Die Fabel zeigt, daß, wenn die Großen mit den Kleinen
Gemeinschaft halten, sie beide im Leben zurechtkommen.

(286)

DER WURM UND DER FUCHS

Der Wurm, der im Morast verborgen lebt, kam auf die Erde
heraufgekrochen und erzählte allen Tieren: „Ich bin ein
Arzt, der sich auf die Medizin versteht gleich wie der
Götterarzt Paian." — „Und wie dann", bemerkte der Fuchs,

„hast du, der du andere heilst, die eigene Lahmheit nicht heilen können?"

Die Fabel zeigt, daß die Theorie ohne die Praxis nichts taugt.
(287)

DER KRANKE RABE

Der Rabe sprach auf dem Krankenlager zu seiner Mutter: „Mutter, bete zu Gott und weine nicht!" Doch die erwiderte ihm: „Ach, mein Kind, wer von den Göttern sollte sich deiner erbarmen? Wem hättest du nie Opferfleisch gestohlen?"

Die Fabel beweist, daß die, welche sonst viele Feinde haben, auch in der Not keinen Freund finden werden.
(288)

DER TROMPETER

Ein Trompeter, der das Heer zu versammeln pflegte, war von den Feinden gefangengenommen worden. Da erhob er ein lautes Geschrei: „Ihr Männer, tötet mich nicht ohne Sinn und Zweck! Keinen von euch nämlich habe ich umgebracht, und außer diesem Metall habe ich keinen andern Besitz." Die jedoch erwiderten ihm: „Gerade darum wirst du sterben, weil du, ohne selbst kämpfen zu können, die andern alle zur Schlacht aufrufst!"

Die Fabel zeigt, daß diejenigen die größere Sünde begehen, welche die bösen und schlimmen Herrscher zu Übeltaten anspornen.   (289)

DER KRIEGER UND DIE RABEN

Ein Feigling mußte in den Krieg ziehen. Als aber die Raben krächzten, stellte er seine Waffen zur Seite und verhielt sich still; dann nahm er sie wieder auf und zog aufs neue los.

Und als auch diesmal die Raben krächzten, hielt er wieder inne und sagte endlich: „Ihr mögt krächzen, so laut ihr nur könnt; mich werdet ihr jedenfalls nicht zu fressen bekommen."

Die Fabel bezieht sich auf sehr feige Leute.　　　(290)

DER SCHWANZ UND DIE GLIEDER DER SCHLANGE

Der Schwanz stritt mit dem Kopf der Schlange und stellte die Forderung, auch er müsse anteilig die Führung haben und könne sich nicht immer nur dem Kopfe unterordnen. Als aber der Schwanz die Führung an sich gerissen hatte, brachte er sich dadurch, daß er blindlings losstürmte, selber in eine schwierige Lage und behinderte überdies den Kopf, der sich gezwungen sah, wider alle Natur blinden und stummen Körperteilen zu folgen.

Die Fabel demonstriert, daß es denen, die alles nach Gunst und Gefallen gestalten möchten, genauso ergeht.

(291)

DER LÖWE, PROMETHEUS UND DER ELEFANT

Der Löwe lag oftmals Prometheus in den Ohren. Stattlich und wohlgestalt habe er ihn gemacht, sein Kinn mit scharfen Zähnen bewaffnet, die Füße mit Krallen verstärkt und ihn kräftiger als die anderen Tiere gebildet; „doch so ein Kerl, der ich bin", sagte er, „habe ich doch Angst vor dem Hahn." Prometheus erwiderte ihm: „Was machst du mir unnütze Vorwürfe? Das, was ich dir zu schaffen vermochte, hast du alles; nur ist deine Seele eben zu schwach." Der Löwe bejammerte sich selbst, beschuldigte sich der Feigheit und wollte am Ende sterben. In solcher Stimmung begegnete er dem Elefanten, begrüßte ihn und begann ein Gespräch mit ihm. Dabei bemerkte er, wie dieser immerfort die Ohren bewegte. „Was hast du da", fragte er ihn,

„und warum ist dein Ohr auch nicht einen Augenblick
lang still?" Zufällig flog eine Mücke vorüber. „Siehst du",
sagte der Elefant, „dieses kleine Ding, das da summt? Wenn
es mir in den Gehörgang eindringt, dann ist es aus mit mir."
Darauf der Löwe: „Was soll ich dann noch sterben, der ich
doch so stattlich bin und gegenüber dem Elefanten um so
viel günstiger dran, wie der Hahn stärker ist als die
Mücke!"

Du siehst, welche Kraft die Mücke besitzt, daß sie sogar den
Elefanten zu schrecken vermag.   (292)

DIE BÄUME UND DER ÖLBAUM

Die Bäume machten sich einst auf den Weg, um sich einen
König zu salben. Dabei sagten sie zu dem Ölbaum: „Sei
König über uns!" Doch der Ölbaum antwortete ihnen: „Soll
ich meine Fettigkeit hassen, die Gott und die Menschen an
mir priesen, und hingehen, um über die Bäume zu herrschen?" Da sprachen die Bäume zum Feigenbaum: „Komm
und regiere uns!" Doch der Feigenbaum entgegnete ihnen:
„Soll ich meine Süßigkeit und meine gute Frucht hingeben
und mich aufmachen, um über die Bäume zu herrschen?"
Da wandten sich die Bäume an den Dornbusch: „Komm,
sei du König über uns!" Da sprach der Dornbusch zu den
Bäumen: „Wenn ihr mich wirklich zum König über euch
salben wollt, nun, dann tretet in meinen Schutz! Wenn nicht,
dann soll Feuer von dem Dornbusch ausgehen und die
Zedern des Libanon verschlingen."   (293)

DER WOLF UND DER HUND

Der Wolf sah einen riesigen Hund, der mit einem Halsband
festgebunden war, und fragte ihn: „Wer hat dich denn so
an die Kette gelegt und dann herausgefüttert?" — „Der

Jäger", erwiderte der Hund. „Doch sollte man das dem Wolf nicht wünschen. Mir wäre nämlich der Hunger lieber als die Last des Halsbandes."

Im Unglück macht nicht einmal das Essen Spaß.

(294)

DER ESEL UND DER HUND

Der Esel und der Hund hatten den gleichen Weg. Da fanden sie auf der Erde ein versiegeltes Schriftstück. Das hob der Esel auf, erbrach das Siegel, faltete das Blatt auseinander und las den Text dem Hunde vor. Über Weideangelegenheiten handelte das Schriftstück, das heißt über Grünfutter, Gerste und Spreu. Verdrießlich nahm der Hund zur Kenntnis, was der Esel vorzutragen hatte. Schließlich unterbrach er ihn: „Sieh doch einmal ein bißchen weiter unten nach, liebster Freund, ob du da nicht etwas über Fleisch und Knochen ausgesagt findest!" Der Esel ging das ganze Schriftstück durch, ohne finden zu können, wonach der Hund gesucht hatte; da entgegnete dieser: „Wirf das Papier fort, mein Lieber; es ist gänzlich ohne Bedeutung!"

(295)

DIE WAND UND DER PFLOCK

Die Wand, in die ein Pflock eingeschlagen wurde, schrie vor Schmerz: „Was tust du mir weh, die ich dir doch kein Leid zufügte?" Doch der Pflock erwiderte: „Nicht ich bin schuld daran, sondern der, welcher von hinten her auf mich schlägt."

(296)

WINTER UND FRÜHLING

Der Winter verspottete den Frühling und schalt ihn, daß keiner mehr Ruhe habe, sobald er nur erscheine: der eine läuft in Wiesen und Haine, wo man, wenn es einem gefällt,

Lilien und andere Blumen pflücken und sogar eine Rose aufmerksam betrachten oder sich ins Haar stecken kann, ein anderer besteigt ein Schiff, durchquert das Meer und kommt am Ende, wenn er Glück hat, zu anderen Menschen, braucht sich doch niemand mehr um Stürme oder starke Regengüsse Sorgen zu machen. „Ich aber", fuhr der Winter fort, „gleiche einem Herrn und Gebieter; nicht zum Himmel, sondern hinab zur Erde befehle ich zu sehen, gebiete Furcht und Zittern und zwinge die Leute, mitunter ganze Tage bescheiden im Hause zuzubringen." — „Ebendarum", erwiderte der Frühling, „trennen sich ja die Leute so gern von dir. Von mir dagegen ist ihnen schon der bloße Name angenehm, und es ist ja auch, bei Zeus, der schönste von allen Namen! Darum erinnern sie sich meiner auch, wenn ich fern bin, und jubeln stolz, wenn ich mich zeige."

(297)

DER MENSCH UND DIE ZIKADE

Ein Armer, der Heuschrecken sammelte, fing dabei auch eine wohltönend zirpende Zikade und wollte sie töten. Doch die Zikade redete ihn an: „Warum willst du mich für nichts umbringen? Ich behellige die Ähren nicht, noch schade ich den jungen Trieben, während ich durch das Zusammenschlagen meiner Flügel und die gleichmäßige Bewegung meiner Beine angenehme Töne hervorbringe und dadurch die Wanderer erfreue. Außer meiner Stimme wirst du nichts bei mir finden." Als der Mensch das erfahren hatte, ließ er die Zikade laufen.

(298)

DIE FRAU UND DER BAUER

Eine Frau, die kurz vorher ihren Mann verloren hatte, ging täglich zu seinem Grab und weinte da. Einen von den Bauern in der Nähe überkam der Wunsch, mit ihr zusammenzukommen. Er verließ deshalb seine Rinder, begab sich

zu der Frau und weinte mit ihr. Auf die Frage der Frau:
„Warum mußt denn auch du weinen?" antwortete er: „Ich
habe eine treffliche Frau zu begraben gehabt; wenn ich jetzt
weine, so erleichtert das meine Trauer." Als die Frau erwiderte: „Mir geht es genauso", fuhr er fort: „Wenn wir
demnach in dasselbe Leid verstrickt sind, warum sollten wir
uns dann nicht zusammentun? Ich werde dich liebhaben
wie jene und du mich wie deinen Mann." Mit diesen Worten
gewann er die Frau und hatte sein Vergnügen mit ihr.
Währenddes kam einer vorüber, band die Rinder los und
trieb sie davon. Als der Besitzer zurückkehrte und seine
Tiere nicht fand, begann er zu klagen und sich selber vor
Jammer zu schlagen. Die Frau, die ihn in solcher Verzweiflung antraf, fragte: „Warum mußt du nun wieder
weinen?", worauf jener entgegnete: „Diesmal weine ich
wirklich."   (299)

DER BUHLER UND DIE FRAU

Ein Mann pflegte heimlich des Nachts zu einer Frau zu
gehen und mit ihr zu schlafen. Als Erkennungszeichen hatte
er mit ihr vereinbart, daß er, wenn er käme, draußen vor
der Tür wie ein kleines Hündchen bellen würde; dann solle
sie ihm die Tür öffnen. So tat sie es jeden Abend. Ein
anderer, der den ersten des Abends auf jenem Wege hatte
gehen sehen und der seine List durchschaute, folgte ihm in
einer Nacht heimlich in weitem Abstand. Nichtsahnend kam
der Buhler zu seiner Tür und tat das Übliche. Sein Verfolger
aber kehrte, nachdem er alles mit angesehen hatte, nach
Hause zurück. In der folgenden Nacht nun machte er sich
als erster auf den Weg zu der Beischläferin und bellte wie
ein Hündchen. Die Frau glaubte, es sei ihr Geliebter, löschte
die Lampe, damit niemand ihn sehen könne, und öffnete
die Tür; der Mann aber trat ein und schlief mit ihr. Wenig
später kam ihr ursprünglicher Geliebter und bellte draußen
in der gewohnten Weise wie ein Hündchen. Als der Mann
drinnen das Bellen des andern vernahm, erhob er sich und
bellte innen im Hause mit lauter Stimme so wie ein ganz

großer Hund. Der draußen aber merkte, daß einer, der tüchtiger war als er selber, sich bereits drinnen befand, und trollte sich.   (300)

DER DIEB UND DER WIRT

Ein Dieb kehrte in einer Herberge ein. Dort blieb er ein paar Tage, auf eine Gelegenheit wartend, etwas zu stehlen; aber es fand sich keine. Eines Tages nun bemerkte er, daß der Wirt einen schönen, neuen Rock trug — es war nämlich ein Festtag — und sich vor der Tür der Herberge niederließ, sonst jedoch niemand da war. Also trat der Dieb hinzu, setzte sich zu dem Wirt und zog diesen ins Gespräch. Und als sie schon eine gute Weile erzählten, riß er plötzlich den Mund weit auf, und im selben Augenblick, in dem er den Mund aufriß, heulte er wie ein Wolf. Auf die Frage des Wirts: „Was ist mit dir los?" antwortete der Dieb: „Das will ich dir gleich erklären; aber ich bitte dich, paß auf meine Sachen auf! Die werde ich nämlich hierlassen. Also, lieber Herr, ich weiß nicht, woher diese Maulsperre kommt, ob von meinen Sünden oder aus welcher Ursache sonst, ich kann es nicht sagen — jedenfalls, wenn ich jetzt dreimal das Maul aufreiße, dann verwandle ich mich in einen menschen-fressenden Wolf." Bei diesen Worten riß er zum zweiten Male den Mund auf und heulte wieder wie das erstemal. Indem der Wirt, der dem Dieb Glauben schenkte, das ver-nahm, wurde ihm angst, und er erhob sich und wollte davonlaufen. Doch der Dieb faßte ihn am Rock und bat ihn drängend: „Bleib doch, lieber Herr, und nimm meine Sachen, damit sie mir nicht verlorengehen!" Und während er so bat, öffnete er den Mund und begann zum dritten Male zu heulen. Voller Angst, gefressen zu werden, ließ der Wirt seinen Rock, lief eilends in die Herberge und brachte sich im innersten Winkel in Sicherheit. Der Dieb aber nahm den begehrten Rock und ging seiner Wege.

So ergeht es denen, die Unwahres glauben.   (301)

DIE MAUS UND DER FROSCH

Zu der Zeit, als die Tiere noch die gleiche Sprache sprachen, hatte die Maus mit dem Frosch Freundschaft geschlossen. Einmal lud sie ihn zum Diner ein und führte
ihn in die Speisekammer eines reichen Mannes, wo es Brot,
Käse, Honig, Feigen und viele andere gute Sachen gab. „Iß,
lieber Frosch, wovon du willst!" sagte die Maus zu ihrem
Gast. Bei späterer Gelegenheit sprach der Frosch: „Jetzt
mußt auch du zu mir kommen und dich an dem gütlich tun,
was ich zu bieten habe. Doch damit es für dich keine Ver-
zögerung gibt, werde ich deinen Fuß an meinen Fuß binden." Nachdem nun der Frosch den Fuß der Maus an
seinem Fuß festgebunden hatte, sprang er in seinen Teich
und riß die an ihn gefesselte Maus mit sich. Ertrinkend rief
diese aus: „Durch dich werde ich den Tod finden, aber ein
Lebender wird mich rächen." In der Tat hatte ein Falke die
Maus dahintrudeln sehen; der stieß herab und packte sie.
Zusammen mit ihr wurde auch der Frosch mitgezogen, und
so konnte der Falke sie beide zerfleischen.

Daß ein böser Rat unter Freunden den Ratschlagenden
selber Gefahr bringt, lehrt diese Fabel.   (302)

DER BAUER UND DIE ESEL

Ein Bauer war auf dem Lande alt geworden, und weil er
lange nicht mehr in die Stadt gekommen war, bat er seine
Leute, sie möchten ihn doch die Stadt sehen lassen. Die
machten einen Wagen fertig und spannten ein Paar Esel
davor. „Du brauchst sie nur anzutreiben", sagten die Verwandten, „sie werden dich dann schon ans Ziel bringen."
Als jedoch ein Sturm aufkam, der den Himmel verfinsterte,
verloren die Esel den Weg und verirrten sich an einen
abschüssigen Ort. Da erkannte der Bauer die Gefahr, die
ihm drohte, und rief: „O Zeus, was habe ich dir Böses getan,
daß ich so zugrunde gehen muß, und das nicht durch edle

Pferde und auch nicht durch respektable Maultiere, sondern durch elende Esel!"

Daß es besser ist, anständig zu sterben als ehrlos zu leben,
beweist diese Fabel.   (303)

DER VATER UND DIE TOCHTER

Einen Mann ergriff Verlangen nach seiner eigenen Tochter.
Von Geilheit befallen, schickte er seine Frau aufs Feld,
packte die Tochter und vergewaltigte sie. Die aber sprach:
,,Vater, du versündigst dich. Lieber möchte ich mich
hundert anderen Männern hingeben als gerade dir."

Daß es, wenn es sich gibt, besser ist, sich mit Tieren einzulassen als mit den Eltern, die deshalb den Tod geben
möchten, zeigt diese Fabel.   (304)

DIE DUMME TOCHTER UND DIE MUTTER

Eine Frau hatte eine Tochter, die war dumm und noch
Jungfrau; immerfort nun betete die Mutter zu der Göttin,
sie möchte ihre Tochter mit Verstand segnen. Da aber die
Frau in aller Öffentlichkeit ihr Gebet verrichtete, hörte die
Tochter es mit an und behielt die Worte in ihrem Herzen.
Nach ein paar Tagen ging sie mit ihrer Mutter aufs Land.
Als sie dort hinter eine Stalltür guckte, bemerkte sie, wie
eine Eselin von einem Manne vergewaltigt wurde. Hin-
zutretend fragte sie diesen: ,,Was tust du da, lieber Mann?"
— ,,Ich flöße der Eselin Verstand ein", war die Antwort. Da
erinnerte sich das dumme Mädchen, daß ja auch ihre
Mutter alle Tage um Verstand für sie betete, und bat darum
den Mann: ,,Komm, lieber Mann, flöße auch mir Verstand
ein! Und auch meine Mutter wird dir das reichlich vergelten." Kaum hatte das der Angesprochene vernommen,
ließ er die Eselin sein und entjungferte das Mädchen und

besorgte es ihr gründlich. Die also Behandelte lief
freudestrahlend zu ihrer Mutter und rief: „Sieh, Mutter,
wie du gebetet hast, habe ich jetzt Verstand bekommen."
— „Also haben mir die Götter mein Gebet erhört", sagte die
Mutter darauf. „Ja, Mutter", erwiderte das dumme Mädchen. „Und auf welche Weise hast du das erfahren?" — „Ein
Mann setzte einen langen Turm und zwei kräftige Kugeln
an meinen Bauch, mit denen hantierte er bald drinnen und
bald draußen, und ich empfand Vergnügen dabei." Die
Mutter, die das mithören und mit ansehen mußte, sagte nur:
„Mein Kind, nun hast du auch noch das bißchen Verstand
verloren, das du vordem besaßest."   (305)

DER SEEMANN UND SEIN SOHN

Ein Seemann, so wird erzählt, hatte einen Sohn, den wollte
er in der Grammatik ausbilden lassen. Also steckte er ihn
in eine Schule, ließ ihm hinreichend Zeit und ermöglichte
ihm eine vollständige Grammatikausbildung. Da sprach der
junge Mann zu seinem Vater: „Sieh, lieber Vater, jetzt habe
ich die ganze Grammatik genau durchstudiert; doch nun
möchte ich auch die Rhetorik studieren." Das gefiel dem
Vater, er gab ihn wieder in die Schule, und der junge Mann
wurde ein vollkommener Rhetor. Als seine Zeit vorbei war,
aßen sie im Hause zusammen, Vater, Mutter und Sohn, und
der junge Mann berichtete seinen Eltern, daß er in der
Grammatik und Rhetorik perfekt sei. Da wandte sich der
Seemann an seinen Sprößling: „Über die Rhetorik habe ich
gehört, daß sie, wie der selige Aptaistos schreibt, das Schatz-
kästlein aller Künste ausmacht. So gib uns eine Probe dieser
Kunst!" — „Indem ich dieses Huhn so teile, wie es die
Rhetorik befiehlt, werde ich euch demonstrieren, daß die
Rhetorik tatsächlich gewichtiger ist als die anderen Künste."
Dann teilte er das Huhn und sagte: „Dir, Vater, werde ich
den Kopf geben, weil du das Oberhaupt des Hauses bist und
über uns alle gebietest. Dir, Mutter, weise ich diese Füße zu;
denn du bist den ganzen Tag im Hause auf den Beinen und

hast viel zu schaffen; ohne die Füße wärest du all dem nicht
gewachsen. Dieser tote Körper aber, der nicht viel wert ist,
verbleibt für mich, damit auch ich etwas für mein vieles
Studieren abbekomme." Nach diesen Worten begann er das
Huhn zu verspeisen. Doch der Vater wurde böse, riß das
Huhn weg und machte zwei Teile daraus. „Ursprünglich",
sagte er, „wollte ich dieses Huhn nicht selber teilen. Jetzt
aber möchte ich, daß die eine Hälfte ich selber und die
andere deine Mutter ißt; du aber kannst essen, was du mit
deiner Rhetorik zustande gebracht hast."

So ergeht es denen, die mit Betrug und hinterlistigen Reden
durchs Leben kommen möchten.   (306)

DER HUND UND DIE FRÖSCHE

Ein Hund, der einem Reisenden zu folgen hatte, ließ sich,
ermüdet von dem beständigen Marschieren und der Hitze
des Sommers, gegen Abend in der Nähe eines Teiches im
feuchten Grase nieder, um zu schlafen. Kaum war er ein-
geschlafen, da begannen die Frösche nahebei so, wie sie es
gewöhnt waren, zu gleicher Zeit ihr Quakkonzert. Das verdroß den Hund, der darüber erwacht war, sehr; doch er
glaubte, wenn er sich dem Wasser nähere und die Frösche
anbelle, würde er sie von ihrem Gequake abbringen und
selber wieder ruhig schlafen können. Aber sooft er das auch
tat, es nützte ihm nichts, so daß er sich schließlich erzürnt
zurückzog. „Ach", rief er aus, „ich müßte ja noch dümmer
sein als ihr, wenn ich Leute, die von Natur aus schwatzhaft
und böse sind, zu einer urbanen, humanen Lebensform zu
erziehen trachtete!"

Die Fabel lehrt, daß verworfene Menschen, auch wenn sie
ungezählte Male ermahnt werden, nicht einmal auf ihre
nächste Umgebung Rücksicht nehmen.   (307)

FABELN IN RÖMISCHER LITERATUR

ENNIUS

Aus: Satiren

DIE HAUBENLERCHE

Es gibt einen kleinen Vogel, Haubenlerche mit Namen. Der nistet in den Getreidefeldern, und zwar etwa zu der Zeit, da die Ernte naht, wenn seine Jungen gerade flügge werden. Einmal nun hatte die Haubenlerche ihr Nest in ältere Saat gesetzt; so kam es, daß die Jungen noch nicht fliegen konnten, als das Korn schon goldgelb war. Während eines Tages die Haubenlerche selber sich auf den Weg machte, um für ihre Jungen Futter zu besorgen, hinterließ sie ihnen die Mahnung, wenn etwas Neues geschähe oder erzählt würde, dann sollten sie aufpassen und es ihr nach ihrer Rückkehr berichten. Wenig später erschien der Besitzer jener Saaten und rief seinem jungen Sohn zu: „Siehst du, wie das hier ausgereift ist und nach dem Schnitter verlangt? Beeil dich also, geh zu unsern Freunden und bitte sie, daß sie morgen früh, sowie es dämmert, hier erscheinen, sich uns wechselweise zur Verfügung halten und uns bei dieser Mahd helfen!" Mit diesen Worten entfernte sich der Mann. Als aber die Haubenlerche heimkam, schwirrten ihre Jungen zitternd und schlotternd vor Angst umher und baten ihre Mutter, schleunigst aufzubrechen und sich mit ihnen anderswohin zu begeben. „Denn der Besitzer", berichteten sie, „hat ausgeschickt, die Freunde zu bitten, daß sie bei Tagesanbruch kommen und die Ernte einbringen." Doch die Mutter mahnte sie zur Ruhe; „wenn nämlich der Herr", so fuhr sie fort, „die Ernte auf die Freunde abschiebt, dann wird morgen bestimmt nicht gemäht werden, und es ist deshalb auch für heute nicht nötig, euch fortzubringen".

Den nächsten Tag nun fliegt die Mutter wieder auf Futtersuche. Vergebens wartet der Besitzer auf die, welche er

gebeten hatte. Heiß brennt die Sonne, und nichts geschieht;
der Tag vergeht, und keiner von den Freunden erscheint.
Darauf wendet sich der Besitzer aufs neue an seinen Sohn:
„Diese Freunde sind großenteils saumselig. Wollen wir also
lieber zu unseren Verwandten gehen und sie bitten, morgen
beizeiten zur Mahd zu erscheinen!" Wiederum geben die
Jungen ihrer Mutter angstvoll Nachricht. Doch die Haubenlerche mahnt sie, sie könnten ohne Furcht und Sorge sein;
Vettern und Verwandte, meinte sie, seien in der Regel nicht
so gefügig, daß sie nicht zögern sollten, eine Arbeit an-
zupacken, sondern aufs Wort gehorchten; „ihr braucht nur
aufzupassen", fuhr sie fort, „ob etwas Neues zu vernehmen
sein wird."
Am folgenden Morgen ging der Vogel wieder auf Nahrungssuche. Die Vettern und Verwandten drückten sich um
die Arbeit, die zu übernehmen sie gebeten waren. Am Ende
wandte sich der Herr an seinen Sohn: „Möge es den
Freunden samt den Verwandten gut gehen! Du wirst jedenfalls bei Tagesanbruch zwei Sensen bringen, eine werde ich
für mich und die andere wirst du für dich nehmen; dann
werden wir morgen selber mit eigenen Händen unser Korn
mähen." Als die Haubenlerche diese Worte von ihren
Jungen gehört hatte, sagte sie: „Jetzt ist es Zeit zum Auf-
bruch; denn nun besteht kein Zweifel mehr, daß sein wird,
was er gesagt hat. Von dem selbst nämlich, den sie angeht,
hängt jetzt die Sache ab und nicht mehr von einem Fremden, den man darum bitten muß." Und so verlegte die
Haubenlerche ihr Nest, und das Korn wurde von dem
Besitzer abgemäht.

Diesen Grundsatz wirst du dir immer vor Augen halten: daß
du nicht von Freunden erwarten sollst, was du selber vollbringen kannst.   (Fragment 21-58)

LUCILIUS

Aus: Satiren

DER FUCHS UND DER KRANKE LÖWE

Der Fuchs traf in der Höhle
den Löwen krank und matt.
Schmutz, Räude und dazu noch Aussatz
bedeckten ihn bis zu den Augen.
Den Traurigen, von Räude entstellt und voll
von Schorf, sprach so der Fuchs nun an.
Darauf der Löwe mit gedämpfter Stimme:
„Warum willst du nicht selber hier
zu mir herkommen?"
Drauf wiederum der Fuchs: „So sag mir doch,
wenn es dir nicht beschwerlich ist, was es damit
für ein Bewenden hat:
was hat es zu bedeuten und wie kommt es,
daß alle Spurn nach innen zu auf dich
hinschauen und sich vorwärts nur zu dir bewegen?"

(Fragment 1074—1083)

LIVIUS

Aus: Römische Geschichte seit Gründung der Stadt

DIE FABEL DES MENENIUS AGRIPPA

Zu der Zeit, als noch nicht wie jetzt im menschlichen Körper alle Teile zusammenstimmten, sondern ein jedes Glied sein eigenes Denkvermögen und seine eigene Sprache besaß, empörten sich die übrigen Teile darüber, daß dank ihrer Sorgsamkeit, Anstrengung und Leistung alle Dinge für den Magen herangeschafft würden, während dieser in ihrer Mitte, ohne sich im geringsten rühren zu müssen, nichts anderes zu tun habe, als sich an den dargebotenen Genüssen zu laben. Sie verschworen sich deshalb, daß die Hände nicht mehr Speise zum Munde führen sollten, daß der Mund das ihm Dargebotene nicht mehr annehmen, die Zähne es nicht mehr bearbeiten dürften. Während sie aus ihrem Haß heraus den Magen durch Hunger bezwingen wollten, fielen gleichzeitig die einzelnen Glieder und der ganze Körper in völlige Entkräftung. Dadurch wurde deutlich, daß auch der Magen eine gewichtige Aufgabe zu erfüllen hat, daß er nicht so sehr ernährt wird, als daß er selbst nährt, indem er in alle Teile des Körpers, gleichmäßig in die Adern verteilt und durch die Verdauung der Speisen wirkungskräftig gemacht, das Blut gibt, durch das wir leben und gedeihen.

(II 32, 9-12)

HORAZ

Aus: Satiren

STADTMAUS UND LANDMAUS

Einst,
erzählt man sich, empfing die Maus vom Land die
    Stadtmaus
in ihrer armseligen Höhle, ein alter Gastfreund
    einen lieben Gast.
Obgleich verhärtet und auf das Erworbene
    bedacht,
so öffnet doch die Landmaus das verschloßne Herz,
    um Gastlichkeit zu zeigen.
Sie schonte also nicht die Erbsen, die zurückgelegt, auch
    nicht den Hafer mit dem langen Stengel,
sie bracht im Munde eine trockne Weinbeer angetragen
    und verteilte angenagte Bissen
von Pökelfleisch, bemüht, durch Vielgestaltigkeit
    des Mahls den Überdruß
des stolzen Gastes zu besiegen, der bei allem
    Dargebotenen die Zähne hob,
indes die Wirtin selbst, auf frischem Strohe ausgestreckt,
nur Spelt und Trespe aß und jene beßre Kost
    allein der Stadtmaus ließ.
Die wandt sich endlich an die Hausherrin: „Was hast du,
    Freundin, nur davon,
daß du geduldig auf des Berges unwirtlichem Rücken
    ausharrst?
Magst du den Menschen und der Stadt nicht vor dem
    wilden Wald den Vorzug geben?
Ich rat es dir — mein Weggenosse werde, da ja alle
    ird'schen Lebewesen
sterbliche Seelen von dem Schicksale empfingen und
    es weder

für groß noch klein Entrinnen vor dem Tode gibt;
    drum, meine Liebe,
genieß dein Glück, solange du es kannst!
Genieß und denk daran, wie kurz dein Leben ist!"
    Durch solche Worte
gewann die Feldmaus sie; und ohne vieles Federlesen
    verließ sie ihre Höhle;
gemeinsam schlugen sie den Weg, wie abgesprochen,
    ein, bestrebt,
noch in der Nacht sich unter städt'schen Mauern
    durchzuschleichen. Es war bereits
um Mitternacht, als unsre beiden Wanderer
in einem wohlversorgten Haus sich niederließen, wo's
    von purpurfarbnen
Gardinen über elfenbeinernen Lagerstätten schimmerte
und wo von einem reichen Mahl zahlreiche Reste übrig
    waren,
die man von gestern her nahbei in Kästen hatt geschichtet.
Sobald die Stadtmaus ihren bäurischen Gast auf einem
    purpurroten Teppich
gelagert hatte, läuft sie wie ein aufmerksamer Wirt
    bald hierhin und bald dorthin,
bald diese und bald jene Speise trägt sie auf, vergißt
    auch nicht, nach Sklavenart
zuvor, was sie ihr vorsetzt, zu belecken.
Bequem sich rekelnd, freut die Landmaus sich der
    Änderung ihres Schicksals,
und froh genießt die guten Dinge sie, als plötzlich lautes
Geknarr von Türen die beiden hoch von ihren Sitzen
    treibt.
Voll Angst durchlaufen sie den ganzen Speisesaal,
und völlig kopflos rasen sie umher, als auch der hohe Raum
noch vom Gebell der Molosserhunde widerhallt. Da rief
    die Feldmaus:
„Ein solches Leben mag ich nicht; ich geh! Der Wald
    und mein Versteck,
das sicher vor Gefahren ist, wird mich bei magrer Wicke
    trösten!"   (II 6,79—117)

Aus: Briefe

DER FUCHS UND DER KRANKE LÖWE

Vorsichtig gab der Fuchs dem kranken Löwen
zur Antwort einst: „Die Spuren schrecken mich,
weil alle zu dir hinführn, keine mehr zurück."
                                    (I 1,73—75)

DIE DOHLE

Damit, wenn einst vielleicht die Schar der Vögel kommt,
zurückzufordern ihre Federn, die Dohle nicht
       Gelächter ernte,
entblößt der ausgeliehnen Farbenpracht. (I 3,18—20)

DER FUCHS UND DAS WIESEL

Zufällig war der schlanke Fuchs durch eine enge Spalte
in einen Kornbehälter eingedrungen und bemühte sich,
       inzwischen vollgefressen,
vergebens, mit dem prallen Leib herauszukommen
       wieder.
Ihm rief von fern das Wiesel zu: „Wenn du hinaus
       willst dort,
so mußt du mager wieder durch die enge Höhlung,
       durch die du mager eingedrungen bist."
                                    (I 7,29—33)

ÄSOPISCHE FABELN
DER RÖMISCHEN KAISERZEIT

PHAEDRUS

Äsopische Fabeln

Erstes Buch

VORREDE

Den Stoff, den einst Äsop, der Dichter, fand,
den hab in Jamben ich hier aufpoliert.
Das Buch nutzt zweifach: denn zum Lachen reizt's
und bietet für das Leben klugen Rat.
Sieht aber einer Anlaß zur Kritik,
weil Bäume reden, nicht nur Wildgetier,
so denk er dran, es handelt sich um Fabeln hier.

DER WOLF UND DAS LAMM

Zum selben Bache waren Wolf und Lamm gekommen,
vom Durst getrieben. Weiter oben stand der Wolf,
und sehr viel weiter unten stand das Lamm.
     Aus böser Gier
fand gleich der alte Räuber Grund zum Streit.
„Warum", so sprach er, „machtest du das Wasser trüb,
das ich jetzt trinke?" Drauf das Wolltier voller Angst:
„Wie könnt ich, bitt ich, tun, was du beklagst?
Das Wasser, das ich schöpfe, strömt von dir zu mir
     herab!"
Geschlagen durch die Kraft der Wahrheit, ruft der Wolf:
„Genau ein halbes Jahr ist's her, da hast du mich
     beschimpft."
Das Lamm erwidert ihm: „Da lebte ich noch nicht."
„So war's dein Vater", brüllt der Wolf, „der mich
     verleumdet hat."
Dann packt er zu, und schuldlos stirbt das Lamm.

Die Fabel zielt auf alle jene Menschen, die
mit ausgedachten Gründen Unschuldige bedrängen.

(I 1)

DIE FRÖSCHE ERBITTEN SICH EINEN KÖNIG

Als gleiche Rechte galten in Athen,
wuchs Freiheit aus zum Unheil für den Staat
und löste Willkür überkommne Bande.
Parteien stiften Aufruhr und Verrat, und von
der Burg ergreift Besitz Tyrann Peisistratos.
Als über seine triste Knechtschaft weinte Attika
(nicht weil der Herrscher schlimm war, nein,
      weil schwer
zu tragen jede Last, die ungewohnt) und man zu klagen
      anfing,
da schrieb Äsop den Bürgern diese Fabel.

Die Frösche, frei in ihren Sümpfen schweifend,
begehrten einen König einst von Zeus mit viel Geschrei,
der mit Gewalt die lockren Sitten zügeln sollte.
Der Göttervater, lachend, warf ein Brettchen ihnen zu,
das klatschte laut im Wasser auf, den Furchtsamen
durch seinen Prall Verlegenheit bereitend.
Das Brett nun steckte lange tief im Schlamm,
da tauchte leis ein Froschhaupt aus dem Teich,
beguckt den König, ruft die andern her.
Da war die Angst vorbei, sie schwammen um die Wette
und hüpften frech und kackten auf das Holz.
Nachdem den König also sie geschändet hatten,
da schickten sie zu Zeus um einen andern König;
denn der von ihm gesandte, sagten sie, sei gar nichts
      nütze.
Da gab er ihnen eine Wasserschlange, die
mit scharfem Biß sie nacheinander angriff. Furcht
macht' sie verstummen, vergebens war ihr Fliehn.
Ganz heimlich sandten sie in ihrer Not Merkur zu Zeus,
er möchte den Bedrängten Hilfe schicken. Doch es sprach

der Gott: „Den guten König wolltet ihr nicht haben,
ertragt den bösen jetzt!" — So, Bürger, tragt auch ihr
das Schlimme, weil sonst Schlimmres kommt!   (I 2)

DIE HOCHMÜTIGE KRÄHE UND DER PFAU

Daß man nicht prahlen soll mit fremdem Gut
und lieber mit dem eignen Stande sich begnüge,
dafür hat diese Fabel uns Äsop erzählt.

Die Krähe einst, von eitlem Stolz gebläht,
ergriff die Federn, die der Pfau verlor,
und schmückte sich damit. Die andern Krähn
verachtend, gesellte sie sich zu den schmucken Pfaun.
Der Unverschämten reißen die die Federn aus
und jagen sie mit Schnäbeln. Arg zerzaust,
kehrt reuig sie zum eignen Stamm zurück.
Doch dort weist man sie ab, verstößt sie schimpflich,
und eine von den Krähen, die sie einst verachtet,
        sprach:
„Hättst du begnügt dich mit dem Krähenkleid
und dich gefügt in das, was die Natur dir gab,
so brauchtest du nicht diese Schmach zu leiden
und die Verstoßung aus dem eignen Stamm."   (I 3)

DER HUND, DER FLEISCH DURCH DEN FLUSS TRUG

Mit Recht verliert das Seine, wer fremdes Gut begehrt.

Ein Hund trug einen Brocken Fleisch durch einen Fluß,
da sah im Wasserspiegel er sein Ebenbild.
Dort schwimmt ein andrer Hund mit Beute, meinte er
und wollt sie ihm entreißen. Doch die Gier betrog ihn:
Der Braten, den er trug, entglitt ihm aus dem Maul
und der, den er begehrt', blieb dennoch unerreicht.
        (I 4)

DIE KUH, DIE ZIEGE, DAS SCHAF UND DER LÖWE

Niemals verläßlich ist der Bund mit der Gewalt;
die Fabel hier bestätigt meinen Satz.

Die Kuh, die Ziege und das Schaf, das jedes Unrecht
      trägt,
durchstreiften mit dem Löwen einst ein Waldgebirg.
Als sie gefangen einen Hirsch von ries'gem Wuchs
und aufgeteilt die Beute war, da sprach der Leu:
„Der erste Teil ist mein, weil ich der Löwe heiß;
den zweiten sprecht ihr mir als dem Gefährten zu;
der dritte fällt auf mich, weil ich der Stärkre bin;
und wer den vierten anrührt, dem soll's schlecht
      ergehn!"

So kapert Unverfrorenheit die ganze Beute.   (I 5)

DIE FRÖSCHE AN DEN SONNENGOTT

Als Äsops Nachbar einst, ein Strolch, die Hochzeit
      gar
zu üppig ausgericht', begann der Dichter zu erzählen:

Als einst der Sonnengott wollt frein,
erhob das Froschvolk ein Geschrei bis an den Himmel
      hoch.
Bestürzt ob des Gequaks, will Jupiter
den Grund der Klage hörn. Antwortet einer
      aus dem Teich:
„Jetzt dörrt uns *eine* Sonne jeden Sumpf
und zwingt uns, jämmerlich zu sterben.
Was aber wird geschehn, wenn sie noch Kinder zeugt?"
      (I 6)

DER FUCHS AN DIE MASKE

Zufällig kam dem Fuchse eine Maske zu Gesicht.
„O welch ein Anblick", rief er, „doch es fehlt der Geist!"

Das gilt für alle jene, denen Ruhm und Ehre
Fortuna gab, doch den Verstand versagt.   (I 7)

DER WOLF UND DER KRANICH

Wer Lohn erwartet, wenn er Schurken Gutes tat,
geht doppelt fehl: zuerst, weil er Unwürd'gen half,
und dann, weil ohne Schaden er nicht kommt davon.

Ein Knochen steckte einst dem Wolf im Schlund.
Von Schmerz geplagt, versprach er jedem großen Lohn,
der von dem Übel ihn erlöse. Schließlich fand
der Kranich auf des Wolfes Schwüre sich bereit,
vertraut den langen Hals des Untiers Rachen an
und führt zu Ende die riskante Kur.
Doch als er dann sich den versprochnen Lohn erbat,
da rief der Wolf: „Du bist sehr frech, kamst heil
aus meinem Schlund und forderst jetzt noch Lohn!"
                                        (I 8)

DER SPERLING ALS RATGEBER DES HASEN

Sich selbst nicht vorsehn, aber andern raten
ist dumm. Das zeigt uns diese kurze Fabel.

Der Hase, den der Adler in den Fängen hatte, schrie
und klagte, doch der freche Spatz schalt ihn: „Wo bleibt
denn deine vielgerühmte Schnelligkeit, wo warn denn
          deine Läufe?"
Doch während er noch spricht, packt unversehens ihn
          der Habicht
und beißt ihn tot; vergebens bleibt sein Klagen.
Der Hase, schon halb tot, ruft aus: „Welch süßer Trost!

Noch eben sorglos, höhntest du mein Leid;
doch jetzt mußt du das gleiche Los wie ich beweinen."
                                                                    (I 9)

WOLF UND FUCHS VOR DEM AFFEN ALS RICHTER

Wer erst einmal in schlechten Ruf gekommen,
dem glaubt man nicht, auch wenn er Wahrheit spricht.
Das lehrt Äsop mit einer kurzen Fabel.

Der Wolf beschuldigt' einst den Fuchs des Diebstahls,
doch jener sprach sich frei von jeder Schuld.
Da ward der Affe Richter zwischen ihnen.
Als beide ihre Sache vorgebracht,
verkündet, wird erzählt, der Affe diesen Spruch:
„Du, Wolf, hast nicht verloren, scheint es, was du
        forderst;
du, Fuchs, hast sicherlich gestohlen, was geschickt du
        leugnest."   (I 10)

DER ESEL UND DER LÖWE AUF DER JAGD

Wer nicht in Taten, nur in Worten groß ist, täuscht
die Fremden nur, zu Hause wird er wieder zum Gespött.

Zur Jagd verband sich einst der Löwe mit dem Esel.
Er steckt' ihn ins Gebüsch und gab ihm Weisung,
das Wild mit seiner ungewohnten Stimme aufzuschrecken;
er selber werd es auf der Flucht ergreifen.
Das Langohr schrie darauf aus Leibeskräften,
das Wild stob auf vor diesem nie gehörten Schall.
Und während furchtsam es zum Fluchtweg drängte,
da stürzt' der Löwe grausam in die Schar.
Des Blutbads müde, ruft er dann den Esel
und heißt ihn schweigen. Doch der, voller Stolz,
fragt nach der Leistung seiner Stimme. „Die war
        unerhört",

antwortete der Leu, „ich wäre selbst geflohn,
kennt ich nicht dich und dein Geschlecht." (I 11)

DER HIRSCH AN DER QUELLE

Was man verachtet, hat oft größern Wert,
als was man lobt; das zeigt die Fabel.

An einer Quelle stand, vom Trunk gelabt,
der Hirsch und sah im Naß sein Spiegelbild.
Bewundernd preist er sein Geweih, das vielgezackte,
doch seine Schenkel schilt er als zu dünn.
Da schreckt ihn plötzlich Jagdgetön, und übers Feld
nimmt er Reißaus, und leichtbeschwingten Laufs
täuscht er die Meute. Doch im Walde dann
verfängt sich sein Geweih, er stockt
und fällt der Meute wüt'gem Biß zum Opfer.
Mit letzter Stimme, sagt man, sprach er noch das Wort:
„Ich armer Tor, zu spät erkenn ich jetzt,
wie sehr mir nütze, was ich erst verachtet,
und was ich lobte, brachte bittres Leid!" (I 12)

DER FUCHS UND DER RABE

Wer gern sein Lob von falschen Schmeichlern hört,
bereut's zu spät oft, wenn ihn Strafe trifft.

Ein Rabe stahl durchs Fenster einen Käse
und setzte sich auf einen hohen Baum, den Käse zu
    verspeisen.
Der Fuchs, das sehend, redete ihn an:
„Oh, welch ein Glanz strahlt aus von deinen Federn!
Und welcher Anstand in Gestalt und Blick!
Besäßest du noch Stimme, wärst du Herr der Vögel!"
Da will der Dummkopf auch noch seine Stimme zeigen

und läßt den Käse los, den rasch der Fuchs,
der ränkevolle, gierig aufschnappt.
Jetzt endlich merkte der geprellte Rabe den Betrug.

Wieviel Geist wert ist, wird hierdurch erkannt;
die Weisheit geht doch immer über bloße Kraft.

(I 13)

DER SCHUSTER ALS ARZT

Ein schlechter Schuster warf sich, ganz verarmt,
an einem fremden Orte auf die Medizin,
verkaufte unter falschem Namen Gegengift
und wurde bald berühmt durch bloße schöne Worte.
Als nun der König jener Stadt schwerkrank daniederlag,
wollt er ihn prüfen und forderte ein Trinkgefäß.
Dann füllt' er Wasser in das Glas und sagte,
es sei ein Gift, zu mischen mit dem Gegengift des Arztes.
Das nun zu trinken hieß der König jenen — gegen gutes
      Geld.
Zu Tode drob erschrocken, gestand
der böse Mann, die Heilkunst sei ihm fremd,
allein des Volkes Dummheit habe ihn berühmt gemacht.
Drauf sprach der König vor dem ganzen Volk:
„Wie hoch veranschlagt ihr denn euren Unverstand,
daß euer Leben anvertraut ward einem Mann,
dem niemand seine Schuhe anvertraute!"

Die Fabel trifft, so glaub ich, alle jene,
aus deren Unverstand die Unverschämtheit Nutzen zieht.

(I 14)

DER ESEL AN DEN GREISEN HIRTEN

Die Macht im Staate wechselt dann und wann, doch für
      die Armen
ist nur der Name des Gebieters neu.
Daß dem so ist, bezeugt hier unsre Fabel.

Den Esel auf der Wiese hütete ein greiser Hirt.
Durch unverhofftes Kriegsgeschrei zutiefst erschreckt,
rät er dem Esel, vor Gefangenschaft zu fliehn.
Doch der fragt nur bedächtig: „Meinst du wohl,
ob mir der Sieger meine Last verdoppeln wird?"
Der Hirt verneinte. „Nun, was geht's mich an,
wem ich dann diene, trag ich meine Säcke wie bisher."

(I 15)

DAS SCHAF, DER HIRSCH UND DER WOLF

Ruft ein Betrüger einen Lumpen an als Bürgen,
so denkt er nicht an Zahlung, sondern nur an Gaunerei.

Vom Schaf erbat der Hirsch sich einen Scheffel Weizen;
der Wolf sei Zeuge. Doch das Wolltier witterte die List:
„Zu stehlen und dann Fersengeld zu geben ist des Wolfes
          Art,
und du, Hirsch, pflegst dem Blick dich windschnell zu
          entziehn.
Wo also sollte ich euch suchen, wenn es Zahltag ist?"

(I 16)

DAS SCHAF, DER HUND UND DER WOLF

Den Lügnern folgt die Strafe auf dem Fuß.

Vom Schafe forderte der Rechtsverdreher Hund
ein Brot, das er behauptete ihm anvertraut zu haben.
Der Wolf, den er zum Zeugen anrief, sagte unter Eid,
es war nicht eins, zehn Brote seien es gewesen.
Das Schaf, durch falsche Zeugenschaft verdammt, gab
          hin,
was es nicht einzulösen hatte. Doch nur wenig später
fand es den Wolf in einer Grube tot.
„So", rief es, „zahlt der Himmel Böses heim!"   (I 17)

DIE FRAU IN IHRER SCHWEREN STUNDE

Zum Orte eines Leids kehrt niemand gern zurück.

Ein Weib, das nach Verlauf der Monde kreißte,
lag auf der Erde da und stöhnte jämmerlich.
Der Mann beschwor sie: „Lege dich ins Bett!
Dort wirst die Frucht du leichter von dir geben."
„O nein, ich habe Mißtraun gegenüber jenem Ort.
Wie soll die Not dort enden, wo sie ihren Anfang
    nahm?"   (I 18)

DIE GEBÄRENDE HÜNDIN

Wenn böse Menschen schmeicheln, droht Gefahr.
Sie zu vermeiden, mahnen unsre Verse.

Die Hündin, die gebären wollte, bat
um Obdach für die Jungen in einer andern Hütte,
und leicht erreichte sie's. Als die Besitzerin
den Raum zurückverlangte, bat sie nur um Aufschub,
bis daß die Jungen laufen könnten.
Auch diese Zeit verging, da drängte jene heftiger.
Die Hündin aber sprach: „Ich will schon gehn,
sofern du mir und meinem Wurf gewachsen bist."
                                     (I 19)

DIE HUNGRIGEN HUNDE

Ein dummer Ratschluß führt niemals zum Ziel,
bringt aber denen, die ihn faßten, noch Verderben.

Ein Fell, das in den Fluß versenkt, erblickten Hunde
    einst.
Um's leichter rauszuziehn, beschlossen sie,
das Wasser auszutrinken; indes sie platzten,
eh das gelang, was sie sich in den Kopf gesetzt. (I 20)

DER ALTE LÖWE, DER EBER, DER STIER UND DER ESEL

Wer Rang und Würden hat verlorn,
der wird in seiner Not den Feigen gar zum Spott.

Vom Alter mürb und seiner Kraft beraubt,
lag einst der Löwe in den letzten Zügen.
Der Eber kam vorbei, und mit dem Stoß
der mörderischen Hauer sühnt' er altes Unrecht.
Sogleich grub auch der Stier die scharfen Hörner
dem Feinde in das Fleisch. Und als der Esel straflos
den Leu mißhandelt sah, da trat er mit dem Huf ihm
          ins Gesicht.
Und sterbend spricht der Leu: „Ja, schwer genug ertrug
den Hohn der Starken ich; doch daß ich deine
          Kränkung, Mißgeburt,
ertragen muß, verdoppelt mir den Tod."   (I 21)

DAS WIESEL UND DER MENSCH

Das Wiesel war gefangen. Den Tod vor Augen, will
es retten sich und spricht zum Menschen: „Schone mich!
Ich säubre ja dein Haus von läst'gen Mäusen."
Antwortet jener: „Tätst du das um meinetwillen,
so wär mir's lieb und bliebe dir der Tod erspart.
Indes, es geht dir nur darum, der Mäuse Krumen und
die Mäuse obendrein noch selber zu verzehren.
Drum red mir nicht von Wohltat, die's nicht gibt!"
Mit solchen Worten schickt' das böse Tier er in den Tod.

Auf sich beziehen sollte diese Fabel,
wer nur auf eignen Nutzen ist bedacht
und unverschämt mit ungetanen Taten prahlt.   (I 22)

DER TREUE HUND

Wer plötzlich Großmut zeigt, gefällt dem Dummkopf,
doch den Erfahrnen trügen seine Listen nicht.

Ein Räuber gab zur Nacht dem Wachhund Brot,
ob er mit Lockspeis ihn wohl ködern könnte.
„He", sprach der Hund, „du willst das Maul mir wohl
     verschließen,
daß ich nicht richtig bellen kann. Da irrst du dich.
Die Spende, die mir gar so plötzlich kam, die heißt mich
     wachen,
auf daß durch meine Schuld du nicht Gewinn dir
     schaffst."   (I 23)

DER GEPLATZTE FROSCH UND DAS RIND

Der Schwache geht zugrunde, mißt er mit dem
     Mächt'gen sich.

Der Frosch erblickte auf der Wiese einst das Rind.
Und blaß vor Neid ob solcher Größe,
blies auf er seine Runzelhaut und fragte seine Kinder,
ob er dem Rind an Größe gleiche.
Die sagten nein. Und wieder spannt' er seine Haut,
und stärker noch, um neu zu fragen,
wer größer sei. Die Antwort war: „Das Rind."
Voll Ärger bläht' er sich zuallerletzt
noch viel gewalt'ger auf. Da platzte ihm der Leib.
         (I 24)

DIE HUNDE UND DIE KROKODILE

Wer klugen Leuten schlechten Rat erteilt,
verliert die Müh und erntet Spott und Hohn.

Die Hunde, sagt man, trinken aus dem Nil im Lauf,
damit sie nicht der Krokodile Beute werden.

Als nun ein Hund so lief und seinen Trunk begann,
da sprach ein Krokodil: „Genieße nur in Ruhe
und fürcht dich nicht!" Erwidert jener: „Das würd ich
      schon tun,
wenn ich nicht wüßte, wie du auf mein Fleisch erpicht."
                                              (I 25)

DER FUCHS UND DER STORCH

Tu keinem weh! Wer aber dich verletzt,
dem sollst du es vergelten. Also lehrt die Fabel.

Der Fuchs, erzählt man, lud den Storch zu Gast
und trug in einer flachen Schale flüss'ge Brühe auf,
die jener, mochte ihn auch hungern,
in keiner Weise fassen konnte. Ein andermal
lud nun der Storch den Fuchs zu Tisch und bot,
was er zu geben, in einer Flasche dar. Sein Schnabel
ermöglichte ihm Sättigung, indes der Gast sehr litt,
und ohne Nutzen leckte er den Hals der Flasche.
Darauf, erzählt man, sprach der Wandervogel so:
„Gleichmütig gilt's, das Beispiel, das man gab, an sich
      erdulden!"   (I 26)

DER HUND, DER SCHATZ UND DER GEIER

Auf jene Raffer fügt sich unsre Fabel,
die, arm geboren, reich genannt zu werden wünschen.

Nach Menschenknochen scharrend, fand der Hund
im Boden einen Schatz, und weil die Manen er
      verletzt',
ward Geldgier ihm ins Herz gelegt,
damit er seinen Frevel sühne.
Also bewacht er seinen Schatz, vergißt der Speise
und hungert sich zu Tod. Der Geier auf der Leiche,
so sagt man, sprach: „'s geschieht dir recht,

denn warum mußtest du, am Weg gezeugt,
im Dreck geboren, nach königlichem Reichtum
    streben?"   (I 27)

DIE FÜCHSIN UND DER ADLER

Wer oben, soll den unten fürchten;
denn Rache lernt und übt man bald.

Der Füchsin Junge führte einst der Adler fort,
bringt sie ins Nest als Futter für die eigne Brut.
Die Füchsin folgt ihm und verlegt aufs Bitten sich:
„Bereit nicht einer Mutter Leid und Schmerz!"
Doch der glaubt sich am sichern Ort und höhnt.
Da reißt den Feuerbrand die Füchsin vom Altare weg
und steckt den Baum ringsum in Flammen,
am Feind sich rächend für den Raub der Jungen.
Um seine eigne Brut aus der Gefahr zu retten, gibt
der Adler nach und läßt die kleinen Füchse frei.
                                             (I 28)

DER ESEL, DER DEN EBER VERHÖHNT

Der Dummkopf, der nach leichten Späßen hascht,
trifft meistens andere mit schwerer Kränkung
und bringt sich selber auch noch in Gefahr.

Der Esel traf einst unterwegs den Eber.
„Mein lieber Bruder, sei gegrüßt!" Doch der verschmäht
solch Kompliment und fragt: „Was soll die Lüge?"
Da streckt der Esel seinen Penis aus. „Willst du mir auch
nicht gleichen, gleicht doch das da deinem Rüssel."
Der Eber wollte ihm erst an den Leib,
doch dann bezwang er seinen Zorn: „Leicht wäre mir
die Rache, doch es soll verworfnes Blut mich nicht
    besudeln."   (I 29)

DIE FRÖSCHE, DIE DEN KAMPF DER STIERE FÜRCHTEN

Die Kleinen müssen leiden, wenn die Mächtigen sich
    streiten!

Vom Sumpf her sah der Frosch den Kampf der Stiere.
„Weh", rief er, „welch Gefahr zieht uns herauf!"
Fragt ihn ein andrer nach dem Grunde seiner Rede:
„Sie kämpfen doch nur um der Herde Führung,
die fern von uns ihr Weideland gefunden."
„Gewiß, sie sind getrennt nach Sitz und Stamm.
Doch wer die Herrschaft dort im Wald verliert,
wird in den stillen Sümpfen nach Verstecken suchen
und tritt uns breit mit hartem Huf.
So kommt ihr Wüten über unser Haupt."   (I 30)

DER FALKE UND DIE TAUBEN

Wer sich den Schurken selbst zum Schutz erwählt,
der findet nur Verderben, wo er Hilfe sucht.

Oft flohn die Tauben vor dem Falken
und fanden Rettung durch den schnellen Flug.
Da faßt der Räuber einen bösen Plan
und täuscht das waffenlose Volk mit dieser List:
„Was", fragt er, „wollt ihr so bekümmert leben?
Schließt lieber einen Bund und wählt zum König mich,
daß ich vor allem Unrecht euch beschütze!"
Sie glauben's und ergeben sich dem Falken.
Der ist kaum König, da beginnt ein Regiment der
    scharfen Krallen,
und eine Taube nach der andern frißt er auf.
Der letzten eine sagt: „Es trifft uns recht."   (I 31)

Zweites Buch

DER AUTOR

In Gleichnissen besteht die Kunst Äsops,
und keinen andern Zweck verfolgt die Fabel,
als Menschen ihren Irrtum vorzuhalten
und sie in klugem Vorsatz zu bestärken.
Darum ist jeder Witz, den der Erzähler macht,
wenn er ins Ohr geht und der guten Absicht dient,
empfohlen durch die Sache und nicht durch den Autor.
Ich möchte nun sehr wohl die Art Äsops bewahren;
doch schlüpft mir einmal Eignes ein,
daß Abwechslung den Sinn erfreue,
so nimm es, Leser, freundlich auf,
sofern nur Kürze meine Gabe würzt.
Weitschweifigkeit sei ferne! Merk nur dies:
Versagen muß man dem, der viel begehrt,
mehr geben, als er fordert, dem Bescheidnen!

DER JUNGE STIER, DER LÖWE UND DER RÄUBER

Auf einem Jungstier, den erlegt er, stand der Löwe.
Ein Wilddieb kam vorbei und forderte ein Teil.
„Ich würde dir schon geben, pflegtest du nicht sonst
auf eigne Faust zu nehmen", sprach der Löw und jagte
          ihn davon.
Da kam ein Wanderer daher, der sah das wilde Tier
und wollte sich zurückziehn, harmlos, wie er war.
Doch voller Sanftmut sprach der Löwe: „Fürcht dich
          nicht!
Das Teil, das der Bescheidenheit gebührt,
das nimm getrost!" Dann teilte er das Fleisch,
verzog sich in den Wald und gab dem Menschen Raum.

Ein Beispiel, wahrhaft groß und löblich! Doch im Leben,
          leider,
da ist die Habgier reich, und Redlichkeit ist arm.   (II 1)

DIE ALTE UND DIE JUNGE UND DER GLEICHE LIEBHABER

Ob liebend, ob geliebt, daß stets der Mann
gerupft wird von den Weibern, dies Exempel lehrt's.

Ein Weib in mittlern Jahren, nicht ungeschickt,
das Alter elegant verdeckend, beherrschte einen Mann.
Zu gleicher Zeit gewann ein junges schönes Ding sein
    Herz.
Bedacht darauf, das Alter auszugleichen, begannen
    beide,
ihm wechselweis die Haare zu durchmustern.
Er glaubte noch, sie wollten ihn frisieren,
doch plötzlich war er kahl. Denn gründlich hatte,
was grau, die Junge, was schwarz, die Alte ausgerupft.

                                      (II 2)

ÄSOP ÜBER DEN ERFOLG DER BÖSEN

Von einem wilden Hund gebissen, gab ein Mann
dem Köter Brot, das er in Blut getränkt;
das sollte gut sein für der Wunde Heilung.
Da sprach Äsop: „Das laß nur nicht die andern Hunde
    sehn!
Wenn sie erst wissen, daß der Untat Lohn
zuteil wird, fressen sie uns lebend noch."

Erfolg der Bösen macht auch andern Lust.   (II 3)

DER ADLER, DIE KATZE UND DAS WILDSCHWEIN

Hoch oben auf der Eiche baute sich der Adler seinen Horst.
Die Katze fand ein Astloch in der Mitte und gebar die
    Jungen dort.
Ganz unten hatt das Wildschwein sich postiert mit seinen
    Ferkeln.
Jedoch die Zufallsnachbarschaft ward bald gestört

durch Tücke und verbrecherische List der Katze.
Die stieg zum Nest des Adlers auf und rief: „Verderben
bereitet man für dich und sicher auch für mich.
Denn siehst du nicht, wie immerfort das Wildschwein
      wühlt
und darauf sinnt, den Baum zu Fall zu bringen,
um unsre Brut auf flachem Grund bequem dann zu
      ermorden?"
So schreckte und verwirrte sie den Vogel,
dann schlich zum Lager sie des Borstentiers
und schrie: „Gefahr, Gefahr für deine Jungen!
Denn wie du mit den Deinen aufziehst auf die Weide,
steht Aquila bereit, die Ferkel dir zu rauben."
Und so verbreitet' sie auch unten Furcht,
um sich darauf im sichern Loch zu bergen.
Zur Nachtzeit ging die Böse aus, die Pfoten hebend,
wo Futter sie für sich und ihren Wurf noch fand;
des Tages schaut' sie bloß herum, Furcht simulierend.
Aus Schrecken vor dem Ende birgt der Adler in den
      Zweigen sich.
Das Schwein wagt sich der Ferkel wegen nicht heraus.
Kurz, sie verhungerten mitsamt den Jungen,
und reiche Beute fiel der Katze zu.

Was Doppelzüngigkeit an Unheil stiftet,
arglose Torheit mag's am Beispiel lernen.   (II 4)

DER KAISER ZU SEINEM HAUSSKLAVEN

Es lebt in Rom ein Schlag von Müßiggängern.
Da herrscht geschäftiges Trippeln, Unrast ohne Sinn,
grundloses Stöhnen, nutzlose Betriebsamkeit,
ist jeder selber sich zur Last und anderen verhaßt.
Sie bessern möcht ich, wenn's noch möglich ist,
durch meine Fabel. Hört mir also zu!

Kaiser Tiberius, auf der Reise nach Neapel,
stieg ab in seinem Landgut in Misenum.

Auf Bergeshöhe von Lucullus' Hand erbaut,
blickt's nach Sizilien vorn, zum Tuskermeer im
  Rücken.
Dort war der hochgeschürzten Sklaven einer
mit Tunika von Leinen aus Ägypten,
gestriegelt und mit vielen Fransen dran.
Wie nun der Kaiser über grünen Rasen sich erging,
besprengte er aus hölz'ner Kanne
den heißen Boden und tat äußerst wichtig.
Er erntet Lachen. Doch er kennt des Kaisers Wege,
läuft ihm voran auf die Terrasse, löscht den Staub.
Tiberius erkennt den Mann und seine Absicht:
der glaubte, wunder was zu tun.
„He", rief der Kaiser; flugs sprang der hinzu
und spitzte sich bereits auf große Gaben.
Da sprach mit Spott des Kaisers Majestät:
„Viel hast du nicht getan, und trotzdem war's umsonst;
denn etwas teurer kauft bei mir man Backenstreiche."

(II 5)

DER ADLER UND DIE KRÄHE

Vor Mächtigen gibt's keinen sichern Schutz.
Kommt aber noch ein Schelm mit bösem Rat dazu,
dann triumphiern Gewalt und Bosheit ohne Widerstand.

Der Adler in der Höhe trug mit sich die Schildkröte
  fort.
Doch da die sich in ihrem Schalenhaus versteckt,
vermochte nichts ihr etwas anzuhaben.
Da kam die Krähe durch die Lüfte und flog nahebei:
„Recht stattlich ist die Beute, die du dir geraubt.
Doch wenn ich dir nicht zeige, wie man damit umgeht,
so wirst du dich an deiner Last zu Tode schleppen."
Sie sichert sich ihr Teil und rät dem Adler,
die harte Schale gegen einen Fels zu schmettern;
denn so zertrümmert, biete sie bequemen Fraß.
Der Adler folgte diesem klugen Rat

und teilte mit der Meisterin den Schmaus.
So kam erbärmlich um, den beiden unterlegen,
die durch die Gaben der Natur an sich geschützt.

(II 6)

DIE BEIDEN MULI UND DIE RÄUBER

Zwei Muli zogen, mit Gepäck beladen;
der eine trug die Kasse mit dem Geld,
der zweite reich mit Korn gefüllte Säcke.
Der mit der Kasse hält den Nacken hoch
und schüttelt hell erklingend seine Glocke,
der andre folgt in stillem Trott.
Da kommen plötzlich Räuber aus dem Hinterhalt.
Die stechen auf den Stolzen ein und reißen sich
ums Geld, das Korn jedoch verschmähen sie.
Als der Beraubte Klage führt, da spricht der andre:
„Ach, bin ich froh, daß ich verachtet bin!
So schmerzt mich kein Verlust und keine Wunde."

Nach diesem Zeugnis ist die Armut ungefährdet,
doch großer Reichtum bringt den Menschen in Gefahr.

(II 7)

DER HIRSCH UND DIE RINDER

Ein Hirsch — aus seinem Dickicht aufgescheucht —,
dem Schuß des Jägers zu entgehen, lief
in blinder Angst zum nächsten Bauernhof
und barg sich glücklich dort im Rinderstall.
Indem er sich versteckte, sprach ein Rind:
„Du Unglückshirsch, du rennst ja in den Tod,
wenn du im Haus des Menschen Schutz begehrst."
Er aber flehte: „Wenn ihr mich nur duldet,
so find ich schon Gelegenheit zu fliehn."
Im Wechsel folgt dem Tage bald die Nacht.
Da kommt der Knecht mit Laub, den Hirsch gewahrt er
    nicht.

Es kommen andre Leute, gehen wieder,
und niemand merkt etwas. Auch der Verwalter kommt
und nimmt nichts wahr. Voll Freude
bedankt der Hirsch sich bei den Rindern
für die erwiesne Gastfreundschaft in schwerer Zeit.
Doch eines spricht: „Wir wünschen dir das Leben.
Doch kommt der Herr, der hundert Augen hat,
so schwebt dies Leben in Gefahr."
Da kommt auch schon der Herr vom Abendessen,
und fand er jüngst die Rinder schlecht gepflegt,
so tritt er an die Krippe: „Warum so wenig Laub?
Es fehlt an Streu! Die Spinngewebe zu beseitigen,
seid ihr zu faul?" So prüft er alles:
des Hirsches stolze Stangen auch entgehn ihm nicht.
Er ruft die Leute, läßt das Wildbret schlachten
und bringt die Beute fort. — Der Hausherr, lehrt die
          Fabel,
besitzt den schärfsten Blick in seinen Sachen.   (II 8)

DER DICHTER

Dem Genius Äsops errichtet' Attika ein Denkmal,
ein Mal der Ewigkeit dem Sklaven;
denn alle sollen's wissen, daß nicht Abkunft,
nein, Leistung bahnt den Weg zum Ruhm.
Und weil den ersten Platz ein andrer nahm,
so war mein Ziel, daß er nicht einzig bliebe.
Es war nicht Neid, nur Eifer für mein Land.
Wenn aber Latium sein Lob mir zollt,
so werden mehr es sein, die gegen Hellas stehn.
Will böser Neid mein Mühen mir verkleinern,
nicht rauben kann er mir den stolzen Ruhm.
Sofern mein Werk der Kenner Ohr erreicht
und läßt den Hauch der Kunst verspüren,
da schweigt vor Glück jedwede Klage still.
Doch kommt es vor der Rabulisten Aug,
die zornvoll die Natur dereinst ans Licht gebracht,

die selbst nichts können als am Guten rupfen,
so will dies peinliche Geschick getrost ich tragen,
bis einst Fortuna ihrer Schuld sich schämt.

Drittes Buch

PHAEDRUS ZU EUTYCHUS

Willst du, Eutychus, Phaedrus' Fabeln lesen,
dann laß für heute Pflicht und Arbeit ruhn,
daß frei dein Geist der Dichtung Kraft vernehm!
Du sagst mir: „Deine Kunst ist nicht so stark,
daß sie des Tages Forderung verdrängte."
Dann also sollst du mit den Händen nicht berühren,
was deinen Ohren, den beschäftigten, mißfällt.
Du meinst vielleicht: „Es kommt noch freie Zeit,
die mich erlöst und zu den Büchern ruft."
Wirst du denn eher dumme Possen lesen,
statt deine Sorge auf dein Haus zu wenden
und deinen Freunden und der Gattin Zeit zu widmen,
den Geist entspannen, Körperkräfte sammeln,
um neu gestärkt gewohnten Dienst zu tun?
Nein, du mußt Ziel und Form des Lebens ändern,
wenn du der Musen Schwelle überschreiten möchtest.
Ich, den die Mutter auf dem Musenberg gebar,
wo Mnemosyne Jupiter, dem Donnerer,
neunmal den Chor der Kunst hervorgebracht,
ich, der ich beinah ihrer Zucht entstamm,
mir alle Habsucht aus dem Herzen riß
und dieses Leben mir zum Ruhm erkor,
bin dennoch nur gelittner Gast in ihrem Kreise.
Wie aber, glaubst du, wird es dem ergehn,
der Schätze anzuhäufen strebt mit allem Fleiß,
weil er des Reichtums Wonnen über ernste Arbeit stellt?
Dann komme, was da will — wie Sinon sprach,
als man dem König Trojas ihn vorführen wollte —,
ich werde jedenfalls mein drittes Buch im Stil Äsops,

zu Ruhm und Ehre dir gewidmet, jetzt vollenden.
Wenn du es liest, so wird's mich freun; wenn nicht,
so dient es Spätern sicher zum Ergötzen.

Warum die Fabel man erfand, das will ich jetzt
kurz zeigen. Der Sklavenstand, dem Unglück ausgesetzt,
weil er nicht auszusprechen wagte, was er dachte,
trug sein Empfinden in die Gleichnisform
und spottete der Schurkerei in heitern Bildern.
Ich bin auf diesem Pfade weiter fortgeschritten,
hab manches ausgedacht, was ich nicht überliefert fand,
auch manches mir zum Nachteil ausgewählt.
Wär nur ein andrer Kläger als Sejan,
ein andrer Zeuge und ein andrer Richter,
so gäb ich zu, mein Leiden sei verdient,
und brauchte keinen Trost in solchen Klagen.
Wenn einer sich in seinem Argwohn irrt,
auf sich allein bezieht, was alle andern auch angeht,
dann legt er töricht sein Gewissen bloß.
Und trotzdem möcht ich seinen Vorwurf meiden:
Nicht einzelne zu zeichnen, hab ich vor,
vielmehr das Leben, wie es ist, die Leute, wie sie sind.

‚Du hast dich übernommen", könnte einer sagen.
Äsop, der Phryger, und Anacharsis, der Skythe,
auf ihr Genie begründeten sie ew'gen Ruhm,
und ich, der griechischer Kultur viel näher,
ich sollte schlafen, wenn's des Vaterlandes Ehre gilt?
Das Thrakervolk zählt seine Dichter auf:
Linos, Apollons Sohn, Orpheus, den Sohn der Muse,
des Stimme Felsen bannte, Tiere zähmte,
des Hebros Ansturm hielt in sanftem Lauf.
Hinweg drum, blasser Neid! Vergebens ist dein Stöhnen,
weil feierlicher Ruhm zuteil mir werden muß.

Zum Lesen hab ich dich ermuntert; gib mir nun
in alter Offenheit dein ehrlich Urteil!

DIE ALTE ZU IHREM KRUG

Ein altes Weib sah einen leeren Krug;
aus seiner Tiefe noch strömt' aus
der angenehme Duft edlen Falernerweins.
Die Alte zog ihn ein mit vollen Nüstern.
„O süßer Hauch! Welch köstlichen Gehalt
bargst du wohl einst, wenn noch der Rest so gut!"

Worauf die Fabel zielt, wird deuten, wer mich kennt.

(III 1)

DER PANTHER UND DIE HIRTEN

Es pflegt der Niedrige mit gleichem Dank
      zurückzuzahlen.

Einst fiel ein Panther, unvorsichtig, in eine Grube.
Die Bauern sahn's. Die einen warfen Knüppel,
die andern Steine, dritte endlich, voll Erbarmen —
weil er doch eingehn würd, auch wenn ihm niemand
      etwas tat —,
die brachten Brot, daß er sein Dasein friste.
Die Nacht brach an, beruhigt ging man heim,
gewiß, das Tier des Morgens tot zu finden.
Doch das fand langsam seine Kräfte wieder,
befreit mit flinkem Sprung sich aus der Grube
und eilt behenden Schritts zu seinem Lager.
Nach kurzen Ruhetagen bricht der Panther neu hervor,
er würgt die Herden, schlägt die Hirten nieder,
verheert, zerstört in wildem Zorn.
Auch die geschont ihn, fingen an zu fürchten;
sie bieten Sühne, flehen nur ums Leben.
Doch jener sprach: „Wer Steine warf, das weiß ich wohl,
und wer mir Brot gab. Ihr habt nichts zu fürchten;
nur denen komme ich als Feind, die mich verletzten."

(III 2)

ÄSOP UND DER BAUER

„Erfahrung, die das Leben bringt, ist mehr als
          Seherkunst",
so sagt das Sprichwort, doch den Grund erzählt man
          nicht.
Erst meine Fabel wird ihn euch erläutern.

Ein Gutsherr hatte Schafe, die gebaren Lämmer
mit Menschenköpfen. Grausend vor dem Wunder,
beeilt er sich, die Zeichendeuter zu befragen.
Das ziele, sagte einer, auf den Kopf des Herrn,
und die Gefahr sei durch ein Opfer abzuwehren.
Ein anderer versicherte, die Frau des Herrn treib
          Ehebruch
und seine Kinder seien nur Bastarde;
doch durch ein größres Opfer ließe sich das sühnen.
Kurz, einer dachte so, der andre so,
dem Manne aber machten sie das Herz noch schwerer.
Da trat hinzu Äsop, der schlaue Alte,
dem niemals die Natur ein Schnippchen schlug,
und sagte bloß: „Willst du dem Spuk ein Ende machen,
dann, Bauer, gib den Hirten Weiber!"   (III 3)

DER SCHLÄCHTER UND DER AFFE

Bei einem Schlächter zwischen Fleisch und andern
          Waren
fand einer einen Affen hängen.
Wie der denn schmecke, wollt er wissen. Lachend sprach
der Schlächter: „Wie der Kopf, so der Geschmack!"

Das war mehr Scherz als Wahrheit, mein ich;
denn oft fand Schönheit mit der Tücke ich verbunden
und kenne gute Menschen, die recht häßlich sind.
                              (III 4)

ÄSOP UND DER FRECHLING

Erfolg führt viele Menschen ins Verderben.

Ein Frechling hatte einst Äsop mit einem Stein
     beworfen.
„Recht so", sprach der und gab ihm noch ein As
und fuhr dann fort: „Mehr hab ich nicht, bei Gott;
doch will ich dir verraten, wo man mehr bekommt.
Sieh dort, ein reicher, mächt'ger Herr! Nach ihm
mußt du nur werfen, und er wird dir's recht belohnen."
Und jener tat so, wie man ihn geheißen.
Jedoch des Unverschämten Hoffnung trog:
Ergriffen ward er nämlich und ans Kreuz geschlagen.

                         (III 5)

DIE FLIEGE UND DAS MAULTIER

Es saß die Fliege auf der Deichsel; und sie schalt
das Maultier: „Langsam bist du! Schneller zieh!
Sonst jag ich dir den Stachel in den Hals!"
Die Antwort: „Deine Drohung läßt mich kalt.
Dagegen fürcht ich den, der vorne auf
dem Kutschsitz mit geduld'ger Peitsche lenkt
und mich mit schaumigem Gebisse zügelt.
Drum laß die dumme Prahlerei! Ich weiß allein,
ob ich im Schritt, ob im Galopp ich mich bewegen soll!"

Nach dieser Fabel ist des Spottes wert,
wer machtlos mit nur leeren Worten prahlt.   (III 6)

DER WOLF ZUM HUND

Wie süß die Freiheit ist, das will ich kurz berichten.

Dem Hund, der wohlgenährt, begegnet' abgemagert
     einst
der Wolf. Sie grüßen sich und bleiben stehn.

„Du siehst ja glänzend aus!
Wie kommt das? Welche Kost macht dich so fett?
Ich, der ich weitaus stärker, muß verhungern!"
Treuherzig sprach der Hund: „Du kannst es auch so
        haben,
wenn du dem Herrn dieselben Dienste leisten willst."
„Und welche?" — „An der Schwelle mußt du wachen,
das Haus des Nachts vor Dieben schützen."
„Ich bin bereit. Denn jetzt ertrag ich Schnee
und Regen und führ ein rauhes Dasein in dem Wald.
Ist's nicht viel leichter, unter einem Dach zu leben,
von reicher Kost gesättigt und in Ruhe?"
„Komm also mit!" Und während sie so gehn, da sieht
der Wolf den Hals des Hundes von der Kette
        wundgescheuert.
„Was hast du da?" — „Ach nichts!" — „Sag's, bitte,
        trotzdem!"
„Nun, weil ich scharf bin, legen sie mich fest,
daß tags ich ruhe; wachen muß ich nachts.
Am Abend binden sie mich los, dann lauf ich frei.
Mein Brot wird mir gebracht, der Herr gibt Knochen
        mir
von seinem eignen Tisch; man wirft mir Bissen zu
und von den Beilagen, was übrigbleibt.
So füllt sich ohne Mühn mein Leib."
„Sag, kannst du hingehn, wo es dir beliebt?"
„Das nicht." — „Dann, Hund, genieße, was dir so gefällt!
Kein Königreich wiegt mir die Freiheit auf."   (III 7)

SCHWESTER UND BRUDER

Laß mahnen dich: Sieh öfter in den Spiegel!

Ein Mann hatt eine Tochter, die war furchtbar häßlich,
und einen Sohn, der war sehr schön von Angesicht.
Die sahen auf dem Putztisch ihrer Mutter einen Spiegel,
und kindlich spielend, blickten sie hinein.

Er rühmt sich seines Aussehns, sie wird böse
und wehrt sich gegen ihres eitlen Bruders Spott;
denn jedes Wort wird ihr zur Kränkung.
Auf Rache sinnend, läuft zum Vater sie
und klagt mit wahrem Groll den Bruder an,
daß als ein Mann in Mädchensachen er sich mische.
Der Vater nahm sie beide in die Arme
und küßte sie mit gleicher Zärtlichkeit.
Er sprach: „Seht beide täglich in den Spiegel!
Du, Junge, darfst durch Bosheit nicht die Wohlgestalt
    entstellen,
du, Mädchen, korrigierst durch Tugend Häßlichkeit."
                                                    (III 8)

SOKRATES AN SEINE FREUNDE

Der Name Freund ist häufig, Freundschaft selten.

Als Sokrates ein kleines Haus sich baute
(ich trüge gern den Tod für seinen Ruhm
und auch den Neid, wenn mich der Tod erlöste),
da fragte einer aus der Menge, wie es so geschieht:
„Ein großer Mann wie du, und baust dir solch ein kleines
    Haus?"
„Ach, könnt ich's", war die Antwort, „nur mit Freunden
    füllen!"   (III 9)

DER DICHTER ÜBER GLAUBEN UND UNGLAUBEN

Zu glauben oder nicht zu glauben, beides bringt Gefahr,
und für das eine wie das andre geb ich kurz dir ein
    Exempel.

Es starb Hippolytus, weil Phaedra Glauben fand;
doch weil Kassandra keinen Glauben fand, ging Troja
    unter.
Drum gilt es, nach der Wahrheit erst zu suchen,
bevor man sich aus Unverstand verkehrt entscheidet.

Doch daß man nicht der alten Mythen spotte,
so will ich dir erzählen, was zu meiner Zeit geschah.

Es war ein Mann, der liebte seine Gattin
und rüstete dem Sohne schon die weiße Toga,
den führt' sein Freigelaßner heimlich abseits,
weil er sein nächster Erbe werden wollte.
Der flunkerte viel Böses von dem Sohne
und mehr noch von des keuschen Weibes Schuld,
und weil er sah, daß das besonders kränken mußte,
fügt' er hinzu, es geh ein Buhle ein und aus
und brächt durch Ehbruch Schande übers Haus.
Der Mann, durch solche falsche Klage aufgebracht, gab
        vor,
er reise auf das Land, und blieb doch heimlich in der Stadt.
Des Nachts durchschreitet er die Tür
und lenkt den Schritt auf der Gemahlin Schlafgemach,
in dem den Sohn die Mutter schlafen hieß,
um seine Jugend aufmerksam zu hüten.
Indes man Licht sucht und die Diener laufen,
stürzt er, die Wut zu zügeln außerstande,
ans Bett und fühlt im Dunkeln einen Kopf.
Er merkt, der ist geschorn; da trifft auch schon sein
        Schwert
die Brust, auf nichts bedacht, als nur den Schmerz zu
        sühnen.
Man bringt die Lampe: wie er seinen Sohn erblickt
und mit ihm im Gemach die keusche Gattin, die,
dem ersten Schlummer hingegeben, nichts verspürte,
vollzog er selbst an sich die Strafe seiner Untat
und stürzte sich ins Schwert, das leichten Glaubens er
        gezückt.
Ankläger brachten vor Gericht die Frau
und zerrten sie nach Rom vor die Zentumvirn.
Böswilliger Verdacht bedrängt sie schuldlos,
weil sie nun Erbin werden soll. Doch gibt es auch
        Verteidiger,
der Unglücklichen Sache tapfer führend.

Da flehn zum göttlichen August die Richter
um Beistand bei Bewahrung treuer Pflicht;
verworren sein sie durch den komplizierten Fall.
Als der zerstreut das Dunkel der Verleumdung
und vorgestoßen zu der Wahrheit sicherm Kern,
da sprach er: „Büßen soll der Freigelaßne, weil die
        Untat er
verschuldet, jene, die zugleich den Mann und Sohn
        verlor,
scheint mehr beklagens- als verdammenswert.
Hätt das Familienhaupt das Hinterbrachte
sorgfältiger geprüft und das Geweb der Lügen
genauer untersucht, er hätte niemals durch die Freveltat
sein Haus von Grund auf der Vernichtung
        preisgegeben."

Das Ohr verachte nichts, doch sollst du nichts gleich
        glauben!
Es strauchelt oft auch der, von dem es niemand
        annimmt,
und den, der frei von Sünde, ficht der Irrtum an.

Auch dieses Beispiel kann Arglose mahnen,
nichts nach dem Urteil andrer zu bewerten.
Denn in dem Widerstreit der Interessen
folgt bald der Gunst man, bald dem Hasse.
Den kennst du wirklich, den du selbst erkanntest.

Ich hab ausführlicher dies abgemacht,
weil manche ich durch zu viel Kürze abstieß.   (III 10)

DER EUNUCH ZU EINEM SCHLECHTEN KERL

Stritt ein Eunuch einmal mit einem schlechten Kerl,
der mit gemeinen Worten und voll Schadenfreude
ihm den Verlust der Manneskraft gehässig vorwarf.
„Gewiß", erwidert jener, „einzig darum leide ich so sehr,
daß mir das fehlt, womit man Kraft bezeugt.

Doch warum, Narr, beschuldigst du den Mangel der
    Natur?
Das nur ist schimpflich für den Menschen, was er selbst
    verfehlte."   (III 11)

DAS HUHN ZUR PERLE

Auf einem Abfallhaufen fand ein Huhn,
wie es nach Futter suchte, eine Perle.
„Du liegst hier", rief es, „— welch ein Wert! — am
    falschen Ort.
Hätt nur ein Kenner dich erblickt,
so wärst du längst zu deinem alten Glanz zurückgekehrt.
Da ich dich fand, dem Speise sehr viel lieber wär,
hat keiner was davon, nicht du noch ich."

Das sag ich denen, die mich nicht verstehn.   (III 12)

DIE BIENEN UND DIE DROHNEN VOR DEM
RICHTERSTUHL DER WESPE

Am Eichengipfel waren angelegt der Bienen Waben,
darauf die faulen Drohnen Anspruch erhoben.
Der Streit kam vor den Richterstuhl der Wespe.
Die kannte die Parteien nur zu gut
und schlug deshalb das folgende Verfahren vor:
„Nach Körperbau und Farbe seid ihr gleich,
so daß der Fall recht zweifelhaft geworden ist.
Doch will nach Wissen und Gewissen ich entscheiden.
Nehmt drum die Stöcke, füllt die Waben,
daß nach der Qualität des Honigs und der Form der
    Wabe
ersichtlich wird, wer schuf, was zur Verhandlung steht!"
Die Drohnen lehnten ab, den Bienen war der Vorschlag
    recht.
Drauf tat die Wespe diesen Spruch: „Erwiesen ist,

wer's nicht vermag und wer dies Werk vollbracht.
Darum den Bienen sprech ich ihr Erzeugnis zu."

Die Fabel hätt ich nicht erzählt, wenn nicht
die Drohnen ihr gegebnes Wort gebrochen hätten.

(III 13)

VON SPIEL UND ERNST

Als ein Athener einst in einer Schar von Kindern
Äsop mit Nüssen spielen sah, da blieb er stehn
und lachte ihn als Narren aus. Indes der Alte,
mehr Spötter als der Gegenstand des Spotts, ergriff
den Bogen, der entspannt, und legt' ihn auf den Weg.
„He, Kluger", rief er, „sag mir, was ich tat!"
Es sammeln sich die Leute. Jener dreht und wendet
        sich,
jedoch der Sinn der Frage bleibt ihm dunkel.
Am Ende gibt er sich geschlagen. Drauf der Weise:
„Den Bogen brichst du bald, wenn er in Spannung bleibt.
Wenn du ihn lockerst, wird er dir, falls du ihn brauchst,
        von Nutzen sein."

So muß der Geist bisweilen auch Erholung finden,
daß er gestärkt zu neuer Arbeit dir zurückkehrt.

(III 14)

DER HUND ZUM LAMM

Zum Lamm, das mit den Ziegen spielte, sprach
der Hund: „Hier bist du falsch, hier ist nicht deine
        Mutter,
dort drüben bei den Schafen mußt du suchen."
„Nicht diese such ich", war die Antwort, „die per Zufall
        mich empfing,
mich ihre Zeit durch trug als unerwünschte Last,
die Leibesfrucht zutag dann brachte.
Dagegen möcht ich jene finden, die mich nährte,

der eignen Brut das Euter vorenthielt, daß mir's nicht
    fehlte."
„Trotzdem steht näher dir, die dich gebar." — „O nein!
Hat sie gewußt, ob schwarz, ob weiß ich würde?
Und weiter: wenn als Weibchen sie mich wünschte,
was hätte sie getan, da ich als Männchen kam zur
    Welt?
Ja wirklich, große Wohltat tat sie mir,
daß ich jetzt stündlich auf den Schlächter warte!
Die ohne Zutun mich gebar, sie soll mir näherstehn
als jene, welche das Verstoßne aufhob
und ihm aus freien Stücken Liebe schenkte?
Die Güte macht die Eltern, nicht der Zwang."

Gesetzeszwang stößt ab, Verdienst bezwingt.
Das lehrt der Dichter dieser Fabel.   (III 15)

DIE GRILLE UND DIE EULE

Wer sich in Ordnung nicht bequemen mag,
der bleibt in seinem Hochmut selten ungestraft.

Die Grille schalt die Eule heftig,
weil sie, im Dunkeln ihren Unterhalt sich suchend,
den Tag in einem hohlen Ast verschlief.
Die Eule bat nur: „Schweig!" Doch um so lauter
erscholl das Schelten. Bitten war umsonst,
bewirkte ganz das Gegenteil. Da nun
die Eule keinen Ausweg sah, weil ihre Worte nur
Verachtung fanden, sprach zur Grille sie mit List:
„Da dein Gesang mich doch nicht schlafen läßt,
der, wie du meinst, Apollons Leier gleicht,
so steht mein Sinn mir nach dem Nektar, den Athene
erst neulich mir verehrt. Wenn's dich nicht stört, so
    komm!
Laß uns zusammen trinken!" Die Grille hatte Durst,
und als sie gar noch ihre Stimme rühmen hörte,

flog gierig sie herbei. Die Eule stieß aus ihrem Loch
hervor und mordete das bange Tier. So mußte
als Tote sie gewähren, was lebendig sie verweigert.

(III 16)

DIE BÄUME IM SCHUTZE DER GÖTTER

Einst wählten sich die Götter Bäume aus,
die sie beschützen wollten. Jupiter entschied sich für die
    Eiche,
Apollon für den Lorbeer, Venus für die Myrte,
Kybele für die Fichte, Herkules die hohe Pappel.
Verwundert fragte da Minerva an, warum man nur
die unfruchtbaren wähle. Den Grund verriet ihr Zeus:
„Auf daß wir Ehre nicht um Frucht vergeben."
Darauf die Göttin: „Mag da einer sagen, was er will,
ich nehm den Ölbaum wegen seiner Frucht."
Erwiderte der Götter und der Menschen Vater:
„Mein Kind, mit Recht heißt man dich allenthalben weise.
Denn bringt nicht Nutzen unser Tun, ist's eitler Ruhm."

Tut nichts, was euch nicht nützt! So lehrt die Fabel.

(III 17)

DER PFAU ZU JUNO ÜBER SEINE STIMME

Der Pfau kam einst zu Juno, Klage führend,
warum sie ihm das Lied der Nachtigall versagt.
Die stehe deshalb überall in Ansehn,
doch ihn verspotte man, sobald er seine Stimm
    erhöb.
Um ihn zu trösten, sprach die Göttin:
„Doch durch die Schönheit siegst du, durch die Größe.
An deinem Halse strahlt es wie Smaragd,
dein Schweif aus bunten Federn glänzt wie Perlen."
„Was hilft mir", sagt er, „aller Glanz, wenn andre
    singen?"
„Des Schicksals Wille hat euch euern Teil gegeben,

für dich die Schönheit, Kraft dem Adler und der
    Nachtigall ihr Lied,
dem Raben Wissen um die Zukunft und der Krähe
    Seherkunst.
Und alle sind mit ihrem Teil zufrieden!"

Begehre nicht, was dir versagt ist!
Enttäuschte Hoffnung endet nur mit Klagen. (III 18)

ÄSOP ERWARTET EINEN SCHWÄTZER

Äsop, der einz'ge Sklave seines Herrn, hatt einst
Befehl, die Mahlzeit früh zu rüsten.
Ein Feuer suchend, lief er durch verschiedne Häuser,
bis endlich er den Brand für seine Fackel fand.
Und weil er kreuz und quer gelaufen war,
so sucht' er jetzt den kürzern Weg nach Haus
grad übern Markt. Ein Schwätzer aus der Menge rief:
„Was willst du hoch am Tage mit dem Licht?"
„Ich suche einen Menschen", sprach Äsop und eilte fort.

Das traf den Schwätzer schwer; er merkte wohl,
der Alte wollt ihn nicht als Menschen gelten lassen,
weil den Geschäftigen zur Unzeit er verspottet.
                                 (III 19)

DER DICHTER

Mehr könnt ich schreiben, doch ich spar's mit Absicht;
zuerst, damit ich dir nicht allzu lästig scheine,
den der Geschäfte Vielerlei zerstreut;
sodann, damit, falls jemand sich am gleichen Stoff
versuchen will, ihm auch noch etwas übrigbleibt,
obgleich die Zahl der Themen so unendlich groß ist,
daß nicht die Arbeit für den Mann, weit mehr der Mann
    der Arbeit fehlt.
Zahl, bitt ich, nun den Lohn für meine Kürze,

den du versprachst, und bleib bei deinem Wort!
Denn täglich rückt dem Tod das Leben näher,
und je mehr Zeit durch Zögern mir verstreicht,
um soviel schmälert sich mir deine Gunst.
Wenn rasch du handelst, wird der Nutzen größer
und länger mein Genuß, fang ich's nur früher an.
Die Zeit, sie geht dahin, doch sind noch Reste übrig,
für Hilfe ist noch Raum; jedoch dem schwachen Greis
wird deine Güte nicht mehr Stützung bieten können,
weil dann die Wohltat nichts mehr nützt
und seine Schuld der nahe Tod einfordert.
Mit Bitten dich zu drängen wäre töricht,
da du von selbst aus Mitleid beizustehn geneigt bist.
Oft fand ein Angeklagter Gnade, der geständig;
um wieviel eher sollte sie die Unschuld finden!
An dir ist's jetzt, zu handeln, früher lag's bei andern,
und wieder andern fällt es zu im gleichen Kreislauf.
Entscheide, wie's Gewissen dir und Pflicht erlauben,
und gib mir starken Schutz durch deinen Urteilsspruch!
Schon überschreit ich die gezogne Grenze;
doch nur mit Mühe zügelt sich der Geist,
der, seiner Unbescholtenheit bewußt,
vom Übermut der Schuldigen bedroht wird.
Die Namen wirst du mit der Zeit erfahren;
ich aber will des Spruchs, den ich als Knabe las:
„Vor aller Augen zu murren ziemt nicht dem Plebejer",
solang ich's kann, sehr wohl gedenken.

Viertes Buch

DER DICHTER AN PARTICULO

Obgleich ich meinem Werk ein Ziel bestimmte,
damit auch andern noch genug zu dichten übrigbliebe,
verwarf ich doch stillschweigend diese meine Absicht.
Denn will sich wohl ein andrer einen Namen machen,
wird er denn dann noch spüren, wann und wo und wie

mein Material ich allenthalben suchte, daß er, was
vielleicht ich auslieb, kundig mache,
wiewohl er selber doch Gedanken hat
und eignes Kolorit? Drum war's nicht Leichtsinn,
was mich zum Griffel greifen ließ, nein, weise
        Überlegung.
Da du, Particulo, an Fabeln Freude hast —
ich nenne sie äsopisch, nicht Äsops;
denn wenige erzählte jener, ich bring mehr,
dem alten Stile folgend, doch mit neuem Inhalt —,
so lies, wenn dafür Muße ist, mein viertes Büchlein!
Falls Mißgunst es herabziehn möchte,
so mag sie's tun; nachmachen kann sie's nicht.
Mir ist es Ruhm genug, wenn du und deinesgleichen
in eure Bücher meine Worte eintragt
und sie für lange dem Gedächtnis anvertraut.
Der Ungelehrten Beifall kann ich gut entbehren.

DER ESEL UND DIE KYBELEPRIESTER

Wer unter einem bösen Stern geboren ward,
der führt ein tristes Leben, selbst nach seinem Tode
verfolgt ihn noch des harten Schicksals Grimm.

Kybelepriester führten auf der Bettelfahrt
'nen Esel mit sich, das Gepäck zu schleppen.
Als der vor Müh und Plagen starb,
da zogen sie das Fell ihm ab und machten daraus
        Pauken.
Als jemand fragt: „Was macht ihr da
mit eurem Liebling?", lachen sie und sagen:
„Der meinte, nach dem Tod erlöst zu sein;
doch neue Schläge, siehst du, fallen auf den Toten!"

(IV 1)

DER DICHTER

Es klingt zwar wie ein Scherz, doch ist es wahr:
weil wir kein größres haben, spielen wir auf leichtem
    Rohr.
Sieh dir nur diese Possen richtig an;
denn nicht geringen Nutzen wirst du darin finden!
Nicht immer sind dasselbe Sein und Schein; es täuscht
der erste Anblick viele, und selten sieht der Geist,
was Sorgsamkeit im tiefen Winkel barg.
Doch will ich nicht nur Worte machen, sondern euch
zum Lohn die Fabel von dem Wiesel und den Mäusen
    bieten.

Das Wiesel, das, vom Alter und von Jahren schwach,
die flinken Mäuse nicht mehr fangen konnte,
bestäubte sich mit Mehl und warf sich irgendwo
ins Dunkle hin. Ein Mäuslein wollte naschen,
es kam herzu und ward gepackt, war tot.
Ein zweites, drittes fand das gleiche Ende,
und weitere folgten. Da kam eine abgefeimte,
die vielen Schlingen schon und Fallen war entronnen.
Die sah von weitem gleich die List und sprach:
„Sei so gesund, wie du aus Mehl bestehst!"   (IV 2)

DER FUCHS UND DIE TRAUBEN

Der Fuchs, den Hunger plagte, mühte sich,
die Traube, die hoch hing, mit kräft'gem Sprunge zu
    erreichen.
Doch es gelang ihm nicht, drum trollt' er sich und sagte:
„Sie ist ja noch nicht reif, und saure mag ich nicht."

Die so mit Worten schmähn, was sie mit Taten nicht
    vermögen,
die sollten dies Exempel auf sich beziehn.   (IV 3)

DAS PFERD UND DER EBER

Am Orte, wo das Pferd den Durst zu stillen pflegte,
wälzt sich der Eber, trübt das Wasser.
Ein Streit brach aus, und zornig bat das Pferd
um Hilfe: den Mann auf seinem Rücken
bringt es zum Feind. Mit seinem Speer
erlegte der das Schwein und sprach zum Pferd:
„Wie gut, daß ich dir half auf deine Bitten!
So fand ich Beute und erlernte deine Nutzbarkeit."
Und zwang es, ungewollt den Zaum zu dulden.
Darauf das Pferd: „Für eine kleine Sache Rache
          suchend,
begab ich Tor in traur'ge Knechtschaft mich."

Heißsporne mahnt die Fabel: „Lieber Unrecht leiden
als einem andern in die Hand sich geben!"   (IV 4)

DER DICHTER

Oft hängt von einem alles ab und nicht von vielen:
dies soll ein kleiner Fall der Nachwelt zeigen.

Es starb ein Mann und hinterließ drei Töchter.
Schön war die eine, mit den Augen Männer jagend;
die zweite spann, war schlicht, bebaut' ihr Feld;
die dritte gab dem Wein sich hin und war grundhäßlich.
Das Erbteil zu verwalten fiel der Mutter zu
mit der Bedingung, daß sie das Vermögen
den dreien gleich zuteile, aber in der Weise,
daß weder sie besäßen noch genössen das Empfangne;
wenn ferner etwas davon in Verlust gerate,
so sollten hundert Drachmen sie der Mutter zahlen.
Von dieser Erbschaft sprach man in Athen. Die Mutter
          suchte
bei den Juristen Rat. Doch keiner weiß zu sagen, wie
          man das,

was man erhalten, weder soll besitzen noch
benutzen können und wie der, der nichts erhielt,
trotzdem doch Geld aufbringen könne.
Der Jahre gingen viel ins Land,
doch keinem wurde klarer, was das Testament bedeuten
      sollte.
Da pfiff die Mutter auf das Recht und setzte fest
nach Treu und Glauben der Dirne Kleider,
      Frauenschmuck,
ein Bad aus Silber, Knaben und Eunuchen;
der Spinnrin Feld und Vieh, 'nen Bauernhof und
      Knechte,
Bespannung, Wagen, Ackerbaugerät;
der Trinkerin ein Lager, voll mit altem Wein,
ein schmuckes Häuschen mit gepflegtem Garten.
Und als ein jeder sie das Zugedachte geben wollte
mit Billigung der Leute, die die Töchter kannten,
da trat Äsop in ihren Kreis und sprach:
„Oh, wenn der Vater das im Grabe wüßte,
wie würde er sich grämen, daß sein Wille
von keinem hier in Attika verstanden wird!"
Darum gebeten, löste er das Rätsel:
„Gebt Haus und Putz mitsamt den schönen Gärten
und auch die alten Weine an die biedre Spinnerin!
Die Kleider, Salben, Diener und das weitere
vermacht als Erbteil der, die immer schwelgt!
Mit Feld und Hof, mit Vieh auch und den Hirten
beschenkt die Dirne! Keine wird behalten wollen,
was ihren Lebensformen fremd ist.
Es wird die Häßliche den Prunk für Wein verkaufen.
Um Schmuck sich zu beschaffen, schlägt die Dirne ihre
      Äcker los.
Die dritte, deren Freude Vieh und Wolle sind,
verkauft um jeden Preis den Luxus bar.
So hat dann keine das, was sie erhielt,
und alle werden sie nach Übereinkunft an die Mutter
      zahlen
aus dem, was sie erlöst bei den Verkäufen."

So fand ein einz'ger kluger Kopf die Lösung,
die einer Schar von Dummen nicht gelang.   (IV 5)

DER KAMPF DER MÄUSE UND DER WIESEL

Die Mäuse, einst vom Wieselheer geschlagen —
man sieht die Szene manchmal in Tavernen
        abgebildet —,
die flohn und drängten sich vor ihren Löchern
und schlüpften, kaum ihr Leben rettend, ein.
Doch ihre Feldherrn mit den großen Hörnern,
die sie am Kopfe trugen als Erkennungszeichen,
dem in der Schlacht die Kämpfer folgen sollten,
die blieben an den Toren hängen, Beute ihrer Feinde.
Der Sieger schlachtet sie mit gier'gen Zähnen
und taucht sie unter in des Riesenbauches dunkler
        Höhlung.

Wenn je ein Volk in Not und Unglück fällt,
so ist die Macht der Führer in Gefahr;
die kleinen Leute finden leichter Schutz.   (IV 6)

PHAEDRUS

Du Naseweis, was schmähst du meine Bücher,
verweist das heitre Genus mir?
Lies dieses Buch nur mit Gelassenheit!
Dann will die Falten deiner Stirn ich glätten;
es naht Äsop auf höherem Kothurn.

O wäre nie in Pelions Felsenhain
Thessaliens Fichte durch die Axt gefallen!
Ach, hätte Argos nie zu sichrer Todesfahrt
mit Pallas' Hilfe jenes Schiff erbaut,
das, Griechen und Barbaren zum Verderben,
des ungastlichen Meers Gestad erschloß!

15*

In Trauer lag das stolze Haus Aietes' bald,
Medeas Frevel bracht das Reich des Pelias zu Fall.
Ihr wildes Herz erzeugte böse Ränke,
hier zeugt von ihrer Flucht Gebein des Bruders,
dort ist die Hand mit Vaterblut bedeckt.

Was will dir scheinen? Dies ist, sagst du, fad
und außerdem noch falsch; denn sehr viel früher schon
bezwang des Minos Flotte das Ägäische Meer,
ein Beispiel für gerechte Herrschaft gebend.
Was willst du nun von mir, mein strenger Cato,
wenn Fabeln nicht noch Mythen dir gefallen?
Belästige hinfort die Literaten nicht,
sie könnten dir sonst größre Pein bereiten!

Gesagt ist das auf jene, die vor Dummheit geifern
und, um für klug zu gelten, selbst den Himmel schelten.
(IV 7)

DIE SCHLANGE BEIM SCHMIED

Wer einen Giftzahn hat und sich an einem schärfern
            wetzt,
der soll in unserm Bild sich wiederfinden.

In eine Schmiedewerkstatt kam die Schlange
und suchte, wo sie was zu fressen fände,
und biß dabei auf eine Feile. Die sprach eisenhart:
„Was willst du, Törin, durch den Biß mir schaden,
die ich's gewohnt bin, Eisen zu durchnagen?"   (IV 8)

DER FUCHS UND DER ZIEGENBOCK

Sobald ein Schlaukopf in Gefahr gerät,
entkommt er, und ein andrer trägt die Kosten.

Einst fiel der Fuchs nichtsahnend in den Brunnen
und wurde eingeschlossen durch den hohen Rand.

Da kam ein Bock an jenen Ort, den dürstete.
Er fragte, ob das Wasser süß sei und
auch reichlich. Tückisch war die Antwort:
„Komm nur herab! Das Wasser ist so köstlich,
daß ich genug nicht davon trinken kann."
Der Langbart sprang hinunter. Doch das Füchslein,
indem es sich auf dessen Hörner stützte, kam empor
und ließ den Bock im tiefen Loch zurück.   (IV 9)

ÜBER DIE FEHLER DER MENSCHEN

Zwei Ranzen hängte Jupiter uns auf;
den mit den eignen Fehlern legt' er auf den Rücken,
den andern, schweren, mit den fremden vor die Brust.

Drum sehen wir auch nie auf eigne Schuld;
doch straucheln andre, spielen wir die Richter.
                                        (IV 10)

DER DIEB UND DIE LAMPE

Ein Dieb nahm Feuer vom Altar des Zeus
für seine Lampe und bestahl den Gott
im eignen Licht. Mit Tempelgut beladen,
ging er davon, da tönte plötzlich eine heil'ge Stimme:
„Zwar stahlst du Gaben böser Menschen,
sie waren mir verhaßt, so daß der Raub nicht schmerzt;
trotzdem, Verbrecher, wirst du deine Schuld mir büßen,
wenn einst die Stunde der Vergeltung schlägt.
Doch daß nicht unser Feuer einer Schandtat leuchte,
mit dem der fromme Sinn die Gottheit ehrt,
verbiet ich jede Nutzung heil'gen Feuers.
Am Brand der Götter eine Lampe zu entfachen
und von der Lampe Opfer anzuzünden ist nunmehr
        Frevel."

Wie viele gute Lehren die Geschichte birgt,
kann niemand sonst erklären als der Dichter.

Sie zeigt zunächst, daß mancher, den du nährst,
sich später als dein schlimmster Feind erweist.
Sie lehrt sodann, daß nicht durch Zorn der Götter
als durch der Zeiten Lauf Verbrechen ihre Sühne
    finden.
Und endlich untersagt sie, daß der gute Mensch
sich irgendwie verbinde mit dem bösen.   (IV 11)

REICHTUM IST ETWAS SCHLECHTES

Aus gutem Grunde ist dem wackern Mann das Gold
    verhaßt,
denn jeder Reichtum raubt den wahren Ruhm.

Als, seiner Taten wegen in den Himmel aufgenommen,
der Götter Glückwunsch Herkules entgegennahm,
da wandte er sich ab, als Plutos kam,
Fortunas Sohn. Der Göttervater fragte nach dem Grund.
„Ich hasse jenen", war die Antwort, „der den Bösen
    freund ist
und mit dem Golde, das er auswirft, alle Welt verdirbt."
    (IV 12)

ZWEI MENSCHEN, EINER, DER LÜGT, UND EINER, DER DIE WAHRHEIT SPRICHT, UND DIE AFFEN

Daß nichts dem Menschen nützlicher, als wahr zu reden,
das ist ein Satz, der allgemein gebilligt wird.
Doch kann Aufrichtigkeit auch zum Verderben werden.
. . .   (IV 13)

DER LÖWE ALS KÖNIG

Als sich der Leu gemacht zum Herrn der Tiere
und als gerecht zu gelten strebte,
ließ er von seiner früheren Gewohnheit,

gab sich mit magrer Kost zufrieden
und wachte unbestechlich über Recht und Sitte.
Nachdem er aber wankend wurde,
...   (IV 14)

PROMETHEUS

...
von der Bildung des Schamglieds die Zunge der Frau.
Von da kommt die Nachbarschaft des Obszönen.
                                                       (IV 15)

DERSELBE

Es fragte einer: „Wie entstanden denn die lesb'schen
      Weiber
und wie die warmen Brüder?" Der Alte setzt' es
      auseinander:

Als der Prometheus, den wir nannten, Menschen bildete
(die jeder Stoß des Schicksals schon zerbricht),
da formte er gesondert, einen ganzen Tag,
die Zeugungsglieder, die die Scham verhüllt,
um sie dann seinen Körpern anzupassen.
Da lud ihn unerwartet Bacchus ein zum Mahl.
Von süßem Nektar schwer betrunken, kehrte er
spätabends heim mit schwankem Schritt.
Schon halb im Schlaf und durch den Rausch getrübt,
setzt' er das Weiberglied den Männern an
und wiederum das männliche den Fraun.
Und darum kommt es jetzt zu pervertierter Lust.
                                                       (IV 16)

DIE BÄRTIGEN ZIEGEN

Die Ziegen baten Zeus um Bärte und erhielten sie.
Das ärgerte die Böcke, und sie murrten,
weil ihre Frauen ihnen nun an Würde glichen.
„Laßt ihnen doch", sprach Zeus, „den eitlen Ruhm,
sich eurer Hoheit Zeichen anzumaßen,
sind sie euch doch nicht gleich an Mut und Tapferkeit!"

Die Fabel lehrt: Laß dich nicht grämen, sollten andre
        äußerlich
dir gleichen, stehn sie dir an innerm Wert nur nach!
                                                (IV 17)

VON MENSCHENSCHICKSALEN

Als jemand über Schicksalsschläge klagte,
ersann Äsop zum Trost ihm die Geschichte.

Von wilden Stürmen ward ein Schiff getrieben,
die Passagiere jammerten in Todesangst,
da hellte sich der Himmel plötzlich auf
und führte es mit günst'gem Fahrwind sichre Bahn.
Als allzu großer Überschwang die Schiffsmannschaft
        ergriff,
da sprach der Steuermann, gewitzigt durch Gefahr:
„Mit Maßen soll man jubeln und gelassen klagen,
denn unser Leben ist gemischt aus Schmerz und
        Freude."   (IV 18)

DIE GESANDTSCHAFT DER HUNDE AN JUPITER

Die Hunde schickten einst zu Jupiter Gesandte,
die um ein beßres Leben bitten sollten
und um Erlösung von beständiger Mißhandlung.
Die Menschen gäben ihnen Kleiebrot,
so daß mit eklem Dreck sie ihren Hunger stillen
        müßten.

Die Abgesandten hatten keine Eile,
da sie in jedem Mist nach Nahrung schnüffeln.

Als man sie ruft, ist keiner da, bis Hermes
sie endlich auftreibt und bestürzt heranschleppt.
Und als sie endlich vor Jupiters Antlitz standen,
bekackten sie vor Angst den ganzen Thronsaal.
Mit Knüppeln treibt man sie hinaus,
und Jupiter befiehlt, sie festzunehmen.
Verwundert, wo die Abgesandten blieben,
denkt man zu Haus, sie hätten was verbrochen,
man wartet eine Zeitlang, gibt an andre das Mandat.
Und weil man manches munkelt über jener Schicksal
und fürchten muß, daß Ähnliches sich wiederhole,
verschmiert den Delegierten man den Hintern mit
         Parfüm,
gibt ihnen Vollmacht, bittet, sie bald heimzuschicken.
Sie gehen ab und werden, wie sie's wünschen,
         vorgelassen.
Da sitzt der große Göttervater Zeus
und schwingt den Blitz, und alles bebt umher.
Den Hunden, die der Krach verwirrt,
entfährt samt dem Parfüm ihr Unrat.
Nach Sühne für die Schmach schrein alle Götter.
Doch eh er strafte, sprach Gott Jupiter zu ihnen:
„Gesandte festzuhalten ist nicht königlich,
doch ist es leicht, Vergehen zu bestrafen.
Empfangt so, wie es recht ist, euern Lohn!
Entlassen seid ihr, doch der Hunger soll euch quälen,
damit ihr künftig euren Leib beherrscht.
Die aber, die mir solche Jämmerlinge sandten,
die bleiben weiter unter menschlicher Gewalt."
Noch heute warten sie auf die Gesandten
und schnüffeln, kommt ein neuer, ihm am Hintern.

                                        (IV 19)

DIE SCHLANGE, SCHÄDLICHES MITLEID

Wer Bösen hilft, muß später leiden.

Ein Mann hob eine starrgefrorne Schlange auf
und wärmte sie am Busen, mitleidsvoll, doch selber sich
        zum Schaden.
Denn kaum erholt, biß ihn die Schlange unversehens
        tot.
Von einer andern nach dem Grund der Tat gefragt,
war ihre Antwort: „Niemand soll den Bösen helfen
        lernen." (IV 20)

DER FUCHS UND DER DRACHE

Der Fuchs warf Erde auf zu seinem Bau,
und als er immer mehr und tiefer seine Gänge zog,
kam er zuletzt zur Höhle eines Drachen;
der hütete verborgne Schätze.
Ihn schauend, sprach der Fuchs: „Zuerst verzeih,
daß unbedacht ich hier erscheine! Dann bedenk,
wie wenig Gold zu meinem Leben paßt,
und gib drum freundlich Antwort: Welchen Nutzen
bringt diese Arbeit dir? Und welches ist dein Lohn,
daß du des Schlafs entbehrst und ewig hier im Dunkeln
        hausest?"
„Gar keiner", war die Antwort, „doch dies Los ist mir
von Jupiter bestimmt." — „So nimmst du nichts für
        dich
und gibst auch keinem andern?" — „Nein, das ist mein
        Schicksal!"
„Dann sei nicht böse mir, wenn frei ich zu dir spreche:
Den schuf der Zorn der Götter, der dir gleicht!"

Mensch, der den Weg du gehst, den alle gingen,
was quälst du blinden Sinnes deine arme Seele?
Dich, Geizhals, mein ich, Freude deines Erben,
der du den Göttern Weihrauch, dir die Speise vorenthältst,

der grämlich bei der Leier Wohlklang sitzt,
dem heitre Flöten Pein bereiten,
den auf dem Markt die Preise stöhnen machen,
der ruchlos du Meineide leistest, wenn dadurch
dein Erbe nur um ein paar Groschen wächst,
der du noch am Begräbnis sparst,
damit die Leichengöttin nichts an dir verdiene.

(IV 21)

PHAEDRUS

Zu welchem Urteil böser Neid euch führt,
das ist mir völlig klar, mag er sich auch verstellen.
Was er des Überlieferns wert erachtet,
schreibt dem Äsop er zu; was aber weniger gefällt,
das, heißt's um jeden Preis, das stammt von mir.
Er sei durch meine Antwort gründlich widerlegt.
Die Handlung, unzulänglich oder löblich,
erfand Äsop, ich hab sie ausgebaut.
So laßt uns fortfahrn nach der vorgesehnen Ordnung!

(IV 22)

VON SIMONIDES

Der Mann mit Bildung trägt, was er besitzt, in sich.

Simonides, der trefflich Lieder schreiben konnte
und seiner Armut steuern wollte,
durchzog Kleinasiens große Städte
und sang um Lohn den Lobpreis fremder Sieger.
Nachdem er dadurch reich geworden,
beschloß zur See nach Hause er zurückzukehren.
Gebürtig war er, sagt man, von der Insel Kea.
Das Schiff, das er bestieg, zerbrachen wilder Sturm
und Altersschwäche mitten auf dem Meer.
Da griff der eine nach dem Beutel, nach dem Schmuck
        der andre
zur Sichrung seiner Notdurft. Und verwundert fragt man:

„Simonides, nimmst du denn nichts?"
„Was ich besitze", sagt er, „trage ich in mir." — Nur
        wenige
vermochten sich zu retten, die andern sanken unter
        samt der Last.
Es kamen Räuber, plünderten, auf wen sie trafen, bis
        aufs Hemd.
Die alte Stadt Klazomenä,
die nahe lag, gab Zuflucht den Gestrandeten.
Hier nahm ein Freund der Dichtkunst, der schon oft
die Verse des Simonides gelesen hatte
und ihm von ferne glühende Bewundrung zollte,
den Dichter, den er im Gespräch erkannte,
begeistert auf; er gab ihm Kleidung, Geld
und Sklaven. Die andern zogen mit der Tafel los,
um Nahrung bettelnd. Zu ihnen sprach Simonides,
wenn er sie traf: „Ihr wißt, ich trage,
was ich besitz, in mir; was ihr besaßet, ist dahin."

                                                    (IV 23)

                DER KREISSENDE BERG

Ein Berg war schwanger, furchtbar stöhnte er,
und alle Welt war vor Erwartung stumm.
Und er gebar — ein Mäuslein. Dir ist das gesagt,
der Großes du verheißt und nichts zustande bringst.

                                                    (IV 24)

            DIE AMEISE UND DIE FLIEGE

Tu nichts, was ohne Nutzen, lehrt die Fabel.

Erbittert stritt die Fliege mit der Ameis,
wer mehr bedeute. So begann die Fliege:
„Kannst du mit meinem Ruhm dich messen?
Am Altar und im Tempel bin ich überall zu Haus,
ich koste von dem Opferfleisch noch vor den Göttern.
Ich sitze auf des Königs Haupt, wenn's mir gefällt,

und küsse gar der Damen keuschen Mund.
Ich tue nichts und schmause doch vom Besten.
Was hast du, grobe Bäurin, Gleiches aufzuweisen?"
„Mit Göttern umzugehn bringt freilich Ehre,
doch für geladne, nicht für unerwünschte Gäste.
Du liebst Altäre, doch du wirst verjagt, sobald du
          kommst.
Du sprichst von Kön'gen und von Damenküssen
und rühmst dich, wo es besser wäre, zu verbergen.
Du tust nichts, und wenn Not ist, hast du nichts.
Ich sammle emsig Körner für den Winter,
wenn du im Hof am Dung dich nährst.
Im Sommer bist du frech, im Winter bist du still.
Wenn du im Frost erstarrst und sterben mußt,
dann nimmt mich wohlbehalten auf mein gutbestelltes
          Haus.
Genug nun hab ich deinen Übermut gedämpft."

Die Menschen unterscheidet die Geschichte,
die sich mit eitlem Ruhm behängen, jenen gegenüber,
          die
mit Leistung ihren echten Wert erweisen.   (IV 25)

DER DICHTER

Wieviel die schönen Künste bei den Menschen gelten,
hab vorhin ich erzählt; welch hohe Ehre
die Götter ihnen zolln, davon soll jetzt die Rede sein.

Simonides, der Dichter, des soeben ich gedachte,
ging in die Einsamkeit, weil er um sichern Lohn
auf einen Faustkampf einen Lobgesang verfassen
          sollte.
Doch da der simple Stoff den Geistesflug beschränkte,
so macht' er von poetischer Lizenz Gebrauch
und fügt' das Zweigestirn, der Leda Söhne, ein,
zugleich als Beispiel einer Tat von gleichem Ruhm.
Das Werk fand Beifall, doch von seinem Lohn

bekam der Dichter nur ein Drittel. „Den Rest", so
      sprach der Sieger,
„zahln dir die zwei, die in dein Lob du eingeschlossen.
Doch daß du dich ungnädig nicht entlassen glaubst,
so sei mein Gast bei Tisch! Denn meine Freunde
lad heut ich ein, und unter diese zähl ich dich."
Wiewohl betrogen und gekränkt, wollt sich der Dichter
durch ein Versäumnis nicht die Gunst verscherzen
und sagte zu, traf ein zur rechten Zeit, nahm Platz.
Ein heitres Mahl begann bei vollen Bechern,
und Fröhlichkeit und Luxus strahlte aus das Haus,
als plötzlich, staub- und schweißbedeckt,
zwei Jünglinge von übermenschlicher Gestalt
einem der Sklaven Auftrag gaben,
Simonides herauszurufen;
es läg in seinem Interesse, nicht zu zögern.
Erschrocken holt der Mann den Dichter.
Und kaum hat dieser einen Schritt nur vor den Saal
      gesetzt,
da fällt das Dach in Trümmern auf die Gäste.
Doch von den Jünglingen war keine Spur zu finden.
Sobald man nun im Volk von diesem Vorfall hörte,
erkannte jeder, daß der Götter Gegenwart
dem Dichter statt des Lohns das Leben schenkte.

                                           (IV 26)

DER DICHTER AN PARTICULO

Noch vieles gibt es, über das ich reden könnte,
und reicher Stoff fließt mir in bunter Fülle zu.
Doch temperiert ist geistreich nur der Witz,
vergröbert stößt er ab. Darum, verehrter Mann,
Particulo, sprich meinen Blättern, die bestehen werden,
solange es latein'sches Schrifttum gibt,
wenn schon nicht Geistesschärfe, so doch Kürze zu!
Mit um so größerm Recht verdienet *die* Empfehlung,
als oftmals Dichter recht ermüdend sind.

Fünftes Buch

DER DICHTER NIMMT ERNEUT DAS WORT

Wenn ich Äsopus' Namen unterschiebe,
an dem ich längst schon meine Schuld beglich,
so geht es mir um Ansehn bloß.
Nicht anders halten's Künstler unsrer Tage,
die neue Schöpfungen zu größrer Geltung bringen,
wenn sie „Praxiteles" auf ihren Marmor setzen,
auf ihre Silberprägung „Myro", „Zeuxis" auf das
    Tafelbild.
Denn dem geschminkten Altertum gibt Neid und
    Scheelsucht
den Vorzug vor den Werten unsrer Gegenwart.
Doch drängt's mich schon dafür nach einer Fabel.

KÖNIG DEMETRIUS UND DER DICHTER MENANDER

Demetrius, auch Phalerëus zubenannt,
nahm durch Gewalt die Herrschaft in Athen.
Der Pöbel, wie's sein Brauch ist, strömt zusammen
    allerorten
und schreit hurra. Jedoch auch die Noblesse
küßt jene Hand, die auf ihr lastet,
und seufzet heimlich über schlimme Zeiten.
Selbst die im Winkel ihrer Muße leben,
sie kommen her — zu fehlen könnte schaden! —,
darunter auch Menander, der Komödienschreiber.
Den las Demetrius, ohne ihn zu kennen,
und sprach bewundernd von dem Geist des
    Dichters.
Der kam gesalbt, in langem Kleid,
mit zarten, schlaffen Schrittchen.
Als der Tyrann im letzten Zug ihn sah,
rief er: „Wer ist der Weichling, der vor mich
zu treten wagt?" Zur Antwort gab ihm sein Gefolge:

„Das ist Menander, der Poet." Verwandelt sagte der
    Tyrann:
„Nicht schöner kann ein Mensch je sein."   (V 1)

DIE ZWEI SOLDATEN UND DER RÄUBER

Auf einen Räuber stießen zwei Soldaten;
da floh der eine, doch der andere hielt stand
und wehrte sich mit seiner starken Rechten.
Der Räuber fand den Tod. Da kam zurück der
    Feigling,
er zieht sein Schwert und wirft den Umhang fort.
„Wo ist der Kerl?" so ruft er. „Der soll mir erfahren,
wen er herausgefordert hat!" Darauf der Sieger:
„Hättst du mir nur geholfen mit so guten Worten!
Ich hätt sie dir geglaubt, sie hätten mich gestärkt.
Jetzt steck dein Schwert und auch die eitle Zunge ein,
magst andre täuschen, die dich noch nicht kennen!
Ich, der ich sah, mit welcher Kraft du fliehst,
weiß, wie auf deine Tapferkeit Verlaß ist."

Auf jenen weist die Fabel, der, wenn's gut geht, tapfer,
in der Entscheidungsstunde aber feige ist.   (V 2)

DER KAHLKOPF UND DIE FLIEGE

Die Fliege stach den Kahlkopf auf die Glatze;
doch nach ihr zielend, ohrfeigt er sich selbst.
Da höhnte jene: „Mit dem Tode strafen möchtest du
    den Stich
des winz'gen Tieres; doch was wirst du mit dir selber
    tun,
der mit der Unbill Schande du verbandest?"
Die Antwort war: „Mit mir komm leicht ins reine ich,
da ich ja weiß, daß ich nicht treffen wollte.
Doch dich, verworfnes Wesen aus verruchtem Stamm,

das seine Gier am Blut der Menschen stillt,
dich möchte ich vernichten, selbst um größern Tort!"

Dies Beispiel lehrt: Vergebung hat verdient,
wer achtlos fehlt; doch wer mit Vorsatz schadet,
für den ist, mein ich, keine Strafe schwer genug.

(V 3)

DER ESEL UND DAS SCHWEIN

Ein Mann, der für Errettung es gelobt dem heil'gen
          Herkules,
bracht dar dem Gott ein Schwein;
das Futter, das noch übrig war, erhielt sein Esel.
Doch der verschmähte es und sprach:
„Gern würde ich mich an das Futter halten,
läg der, der davon fraß, nicht hier, gewürgt."

Die peinliche Geschichte warnt mich immer,
gefährlichem Gewinne nachzujagen.
Du sagst: Verborgen bleibt, wer stahl.
Doch zähl nur, die man faßte und erhängte!
Die Überzahl entging der Strafe nicht.
Die Frechheit nützt nur einzelnen, den meisten bringt
          sie Schaden.   (V 4)

DER SPASSMACHER UND DER BAUER

Die Menschen gehen fehl durch falsche Neigung,
und wenn mit Vorsatz sie bei ihrem Irrtum bleiben,
führt meist die Wirklichkeit zur Reue.

Ein reicher, großer Mann wollt heitre Spiele geben
und schrieb für alle hohe Preise aus,
die etwas Neues darzubieten hätten.
Da kamen Künstler zu dem Ruhmeswettstreit,
darunter auch ein stadtbekannter Clown;
er habe, sprach der, eine neue Nummer,

die im Theater niemals noch zu sehn gewesen.
Die Kunde, rasch verbreitet, bringt die Leute auf die
    Beine.
Der Schauplatz, sonst fast leer, kann kaum die Menge
    fassen.
Doch als er nun alleine auf der Bühne stand,
so ganz für sich, ohn Apparat und ohne Helfer,
da wurde vor Erwartung alles still.
Der Künstler beugte rasch sich unter seinen
    Mantel
und machte eine Ferkelstimme nach,
und so getreu, als trüg er's unterm Rock.
Man hieß ihn schütteln. Es geschah.
Nichts war zu finden. Stürmischer Applaus
und lautes Klatschen ehrte seine Kunst.
Ein Bauer sah's mit an. „Bei Gott",
sprach er, „das kann ich auch", und gab bekannt:
„Ich werd dasselbe morgen besser noch euch bieten."
Die Zahl wächst an, doch ist man schon Partei,
man will sich lustig machen, wen'ger sehn.
Es treten beide auf. Als erster quiekt der Clown,
es folgt Applaus, man ruft ihm zu.
Dann kommt der Bauer, tut so, als versteckte er
ein Ferkel (und dem war auch wirklich so,
doch blieb's, nachdem man gestern nichts entdeckt,
    verborgen).
Und heimlich zwickte er das Schwein am Ohr,
das machte ganz natürlich seinem Schmerze Luft.
Indes die Menge schrie, des Possenreißers Quieken
sei viel getreuer, und man drängte ihn hinaus.
Da zog der Mann das echte Ferkel aus dem Rock
und machte ihren dummen Irrtum offenbar:
„Seht, dieses Schwein beweist, was ihr für Richter seid!"
                                 (V 5)

DER KAHLKOPF UND SEIN LEIDENSGENOSSE

Ein Kahlkopf fand am Kreuzweg einen Kamm.
Ein andrer kam hinzu, dem auch die Haare fehlten.
„He", rief er, „laß uns teilen!"
Da zeigte jener seinen Fund und setzt' hinzu:
„Der Götterwille ist uns hold, allein des Schicksals Neid
ließ uns statt Gold nur Kohle finden."

Wen Hoffnung trog, der darf wohl klagen.   (V 6)

DER FLÖTENSPIELER PRINCEPS

Wenn eitlen Sinn frivoler Mut erfaßt
und er zu frechem Eigendünkel sich versteigt,
dann führt der dumme Leichtsinn schnell zum Spott.

Der Flötenspieler Princeps, ein durchschnittlicher Mann,
begleitete zum stummen Spiel den großen Tänzer
          Bathyllus.
Bei einem Stück — ich weiß nicht mehr, bei welchem —
schnellt plötzlich das Gerüst empor, Princeps fällt hin
und bricht den linken Schienbeinknochen
(ach wär's doch, denkt er, eine Knochenflöte!).
Man hebt ihn auf, er stöhnet laut;
man bringt ihn heim. Und Monate vergehn,
bis daß die Kur zur Heilung führt.
Das Publikum, nach seiner Art, vermißt
sein zartes, heitres Spiel, nach dessen Klängen
des Tänzers Feuer voll sich konnt entfachen.

Da gab ein hoher Herr ein großes Spiel.
Der bat den Princeps, weil er wieder gehen konnte,
mit Geld und guten Worten, daß er sich
am Tag des Spiels den Leuten zeige.
Es naht der Tag, und jeder im Theater sprach
vom Flötenbläser. Der sei tot, so hieß es hier:
„o nein, er wird sogleich erscheinen", sagten andre.

16*

Auf ging der Vorhang, Donner grollt,
die Götter redeten nach überkommner Weise.
Dann sang der Chor ein Lied, das dem,
der eben wiederkehrte, unbekannt; so war der Text:
„Freu dich, du hehres Rom, es lebt der Princeps!"
Zum Beifallklatschen stehen alle auf. Und Küsse wirft
der Flötenspieler; ihm, so meint er, gilt der Wunsch.
Die Ritter merkten seinen dummen Irrtum,
laut lachend riefen sie: „Da capo!"
Und so geschah's. Der Spieler warf sich vor der Bühne
zu Boden, und brüllend applaudiert die Ritterschaft.
Das Volk, so glaubte jener, fordre ihm den Ehrenkranz.
Doch wie die Sache allenthalben ruchbar wurde,
ward Princeps mit dem Bein in weißer Binde,
mit seinem weißen Mantel, seinen weißen Schuhen,
nachdem er sich im Glanz des Kaiserhauses sonnte,
alsbald zur Tür hinausgesetzt.   (V 7)

DIE ZEIT

Beflügelt eilend, auf des Messers Schneide schwebend,
kahlköpfig, doch die Stirn gelockt, und glatt im
        Nacken —
wenn du sie hast, dann halt sie fest; denn ist sie erst
        entschwunden,
vermag auch Jupiter sie nicht zurückzuholen! —,
bedeutet sie dir eine kurze Chance.

Damit nicht träges Zögern den Erfolg uns raube,
entwarfen uns die Alten dieses Bild der Zeit.   (V 8)

DER STIER UND DAS KALB

Am schmalen Eingang kämpfte mit den Hörnern
der Stier und fand mit Mühe kaum den Weg zur
        Futterkrippe.

Wie er sich drehen müsse, wollt das Kalb ihm zeigen,
doch jener brummte: „Schweig! Das wußt ich schon,
    noch ehe du geboren."

Wer einen Klügeren berichtigt, soll dran denken.

(V 9)

DER HUND, DER KEILER UND DER JÄGER

Ein Hund, der seinem Herrn allzeit bei jeder Jagd
standhaft und flink zur Seite stand,
begann der Jahre Last zu spüren.
Einst faßt' er in des Kampfes Hitze ein Borstenschwein
am Ohr; doch weil die Zähne stumpf,
gab er die Beute preis. Betrübt ob des Verlusts,
schalt ihn der Jäger. Doch der alte Jagdhund sprach:
„Nicht fehlt es mir an Mut, doch fehlt es mir an Kraft.
Drum lobe, was ich war, wenn, was ich bin, du tadeln
    willst!"

Warum, Philetus, ich dir das erzähle, weißt du wohl.

(V 10)

Appendix

DER AFFE UND DER FUCHS

Selbst was er übers Maß besitzt, vergibt der Geizige
    nicht gern.

Der Affe bat den Fuchs um einen Schwanzesteil,
um seinen nackten Hintern züchtig zu bedecken.
Erwidert jener boshaft dies: „Selbst wenn er mir noch
    länger wächst,
so werd ich eher ihn durch Dreck und Dornen schleppen,
als daß ich dir auch nur ein Stückchen überließe."

(1)

DER DICHTER

Man soll nicht mehr, als billig ist, erstreben.

Hätt die Natur, wie mir es gut dünkt,
den Menschenschlag geschaffen, wäre alles besser
    eingerichtet.
Denn was dem einzelnen Getier Fortuna gütig gab
an Vorzügen, das würde alles uns zugute kommen:
des Elefanten Kraft, des Löwen kühner Mut,
der Krähe hohes Alter und des wilden Stiers Gehörn,
Sanftmut und Freundlichkeit vom schnellen Pferd,
zu alledem des Menschen Geisteskraft.
Doch Jupiter im hohen Himmel lacht für sich,
wenn er aus höhrer Einsicht dies versagt;
denn unsre Kühnheit könnte sonst das Zepter ihm
    entreißen.

So laßt uns denn, zufrieden mit Jupiters Gaben,
die Jahre, die das Schicksal uns bestimmt, durchlaufen
und niemals mehr versuchen, als für Sterbliche
    erreichbar ist!   (2)

MERKUR UND DIE ZWEI FRAUEN

Über dasselbe eine andere Fabel.

Gemein und knickrig gaben einst zwei Fraun
dem Gott Merkur Quartier;
die eine wiegte einen kleinen Sohn,
die andre nährte sich von Hurenlohn.
Und jener, sich für das Empfangene gebührend zu
    bedanken,
rief, als er, schon im Weggehn, auf der Schwelle stand:
„Da seht ihr einen Gott. Gleich will ich euch gewähren,
was eine jede von euch wünscht." Die Mutter bat darum,
daß ihren Sohn sie bald in Barttracht sehen möchte;
die Hure, daß ihr folge, was sie je berühre.

Es eilt davon Merkur, die Frauen kehren in das Haus
  zurück.
Und sieh, der Säugling, bärtig, plärrt sie an!
Die Hure schüttelt sich vor Lachen,
dabei wird ihr so, wie es oft geschieht, die Nase feucht.
Sie will sich schneuzen, nimmt die Hand
und zieht die Nase bis zur Erde lang.

So gab sie, weil die andre sie verlacht, sich selber dem
  Gelächter preis.   (3)

PROMETHEUS UND DOLUS

Von Wahrheit und Lüge.

Prometheus, Schöpfer einer neuen Zeit, schuf einst
mit hoher Kunst die Wahrheit mit,
daß bei den Menschen Recht sie sprechen könne.
Da wurde plötzlich zu dem großen Zeus er weggerufen.
Er überläßt die Werkstatt dem betrügerischen Dolus,
den kurz zuvor er in die Lehre aufgenommen.
Voll Schaffenseifer macht der mit geschickter Hand
ein Bild von gleichem Antlitz, gleichem Aussehn,
  gleicher Haltung,
und zwar in äußerst kurzer Zeit.
Fast war das Werk schon wunderbar vollendet,
da ging der Ton aus, den er für die Füße brauchte.
Der Meister kehrt zurück, und eilends voller Furcht
begab sich Dolus auf den alten Platz.
Prometheus, staunend ob der Ähnlichkeit,
begehrte, daß der Ruhm der eignen Kunst erkennbar
  werde.
So gab zu gleicher Zeit er beide Bilder in den Ofen.
Als sie gehärtet und mit Lebenshauch erfüllt,
schritt züchtig, hoheitsvoll daher die Wahrheit.
Die andre, lahme, folgt ihr nach, doch kommt nicht
  weiter.
Da nannte man dies falsche Nachbild, Frucht

betrügerischer Arbeit, Lüge. Drum gibt es Leute, die
    bestreiten,
daß Lügen Beine haben, und sie haben recht.

Mitunter nützt den Menschen falscher Schein,
am Ende aber kommt die Wahrheit an den Tag.   (4)

DER DICHTER

Auf den Sinn muß man achten, nicht auf die Worte.

Wenn, wie's die Sage will, auf einem Rad Ixion treibt,
so geht daraus des Schicksals Unbeständigkeit hervor.
Wenn gegen hohe Berge Sisyphus mit höchster Kraft
den Stein bewegt, der vor dem Gipfel,
der Mühen ungeachtet, jedesmal zurückrollt,
so zeigt sich da, wie grenzenlos des Menschen Elend ist.
Wenn dürstend Tantalus in seinem Flusse steht,
so ist's ein Bild der Unersättlichkeit; sie wird umspült
vom Strom der Güter und vermag doch keines zu
    erlangen.
Die fluchbeladnen Danaïden tragen Wassertöpfe und
vermögen doch die Fässer, die durchlöchert, nicht zu
    füllen;
genauso ist dahin, was du dem Luxus hast gegeben.
Neun Joch bedeckt im Liegen Tityus,
der seine Leber, wuchs sie nach, den Geiern bietet zur
    Bestrafung;
so ist mit größrer Sorge man gestraft, das Gleichnis
    zeigt's,
je mehr an Grund und Boden man besitzt.

Mit Absicht trägt die Wahrheit klassisches Gewand,
damit der Weise sie erkenne und der Tölpel sie
    verfehle.   (5)

DER DICHTER

Über ein Apollon-Orakel.

Sag, Phoebus, Herr von Delphi und dem herrlichen
    Parnaß,
sag, ich beschwör dich, was von Nutzen für uns sei.
O wie sich da der heil'gen Pythia Haare sträuben,
Dreifüße sich bewegen, feierliches Tosen
das Allerheiligste erfüllt, die Bäume zittern, selbst der
    Tag erblaßt!
Getroffen von der Gottheit, läßt sich Pythia vernehmen:
„Ihr Völker, hört, was euch Apoll zu sagen hat!
Übt euch im Frommsein, haltet ein Gelübde,
die Heimat, Eltern, Kinder, der Gemahlin Keuschheit
verteidigt mit den Waffen, schlagt den Feind mit Stahl;
bringt Hilfe euern Freunden; schonet, die im Unglück sind;
das Gute begünstigt, wehrt der Arglist;
bestraft Verfehlungen und zügelt die Verbrecher;
verfolgt, die schimpflich gar das Ehebett entweihn;
die Bösen meidet; wollet keinem trauen!"
Nach solchen Worten sank sie in sich ein,
wahrhaftig rasend: was sie sagte, hatt verdorben sie.

(6)

ÄSOP UND DER SCHRIFTSTELLER

Über das Eigenlob eines schlechten Schriftstellers.

Ein Autor hatte einst Äsop recht schlechte Sachen
    vorgelesen,
in denen er sich selber über alle Maßen großgetan.
Nun wollte er des Alten Meinung wissen.
„Was glaubst du", fragte er, „gab ich zu groß mich?
Denn nicht vergebens traue ich auf mein Genie."
Erschöpft von dem, was Schlimmes er zu lesen hatte,
erwidert' jener: „Was du gutheißt, billige auch ich.
Von einem andern nämlich wirst du's nie erreichen."

(7)

POMPEIUS MAGNUS UND SEIN SOLDAT

Wie schwierig Menschenkenntnis ist.

Ein riesengroßer Krieger in Pompeius' Heer,
der weibisch sprach und weibisch auftrat,
der galt vor aller Welt als geiler Lüstling.
In einer Nacht nun lauert er dem Troß des Feldherrn
    auf
und führt mit Kleidung, Gold und einer Menge Silber
die Muli fort. Die Tat wird ruchbar bald.
Der Krieger wird beschuldigt, und man führt ihn ab.
„Wie konntest du, mein Freund, mich zu berauben
    wagen?"
fragt ihn der Feldherr. Der Gefragte räuspert sich
und speit sich auf die linke Hand, verreibt den Auswurf
    mit den Fingern:
„So, Feldherr, soll mein Augenlicht verlöschen,
wenn je ich etwas anfaßt oder sah." Da heißt Pompeius,
so arglos, wie er war, den Schandfleck für das Lager
    auszutilgen,
weil er an soviel Frechheit nicht zu glauben wagt.
Geraume Zeit verging, da rief, vertrauend
auf seines Armes Kraft, ein feindlicher Barbar zum
    Kampfe auf.
Ein jeder fürchtet für sein Leben, Verzagtheit zeigt sich
    bei den Führern,
bis daß der scheinbare Kinäde, der ein Mars an Kräften,
ans Tribunal vor seinen Feldherrn tritt.
Mit sanfter Stimme fragt er: „Ist's erlaubt?"
Pompeius, zornig, heißt den Mann entfernen.
Doch einer aus des Herrn Gefolg, ein Ältrer schon, der
    meinte ratend:
„Man sollte, denk ich, lieber ihn, an dem nicht viel
    gelegen,
dem Schicksalszufall überlassen als einen tapfren Mann,
der, wird durch Zufall er besiegt, dich dann des
    Leichtsinns möchte zeihn."

Pompeius stimmte zu und ließ gleich den Kinäden
vors Lager treten, und im Angesicht des Heeres
schlug der, kaum daß ein Wort gesprochen, dem Feinde
     flugs
den Kopf ab, kehrt als Sieger heim. Verkündete
     Pompeius:
„Gern geb ich dir, Soldat, die Siegerkrone,
weil du den Ruhm des röm'schen Reichs gewahrt.
Doch soll mein Augenlicht verlöschen", und er macht
den bösen Schwur des Mannes nach,
„wenn du mir neulich nicht mein Eigentum geraubt!"
                                              (8)

JUNO, VENUS UND DIE HENNE

Über weibliche Begierde.

Als Juno einst sich ihrer Keuschheit rühmte,
verhehlte Venus nicht, warum sie heiter sei,
und um zu zeigen, daß ihr keine Göttin gleiche,
sprach sie mit diesen Worten eine Henne an:
„Sag bitte, was brauchst du, um satt zu werden?"
Antwortet jene: „Was du gibst, es ist genug,
wenn du mich nur ein bißchen mit den Füßen scharren
     läßt."
„Damit du's nicht tust, wird ein Scheffel Weizen
     reichen?"
„Gewiß, es ist zu viel, doch laß mich scharren!"
„Daß nicht du scharrst, sag, was von allem wünschst du
     dir?"
Da endlich beichtet sie das Übel der Natur:
„Die ganze Scheune kann bereitstehn, ich muß scharren!"
Juno, so sagt man, lachte über Venus' Spaß,
die durch die Henne alle Fraun beschrieb.   (9)

DER FAMILIENVATER UND ÄSOP

Wie man die wilde Jugend zähmt.

Ein Vater hatte einen wilden Sohn,
und kaum daß der des Alten Blick entronnen,
da schlug er auf die Sklaven los
und ließ der Jugendwildheit freien Lauf.
Dem Alten nun erzählt Äsop zur Warnung folgende
    Geschichte:
„Zu einem jungen Stier band einer einen alten ins
    Geschirr.
Kaum daß des Rücken war dem ungleichen Joch
    entronnen,
weist auf die altersschwache Kraft er hin.
‚Du brauchst nichts zu befürchten‘, sagte ihm der Bauer.
‚Ich will nicht deine Arbeit, jenen sollst du zähmen,
der mit den Hufen und den Hörnern vielen Schaden
    tat.‘
Und so auch du: Wenn deinen Sohn du nicht im Zaume
    hältst
und deine Güte seinen wilden Sinn bezwingt,
dann sorge vor, daß größrer Schaden nicht dein Haus
    befällt!“

Für Trotz und Bosheit bringt das Zähmen Remedur.

                                         (10)

ÄSOP UND DER SIEGER IM WETTKAMPF

Wie irgendwann die Prahlerei gedämpft wird.

Als einst den Sieger eines Wettkampfs prahlend
Äsop, der phryg'sche Weise, antraf,
da fragt' er ihn, ob denn sein Gegner stärker
als er gewesen. Jener drauf: „Das nicht!
Ich war an Körperkraft weit überlegen.“
„Was, Dummkopf, hast du dann für einen Ruhm
    errungen,

wenn einen du besiegt, der minder stark als du?
Du wärest leichter zu ertragen, könntest du behaupten,
daß der, den du besiegtest, stärker wär als du gewesen!"
(11)

DER ESEL ZUR LEIER

Wie Genies oftmals ihrem Schicksal erliegen.

Ein Esel sah auf einer Wiese eine Leier liegen.
Er tritt heran, probiert die Saiten mit dem Huf.
Und unter der Berührung klangen sie. „Welch schönes
        Ding!" sprach er.
„Doch leider ging's schlecht aus, weil ich der Kunst nicht
        kundig bin.
Wenn es indes ein Sachverständiger gefunden hätte,
es hätt mit Götterklang die Ohren uns erfüllt."

So muß durch Unglück oft die große Leistung scheitern.
(12)

DIE WITWE UND DER SOLDAT

Über die Unzuverlässigkeit und Begehrlichkeit der Wei-
        ber.

Nach langen Ehejahren verlor ein Weib den Mann,
den sie geliebt, und setzt' im Grab ihn bei,
und weil sie sich auf keine Weise von dem Monument,
wo Tag und Nacht sie trauerte, entfernen ließ,
kam in den Ruf der keuschen Witwe sie.
In dieser Zeit ward Jovis Heiligtum beraubt,
die Schuld'gen büßten ihre Tat am Kreuz.
Damit an ihren Leichen niemand sich vergreifen könne,
stellt man Soldaten auf zur Wache nahe bei
dem Monument, wo sich die Witwe eingeschlossen hatte.
Und eines Nachts nun dürstet's einen von den
        Wächtern.

Um Wasser bittend, wendet er sich an das
    Sklavenmädchen,
das seiner Herrin grad zur Seite stand beim
    Schlafengehn;
denn lange hatte diese sich beschäftigt,
den späten Abend wachend zugebracht.
Ein wenig schaut der Mann sich um — die Türen sind
    bereits geschlossen —
und sieht die Frau, die leidend und von Angesicht so
    schön.
Ergriffen wird sein Herz, es lodert auf,
und heiße Leidenschaft erfaßt die Sinne.
Scharfsinnig, wie er ist, sucht er nach tausend Gründen,
wie er die Witwe öfter sehen könne.
Die tägliche Begegnung wird Gewohnheit
und macht allmählich sie dem Ankömmling geneigter,
und bald schon fesselt sie den Freund durch engre
    Bindung.
Indes nun jener treue Wächter seine Nächte so verbringt,
wird plötzlich einer der Gekreuzigten vermißt.
Erschrocken meldet jener, was geschehn.
Jedoch die keusche Frau weiß Rat: „Du brauchst dich
    nicht zu fürchten.“
Sie gibt den Leichnam ihres Mannes, ihn ans Kreuz zu
    schlagen,
daß der Soldat der drohnden Strafe sich entziehe.
Die Schmach so macht sich breit am Orte ihres Ruhms.

                                    (13)

ZWEI JUNGE FREIER, EIN REICHER UND EIN ARMER

Wie das Geschick manchmal wider Erwarten den Menschen hold ist.

Das gleiche Mädchen wollten einst zwei junge Männer
    frein,
und über die Familie und Gestalt des Armen siegt' der
    Reiche.

Wie nun der festgesetzte Tag der Hochzeit kam,
vermocht der Liebende vor Schmerz sich nicht zu
     halten,
und kummervoll begab er sich zum nahen Park,
in dessen Nähe wiederum des Reichen stolze Villa lag,
worin die Jungfrau aus dem Schoß der Mutter Zuflucht
     finden sollte,
weil sich das Stadthaus dafür als zu wenig groß erwies.
Der Hochzeitszug beginnt, viel Volk versammelt sich,
und Hymenäus trägt voran die Hochzeitsfackel.
Der Esel aber, dem der Arme seinen Unterhalt
verdankte, stand gerade an des Tores Schwelle.
Durch Zufall brachten ihn die Leute zu der Braut,
damit des Weges Mühen ihre zarten Füße nicht
     verletzten.
Mit *einem* Schlag erfassen da, weil Venus sich erbarmte,
den Himmel Stürme, und die Welt beginnt zu tosen,
und Regengüsse machen schier den Tag zur Nacht.
Die Augen werden blind vor Dunkelheit,
und niederprasselnder Hagel zerstreut den Hochzeitszug
     in alle Winde.
Ein jeder sucht für sich, gezwungen, einen Unterschlupf.
Der Esel aber eilt zum wohlbekannten nahen Dach
und kündigt sich mit lauter Stimme an.
Die Sklaven eiln herbei, sie sehn das schöne Mädchen
und wundern sich, berichten alles ihrem Herrn.
Der sitzt mit ein paar Freunden
und sucht die Liebe mit dem Becher zu vertreiben.
Doch diese Nachricht führt die Freude ihm zurück,
und weil es Bacchus und die Venus raten,
vollzieht die süße Hochzeit er mit Beifall seiner
     Freunde.
Die Eltern fordern durch den Herold ihre Tochter,
und weil die Gattin er verlor, betrauert sich der
     Bräutigam.
Nachdem, was hier geschehn, im Volke ruchbar wurde,
da priesen alle laut die Gunst des Himmels.   (14)

ÄSOP UND SEINE HERRIN

Wie schädlich es oft ist, die Wahrheit zu sagen.

Äsop stand einst im Dienste einer bösen Frau,
die trödelte den ganzen Tag dahin, sich aufzu-
    putzen,
und sorgte sich, wie Kleider, Perlen, Gold und Silber
    anzulegen
und wie sie einen fänd, der mit dem Finger streichelnd
    sie berühre.
Da fragt Äsop sie: „Auf ein Wort?" — „So red!" —
    „Nun, alles
wirst in der Welt erreichen du, wenn deinen Putz du
    ablegst."
„So scheine ich dir prächtiger bloß durch mich
    selbst?"
„Gewiß, wenn du nicht nachgibst, wird dein Bett zu
    klagen haben."
„Nun", war die Antwort, „deine Schultern sollen nichts
    zu klagen haben",
und seiner freien Rede wegen ließ sie ihn die Gerte
    spüren.
Und nicht viel später meldet man, ein silbern Armband
    sei verschwunden.
Man könne es nicht finden, wird der Frau gesagt.
Die ruft darauf voll Zorn die Dienerschaft zusammen
und droht mit schlimmen Schlägen, wenn sie nicht die
    Wahrheit sagten.
Äsop jedoch vermögen Worte nicht zu treffen.
„Droh du nur andern", sagt er, „mich wirst nicht du
    täuschen.
Weil ich die Wahrheit sagte, schlug man nieder mich."
                      (15)

DER HAHN IN DER SÄNFTE, VON KATZEN GETRAGEN

Sich allzusehr in Sicherheit zu wiegen bringt für uns
    Gefahr.

Zu Sänftenträgern hatt ein Hahn vier Katzen.
Der Fuchs gewahrte diesen stolzen Aufzug
und sprach: „Ich warn dich, hüt dich vor der List!
Siehst du der Träger Mienen an, so wird dir klar:
Sie tragen eine Beute, keine Bürde."

Als die Gesellschaft nachher Hunger spürte,
zerrissen sie den Herrn und teilten sich in ihre
    Schandtat.   (16)

DIE KREISSENDE SAU UND DER WOLF

Erst muß der Mensch in Gefahr kommen, ehe man sich
ihm anvertrauen darf.

Als eine Sau gebären wollt und stöhnend dalag,
da kam der Wolf herbei, bot seine Hilfe an;
Hebammendienste, sagt' er, könne er hier leisten.
Die Sau jedoch kannt ihn als schlechten Kerl
und lehnte ab den Dienst des Bösewichts.
„Es ist genug", sagt sie, „wenn du ein wenig
    weitergehst."
Denn hätte sie, dem Schmerz erlegen, sich dem Wolfe
    anvertraut,
ihr Schicksal wär beklagenswert gewesen.   (17)

ÄSOP UND DER FLÜCHTIGE SKLAVE

Man soll nicht Leid auf Leid häufen.

Ein Sklave floh vor seines Herren rauhem Sinn
und traf Äsop, den er als Nachbarn kannte.

„Was bist du so verstört?" — „Ich will dir's sagen, lieber
      Vater —
denn dieses Namens bist du wahrlich wert —,
weil meine Klage bei dir sicher aufgehoben ist.
Im Übermaß gibt's Hiebe, an Nahrung aber fehlt's,
und ohne Imbiß werde ich zum Landhaus ausgeschickt.
Wenn er, mein Herr, zu Hause speist, steh ich die
      ganze Nacht herum,
und ist er eingeladen, lieg ich bis zum Morgen auf der
      Straße.
Ich hab die Freiheit mir erdient und laufe, grau, als
      Sklav herum!
Wär ich mir irgendeiner Schuld bewußt,
ich würd's mit Gleichmut tragen. Niemals bin ich satt
      geworden,
und über allem Unglück muß ich einen grimmen Herrn
      ertragen.
Aus diesen und aus andern Gründen, über die ich hier
      nicht sprechen kann,
beschloß ich fortzugehn, wohin mich meine Füße
      tragen."
„Nun", sprach Äsop, „so hör: Du tatst nichts Schlechtes
und mußtest, wie du sagst, doch solches Leid erfahren.
Was aber, wenn du fehltest? Was, meinst du, daß dann
      geschäh?"
Und dieser Rat hielt von der Flucht ihn ab.   (18)

DAS RENNPFERD, DAS MAN IN DIE MÜHLE VERKAUFTE

Man muß mit Gleichmut tragen, was geschieht.

Ein Pferd, aus manchem Wagenkampf berühmt,
ward einst gestohlen und als Müllerpferd verkauft.
Als man es von der Mühle nun zur Tränke führte,
sah es von ferne die Genossen ziehn,
um sich im Wettkampf herrlich zu bewähren.
Da kamen ihm die Tränen. „Ziehet eure Bahn,

ihr Glücklichen, begeht den Festtag ohne mich!
Wohin verbrecherische Diebeshand mich schleppte,
dort will ich trauernd mein Geschick beklagen."   (19)

DER HUNGRIGE BÄR

Wie der Hunger den Lebewesen den Verstand schärft.

Wenn je dem Bären im Wald der Vorrat ausgeht,
dann eilt er zu den Meeresklippen, hält sich fest an
      einem Felsen
und taucht die behaarten Schenkel langsam ein ins
      seichte Wasser.
Sobald genug der Krebse hängen an den Zotten,
zieht er sich auf das Land zurück und schüttelt ab die
      Meeresbeute,
genießt verschmitzt das Futter, das nun überall herumliegt.

So schärft der Hunger auch den Dummen den Verstand.
                                                (20)

DER WANDERER UND DER RABE

Oftmals lassen sich die Leute durch Worte täuschen.

Ein Mann nahm durch die Felder einen Seitenpfad,
da hört' er „'n Tag!" und hielt ein Weilchen inne;
doch als er niemand sah, da ging er weiter.
Und wieder grüßt ihn die verborgne Stimme.
Weil ihm der Ton vertraut, so bleibt er stehn
und fragt, gleich höflich, wer's denn sei.
Befangen in dem Irrtum, hält er lange Umschau,
verliert die Zeit von ein paar Meilen Weg.
Da zeigt der Rabe sich, fliegt über ihm
und schreit aufs neu „'n Tag!" ihm zu. Der Wanderer
      erkennt verspottet sich.
„Schlimm soll's dir gehn, du böser Vogel", sagt er,
„weil du so schlimm den eil'gen Fuß gehemmt!"   (21)

DER HIRT UND DIE ZIEGE

Es ist verborgen nichts so sehr, daß nicht es offenkundig
    würde.

Ein Hirt zerbrach mit seinem Stock der Ziege einst ein
    Horn
und bat sie flehentlich, dem Herrn nichts zu verraten.
„Auch wenn ich, die böswillig du verletzt, darüber wollte
    schweigen,
so wird die Sache selbst, was angerichtet du,
    herausschrein."   (22)

DIE SCHLANGE UND DIE EIDECHSE

Fehlt dir ein Löwenfell, so lege eins vom Wolfe an,
das heißt, wo Kräfte fehlen, gilt es, schlau zu sein.

Per Zufall packt' die Schlang am Hals die Echse
und wollt mit breitem Maule sie verschlingen.
Doch diese griff ein Zweiglein, das am Wege lag,
biß sich drin fest und gab's nicht los
und zähmte durch das Hindernis erfinderisch die wilde
    Gier.
Am Ende gab die Schlang die Beute frei, von der sie
    nichts gehabt.   (23)

DIE KRÄHE UND DAS SCHAF

Viele reizen die Schwachen und geben den Starken nach.

Die böse Krähe hatte auf des Schafes Rücken
sich festgesetzt; das trug sie wider Willen, bis es endlich
    sprach:
„Hättst du dem biss'gen Hund das angetan,
die Strafe wäre dir gewiß." Darauf die Unverschämte:
    „Ja,

Verachtung habe ich für die, die wehrlos sind, den
    Starken aber geb ich nach.
Zu gut nur weiß ich, wen ich reizen darf und wem ich
    listig schmeicheln muß.
Und darum werd ich tausend Jahre alt."   (24)

DER SKLAVE UND SEIN HERR

Keine Nachrede kann schwerer wiegen als ein gutes
Gewissen.

Ein böser Sklave schmähte einst den Sokrates,
daß er die Gattin seines Herrn geschändet habe
und daß dies allen auf dem Markte wohlbekannt.
Da sagte jener: „Du bist dumm; denn du gefällst zwar
    dem,
dem du's nicht schuldig bist; doch dem du's schuldest,
    dem gefällst du nicht."   (25)

DER HASE UND DER ACKERKNECHT

Manche sind flink mit Worten und unzuverlässig im
Herzen.

Als einst der schnelle Hase vor dem Jäger floh und
    unterm Dornstrauch Zuflucht suchte,
sprach er zum Ackerknecht, der ihn gesehn:
„Bei allen Göttern fleh ich und bei allem, was du
    wünschst,
daß du mich nicht verrätst; denn niemals hab
ich diesem Acker Schaden zugefügt." Darauf der Bauer:
    „Da sei unbesorgt,
du bist in Sicherheit!" Schon war der Jäger da:
„Ich bitt dich, Freund, kam nicht der Has hierher?"
„Er kam, doch ist er fort, und zwar nach links" — und
    weist

mit einem Wink nach rechts. Der Jäger, eilig, wie er war,
bemerkt es nicht und geht davon.
Da spricht der Bauer: „Bist du mir nicht dankbar,
daß ich verborgen dich?" — „Ja, deiner Zunge ganz
    gewiß,
der weiß ich allergrößten Dank; jedoch die Augen, die
    perfiden,
die wünscht ich, daß du sie verlörst."   (26)

DIE DIRNE UND DER JUNGE MANN

Viel ist uns angenehm, was uns jedoch zum Vorteil
    nicht gereicht.

Es schmeichelt einem jungen Mann 'ne Dirne ohne viel
    Charakter,
und jener, ist er gleich geprüft und oft betrogen,
er überläßt sich dennoch leicht der Frau.
Und hinterhältig spricht sie so: „Laß all die andern mit
    Geschenken
mich überschütten, du bist doch der Liebste mir!"
Der junge Mann erinnert sich, wie oft er schon
    getäuscht,
und meint: „Ach, gern, mein Stern, vernehm ich dieses
    Wort,
nicht weil ich's glaube, sondern weil's mir angenehm!"
    (27)

DER BIBER

Viele würden überleben, wenn sie, um sich zu retten,
Glücksgüter geringachteten.

Sobald der Biber merkt, er schafft es nicht, den Hunden
    zu entfliehn —
die Griechen, die mit Worten schwatzhaft um sich
    werfen,

benannten ihn nach Kastor
und haben so dem Tier des Gottes Namen beigelegt —,
dann, weiß man, beißt er sich die Hoden ab,
weil er sich ihretwegen angegriffen fühlt.
Daß dies dank höhrem Plan geschieht, ist nicht zu
    leugnen;
sobald der Jäger nämlich jenen Trick verspürt,
läßt er den Biber laufen, ruft zurück die Meute.

Wenn das die Menschen über sich vermöchten, daß sie
    auf das Ihre
verzichteten, sie würden nachher sicher leben.
Denn niemand stellt wohl einem Nackten nach.   (28)

DER SCHMETTERLING UND DIE WESPE

Nicht das vergangene, das gegenwärtige Geschick muß
man im Auge haben.

Ein Schmetterling, der grad vorüberflog, sah eine
    Wespe.
„O welches ungerechte Los! Als jene noch auf Erden
    waren,
aus deren Resten unser Leben wir empfingen,
war ich beredt im Frieden, tapfer im Gefecht,
in jeder Weise erster unter Gleichen.
Und jetzt? Wie lockrer Staub und Asche gaukle ich
    umher!
Doch du, der du als Maultier Lasten trugst,
verletzt mit deinem Stachel jeden, den du willst."
Darauf die Wespe spitzig, wie's ihr zukommt:
„Nicht was wir waren, was wir sind, das muß man sehn."
    (29)

DIE ACKERLERCHE UND DER FUCHS

Man soll den Bösen niemals sein Vertrauen schenken.

Der Vogel, den die Bauern Ackerlerche nennen,
weil gern er mitten auf dem Acker nistet,
begegnet' einst dem vielverschlagnen Fuchs.
Kaum hat er den erblickt, so schwingt er in die Lüfte
    sich.
„Ich grüße dich", ruft jener, „fliehst du gar vor mir?
Als ob ich auf der Wiese nicht genug zu essen fände:
Heuschrecken, Grillen, Käfer stets im Überfluß!
Was bist du ängstlich, hab ich dich doch gern,
weil du so friedlich ohne Makel lebst!"
Da sprach der Vogel: „Ja, du hast gut reden,
nicht auf dem Felde, in der Luft bin ich dir gleich.
Drum komm, gern will ich dir vertraun!"   (30)

DER DICHTER

Über die Leser dieses Büchleins.

Mag unbedeutend meiner Muse Spiel auch sein,
lobt's doch der Lasterhafte wie der brave Mann.
Der letztre tut's mit schlichten Worten, doch jener,
    heimlich, ärgert sich.   (31)

BABRIOS

Äsopische Fabeln

Erstes Buch

PROLOG

Gerechter Menschen war das erste Zeitalter,
das man das goldne heute nennt, mein Sohn, mein
    Branchos...
Das dritte wurde dann das eherne genannt,
und nach ihm kam die göttliche Heroenzeit.
Vom fünften ist die Wurzel eisern, schwächer seine
    Menschen.
Im goldnen hatten auch die andern Lebewesen
artikulierte Sprache und Gedankenreichtum.
Sie fanden sich zusammen in der Wälder Tiefen.
Es sprach der Fels, es sprach des Fichtenbaumes Grün,
es sprach das Meer, mein Branchos, mit dem Schiff,
    dem Seemann,
und kluge Zwiesprach hielt der Sperling mit dem
    Bauern.
Es brachte Frucht hervor die Erde ungeheißen,
und zwischen Mensch und Gott bestand noch
    Freundschaft.
Daß alles einst so war, magst du erfahren
und lernen aus Äsops, des alten Weisen, Mund,
der Fabeln uns erzählt im lockern Stil.
Das alles, wenn du willst, das leg ich dir
ans Herz wie Waben voller Honigseim,
der bittern Jamben harte Spröde mildernd.

DER JÄGER UND DER LÖWE

Ins Hochland ging ein Mann zur Jagd,
erfahren in des Bogens Kunst. Da stoben alle Tiere jäh
davon und waren voller Angst.
Der Löw allein erkühnte sich; zum Kampfe fordert er
     ihn auf.
„So bleib, und keine Übereilung!" sagte da
der Mensch. „Und hoffe ja nicht auf den Sieg!
Wenn meinen Boten du getroffen, dann
wirst du erkennen, was zu tun sich dir geziemt."
Und er entsandte seinen Pfeil aus nächster Näh.
Der aber traf den Löwen in die Eingeweide.
Voll Todesangst sucht Zuflucht in des Waldes Dickicht
das Tier. Da plötzlich stand der Fuchs vor ihm, nicht
     weit entfernt,
und hieß ihn sich zu fassen und Standhaftigkeit zu
     zeigen.
Darauf der Löw: „Mich kannst du weder täuschen noch
     betören.
Denn der, der einen solchen bittern Boten mir gesandt,
wie furchtbar muß der, mein ich, selber sein?"   (1)

DER BAUER UND DIE BERAUBTEN GÖTTER

Ein Bauer grub in seinem Weinberg und verlor
dabei den Spaten; gleich erkundet er,
ob etwa einer von den Dorfbewohnern ihn entwandte.
Doch jeder wies das von sich. Was war nun zu tun?
Er führt sie alle in die Stadt, den Eid zu leisten;
die Götter nämlich auf dem Lande, meint man, die
sind Tölpel, aber jene, die die Stadt bewohnen, die
sind richtig, können alles überschauen.
Als sie am Tor an offner Quelle ihre Füße nun sich
     wuschen
und sich Erleichterung vom Ranzen schufen,
erschien ein Herold, zu verkünden: „Tausend Drachmen

zum Lohn für den, der aufdeckt diesen Tempelraub!"
Sobald der Bauer dieses hörte, sagt' er: „Zwecklos
    unser Kommen!
Wie sollt der Gott die fremden Diebe kennen, wenn,
die selber ihn beraubten, unbekannt ihm blieben
und er um hohen Preis nachspürt, ob es nicht einer von
    den Menschen weiß!"   (2)

DER HIRT UND DIE ZIEGE

Nach Haus zum Stall wollt einst der Hirt die Ziegen
    treiben.
Die einen folgten rasch, die andern später.
Als eine störrisch nun am Abgrund weiter
nach süßen Blättern von dem Mastixstrauche
    suchte,
warf jener zornig einen Stein und traf ihr Horn.
Da rief er flehentlich: „Ach, Kameradin Ziege,
beim großen Pan, der in den Wäldern waltet,
ach, Beste, sag dem Herrn doch nichts davon!
Es war nicht meine Absicht, daß ich mit dem Stein dich
    traf."
Erwidert jene: „Wie sollt *ich* verbergen, was doch
    offenbar?
Auch wenn ich selber schweige, schreit es doch mein
    Horn."   (3)

DIE GROSSEN UND DIE KLEINEN FISCHE

Ein Fischer zog das Netz herauf, das jüngst
er ausgeworfen hatte; es war, man sah's, ein reicher
    Fang.
Die kleinen von den Fischen schlüpften durch des
    Netzes Maschen
und tauchten unter in der Meeresflut,
die großen blieben hilflos auf des Nachens Boden.

Es gibt wohl Rettung auch aus Schwierigkeiten,
wenn einer klein; doch wer im Ruhme sich erhebt,
den wird man selten der Gefahr entgehen sehn.   (4)

DIE ZWEI HÄHNE

Zwei Hähne stritten einst in Tanagra,
die, wie man weiß, den Menschen an Charakter ähnlich.
Der unterlag, zog sich zurück, bedeckt mit Wunden,
verbarg aus Scham sich in des Hauses Winkel.
Der andre flog sogleich aufs Dach und krähte,
mit beiden Flügeln um sich schlagend.
Da holte ihn ein Adler hoch vom First
und trug ihn fort; indes der erste strich um seine Hennen,
die Niederlage hatte sich zum Vorteil ihm gekehrt.

Auch du, o Mensch, gebärde dich nicht überheblich,
wenn das Geschick dich über einen andern stellt!
Daß klein sie blieben, wurde vielen schon zur Rettung.
                                                    (5)

DER KLEINE FISCH IM NETZ

Ein Fischer, der den ganzen Meeresgrund durchforstet
und mit der Angelrute schlecht und recht sein Dasein
        fristet,
fing einst am Roßhaar einen kleinen Fisch,
der für die Pfanne kaum geeignet war.
Der zappelt hin und her und fleht den Fischer an:
„Was hast du schon an mir? Wen wirst du finden, der
        mich kauft?
Ich bin ja gar nicht ausgewachsen, neulich erst
gebar die Mutter mich an diesem Felsen hier.
Drum laß mich los und töte mich nicht zwecklos!
Wenn groß ich bin, vom Meertang fett geworden
und recht geeignet für der Reichen Tische,
dann komme wieder! Fang mich dann aufs neue!"

So stöhnend, schwänzelnd, bittend, fleht der Fisch.
Der Alte aber läßt sich nicht bewegen,
er stößt ihn vielmehr auf mit scharfem Stichel.
„Wer nicht auf Kleines, wenn es sicher, achtet",
so sagt er, „sondern Ungewissem nachjagt, der ist
  töricht."   (6)

DAS PFERD UND DER ESEL

Ein Mann besaß ein Pferd. Das pflegt'
er ledig neben sich zu führen, indes die Last
der alte Esel tragen mußte. Drunter schmachtend,
trat der zum Pferd und sprach:
„Wenn du ein wenig von der Last nur tragen wolltest,
so kann das meine Rettung sein, sonst aber werd ich
  sterben."
Doch jenes sagte: „Scher dich weg und stör mich nicht!"
Da schleppt' der Esel schweigend sich dahin,
bis daß die Kräfte ihm versagten und er umfiel, tot, wie
  er's verheißen.
Jetzt ließ der Herr sogleich das Pferd an seine Stelle
  treten
und nahm des Esels Last, legt' sie dem Pferde auf
und noch dazu das Sattelzeug für das Gepäck, ja auch
das Fell des Esels, das er abgezogen, packte er darauf.
Da rief das Pferd: „Wie war ich dumm!
Den Teil zu übernehmen, war ich nicht bereit,
jetzt aber muß die ganze Last ich tragen." (7)

DAS KLUGE KAMEL

Ein Araber, der sein Kamel belud,
befragt es, ob es lieber aufwärts oder abwärts steigen wolle.
Und das Kamel, nicht ungewandt,
erwiderte: „Der grade, glatte Weg ist leider abgeschnitten."
            (8)

DER FLÖTENSPIELENDE FISCHER

Ein Fischer hatte eine Flöte und verstand darauf zu
     spielen.
Da kam ihm der Gedanke, daß er ohne Mühen
durch Flötenwohlklang seinen Unterhalt verdienen könne.
Er legte drum sein Netz beiseit und spielte herrlich.
Doch als er müde sich geblasen und umsonst geblieben
     sein Bemühn,
da warf das Netz er aus und machte reiche Beute.
Wie auf der Erde endlich all die Fisch er zappeln sah,
da rief er, während er das Netz wusch, spottend aus:
„Jetzt tanzt ihr ohne Flöte. Besser wär's für euch gewesen,
zu tanzen erst, als euch zum Tanz ich aufgespielt."

Ohn Einsatz mühlos zu gewinnen ist unmöglich.
Doch bringt der Einsatz den erwarteten Gewinn,
dann ist es Zeit, zu scherzen und zu spielen.   (9)

DIE MAGD ALS GELIEBTE IHRES HERRN

Ein Herr verliebte sich in seine Magd, die häßlich war
und auch sehr schmutzig, und alles, was sie wünschte,
bekam sie ohne Zögern. Goldschmuckbeladen trug sie
ein feines Purpurkleid bis an die Knöchel,
entfachte immer neuen Streit mit ihrer Herrin.
Doch Aphrodite, weil sie alles ihr verdanke,
die ehrte sie mit Lichtern und brachte
an jedem Tag ihr Opfer und Gebete dar,
bis einmal, als sie alle in dem Hause schliefen,
die Göttin ihr im Traum erschien und sprach:
„Sag mir nicht Dank, als ob ich schön dich machte!
Ich bin vielmehr auf jenen zornig, dem du schön
     erscheinst."

Ein jeder, der am Bösen sich als etwas Schönem freut,
der ist von Gott geschlagen und von Sinnen.   (10)

DER BAUER UND DER FUCHS

Dem Fuchs, des Weinbergs und des Gartens Feind,
gedacht ein Bauer einen schlimmen Streich zu spielen.
Er band ihm Werg an seinen Schwanz, er zündete es an
und ließ ihn laufen dann. Den Feuerträger lenkt' ein Gott
aufmerkend auf die Felder dessen, der den Tort
ihm angetan. Es war die Zeit der Reife,
und eine reiche Ernte weckte Hoffnung.
Der Bauer folgte, laut um seine Mühe klagend,
doch keine Garbe barg für seine Tenne Demeter.

Mild muß man sein und sich im Zorn bezwingen.
Vergeltung gibt es für den Zorn, vor der muß man sich
        hüten;
denn Schaden bringt es denen, die da zürnen.   (11)

DIE SCHWALBE UND DIE NACHTIGALL

Weit fort von ihrem Acker flog die Schwalbe
und fand in Waldeseinsamkeit die Nachtigall
mit ihrer hellen Stimme; die saß trauernd dort
um Itys, der zur Unzeit aus des Lebens Blüte schied.
An ihrem Lied erkannten sie einander,
sie flogen auf sich zu und hielten Zwiesprach.
Es redete die Schwalbe: ,,Lebst du, meine Freundin,
        noch?
Seit Thrakien sehen wir uns heut das erstemal.
Stets hielt ein Dämon bös uns voneinander fern;
denn schon als Mädchen waren wir getrennt.
Komm doch aufs Dorf und wohne bei den Menschen
mit uns zusammen unter einem Dache, Freundin,
wo du den Bauern singen wirst und nicht den Tieren!
Was netzt den Rücken kalter Reif dir nächtlich
und quält dich Hitze? Auf dem Dorf ist alles schön!
Wohlan denn, Kluge, plage dich nicht länger!
Verlaß den wilden Wald und wohne bei den Menschen

zusammen in demselben Haus und unter einem Dach
    mit mir!"
Erwidert' ihr die Nachtigall und sprach:
„Laß mich nur bleiben in den unbehausten Felsen
und trenn mich nicht von meinem Berggefild!
Seit dem, was in Athen geschehn, da haß ich Mann und
    Stadt.
Ein jedes Haus und jeder Umgang mit den Menschen
erneuern mir den Schmerz um längst vergangnes
    Unglück."

In hartem Schicksal bieten Trost
ein kluges Wort, die Kunst, der Abstand von der Menge;
doch Trauer macht's, wenn einer denen, die im Glück
    ihn sahn,
als ein Erniedrigter erneut begegnet.   (12)

DER GEFANGENE STORCH

Auf seinem Acker hatt ein Bauer Netze aufgestellt
und Kraniche darin gefangen, die Zerstörer seiner
    Saaten.
Zugleich mit diesen war ein Storch ins Netz gegangen;
der hinkte, fleht' den Bauern an:
„Ich bin kein Kranich, deiner Saat tu ich nichts an.
Ich bin ein Storch, das zeigt schon meine Farbe.
Von allen Vögeln übe ich am meisten Pietät;
ich pfleg und füttre meinen Vater, wenn er krank ist."
Doch jener sprach: „Mein lieber Storch,
ich weiß nicht, wie du lebst; doch dieses weiß ich,
daß ich dich fing mit jenen, die die Saaten mir verderben.
So wirst du auch mit jenen sterben, mit denen du
    gefangen wardst."

Wer mit den Bösen umgeht, wird den Haß mit ihnen
    ernten,
auch wenn er seinen Nächsten keinen Schaden tat.
      (13)

DER BÄR UND DER FUCHS

Daß er den Menschen maßlos liebe, rühmte sich ein Bär;
denn niemals, sagt' er, rühr er dessen Leiche an.
Der Fuchs versetzte: „Schöner wär es freilich,
wenn du den Toten nähmst und dem Lebend'gen
      ließest Ruh."

Wer einen schädigt, wenn er lebt, soll tot ihn nicht
      beweinen. (14)

DER STREIT UM HERAKLES UND THESEUS

Zwei Männer, einer aus Athen, der andere aus Theben,
      die
desselben Weges zogen, sprachen miteinander so, wie's
      üblich.
Der Redefluß führt hin bis zur Heroenzeit,
ein weites Thema, das nicht grade dringlich.
Am Ende pries der Mann aus Theben der Alkmene
      Sohn
als größten von den Menschen und den Göttern gleich.
Doch der Athener meinte, daß um vieles größer Theseus
gewesen sei, der wahrlich wie ein Gott gelebt
und nicht, wie Herakles, als Knecht.
Mit diesem Worte drang er durch; er hatt ein gutes
      Mundwerk.
Dem andern aber, dem Böotier, fehlte es
an gleicher Kraft der Rede, und so rief er wild: „Hör
      auf!
Du bist mir überlegen. Mag drum also Theseus uns
Böotiern und Herakles den Athenern gram sein!"
      (15)

DER GETÄUSCHTE WOLF

Grob droht' dem Säugling seine Amme, als er greinte:
„Sei still, sonst geb ich dich dem Wolf zu fressen!"
Der Wolf, der's hörte, nahm das Wort der Frau
für wahr und blieb, des leckern Mahles harrend,
bis daß das Kind des Abends ward zu Bett gebracht.
Da trollte er sich hungernd, leer im Bauch
und eitler Hoffnung aufgesessen.
Die Hausfrau Wölfin fragte ihn sogleich:
„Was kommst du ohne Beute, nicht wie sonst?"
„Nur deshalb, weil ich einem Weibe glaubte!"   (16)

DER MARDER UND DER HAHN

Ein Marder, der dem Hühnervolk auflauert',
kam wie ein Sack am Pflock zu hängen.
Ihn sah der Hahn, der stolze mit dem krummen Sporn,
verspottet' ihn mit lautem Krähen:
„Ich habe wirklich viele Säcke schon gesehen,
doch keiner war darunter mit den Zähnen eines
          richt'gen Marders!"   (17)

DER WETTSTREIT VON NORDWIND UND SONNE

Der Nordwind und die Sonne, heißt es, stritten sich,
wer wohl von ihnen einem Bauersmann,
der unterwegs, zuerst den Pelz ausziehen würde.
Es blies zunächst der Nordwind wie von Thrakien her;
er glaubte, mit Gewalt den Mann zu zwingen.
Der aber gab nicht nach; denn weil er fror,
hielt alle Enden rings er fest gepackt
und setzt' sich nieder, unter einen Felsvorsprung geduckt.
Da kam die Sonne sanft hervorgeguckt
und brachte ihm zunächst Erleichtrung von des Sturmes
          Kälte.

Dann aber führte sie mehr Wärme zu;
da ward's dem Bauern plötzlich heiß,
er warf den Pelz ab und war ausgezogen.

So ward der Nordwind in dem Streit besiegt.
Es heißt ein Sprichwort: „Üb dich, Kind, in Milde!
Denn mehr wirst du durch sie erreichen als durch Akte
    der Gewalt." (18)

DER FUCHS UND DIE TRAUBEN

Des Weinstocks dunkle Trauben hingen über eine
    Mauer.
Als sie der schlaue Fuchs in ihrer Fülle sah,
da setzt' er immer neu zum Sprunge an,
um zu den purpurroten, reifen Früchten vorzudringen;
sie waren nämlich gut gediehn und harrten nur der
    Lese.
Als er sie nicht erreichte, sondern müde wurde,
da gab er's auf, nur in die Luft zu springen,
und trollte sich, den Ärger klug verbergend.
„Die Trauben sind ja sauer und nicht reif, wie ich es
    dachte!" (19)

DER OCHSENKNECHT UND SEIN WAGEN

Ein Ochsenknecht fuhr einmal über Land.
Da rutscht sein Wagen ab in eine tiefe Schlucht.
Statt anzufassen, stand er müßig da
und betete zu Herakles, dem unter allen Göttern
als einzigem er wirklich Ehr und Altardienst erwies.
Da trat der Gott heran und sprach: „So greif doch in
    die Speichen
und stachle an die Ochsen! Zu den Göttern bete erst,
wenn selbst du zugreifst! Sonst ist all dein Flehn
    vergebens!" (20)

18*

DIE RINDER

Die Rinder wollten einst die Fleischer töten,
weil diese eine Kunst besaßen, die den Rindern feindlich.
Und schon versammelten sie sich zur Schlacht,
die Hörner schärfend, als einer von den ältsten Ochsen,
der manches Feld beackert, vortrat.
„Die da, die Fleischer, schlachten uns
mit sichrer Hand, und ohne uns zu quälen, töten sie.
Doch wenn wir Ungelenken in die Hände fallen,
dann steht uns zweifach Tod bevor. Denn wenn der
        Fleischer fehlt,
so wird's doch nicht an Leuten mangeln, Ochsen
    abzuschlachten."

Wer Leid, das ihm bevorsteht, meiden möchte,
der muß drauf achten, daß ihm Schlimmres nicht
        gescheh.   (21)

DER MANN MIT DEN ZWEI GELIEBTEN

Ein Mann, der in des Lebens Mitte stand —
jung war er nicht mehr, aber auch kein Greis,
und weiße, schwarze Haare trug vermischt er auf dem
        Haupt —,
der fand noch Zeit für Liebelei und Tanzvergnügen.
Er hatte ein Verhältnis mit zwei Weibern, einem jungen,
        einem alten.
Die Junge wollte den Galan selbst jung
erblicken, doch die Alte wünscht' sich einen alten.
So macht sich eine jede über seine Haare her.
Die Junge zupft' die weißen aus, wo immer sie sie fand;
die Alte zupfte, wo sie auf ein schwarzes traf.
So zupften beide sie, die Junge und die Alte,
bis er am Ende ohne Haare war,
kahlköpfig durch das viele Zupfen.

Und diese Lehre gibt die Fabel allen Leuten:
Weh dem, der auf die Weiber reinfällt!
Er wird gebissen und gezupft!   (22)

DER RINDERHIRT AUF DER SUCHE NACH EINEM STIER

Ein Rinderhirt hatt einen Stier mit großen Hörnern
im dichten Wald verlorn und war nun auf der Suche.
Er richtet an des Berges Nymphen sein Gebet,
an Hermes, den Beschützer der Herden, an Pan und
          alle Götter
ringsum, gelobt, ein Lamm zu opfern, wenn den Dieb er
          finde.
Er steigt auf eine Höhe und erblickt den schönen Stier,
den grad der Leu verspeist. In seiner Not gelobt er, noch
ein Rind dazu zu opfern, falls dem Dieb er nur entkomme.

Hieraus, scheint uns, ist das zu lernen,
daß nie man ohne Überlegung richte an die Götter ein
          Gebet,
bloß weil man grad in Leid ist.   (23)

DIE FRÖSCHE UND DIE HOCHZEIT DES HELIOS

Als Helios Hochzeit hielt zur Sommerszeit,
begingen alle Tiere das als frohes Fest,
und auch die Frösche tanzten durch den Sumpf.
Da hielt die Kröte sie zurück: „Nicht Freudenlieder
stehn uns jetzt an — in Kümmernis und Sorge!
Denn dieser Helios allein vertrocknet uns den Sumpf!
Was aber werden wir erleiden, wenn er Hochzeit hält
und einen Sohn erzeugt, der ihm ganz gleich ist?"

Es freun sich viele über Nichtigkeiten,
die ihnen Grund zur Trauer werden sein.   (24)

DIE LEBENSMÜDEN HASEN

Die Hasen faßten den Beschluß, daß länger nicht sie
    leben wollten,
nein, sterben durch den Sprung ins dunkle Wasser,
weil doch als schwächlich sie verschrien und feige,
als Leute, die nur auszureißen wüßten.
Doch als sie in des breiten Sees Nähe waren
und sahn am Ufer auf der Frösche Schar,
die aus der Hocke sprangen in den tiefen Schlamm,
da hielten inne sie, und einer faßte sich ein Herz:
„Gehn wir zurück! Wir müssen nicht mehr sterben;
    denn andre sehe ich, die sind noch schlapper gar als wir."
                                 (25)

DER BAUER UND DIE KRANICHE

Ein Kranichvolk verheerte jüngst das Feld,
das grad der Bauer erst mit Weizensaat bestellt.
Er schwingt die leere Schleuder, übt Geduld
und meint, indem er Schreck einjagt, es zu vertreiben.
Doch als die Vögel inne wurden, daß er in die Luft nur
    schleudre,
da lachten sie ihn aus und dachten nicht daran zu fliehn,
bis daß der Bauer anders als bisher
nun richt'ge Steine warf und viele traf.
Da flogen sie sogleich davon und krächzten noch
    einander zu:
„Wir müssen fort in der Pygmäen Land.
Denn dieser Mensch will mehr als uns nur scheuchen,
er fängt jetzt an zu handeln."   (26)

DER GEFANGENE MARDER

Ein Mann fing einen Marder, band ihn fest
und wollte in dem Nachbartümpel ihn ersäufen.
Da sprach das Tier: „Du lohnst mir meine Dienste schlecht,

wenn Mäuse ich dir jagte und auch Echsen."
Darauf der Mann: „Da hast du recht; jedoch wie steht es
   mit den Hühnern,
die du erwürgt, dem Stall, den du geplündert, und
dem leeren Fleischtopf? Dafür mußt du sterben jetzt,
weil mehr du uns geschadet als genutzt."   (27)

DIE MUTTER DES ZERTRETENEN FROSCHS

Das Junge eines Froschs zertrat der Ochse an der Tränke.
Die Mutter, die entfernt gewesen, fragte
sogleich bei den Geschwistern nach dem Kinde.
„Ach, Mutter, es ist tot. Und eben erst, vor kurzer Zeit,
   kam hier ein Vierbeiner vorbei, der war ganz fett, mit
      seinem Huf
trat er dein Junges tot." Es pustet sich die Alte auf
und fragt: „War jenes Tier so groß?"
Da sagten sie der Mutter: „Halte ein!
Bläh dich nicht weiter auf! Du wirst sonst eher platzen,
als daß du dich mit ihm an Größe messen könntest."
                          (28)

DAS ALTE PFERD IN DER MÜHLE

Ein altes Pferd hat in die Mühle man verkauft.
Da muß es nun im Joch den ganzen Tag rund um den
   Mühlstein ziehn.
Und stöhnend spricht's: „Wie viele Male muß
im Kreise ich mich für die Müller drehn!"

Werd nur nicht stolz, wenn auf des Lebens Höh du
   stehst!
Für viele nämlich folgt ein mühevolles Alter drauf.
                          (29)

HERMES UND SEIN MARMORDENKMAL

Ein Marmorhermes stand beim Künstler frei zum Kauf.
Zwei Käufer waren da; der eine wollte ihn
als Denkmal für des Sohnes Grab, der jüngst
        verschieden war,
der zweite, ein Banause, dachte ihn als Gott zu weihn.
Es wurde Abend, doch der Steinmetz hatt noch nicht
        verkauft,
die Käufer sollten, um das Werk ein zweites Mal zu sehn,
am Morgen wiederkommen. Da erschien des Nachts
dem Künstler Hermes durch des Traumlands Pforten.
„Wohlan, du hast mein Schicksal in der Hand!
Denn eins von beiden, lebend oder tot, wirst du mich
        machen."   (30)

DIE MÄUSE IM KRIEG MIT DEN KATZEN

Die Katzen führten mit den Mäusen lange Krieg,
ganz unversöhnlich und mit blut'gen Schlachten.
Die Katzen siegten. Doch die Mäuse glaubten,
der Grund für ihre Niederlage müsse darin liegen,
daß ihnen große Feldherrn fehlten,
so daß sie ohne Ordnung den Gefahren gegenüber-
        ständen.
So wählten sie die Besten nach Geburt und Kraft
des Leibes und des Geistes und nach Kampfbewährung;
die teilten ein und bildeten Verbände, Kompanien
und Kampfeinheiten, wie es bei den Menschen Brauch.
Als alles nun versammelt und geordnet war,
faßt manche Maus sich Mut und fordert eine Katz heraus,
indes die Feldherrn zarte Halme aus dem Mauerlehm
sich vorne an die Stirne banden.
So führten sie, gesehn von allem Volk, zur Schlacht,
und wieder wandten sich die Mäuse rasch zur Flucht.
Die andern fanden Rettung bald in ihren Löchern,
jedoch den Feldherrn blieb verwehrt der Eintritt

ob all des Strohs, das sie am Kopfe trugen;
so nahm man sie gefangen just vor der Behausung.
Ein Siegesdenkmal wurde ebendort errichtet,
drauf schleppte jede Katze einen Mausfeldherrn.

Es lehrt die Fabel: Willst du sorglos leben,
mußt du Bescheidenheit vor Prunken setzen. (31)

DIE KATZE ALS JUNGE BRAUT

Die Katze hatt sich einst verliebt in einen
      wunderschönen Mann,
und Kypris, aller Liebesfreuden Mutter, gab ihr die
      Erlaubnis,
zu wechseln die Gestalt und eine Frau zu werden,
und zwar solch feine Frau, daß jeder gern sie haben
      mußte.
Wie jener sie erblickte, war er gleich gefangen
und wollte Hochzeit halten. Als die Tafel war gedeckt,
lief eine Maus vorbei; flugs sprang die junge Braut
vom Speisesofa und ihr hinterher.
Das Hochzeitsmahl ging so zu Ende; Eros, der so hübsch
gescherzt, macht sich davon, und die Natur blieb Sieger.
      (32)

DER BAUER UND DIE PLÜNDERNDEN VÖGEL

Es war die Zeit der sinkenden Plejaden, die Zeit der
      Saat,
da hatt ein Bauer Weizenkorn gesät
und stand auf Wacht; denn eingefallen war
ein ungeordnet, schwarzes Dohlenvolk mit Stimmen
      voller Mißton,
dazu noch Stare, die die Ackersaat verderben.
Ein junger Bursche, der die ungefüllte Schleuder trug,
kam hinterher. Die Stare waren es gewöhnt zu hören,

wann immer nach der Schleuder ward gefragt,
und waren, eh der Schuß geschah, davon. Da kam
dem Bauern ein Gedanke, und er sprach zu seinem
      Sohn belehrend:
„Das schlaue Vogelvolk, mein Junge,
das müssen wir jetzt überlisten. Sobald sie wieder-
      kommen,
werd ich um Brot dich bitten;
doch du wirst mir kein Brot, vielmehr die Schleuder
      geben."
Die Stare kamen an und plünderten das Feld.
Da rief er nach dem Brot so, wie's vereinbart war.
Die Stare blieben sitzen, und der Knabe reichte
die steingefüllte Schleuder. Diese schwang der Alte
und traf des einen Kopf, des andern Schienbein,
des dritten Schulter. Allgemeine Flucht setzt ein.
Da fragten Kraniche, die all das sahen,
und eine von den Dohlen gab die Antwort: „Meidet
die bösen Menschen! Denn sie reden anders zueinander,
als sie darauf mit Taten handeln."   (33)

DER JUNGE AM FEST DER DEMETER

Der Demeter hat dargebracht das Bauernvolk den Stier.
Die breite Tenne war mit Rebenlaub geschmückt,
und Tische waren da, voll Fleisch, und Fässer, voller
      Wein.
Und von den Jungen aß sich einer maßlos voll,
und von den Rindereingeweiden schwoll der Bauch ihm
      an.
Er ging nach Haus und krümmte sich vor Schmerzen,
und auf der Mutter zarten Arm gestützt, erbrach er sich
und schrie: „O weh, ich muß jetzt sterben!
Denn alle Eingeweide, Mutter, fallen mir heraus."
Die aber sagte: „Immer nur heraus damit und keine
      Bange!
Nicht deine Eingeweide, die des Stieres speist du aus."

Wenn einer das Vermögen einer Waise durchgebracht
und nun, dieweil zurück er's zahlen soll, sich noch beklagt,
auf den, so mein ich, paßt die Fabel.   (34)

AFFENLIEBE

Zwei Junge trug die Affenmutter;
doch als sie sie geboren, war sie nicht im gleichen Maße
           zärtlich.
Das eine drückte sie so innig, herzlich, heiß
an ihren Busen, daß es schier erstickte;
das andre jagt' sie fort als Last, die unnütz.
Es floh drauf in die Wüste, doch es lebt.

So ist auch vieler Menschen Lebensart.
Sei diesen lieber Feind als Freund!   (35)

DIE EICHE UND DAS SCHILFROHR

Ein Sturm riß eine Eiche mit den Wurzeln aus am
           Bergesabhang
und stürzt sie in den Fluß. Hoch trugen da die Wellen
den Baum, den Menschen einst vor alters angepflanzt.
An beiden Ufern stand viel Rohr, das leichte,
das Wasser aus des Flusses Böschung trinkt.
Und Staunen faßt die Eiche, wie das dünne,
so schwache Rohr dem Sturme standhielt,
indes sie selbst, ein mächt'ger Baum, entwurzelt wurde.
Da sagte klug das Rohr: „Du brauchst dich nicht zu
           wundern!
Weil du dem Sturme trotztest, wurdest du besiegt;
wir aber beugen uns in kluger Einsicht,
sobald ein Windstoß unsre Spitzen zart bewegt."

Soweit das Schilfrohr! Doch die Fabel zeigt:
Nicht trotze du den Mächtigen, gib lieber nach!   (36)

DER JUNGSTIER UND DER OCHSE

Ein Jungstier, frei, des Jochs noch ungewohnt, spazierte
    auf der Weide
und sprach zum müden Ochsen, der das Pflugschar zog:
„Du Unglücksel'ger, was für eine schlimme Last du
    schleppst!"
Der Ochse schwieg und fuhr im Pflügen fort.
Doch als man für die Götter Opfer bringen wollte,
befreit' den Ochsen man vom Joch und ließ ihn auf die
    Weide,
dem Jungstier aber band die Hörner man und führt' ihn
    weg,
auf daß mit seinem Blute der Altar sich röte.
Voll Mitleid rief ihm jener zu:
„Für dieses Ende wurdest du, dem Mühe man erspart,
    bewahrt!
Der jüngre, überholst du jetzt den älteren im Sterben,
und nicht das Joch, das Beil wird deinen Nacken
    drücken."   (37)

DIE GEFÄLLTE FICHTE

Holzfäller, welche einen Fichtenbaum
zu spalten hatten, trieben Keile in ihn ein, damit er
    reiße und
für sie die Arbeit später leichter werde.
Da sprach die Fichte ächzend: „Nicht die Axt,
die nicht an meine Wurzeln kam, vermag ich so zu
    schelten
wie jene schlimmen Keile, welche selber von mir stammen!
Bald da, bald dort mich zwängend, werden sie mich
    spalten."

Die Fabel zeigt uns allen dieses an,
daß man von Fremden kein so schlimmes Leid
erfahren kann wie von den eignen Leuten.   (38)

DIE DELPHINE UND DIE WALE

Es lagen die Delphine stets im Streite mit den Walen.
. . .
Ein Krebs, der grad vorüberkam, versuchte zu vermitteln.
. . .
Doch einer der Delphine sprach zu ihm
das folgende: „Wir ziehn es vor,
in ständ'gem Kampfe miteinander
uns aufzureiben..."

So ist es, wenn im Staat ein kleiner Mann
den Aufstand streitender Tyrannen schlichten möchte.

(39)

DAS KAMEL IM FLUSS

Es überquert' den Fluß einst ein Kamel,
und dort, wo er am schnellsten strömt, da mußt es
        koten.
Wie nun den Mist die Strömung vor die Nas ihm trug,
da rief es: „Weh, mein Hinterer, der kommt nach
        vorn!"

Auf eine Stadt geht diese Fabel des Äsop,
in der der Pöbel statt der Besten die Regierung führt.

(40)

DIE GEPLATZTE ECHSE

Es platzte, hört man, einer Echse einst die Haut,
weil sie an Länge einem Lindwurm gleichen wollte.

Du tust dir Schaden und erreichst doch nichts,
wenn du versuchst, den nachzuäffen, der dir überlegen.

(41)

DIE BEIDEN HUNDE BEIM OPFERMAHL

Ein Mann ließ richten einst ein glänzend Opfermahl.
Sein Hund traf einen andern Hund, der war sein
      Freund;
den lud er ein, mit ihm zum Mahl zu kommen.
Und jener kam. Da packte ihn sogleich der Koch
am Bein und warf ihn aus dem Hause auf die Straße.
Als nun die andern Hunde fragten,
wie er gespeist, gab er zur Antwort: „Herrlich!
Den Weg, den ich nach Haus ging, konnt ich nicht
      einmal erkennen." (42)

DER EITLE HIRSCH

Ein Hirsch mit stattlichem Geweih, zwei Jahre alt,
der sich am Gras gesättigt, das die Wiese sprießen läßt,
trank einst zur Sommerszeit vom Wasser eines Sees, der
      stille dalag.
Als er darin sein Spiegelbild erblickte,
da machten ihm Geläuf und Schalen Kummer,
doch des Geweihes Schönheit stimmt' ihn stolz.
Schon aber nahte die Vergeltung, die Freud in Leid
      verwandelt.
Erblicken mußt er nämlich plötzlich Jäger,
die hatten Netze und auch Fährtenhunde.
Obgleich sein Durst noch keineswegs gestillt war, gab er
      Fersengeld,
durchquert mit leichtem Fuß das weite Feld.
Doch als er in dem dichtbestandnen Walde ankam,
da konnt man ihn ergreifen, weil sich sein Geweih
      verfing.
„Ich Unglücksel'ger", rief er aus, „wie konnte ich mich
      täuschen!
Die Läufe nämlich, deren ich mich schämte, brachten
      Rettung,
und es verriet mich das Geweih, auf das ich setzte."

Sollst über deine Angelegenheiten du befinden,
dann nimm, wenn du nach vorn schaust, nichts für
     sicher!
Auch sollst du nicht verzweifeln und verzagen.
Denn oftmals werden wir enttäuscht von dem, was wir
     erwartet.   (43)

DER LÖWE UND DIE DREI STIERE

Drei Stiere gingen miteinander auf der Weide,
und lange schon verfolgte sie der Leu.
Der drei auf einmal Herr zu werden schien unmöglich;
durch Tücke und Verleumdung aber sät er bittre
     Feindschaft,
er trennt sie voneinander
und greift sie einzeln an als leichte Beute.

Willst ungefährdet allezeit du leben,
mißtraue deinen Feinden, halte dir die Freunde warm!
                                (44)

DER ZIEGENHIRT UND DIE WILDEN ZIEGEN

Es sandte Schnee Gott Zeus. Da nahm der Ziegenhirt
     Reißaus
und trieb in eine Höhle — sie war unbewohnt —
die Ziegen, die vom dichten Schnee hell leuchteten.
Dort fand er andre Ziegen, die schon früher Zuflucht
     suchten,
gehörnte, wilde, mehr an Zahl bei weitem,
als selbst er führte; größer auch und stärker waren sie.
Für die nun bracht er Grünes vom Gehölz,
die eignen aber ließ er furchtbar hungernd laufen.
Und als es tagte, fand er seine Ziegen tot,
doch auch die andern waren nicht geblieben.
Sie suchten vielmehr Macchia auf den Höhn, die
     unbeweidet.

Der Hirte, zum Gespött geworden, kehrte ohne Ziegen
    heim.
Er wollte Größeres gewinnen
und wußte nicht zu nutzen, was er ehedem besaß.

(45)

DER ALTE HIRSCH

Ein Hirsch, dem in den Wäldern alle Glieder steif
geworden waren, lag im grünen Gras der Ebene
und fand bequeme Nahrung, wenn der Hunger biß.
Da kamen Herden hin von vielerlei Getier,
    die ihn besuchten; denn er hatte niemandem je Leids
        getan.
Doch jeder, der da kam, der fraß auch von dem Gras
und kehrte in den Wald zurück. Der Arme aber magert
    ab
und hätt ein höhres Alter wohl erreicht,
wenn keine Freunde er besessen hätte.   (46)

DIE MAHNUNG DES VATERS

Vor langen Zeiten lebt' ein Mann, uralt,
    der hatte viele Söhne. Und als es nun ans Sterben ging
und er den Letzten Willen kundtun wollte,
    da bat er, wenn es irgend aufzutreiben wäre,
    ein Bündel dünner Stäbe ihm zu bringen. So geschah's.
„Versuchet, meine Kinder, nun mit aller Kraft
    die Stäbe zu zerbrechen, die unter sich verbunden!"
Doch sie vermochten's nicht. „Versucht es, Kinder,
        einzeln jetzt!"
Ein jeder ließ sich leicht zerbrechen.
Da sprach der Vater: „Ihr Söhne, wenn ihr alle
        miteinander
euch einig seid, dann wird euch keiner schaden
        können,
auch wenn er noch so mächtig wäre;

doch wenn sich eure Wege trennen,
dann wird es einem jeden so ergehn wie diesem
    Stab."

Die Freundschaft ist das größte Gut der Menschen,
die auch die Schwachen auf zur Höhe führt.   (47)

HERMES UND DER HUND

An einem Wege stand, gedrungener Figur, ein
    Hermesbild,
und unter ihm, da lag ein Haufen Steine.
Da kam ein Hund herzu und sprach: „Zuvörderst
    meinen Gruß, o Hermes!
Sodann will ich dich salben und den Gott
nicht ohne Ehre lassen, gar noch dich, den Gott der
    Ringer."
Doch der erwiderte: „Wenn du beim Weggehn mir
das Öl nicht ableckst und mich anpißt nicht,
so bin ich dir schon dankbar; mehr Verehrung brauch
    ich nicht."   (48)

TYCHE UND DER LANDMANN

Ein Landmann war des Nachts in Schlaf gesunken
an einem offnen Brunnen, ohne es zu wissen. Plötzlich
trat Tyche zu ihm hin, er glaubte sie zu hören: „Du,
wach auf! Denn wenn hinein du fällst, so geben mir
die Leute schuld und schelten mich.
Denn alles schieben sie mir zu in Bausch und Bogen,
wenn einer selbst auch fehltritt oder fällt."   (49)

DER FUCHS AUF DER FLUCHT UND DER HOLZKNECHT

Der Fuchs war auf der Flucht, der Jäger folgt' ihm auf
    den Fersen.
Schon schwanden ihm die Kräfte, als den Holzknecht er
    erblickte.
„Bei allen Göttern", rief er, „die dir Hilfe bringen,
verbirg mich unter deinen Pappeln,
die du gefällt, und sage nichts dem Jäger!"
Der schwur zu schweigen, und der Fuchs versteckte sich.
Alsbald erschien der Jäger und befragt' den Mann,
ob hier der Fuchs wohl untertauchte oder schon vorüber
    sei.
Der Holzknecht sagte: „Nein", doch mit dem Finger
    weisend,
zeigt' er auf jene Stelle, wo der List'ge sich verborgen
    hatte.
Der Jäger achtet' nicht darauf, weil er allein dem Wort
    vertraute,
und ging davon. Der heißesten Gefahr entflohn,
schaut' aus dem dicken Pappelstamm der Fuchs hervor,
hohnlächelnd, als der Alte zu ihm sprach:
„Für diese Lebensrettung schuldest du mir Dank.
Ich habe dich gerettet, also denk an mich!"
„Wie sollt ich nicht", erwidert' jener, „war ich selbst
    doch Zeuge!
Leb wohl! Jedoch dem Gott des Eides wirst du nicht
    entgehn;
gerettet hat mich freilich deine Stimme; jedoch dein
    Fingerzeig war tödlich."

Es ist die Gottheit weis und stetig; wer durch falschen
    Eid
ihr zu entkommen meint, wird der Gerechtigkeit doch
    nicht entgehn.   (50)

DAS GEPEINIGTE SCHAF

In ihrem Haus hielt eine Witwe einst ein Schaf,
und weil von ihm sie immer mehr an Wolle haben wollte,
schor sie drauflos und stutzte ihm das Fell bis hin
zum Fleisch, so daß es Schmerz empfand.
Und weil's ihm weh tat, schrie das Schaf: „So mach mich
    nicht zuschanden!
Was kannst an meinem Blut du schon gewinnen?
Wenn aber, Herrin, dir an meinem Fleisch gelegen ist,
dann gibt's den Metzger, der mit einem Hieb mich
    schlachtet!
Doch legst du Wert auf Wolle und auf Schur und nicht
    aufs Fleisch,
so ist's der Scherer, der mich scheren und doch leben
    lassen wird."   (51)

DER KNARRENDE KARREN

Zur Stadt den großen Karren zogen Stiere
mit ihrer Schultern Kraft; der aber knarrte.
Da ward der Fuhrmann wütend, trat zum Karren hin
und rief mit lauter Stimme, daß man weit es hörte:
„Du ganz verworfnes Ding, was mußt du krächzen,
wenn die, die dich mit ihren Schultern ziehen,
    schweigen?"

Es zeigt den schlechten Mann dir an, wenn einer stöhnt,
als müsse er viel leiden, und andre sind es, die die
    Lasten tragen.   (52)

DER FUCHS UND DER WOLF

Der Fuchs, der in des Wolfes Hand gefallen,
bat kläglich, ihn doch freizulassen, nicht an ihm sich
    zu vergreifen.

19*

Entgegnet der: „Ich laß dich frei, wenn du, bei Pan,
　mir nur drei wahre Worte sagst!" Darauf der Fuchs:
„Wärst du mir, erstens, niemals hier begegnet!
Zum zweiten, wenn schon, dann nur blind!
Und drittens ist mein letzter Wunsch,
niemals komm wieder, daß du mich nicht nochmals
　　triffst!"　　　　　　　　　　　　　　(53)

DER EUNUCH BEIM PRIESTER

Zur Opferschau kam ein Eunuch, um wegen Nachwuchs
　nachzufragen.
Der Priester breitet' eine reine Leber aus.
„Wenn diese ich hier anseh, wirst du Vater;
　doch wenn ich mir dein Bild betrachte, scheinst du mir
　　kein Mann."　　　　　　　　　　　　(54)

DER ESEL UND DER OCHSE IN EINEM GESPANN

Es hatte einer einen Ochsen, zu dem er einen Esel
　　spannte,
zu pflügen, wenn auch armselig, so doch der Not
　　gehorchend.
Als nun die Arbeit fertig war und Zeit, die Tiere
　　auszuspannen,
da wandte sich der Esel an den Ochsen: „Sag,
wer wird dem Alten das Geschirr nun tragen?"
Darauf der Ochse: „Der, der's sonst auch trug."　(55)

DAS SCHÖNSTE KIND

Für schöne Kinder setzte einen Preis
Zeus allen Lebewesen aus und wollte selbst der Richter sein.
Zum Ausscheid kam denn auch die Affenmutter

mit ihrem nackten Stumpfnas-Jungen, welches sie am
     Busen trug.
Der Anblick machte alle Götter lachen.
Die Mutter aber sprach: „Zeus kennt den Sieger,
für mich jedoch ist dies das schönste Kind."

Die Fabel dürfte aller Welt beweisen,
daß jeder sein Geschöpf fürs beste hält.   (56)

DER WAGEN VOLLER LÜGEN

Gott Hermes packte einen Wagen voll mit Lügen,
mit viel Betrug und aller Bosheit
und zog damit durchs Land, von Volk zu Volk
das Fahrzeug führend und von seiner Ware
für jeden ein klein wenig austeilend. Und wie er nun
hin nach Arabien kam und dort das Land durchquerte,
geschah's, daß plötzlich sein Gefährt zusammenbrach
und nicht mehr weiterkonnte. Die Leute meinten,
sie hätten eines Kaufmanns reiche Fracht vor sich,
und plünderten es aus und ließen's auch nicht weiter
zu andern Menschen fahrn, obgleich es solche gab.
Seither sind die Araber, wie ich selbst erfahren,
nur Lügner und Betrüger, aus deren Mund
kein wahres Wort je kommt heraus.   (57)

DIE ENTSCHWUNDENEN GUTEN GABEN DES ZEUS

In einem Faß versammelte Gott Zeus die guten Gaben
     alle,
macht' einen Deckel drauf und stellte es bei einem Manne
     ein.
Doch der war unbeherrscht und wollte wissen gleich,
was in dem Fasse sei, und hob den Deckel an.
Die Gaben drauf zum Himmel hin entschwanden,
im Fluge weit sich übers Land erhebend.

Es blieb allein die Hoffnung; der Deckel, als er zuschlug,
hielt drin sie fest. So also steht allein die Hoffnung
den Menschen bei und will dafür verbürgen sich, daß sie
uns Menschen die entschwundnen Gaben werde
          wiederbringen.   (58)

                MOMOS ALS SCHIEDSRICHTER

Poseidon, Zeus sowie als dritte, so erzählt man sich,
Athene stritten sich, wer etwas Schönes wohl zustande
          brächte.
Zeus schafft das herrlichste der Wesen — es ist der
          Mensch —
und Pallas dann ein Haus noch für die Menschen,
Poseidon endlich schuf den Stier. Als Schiedsrichter
          gewählt
ward Momos; denn er wohnte noch im Himmel.
Er, den die eigene Natur zur Feindschaft gegen alle
          zwingt,
fand an dem Stier gleich etwas auszusetzen:
daß nicht bei ihm die Augen hoch, die Hörner tiefer
          säßen,
so daß er sehend stoßen könne. Beim Menschen tadelt' er,
daß seine Brust sich nicht eröffnen und durchschauen
          ließe,
so daß den Nachbarn, was er plane, sichtbar werde;
am Hause rügte er, daß an dem Fundament
ihm Eisenräder fehlten, so daß es seinen Ort
für seinen Hausherrn nach Belieben ändre
und vor dem bösen Nachbarn Reißaus nehme.

Was lehrt die Fabel wohl mit ihrer Rede?
Versuche nur zu handeln, laß die Krittler schwatzen;
dem Momos nämlich ist nichts recht zu machen!   (59)

DIE MAUS IN DER BRÜHE

In einen deckellosen Topf voll Brühe fiel die Maus,
und von der Fettigkeit erstickt, bemerkte sie,
schon in den letzten Zügen: „Gegessen hab ich und
    getrunken
und alles recht genossen; somit ist es Zeit für mich zu
    sterben."

Ein leckermäul'ges Mäuschen wirst du vor den
    Menschen werden,
wenn du das Angenehme, das dir schädlich, nicht
    verwirfst.   (60)

DER JÄGER UND DER FISCHER

Es kam der Jäger vom Gebirge nach der Jagd,
es kam der Fischer, dessen Korb mit Fischen
    angefüllt,
und wie die beiden so per Zufall aufeinandertrafen,
bekam der Jäger Appetit auf Seefisch,
der Fischer aber auf die Jagdausbeute.
Sie tauschten, was sie hatten, und weil den Jagdgrund
    sie
gewechselt, schmeckte ihnen auch das Essen besser,
bis einer ihnen sagte: „Daran wird euch auch,
wenn's euch Gewohnheit wird, die Lust vergehn,
und wieder wird ein jeder, was er hatte, suchen."
                                                          (61)

DAS MAULTIER

Ein Maultier, das mit Unlust aus der Krippe fraß,
das stach der Hafer, daß es sprang, den Nacken
    warf
und rief: „Ich hab zur Mutter doch ein Pferd,

und wenn's ums Laufen geht, dann steh ich ihr nicht
    nach."
Doch plötzlich stoppte es den Lauf und ward beschämt;
denn daß sein Vater ja ein Esel war, ward ihm bewußt.
(62)

DER HALBGOTT IM HAUSE DES FROMMEN MANNES

Bei einem frommen Mann im Hause stand
ein Halbgott, der im Hof sein Heiligtum besaß.
Dort opfert' jener, schmückte den Altar,
bracht Wein dar, sagte im Gebet: „Sei mir gegrüßt, du
    liebster Halbgott,
gewähre doch dem Hausgenossen reichlich Gutes!"
Da sprach denn jener um die mitternächt'ge Stunde:
„Das Gute, lieber Freund, kann dir nicht einer
von uns Halbgöttern geben; dazu mußt die Götter du
    bewegen.
Doch alles Böse, das sich bei den Menschen findet,
das spenden wir. Wenn also Böses du begehrst,
dann mußt du beten. Wenn um eins du bittest,
    werd ich
dir tausendfach gewähren. Daß du's weißt, wenn wieder
    du wirst opfern!"
(63)

DIE FICHTE UND DER DORNSTRAUCH

Die Fichte und der Dornstrauch stritten miteinander.
Viel Rühmens machte von sich her die Fichte:
„Wie schön ich bin, und alle überrage ich,
gerade bin ich auch gewachsen, wohne unter Wolken,
das Dach des Hauses bilde ich, den Kiel der Schiffe,
vor all den vielen Bäumen bin ich ausgezeichnet."
Darauf erwiderte der Dornstrauch: „Würdst du dich
    erinnern
der Beile, welche immerfort dich schlagen,

der Äxte, welche immerfort dich haun,
so wolltst auch du ein Dornstrauch lieber sein."

Wer vornehm ist, hat größern Ruhm zwar als die
      Kleinen,
ist größeren Gefahrn jedoch auch ausgesetzt.   (64)

DER KRANICH UND DER PFAU

Es stritt der graue Kranich mit dem wohlgestalten
      Pfau;
der schüttelte sein goldenes Gefieder. Drauf der Kranich:
„Mit Federn, deren Farbe dich zum Spotten reizt,
erheb ich zu den Sternen mich und krächze laut.
Doch du mit deinem goldenen Gefieder mußt, dem
      Hahne gleich,
am Boden kriechen, kannst dich nicht erheben."

In schlichter Kleidung, doch Bewunderung erregend,
das ist mir lieber als ein Leben ohne Ruhm, wenngleich
      in prächtigem Gewand.   (65)

DIE ZWEI RANZEN

Der Götter einer war Prometheus in der Urzeit.
Er schuf den Menschen, sagt man, als der Tiere Herr,
aus Ton. Drauf baute er zwei Ranzen
und hängte sie ihm um, gefüllt mit aller Bosheit —
im vordern Ranzen mit der fremden,
im hintern mit der eignen, die weit größer.

So kommt's, daß wir die fremden Schwächen
scharfsichtig sehn, die eignen aber ignorieren.   (66)

DIE TEILUNG DER BEUTE

Es jagten einst der Löwe und der wilde Esel;
den Löwen zeichnet' Stärke aus und Schnelligkeit den
     Esel.
Als reiche Beute sie an Wild gemacht,
da ging der Leu ans Teilen und bildete drei Häufchen.
„Das erste", sprach er, „nehm ich für mich selber;
denn ich bin König. Und das zweite nehme ich
als gleichberechtigt. Und das dritte wird dir Übles
     bringen,
wenn schleunigst du dich nicht davonmachst."

Sei deiner Grenzen dir bewußt und meide den,
der mächtiger als du, soviel du kannst!   (67)

ZEUS UND APOLLON IM BOGENWETTSTREIT

Im Kreis der Götter rühmte sich Apoll, der gute
     Schütze:
„Wohl keiner möchte weiter werfen oder schießen."
Doch Zeus bestritt das scherzend seinem Sohne,
und Hermes warf in Ares' Helm bereits die Lose.
Es fiel Apollon zu; der spannte schon
des Bogens goldne Sehne, richtete als erster seinen Pfeil
und sendet' in den Garten des Hesperos das Geschoß.
Doch Zeus mit einem Schritt durchmaß den gleichen
     Raum.
Da stand er. „Um zu schießen, finde ich nicht Platz,
     mein Sohn."
Und er gewann den Sieg, ohn auch den Bogen nur zu
     spannen.   (68)

DER FLÜCHTENDE HASE

Aus einem Busche scheuchte einen Hasen,
der Hund wohl auf, der Meister in der Jagd.
Doch blieb er bald zurück. Da spottete ein Hirt:
„Im Laufen ist der Kleine dir voraus."
„O ja, gewiß; denn 's ist ein großer Unterschied,
  ob einer für die Jagd, ob einer um sein Leben läuft."

(69)

DIE HOCHZEIT DER GÖTTER

Die Götter hielten Hochzeit. Alle waren schon vermählt,
da kam als letzter nach dem Los Gott Polemos.
Er freite Hybris, die allein noch war geblieben,
und liebt sie, wie man sich erzählt, mit Leidenschaft,
und folgt ihr immer auf dem Fuße.
So möge niemals bei den Völkern, niemals in den
        Städten
die Übertretung breit sich machen, ihnen lächeln;
denn nach ihr wird alsbald der Krieg aufkommen!

(70)

DER LANDMANN UND DAS MEER

Ein Landmann sah ein Schiff, mit Passagieren voll,
das eben schon, den Bug voran, im Schwall der Wellen
        zu versinken drohte.
Da rief er aus: „Ach, hätten sie dich, Meer, niemals
        befahren,
du unbarmherzig Element, du Feind der Menschen!"
Das Meer vernahm's, nahm Frauenstimme an
und sagte: „Schilt nicht mich!
Nicht ich bin schuld an alledem,
die Winde vielmehr sind's, die auf mir liegen.
Wenn ohne die du mich erblickst und auf mir fährst,
dann bin ich sanfter als dein Element, die Erde."

(71)

DIE DOHLE IM WETTBEWERB DER VÖGEL

Die Himmelsbotin Iris im purpurnen Gewand
verkündet' einst den Vögeln, daß im Haus der Götter
es gäbe einen Schönheitswettbewerb. Das ward alsbald
    bekannt,
und jeder spürte ein Verlangen nach dem Götterpreis.
Ein Quell entsprang am scharfen, steilen Felsen;
auch sommers gab's da klares Wasser.
Dorthin nun drängte sich das ganze Vogelvolk.
Man reinigte Gesicht und Beine,
man schüttelte die Federn, kämmte sich das Haar.
Es kam die alte Dohle auch zu jener Quelle,
der Krähe Abkömmling. Vom einen macht' sie die,
vom zweiten eine andre Feder an dem feuchten Flügel
    fest
und putzte sich allein von allen Vögeln auf
und flog so vor die Götter, größer als der Aar.
Den Zeus erfaßte Staunen, und er hätte ihr den Preis
    gewährt,
wenn nicht die Schwalbe, der Athene gleich,
ihr eine Feder ausgerissen hätte und sie überführte.
Darauf die Dohle: „Warum denunzierst du mich?"
Indes, es rupft sie schon die Taube und die Drossel,
der Häher und die Krähe, die auf Gräbern tändelt,
der Falke, der dem jungen Vogelvolk auflauert,
und alle andern ebenso. Da war die Dohle überführt.

Mein Sohn, drum schmücke dich mit deinem eignen
    Schmuck!
Wenn du mit fremdem glänzest, wirst du ihn verlieren.

              (72)

DIE STIMME DES GEIERS

Der Geier hatte eine fremde, scharfe Stimme.
Als er das Pferd vernahm, das freundlich wieherte,
da ahmte er es nach...

... so hatte weder er
die beßre Stimme, welche er begehrte, noch die frühre
    mehr.   (73)

PFERD, STIER UND HUND BEIM MENSCHEN

Das Pferd, der Stier, der Hund, die unter Kälte litten,
die kamen einst zum Haus des Menschen.
Der hielt die Türen ihnen offen,
führt' sie hinein, erwärmte sie am Feuer
des Herdes und trug reichlich auf:
dem Pferde Gerste, Erbsen für den Arbeitsstier,
indes der Hund bei ihm am Tische stand.
Zum Dank für diese Freundschaft gaben sie
dem Menschen das, was ihnen selbst die Jahre brachten.
Zuerst das Pferd; denn in den ersten Jahren
ist jeder von uns hochgemut in seinem Sinn.
Darauf der Stier; denn wenn man in des Lebens Mitte
    kommt,
dann müht man sich, ist fleißig, sammelt Geld.
Der Hund, so heißt es, gab ihm seine letzten Jahre;
denn jeder, lieber Branchos, ist im Alter grämlich,
ist freundlich nur zu dem, der ihm das Essen bringt,
wenn sonst er bellt und sich an Gästen nicht mehr freut.
                                              (74)

DER DUMME ARZT

Es war einmal ein dummer Arzt. Und als zu einem
    Kranken alle sagten:
,,Hab keine Angst, du wirst gerettet!
Dein Leiden braucht zwar Zeit, doch wird's schon
    besser'',
kam jener Arzt hinzu und sagte:
,,Mach dich bereit, denn du mußt sterben!
Ich mache dir nichts vor und lüge dich nicht an;
den Tag, der kommt, wirst kaum du überleben.''

So sprach er und besucht' ihn auch nicht weiter.
Es dauert' lange Zeit, bis daß der Mann genas
und ausging, blaß noch zwar und kaum auf seinen
    Beinen stehend.
Begegnet' ihm der Arzt und rief: „Wie geht es dir?
Nun sag mir doch, wie sieht es unten aus?"
Darauf der Kranke: „Heiter lebt man da,
bloß Lethe trinkend. Kore aber und der große Pluton,
die waren neulich auf die Ärzte böse,
weil die die Kranken von dem Tod abhielten.
Sie schrieben alle auf, und auf die erste Liste wollten sie
auch deinen Namen setzen. Doch ich, zwar zitternd, trat
gleich vor und faßte sie bei ihren Zeptern
und schwur bei ihnen selber, daß in aller Wahrheit
du nie ein Arzt gewesen seist und man dich bloß
    verleumde."   (75)

DAS VERNACHLÄSSIGTE STREITROSS

Ein Reiter gab dem Roß, solang der Krieg anhielt,
nur gute Gerste und versorgt' es trefflich auch mit Heu,
weil er's als treuen Helfer in den Schlachten schätzte.
Doch als der Krieg vorüber war und Frieden herrschte
und unser Reiter keinen Sold von seinem Demos mehr
    erhielt,
da mußt das Pferd oft aus dem Wald
gar dicke Kloben Holz zur Stadt hinunterschleppen
und mußt für diesen, bald für jenen gegen Miete Lasten
    tragen.
Es fristete sein Leben jammervoll auf Spreu,
und auf dem Rücken trug es niemals mehr den Sattel.
Doch als aufs neue draußen vor der Stadt das Kriegs-
    geschrei ertönte
und die Trompete alle rief, den Schild zu putzen,
das Pferd zu rüsten und den Stahl zu schärfen,
zäumt' jener Reiter auch sein Pferd
und führt' es vor, um aufzusitzen.

Doch das fiel in die Knie und konnt nicht mehr.
„Tritt ein nun", sprach es, „bei den Schwerbewaffneten
    zu Fuß!
Denn mich hast du vom Pferd zum Esel umgewandelt,
wie willst du aus dem Esel jetzt ein Pferd dir machen?"

(76)

DER FUCHS UND DER RABE

Es saß ein Rabe, ein Stück Käs im Schnabel.
Der schlaue Fuchs, der nach dem Käse gierte,
umgarnte nun den Vogel, wie ich's euch erzähle:
„Wie schön sind deine Flügel, Rabe, scharf dein Auge,
ansehnlich ist dein Nacken, deine Brust ist wie vom
    Adler,
und mit den Krallen bist du allen Tieren überlegen!
Und solch ein Vogel, der ist stumm und muckst sich
    nicht!"
Bei solchem Lob schwoll unsers Raben Brust,
und aus dem Maul ließ er den Käse fallen, um zu
    krächzen.
Das Füchslein fing ihn auf und höhnte:
„Du bist ja gar nicht stumm, hast vielmehr Stimme,
hast alles, Rabe, bloß Verstand, der fehlt dir."   (77)

DER KRANKE RABE

Der kranke Rabe sprach zu seiner Mutter, die sehr klagte:
„Ach, wein nicht, Mutter, bete zu den Göttern,
    daß sie aus schlimmem Leid und Schmerzen mich
        aufrichten!"
„Doch wer, mein Lieber, von den Göttern soll dir helfen?
Wen hättst du nicht an dem Altare je bestohlen?"

(78)

DER GIERIGE HUND

Ein Hund stahl in der Küche ein Stück Fleisch,
mit dem lief er am Fluß entlang. Da sah er jenes Fleisch
sich spiegeln in der Strömung, größer noch um vieles:
Drauf ließ das Stück er los und sprang dem Schatten nach.
Doch der war fort wie das auch, was er hatte fallen lassen.
So kehrte hungrig er nach Haus zurück.   (79)

DAS ERNSTE KAMEL

Ein Herr, der zechte, nötigt' sein Kamel,
daß zu den Flöten und den Zymbeln aus Metall es tanze.
Das aber sprach: „Ich laß es gern geschehn, daß meinen
        Weg
ich schreite ohne Lachen; doch will ich nicht im Reigen
        springen,
nicht zum Gespötte werden, nicht den Kriegstanz
        tanzen!"   (80)

DER FUCHS UND DER AFFE

Zum Affen sprach der Fuchs: „Sieh, diese Säule hier
gilt mir und meinem Vater und dessen Vater noch
        dazu!"
Erwiderte dem Fuchs der Affe: „Lüge, wie du willst,
die Wahrheit kann ich ja nicht überprüfen!"   (81)

DER VERSPOTTETE LÖWE

Es schlief der Löwe. Durch sein wildes Haar
lief eine Maus. Das reizte ihn zum Zorn,
er sträubte seine Mähne und verließ sein Ruhelager.
Da spottete der Affe, daß, der über alle Tiere König,
von einer Maus sich in Bewegung setzen lasse.

Darauf der Löwe: „Nicht die Maus, du Schurke, fürchte
   ich,
daß sie im Fliehn die Haut mir ritzen könnte;
nein, meine Mähne wollte sie mir schänden!" (82)

DAS HUNGRIGE PFERD

Den Futtervorrat für sein Pferd verkaufte
ein Pferdepfleger einem Wirt und zechte drauf den
   ganzen Abend,
dann striegelte und kämmte er das Pferd den ganzen Tag.
Das aber sprach: „Wenn es dir ernst ist, daß ich gut
   ausseh,
dann darfst du, was mich nährt, auch nicht verkaufen."
                                                (83)

DIE MÜCKE UND DER STIER

Die Mücke, die sich auf des Stiers gekrümmtes Horn
   gesetzt,
um sich ein wenig auszuruhn, sprach summend diese
   Worte:
„Wenn ich den Nacken dir beschwer und niederbeuge,
so will ich weggehn und mich auf die Pappel setzen dort
   am Fluß."
Darauf der Stier: „Ach, ob du weggehst oder bleibst,
ist mir ganz gleich; denn auch dein Kommen merkt ich
   nicht." (84)

DIE HUNDE IM KAMPF MIT DEN WÖLFEN

Die Hunde und die Wölfe waren einst in Feindschaft.
Da wurde ein Achäerhund dazu gewählt, das Hundevolk
ins Feld zu führn. Weil der im Kampf erfahren war,
so zaudert' er und übte Vorsicht. Als die andern ihm
drauf böse drohten, wenn der Schlacht er Aufschub gäbe,

da sprach er: „So vernehmt, warum ich zögernd
      Vorsicht übe!
Ein jedes Ding will nämlich wohl bedacht sein.
Die Feinde, die ich uns als Gegner seh, sind alle einer
      Rasse;
von uns dagegen kommen einige aus Kreta,
und andre sind Molosser oder Akarnanier,
die dritten Doloper, aus Zypern oder Thrakien stammen
      manche
und andre noch von anderswo — doch wozu braucht's
      der langen Rede?
Sie haben eine Farbe, anders wir,
von denen manche schwarz und manche aschgrau,
die dritten rötlich, an der Brust gefleckt,
und wieder andre weiß. Wie sollt ich die", so schloß er,
„ins Feld führn, welche derart voneinander unter-
      schieden,
zum Kampf mit Feinden, die in allem ganz sich
      gleichen?"   (85)

DER GEFRÄSSIGE FUCHS

Ein alter Eichbaum hatte eine hohle Wurzel.
Dort lag der Ranzen eines Hirten, der schon nicht mehr
      neu,
jedoch mit altem Brot und Stücken Fleisch gefüllt war.
Und diesen Ranzen fraß ein Fuchs, der sich
      hineingedrängt,
von Grund auf leer. Es ist natürlich, daß davon sein
      Bauch anschwoll,
und weil das Loch nur eng war, konnt er nicht hinaus.
Ein andrer Fuchs, der auf sein Wehgeschrei herzukam,
sprach spottend: „Bleib nur, bis dich's wieder hungert!
Denn ehe nicht dein Bauch den gleichen Umfang hat
wie bei dem Eintritt, kommst du doch nicht wieder
      'raus."   (86)

DER HUND UND DER HASE

Ein Hund, der einen Hasen vom Gebirge aufgebracht,
war hinter diesem her. Wenn er ihn eingeholt, so biß er;
doch wandte der sich um, so tat er freundlich.
Da sprach der Hase: „Zeige dich doch aufrichtig!
Was beißt du, bist du Freund? Was schmeichelst du als
    Feind?"   (87)

DIE HAUBENLERCHE WÄHREND DER ERNTE

Die Haubenlerche, welche mit dem Regenpfeifer
vor Tage schon wetteifert, baute einst im Feld ihr Nest.
Und Junge hatte sie, die mit der Saatfrucht sie ernährte;
die trugen ihre Hauben schon und warn bald flügge.
Da kam der Landwirt, nachzusehn, und als er merkte,
der Weizen war gelbbraun, da sprach er: „Jetzt ist's Zeit,
daß ich zum Mähen alle meine Freunde rufe!"
Und eines von den Lerchenjungen, die die Haube
    trugen,
vernahm die Worte, meldet' sie der Mutter mit der
    Mahnung,
den Jungen anderswo den Nestbau zu besorgen.
Die aber sagte: „Noch hat's Zeit, an Flucht zu denken!
Wer nämlich auf die Freunde rechnet, hat es noch nicht
    eilig."
Doch als der Bauer wiederkam und nun erkannte,
wie sich die Ähren in der Sonnenhitze neigten,
und Weisung gab, den Schnittern morgen ihren Sold zu
    bringen
und auch den Garbenbindern ihren Lohn zu zahlen,
da sprach die Lerche zu den kleinen Jungen: „Jetzt,
ihr Kinder, ist es für uns Zeit, uns auf den Weg zu
    machen.
Jetzt mäht er nämlich selber und verläßt sich nicht mehr
    auf die Freunde."   (88)

DER WOLF UND DAS LAMM

Der Wolf, der 's Lamm, das von der Herde sich verirrt,
erblickte, wollte diesmal ohn Gewalt es packen
und suchte drum für seine Klage einen guten
          Vorwand:
„Du hast beschimpft mich vor'ges Jahr, als du noch
          klein warst!"
„Wie sollt ich das im vor'gen Jahr, da dieses Jahr ich
          erst zur Welt kam?"
„Und hast du nicht den Acker abgeweidet, der doch
          mir gehört?"
„Kein Stenglein Gras hab ich gegessen, und zur Weide
          kam ich nicht."
„Und hast du aus der Quelle nicht getrunken, wo ich
          trinke?"
„Allein der Mutter Euter ist's, das mich berauscht."
Da packt der Wolf das Lamm und frißt es auf.
„Von dir läßt sich der Wolf die Mahlzeit nicht verderben,
          auch wenn du jede Klage mir geschickt bestrittest."
                                                        (89)

DER WÜTENDE LÖWE

Der Leu war in Erregung. Ferne aus dem Wald
sah ihn der Hirsch und sprach: „O weh, wir Armen!
Was wird er nun in seiner Wut uns antun, da wir ihn,
selbst wenn er bei Verstand ist, nicht ertragen können?"
                                                        (90)

DER STIER UND DER ZIEGENBOCK

Ein Stier, der vor dem Löwen auf der Flucht,
drang ein in eine Höhle, die von Berghirten verlassen
          war.
Drin haust' ein Ziegenbock, der von der Herde sich
          getrennt,

der senkte seine Hörner und vertrieb den Stier.
Doch der bemerkte: „Nicht vor dir, nein, vor dem
      Löwen weich ich aus,
und darum duld ich für ein Weilchen deinen Übermut.
Laß ihn nur erst vorüber sein, dann sollst du merken,
wie sehr sich Bock und Stier noch unterscheiden!"
                                      (91)

DER FEIGE JÄGER

Dem Löwen spürte einst ein Jäger, der nicht allzu mutig,
im schatt'gen Waldgebirge nach.
Als nahe bei der hohen Fichte er einen Holzknecht traf,
da rief er: „Bei den Nymphen, kennst du nicht
die Fährte jenes Löwen, der sich hier verbirgt?"
Erwidert jener: „Wirklich, Gott hat dich geführt;
den Löwen selber nämlich kann ich dir gleich zeigen."
Erblaßt der Jäger, klappert mit den Zähnen:
„Tu mir nicht mehr zuliebe, als ich wünsche!
Weis mir die Fährte, doch den Löwen zeig mir nicht!"
                                      (92)

DIE WÖLFE UND DIE SCHAFE

Gesandte von den Wölfen kamen einst zum Pferch
      der Schafe,
Verträge bietend und den festen Frieden,
sofern die Hunde sie den Wölfen zur Bestrafung
      übergäben,
durch die sie Haß und Streit nur miteinander hätten.
Die Herde, töricht und blökdumm in allem,
wollt darauf eingehn. Doch ein alter Widder —
ihm sträubte sich vor tiefem Schreck das Fell —
rief laut: „Wahrhaft, ein ungeheuerlicher Vorschlag!
Wie werden ungeschützt wir mit euch leben,
die ihr uns jetzt schon ohn Gefahr nicht weiden laßt,
wiewohl die Hunde uns bewachen?"   (93)

DER WOLF UND DER REIHER

Dem Wolf blieb einst im Hals ein Knochen stecken.
Dem Reiher hohen Lohn zu zahlen, sagte er,
sei er bereit, wenn der mit seinem langen Schnabel
das Hindernis herausziehn und den Schmerz beenden
    wolle.
Der Reiher tat's und fordert' nach getaner Arbeit seinen
    Lohn.
Der Wolf darauf entgegnete mit häm'schem Grinsen:
„Ist's nicht genug dir Lohn für deinen Arztesdienst,
daß aus dem Wolfsmaul heil du deinen Kopf
    herausgezogen?"

Wenn Bösen du zu Hilfe kommst, wirst rechten Lohn
    du nicht empfangen;
vielmehr mußt du zufrieden sein, wenn du nicht Arges
    noch erduldest.   (94)

DER TÖRICHTE HIRSCH,
DER FUCHS UND DER KRANKE LÖWE

Der Leu lag krank in seiner Felsenhöhle,
die trägen Glieder auf der Erde ausgestreckt.
Der Fuchs, sein Freund, war mit ihm im Gespräch.
Dem sagt' er: „Wenn du willst, daß ich soll leben —
ich habe Hunger nach dem Hirsch, der unter wilden
    Fichten
dort drüben in dem dichten Walde haust.
Ihn zu erjagen, fehlt es mir an Kraft;
doch wenn du's willst, so wird in meine Hand er fallen,
erjagt durch deine honigsüßen Worte."
Der Schlaue ging, und in des Waldes Wildnis
fand er den Hirsch, wie über zartes Gras er setzte.
Zuerst ging er ihn freundlich an, dann bot er seinen
    Gruß
und fügt' hinzu, er sei der Übermittler froher Botschaft.

„Der Löwe", sprach er, „weißt du, ist mein Nachbar.
Ihm geht es schlecht, und nah ist er dem Tode.
Wer nach ihm Herr der Tiere sein soll,
bereitet ihm viel Sorgen. Das Schwein ist gar zu dumm,
der Bär zu träge, und der Panther ist zu ungebärdig.
Der Tiger ist ein Prahlhans, ganz und gar ein
          Einzelgänger.
Der Würdigste, zu herrschen, mein ich, ist der Hirsch.
Er ist von stolzem Aussehn, hat ein langes Leben,
und sein Geweih ist furchterregend allen Tieren,
so wie ein Baum und nicht so wie die Ochsenhörner.
Was soll ich noch viel reden? Es braucht nur noch des
          letzten Worts,
und du bist Herrscher aller Tiere, welche das Gebirg
          durchstreifen!
Dann solltest an den Fuchs du denken, der als erster,
Gebieter, dir die Kunde brachte. Darum nämlich kam ich.
Doch lebe wohl, mein Lieber! Denn ich bin in Eile,
damit der Löwe mich nicht wieder suche.
In allen Fällen sucht er nämlich meinen Rat.
Auch du, mein Sohn, bist bald dabei, sofern
auf dieses graue Haupt du hörst. Du solltest kommen,
um neben ihm zu sitzen, ihm in seinem Leiden Mut
          zu machen.
Wer in den letzten Zügen liegt, den rühren auch die
          kleinen Dinge,
und in den Augen der dem Tod Geweihten flackert
          auf die Seele."
So sprach der Fuchs. Es blähte sich vor Stolz der Hirsch
ob jener schönen Worte und begab sich in des
          Raubtiers Höhle,
das Kommende nicht ahnend.
Denn unversehens sprang der Leu von seinem Lager,
mit scharfen Krallen jenes Ohren zu zerfleischen,
          ungebärdig.
Da floh der Arme eilig durch die Tür
und hielt erst in des Waldes Mitte ein.
Die Hände aber schlug der Fuchs zusammen,

weil soviel Müh vergeblich aufgewandt.
Der Löwe stöhnte, knirschte mit den Zähnen —
es quälten Hunger doch und Ärger ihn zugleich —,
und wieder ging den schlauen Fuchs er an,
daß eine neue Jagdlist er ersinnen möchte.
Nachdem der eifrig dies und das erwogen, sprach er:
,,Gar Schwieriges verlangst du, doch ich werd's schon
        schaffen."
Und wie ein Jagdhund, welcher in der Jagdkunst
und Jägerschlichen gut sich auskennt, folgte er der Spur,
befragte einen jeden Hirten, ob ein Hirsch
nicht auf der Flucht vorübereilte, der da schweißte.
Gar mancher hatte ihn gesehn und zeigte auch den Weg,
bis daß der Fuchs ihn fand an einem schatt'gen Ort,
wo er vom Laufen sich erholte. Mit frechem Blick
und dreister Stirne wartete der List'ge auf.
Ein Schauder ging dem Hirsch durch Mark und Bein,
die Galle kocht' ihm, und er sprach:
,,Ich fliehe, und du folgst mir immer hinterdrein.
Doch diesmal, Scheusal, sollst du keine Freude haben,
wenn du mir in den Weg kommst und mich
        anzugrunzen wagst.
Mit andern, denen du noch unbekannt, magst immer du
fuchsschwänzen, magst zu Kön'gen küren sie und auf
        den Thron sie setzen."
Doch nicht verlor den Mut der Fuchs, er fiel ihm gleich
        ins Wort:
,,Bist du wohl immer gar so unvornehm und voller
        Angst?
Hast immer solchen Argwohn gegen deine Freunde?
Es wollte doch der Löwe dir nur Gutes raten
und dich aus deiner alten Trägheit wecken; darum hat
am Ohr er dich gezupft, so wie ein Vater auf dem
        Sterbebette.
Er wollte dir ja Weisung geben, wie ein solches Reich,
das du erhältst, du kannst bewahren.
Doch mißverstandest du das Necken von des Kranken
        Hand,

du rissest mit Gewalt dich los und wardst verwundet.
Der Löwe ist jetzt mehr noch zornerfüllt als du;
er fand dich wenig zuverlässig,
leichtsinnig noch dazu, und will darum den Wolf zum
          König machen.
Das wäre mir ein schlimmer Herr! Was soll ich tun?
Für alle, fürcht ich, könnte das ein Quell des Übels sein.
Drum komm und führe dich, wie's sich gehört!
Sei nicht so ängstlich wie das Schaf der Herde!
Ich schwör's bei allen Blättern, allen Quellen —
ach, möcht es sein, daß ich allein dir diene! —,
der Leu ist dir nicht feind, kommt vielmehr dir
          entgegen,
er setzt zum Herrn dich über alle Lebewesen."
Derart beschwatzte er den Spießer, redete ihm zu,
aufs neue in die Unterwelt zu kommen.
Und als er diesmal in des Dickichts engsten Winkel
          eingeschlossen,
da fand der Löwe seine Mahlzeit, die vollkommen war,
das Fleisch verzehrend, aus den Knochen Mark
          aussaugend,
die Eingeweide schlingend. Doch der Helfer bei der
          Jagd
stand hungernd draußen, bis das Hirn des Hirsches
          hinfiel:
das schnappt der Fuchs und bringt es heimlich fort
als Lohn für alle seine Mühen.
Der Löwe aber zählte, prüfte alle Eingeweide;
das Hirn nur mußte er vermissen.
Drauf untersuchte er das Lager und die ganze
          Häuslichkeit.
Da sprach der Fuchs, der Wahrheit fern:
„Das Hirn, das gab es nicht! So suche nur nicht weiter!
Wie könnte einer Hirn wohl haben,
der zweimal in das Haus des Löwen seine Schritte
          wandte?"

                                        (95)

DAS SCHAF AUF DER MAUER

An einer Mauerzinne ging ein Wolf vorbei. Von drinnen
        guckt'
ein Schaf hervor und schmähte ihn mit schlimmen Reden.
Und zähneknirschend sagte jener:
„Die Mauer war es, die mich schmähte; bild dir nichts
        drauf ein!"

Die Fabel zeigt dies deutlich an:
Es werde keiner übermütig, der durch Zufall stark ist.
                                                    (96)

DER LÖWE UND DER WILDE STIER

Der Löwe stellte einst dem wilden Stiere nach.
Ein Opfer für die Göttermutter gab er vor
und lud zum Opferschmaus den Stier mit ein.
Und jener, an nichts Arges denkend, sagte zu.
Er kam, betrat die Tür des Löwenhauses.
Doch als er viele Töpfe sah, mit heißem Wasser voll,
und Messer aller Art, die blank geputzt,
und an der Türe weiter nichts als einen Opferhahn,
da nahm er Reißaus ins Gebirg.
Es tadelt' ihn der Leu, als er ihn später traf.
Erwidert' jener: „Ich war da und habe dies zum
        Zeugnis:
das Opfertier entsprach nicht recht dem Schlacht-
        werkzeug."   (97)

DER LÖWE ALS BRÄUTIGAM

Von heißer Brunst ergriffen, hielt der Löwe
um eines schönen Mädchens Hand bei ihrem Vater an.
Der Alte zeigte sich durchaus nicht abgeneigt und sagte:
„Ich geb sie dir zur Frau und freue mich darüber;
wer möchte schließlich nicht den Herren Leu zum
        Eidam haben?

Jedoch die Mädchen und die jungen Fraun sind zart
      veranlagt;
du aber hast so scharfe Krallen, hast — bei Gott! —
so scharfe Zähne, welches Mädchen sollt es darum wagen,
dich furchtlos in den Arm zu nehmen? Wird eher sie
      nicht weinen?
Das solltest du bedenken, wenn die Heirat du begehrst;
kein wildes Tier, ein Bräut'gam mußt du sein!"
Der Löwe, voll Entzücken und der Rede glaubend,
ließ sich die Zähne ziehn und mit dem Federmesser
die Krallen sich entfernen. Dann trat er vor den Alten
und bat ihn um das Mädchen. Aber da ging's los:
mit Knüppeln, Steinen, Händen drosch man auf den
      Löwen ein.
Verendend wie ein Schwein, lag wehrlos nun der Löwe
      da,
durch des verschlagnen Alten List belehrt,
daß es nicht angeht, daß die Menschen Löwen
und daß die Löwen Menschen lieben.   (98)

DER LÖWE UND DER ADLER

Zum Löwen kam ein Adler einst geflogen
und bat um Freundschaft. „Nun, was soll uns hindern?"
      sprach der Leu,
„jedoch ein Pfand mußt du mir geben, daß du nicht
auf deine schnellen Schwingen deine Hoffnung setzt;
wie sollt ich einem Freunde trauen, der doch unstet?"
                                             (99)

DER WOLF UND DER HUND

Dem Wolf begegnete ein Hund, ein ungewöhnlich
      dicker.
Den fragte jener, wo in Kost er stehe,
daß er so groß und stattlich sei, vor Fett so strotze.
„Ein reicher Mann ist's", sagt' er, „der mir Nahrung gibt."

Darauf der Wolf: „Wie kommt es, daß dein Hals so
    weiß ist?"
„Das Fleisch ist aufgerieben von dem Eisenhalsband,
    das mir mein Halter umgelegt, nachdem er's selbst
        geschmiedet."
Da lachte laut der Wolf. „Ich pfeife", sagte er,
„auf dieses üpp'ge Leben, um dessentwillen
    ein solches Eisen mir den Hals aufreißt!"   (100)

DER EINGEBILDETE WOLF

Es lebte unter andern Wölfen einst ein Wolf von großer
    Stärke,
den man darum den Löwen nannte. Uneinsichtig war er
und konnte nicht den Ruhm vertragen, trennte sich
    vielmehr
von den Genossen, beigesellte sich den Löwen.
Mit Hohn sprach da das Füchslein: „Niemals möchte ich
erwachen aus Verblendung, wie du jetzt sie tief
    erlebtest.
Für Wölfe nämlich magst du wirklich als ein Leu
    erscheinen,
doch Löwen wirst du im Vergleich ein Wolf stets bleiben."
        (101)

DIE EINTRACHT UNTER DEN TIEREN

Ein Löwe herrschte einst als König, ohne Zornwut,
nicht grausam oder auf Gewalt je pochend,
nein, sanft und rechtlich, wie's nur je ein Mensch
    vermag.
Und unter dieses Königs Herrschaft, sagt man,
fand ein Konzil statt jener Tiere, die in Freiheit leben,
um Recht zu geben wie auch zu empfangen.
Als alle Tiere Rechenschaft nun legten —
der Wolf dem Lamme und das Panthertier der Wildgeiß,
dem Hirsch der Tiger — und sie alle Frieden hatten,

da sprach der scheue Hase: „Oh, ich sehnte diesen Tag
schon längst herbei, der auch die Rücksichtslosen
vor Schwachen Furcht läßt fühlen!"   (102)

DER FUCHS VOR DER HÖHLE DES LÖWEN

Zur Jagd konnt nicht mehr gehn der Löwe,
denn alt geworden war er mit der Zeit.
So lag er ausgestreckt in seiner Höhle
wie einer, der sehr krank ist, stellte sich schwer atmend
und dämpfte heuchlerisch die laute Stimme.
Die Kunde davon ging durchs ganze Tierreich,
und alle klagten um des Löwen Krankheit.
Ein jeder kam zu ihm, Besuch zu machen.
Von diesen griff er einen nach dem andern
und fraß sie mitleidlos — das Alter wurde ihm erträglich.
Da kam dem schlauen Fuchs Verdacht,
und draußen bleibend, fragte er: „Wie geht dir's,
          König?"
Erwidert' jener: „Sei gegrüßt, mein liebster Freund!
Was trittst du nicht herein, besiehst mich nur von fern?
Komm näher nur, nimm Platz und tröste mich
durch bunte Fabeln jetzt in meinem Unglück!"
Der Fuchs darauf: „Leb wohl, und daß ich geh, verzeih!
Es schrecken mich die Spuren allzu vieler Tiere,
von denen keine du mir zeigen kannst, die aus der
          Höhle führt hinaus."   (103)

DER BISSIGE HUND

Ein Hund biß unbedacht. Da ließ sein Herr
von einem Schmied ihm eine Schelle machen;
er hängte sie ihm um, von fern ihn anzukünd'gen.
Der Hund, die Schelle läutend, bläht sich auf dem
          Markt.
Da richtet eine alte Hündin

an ihn das Wort: „Du Tropf, was prahlst du so?
Nicht Schmuck für Wohlverhalten und für Tüchtigkeit,
Beweis für deine Bosheit vielmehr kündest du." (104)

DER BERAUBTE WOLF

Ein Wolf, der mitten aus der Herde ein Schaf gerissen,
trug heimwärts es. Begegnet' ihm der Löwe
und nahm es weg. Von weitem, stehenbleibend, schrie
    der Wolf:
„Zu Unrecht hast du mir mein Eigentum genommen!"
Der Löwe amüsierte sich und rief dem Wolf zum Spott:
„Ja, freilich, denn dir ward es ja geschenkt von Freunden —
    nach dem Rechte!" (105)

DER GASTGEBENDE LÖWE UND DER FUCHS

Der Löwe wollte einst auf großer Männer Weise leben,
und weil die Höhle ihm dafür genügend Raum darbot,
so ließ er, die vom Berggetier als vornehm er
einschätzte, wie es sich gehört, zum Mahle laden.
Gar oft versammelten in seiner Grotte sich die Tiere
in großer Zahl und fanden einen guten Wirt.
Er bat zu Tische, ehrt' die Gäste, wie es Brauch,
und setzte ihnen allen Speise vor, die 's Herz erfreut.
Als Freund und Hausgenossen hielt er sich den Fuchs,
mit dem verbracht er manche Stunde in vertraulichem
    Gespräch.
Ein alter Affe war bestellt als Hofmarschall,
der wies den Gästen ihre Fleischportionen zu;
kam einer aber außerhalb des sonst gewohnten Kreises,
so legte er dem Hausherrn und dem Gast das gleiche
    vor
von dem, was von des Löwen letzter Jagd vorhanden war;
der Fuchs bekam nur wenig, stets bloß Reste.
Als der nun einmal auffallend verstummte

und unberührt ließ, was zur Tafel aufgetragen,
da fragte ihn der Löwe, welchen Grund er hätte:
„Du kluger Freund, so red, wie's sonst doch deine Art ist!
Genieß, mein Lieber, heiteren Gesichts des Mahles
    Freuden!"
Der Fuchs erwiderte: „Erlauchtester im Tierreich,
von großer Sorge wird mein Herz zerrissen;
denn nicht allein die Gegenwart bereitet Schmerzen mir,
noch mehr ist bang mir vor der Zukunft, die ich
    kommen seh.
Wenn nämlich jeden Tag bald der, bald jener hier
zu Gaste ist und solches zur Gewohnheit wird,
bin ich's bald nicht allein, der sich von Resten nähren
    muß!"
Der Löwe war entzückt und lächelte nach Löwenart.
„Den Affen", sagt' er, „trifft der Vorwurf und nicht
    mich."   (106)

DER LÖWE UND DIE MAUS

Der Löwe hatte eine Maus erjagt und wollte sie
    verspeisen;
jedoch die Diebin, die im Hause unbeliebt,
da sie ihr letztes Stündlein nahen fühlt, legt sich aufs
    Flehn.
Sie sagt: „Wohl Hirsche und gehörnte Stiere stehn dir an
als Beute auf der Jagd und Füllung für den Bauch;
jedoch das Mäusefleisch, das sollten deine Lippen nie
berühren. Darum bitt ich, schone mich,
vielleicht daß ich dir einst, obschon ich klein, von
    Nutzen bin!"
Da lacht der Löwe auf und läßt die Maus am Leben.
Und nicht viel später fiel er jungen Jägern in die Hand,
geriet ins Netz und ließ sich übertölpeln
und fing an seiner Rettung an zu zweifeln.
Da kam die Maus aus ihrem heimlichen Versteck
    gesprungen

und nagt' mit ihrem kleinen Zähnchen an dem festen
    Strick,
bis daß der Löwe frei war. Also gab sie Dank dafür,
daß vorher er das Lebenslicht ihr schonte.   (107)

Zweites Buch

PROLOG

Die Fabel, König Alexanders Sohn,
ward von den alten Syrern einst erfunden,
die in der Vorzeit lebten, unter Ninos, unter Belos.
Als erster, sagt man, hat den Söhnen der Hellenen
der weise Aisopos und hat auch Libyens Söhnen
Kibyssas Fabeln nacherzählt. Ich aber gebe einer jungen
    Muse,
nachdem ich goldnen Kopfschmuck angelegt,
das Fabelbuch gleichwie ein Panzerpferd.
Nachdem von mir zuerst die Tür ward aufgestoßen,
da traten andre ein und bringen ihre Poesien heraus,
die der verschlungnen Rede einer weisern Muse
    gleichen;
sie haben nichts gelernt, als mich zu plagiieren.
Doch ich, in lichter Rede bring ich meine Fabeln
und schärfe nicht der Jamben Spitzen;
nachdem im Feuer ich's geprüft, die Stacheln ich
    geglättet,
trag ich dies Buch dir als das zweite vor.

DIE STADTMAUS UND DIE LANDMAUS

Zwei Mäuse, deren eine auf dem Lande hauste,
indes die andre in der Stadt in reichen Magazinen lebte,
beschlossen, daß sie ihren Haushalt künftighin
    gemeinsam führten.
Zuerst erschien die Stadtmaus auf dem Land,

das grade noch im Frühlingsgrün erstrahlte.
Doch als sie dünne, regennasse Wurzeln fressen mußte,
an denen noch die schwarze Erde klebte, sprach sie
zu der Gefährtin: „Pfui, du lebst so elend wie die Ameis,
ernährst in dunkler Tiefe dich von magren Krumen!
Dagegen habe ich an allem reiche Auswahl
und wohne im Vergleich zu dir im Horn der Amaltheia.
Kommst du mit mir, so wirst nach Herzenslust du
        schwelgen.
Die Erde zu durchwühlen, überlaß dem Maulwurf!"
So führte sie die Feldmaus fort und redete ihr zu,
zu wohnen in der Stadt, in menschlicher Behausung.
Sie zeigt ihr, wo der Gerstenvorrat liegt
und wo der Bohnenhaufen und die Feigenfässer
und wo die Honigkrüge und die Dattelkörbe.
Wie nun die Landmaus sich daran ergötzt,
ein Stückchen Käse nimmt und bei sich trägt,
ging plötzlich eine Türe auf. Und eingeschüchtert floh
        die Maus
und suchte Zuflucht in dem äußerst abgelegnen Winkel;
sie piepste ängstlich und bedrängte ihren Gastherrn.
Nachdem sie eine Zeitlang stillgehalten, guckte sie hervor
aufs neu, um eine Feigenfrucht aus Rhodos anzu-
        knappern.
Da kam ein anderer, um etwas sich zu holen;
die beiden mußten sich verstecken. Drauf die Feldmaus:
„So lebe wohl und bleibe reich bei dieser Art von Leben
und schwelge weiter bei den üpp'gen Mählern,
wo all die Fülle voll ist von Gefahren!
Ich aber werde meine schlichte Scholle nicht verlassen,
wo mein bescheidnes Mahl ich ohne Furcht kann essen."
                                                (108)

DER KREBS UND SEINE MUTTER

„Geh nicht so krumm", so sprach zum Krebse seine
        Mutter,
„und stell auf glattem Fels die Glieder nicht so quer!"

Darauf der Junge: „Meine Lehrerin und Mutter,
geh aufrecht du voran, und wenn ich's sehe, will ich es
     genauso machen!"   (109)

DER GESCHOLTENE HUND

Ein Herr wollt ausgehn, und sein Hund stand noch
     daneben.
„Was gaffst du?" rief er, „mach dich fertig;
denn du sollst mit mir kommen!" Und der Hund
hebt bloß den Schwanz und spricht: „Ich bin ja fertig,
     du nur säumst."   (110)

DER ESEL ALS LASTTIER

Ein Krämer hatte einen Esel. Als er hörte,
daß Salz am Meere billig sei, beschloß er, dort
zu kaufen. Tüchtig lud er seinem Esel auf
und nahm den Weg zurück. Nach einer guten Weile
glitt unversehns der Esel aus und fiel in einen Bach.
Und weil das Salz zerging, ward seine Last erleichtert.
Flugs stand er auf, und mühelos gelangte er
ins Binnenland. Nachdem das Salz verkauft war, führte
der Krämer seinen Esel fort zum nächsten Gang
und legte ihm noch größre Lasten auf.
Als stöhnend der den Bach passierte, wo er vorher
     ausgeglitten,
da fiel er hin mit Absicht. Wieder löste sich die Fracht.
Mit Leichtigkeit erhob er sich, voll Freude über den
     Erfolg.
Indes der Kaufmann sich besann und holte Schwämme
     aus dem Meer,
es waren viele an der Zahl, mit großen Löchern;
am Salze hatte er die Lust verloren.
Als nun der schlaue Esel an dem Bache ankam,
so ließ er wieder fallen sich. Die Schwämme aber sogen

sich voller Wasser, ihr Gewicht vermehrte sich.
Mit doppelt soviel Last auf seinem Rücken kam er nun
    nach Hause.   (111)

DIE MAUS UND DER STIER

Einst biß die Maus den Stier. Dem tat das weh, drum
    stürzte er ihr nach.
Doch die kam ihm zuvor und schlüpfte in ein Loch.
Der Stier, der stand davor und stieß mit seinen Hörnern
    an die Wand,
bis er ermüdet in die Knie sank und einschlief
am Mauseloch. Die Maus jedoch guckt raus,
sie schleicht heran, sie beißt aufs neu und macht sich fort.
Der Stier stand auf. Was sollte er noch tun?
Er wußt es nicht. Doch höhnte ihn die Maus:
„Nicht immer ist der Große stark. Denn Fälle gibt's,
da ist es besser, klein und unscheinbar zu sein." (112)

DER UNACHTSAME SCHAFBESITZER

Zum Abend sperrte einer seine Schafe in den Pferch
und war dabei, den fahlen Wolf mit einzusperren.
Das sah der Hund und sagte zu dem Manne warnend:
„Wie willst du deine Schafe dir erhalten, wenn du den
    mitgibst?"   (113)

DER LEUCHTER UND DIE STERNE

Der Leuchter, der vom Öle trunken, rühmt' sich eines
    Abends
vor denen, die es hören mußten: „Größer als der
    Morgenstern
bin ich und spende allen wunderbares Licht."
Der Wind stand auf, und aus war gleich das Licht,

21*

von seinem Atem nur berührt. Und einer zündet's
   wieder an.
„Du, Leuchter, gib dein Licht und schweig!
Der Glanz der Sterne, der erlischt niemals!"   (114)

DIE VERMESSENE SCHILDKRÖTE

Zu Tauchern, die in Sümpfen leben, Möwen und zu
   flinken
Eisvögeln sprach die faule Schildkröt einst:
„Hätt einer mir doch Flügel auch gemacht!"
Das hört' der Adler, und er rief ihr zu:
„Wieviel an Lohn willst du mir, Schildkröt, geben,
   wenn ich in leichtem Flug dich durch die Lüfte trage?"
„Ich gebe dir des Roten Meeres ganzen Reichtum."
„So will ich's lehren dich", erwidert' er und hob sie
   rücklings,
trug fort sie durch die Wolken, ließ sie fallen dann
auf einen Berg, wodurch ihr fester Panzerschild im
   Rücken brach.
Da sprach sie, in den letzten Zügen liegend: „Recht ist
   mir geschehn;
was sucht ich in den Wolken, wozu braucht ich
   Schwingen,
die ich doch schwer genug schon auf der Erde mich
   bewege?"   (115)

DER SCHÖNE KNABE

Es war um Mitternacht, da hörte einen Knaben man
   vortrefflich singen.
Die Frau vernahm es und erhob sich,
sie schaute aus dem Fenster und erblickt' den Knaben;
der war sehr schön im hellen Licht des Monds.
Da ließ sie ihren Mann im Schlafgemach zurück
und ging hinunter, öffnete die Tür,

erfüllte ihr Verlangen.
Da plötzlich stand ihr Mann auch auf
und sucht' nach ihr, und da er sie nicht drinnen fand,
verlor er keine Zeit und macht' sich auf den Weg.
Er spricht zur Ehefrau: ,,Erschrick dich nicht, jedoch
den Knaben bring dazu, in unserm Haus zu schlafen!"
Und nahm ihn mit, verführte ihn, und weil sie beide sich
betät'gen wollten, kam auch er zu seinem Spaß.   (116)

HERMES UND DER UNGERECHTE TADLER

Als einst ein Schiff mit Mann und Maus versunken war,
nannt jemand, der's gesehn, die Götter ungerechte
        Richter;
weil nämlich einer auf dem Schiffe mitfuhr, der
        verbrecherisch,
so müßten viele andere, die ohne Schuld, doch mit ihm
        sterben.
Und während er so sprach, wie das ja vorkommt,
kam unter ihm ein Schwarm von Ameisen gezogen,
die alle Weizenspreu erjagen wollten.
Und als ihn eine biß, zertrampelt' er die meisten.
Da sprach Gott Hermes, mit dem Stab ausschlagend:
,,Jetzt wirst du's wohl ertragen, daß die Götter
euch richten in derselben Art wie du die Ameisen."
                                            (117)

DIE UNGLÜCKSELIGE SCHWALBE

Die braune Schwalbe, die gerne bei den Menschen
        wohnt,
erbaut' im Frühling einst ihr Nest an einer Wand
des Hauses, wo die alten Männer sitzen zu Gericht.
Von sieben Jungen wird sie Mutter dort;
noch fehlen ihnen purpurrote Schwingen.
Die fraß die Schlange alle reihum auf, als sie

aus ihrem Loch kam angekrochen. Die unglücksel'ge
    Mutter
beklagt den frühen Tod der Jungen.
„O weh", spricht sie, „o weh mir Armen!
Dort, wo Gesetz und Recht der Menschen herrschen,
muß ich, die Schwalbe, der man Unrecht tat, entfliehn."
                                                    (118)

DAS HERMESBILD AUS HOLZ

Ein Mann, ein Handwerker, besaß ein Hermesbild aus
    Holz.
Dem bracht er alle Tage reiche Opfer dar,
und trotzdem ging's ihm schlecht. Das macht' ihn
    wütend auf den Gott,
er packte ihn am Fuß und warf ihn nieder auf die Erde.
Da fielen Stücke Gold aus dem zerbrochnen Kopf.
Die sammelte der Alte auf und sprach: „O Hermes,
wie bist du dumm und ohne Rücksicht gegenüber
    deinen Freunden!
Als wir dich ehrten, wolltest keinen Nutzen du uns
    bringen,
entgaltst es uns jedoch mit vielem Guten, als wir
    schmähten dich.
Den neuen Kult für dich, den kannt ich nicht!"

Nun, Götter, euch bezieht Äsop in seine Fabeln ein,
wenn miteinander er uns raten will.
Gewinn wirst du nicht haben, ehrst du einen krummen
    Mann;
doch mag dir's Nutzen bringen, schiltst du ihn.   (119)

DER FROSCH ALS ARZT

Der Frosch, der in den Sümpfen wohnt und sich des
    Dunkels freut,
der an den aufgeworfnen Gräben gerne weilt,

kam einst aufs Land und sprach zu allen Tieren:
„Ich bin ein Arzt, der die Arzneien kennt
    wie keiner sonst vielleicht, selbst nicht Paian,
    der den Olymp bewohnt, die Götter dort betreut."
„Wie", sagte da der Fuchs, „willst einen andern du
        kurieren,
    der du so fahl bist und dir selbst nicht helfen kannst?"
                                                    (120)

DAS KRANKE HUHN UND DIE KATZE

Das Huhn war einst erkrankt, da schaute
    die Katz hinein und fragt': „Wie geht's? Hast du was
        nötig?
Ich will dir's gern besorgen, bleib nur leben!"
Da sprach das Huhn: „Geh fort! Dann brauch ich nicht
    zu sterben!"   (121)

DER LAHME ESEL UND DER WOLF

Der Esel trat in einen Dorn und blieb mit lahmem Fuße
        stehn.
Da sah den Wolf er kommen und sein sichres Ende
        nahn
und sprach: „Ich muß nun sterben, Wolf,
    mein Leben hauch ich aus. Da freu ich mich, daß ich
        dich treffe;
    du wirst mich besser doch als Geier oder Rabe fressen.
Doch mußt du einen Dienst mir tun, der dir nicht
        schadet und nicht schwerfällt:
Zieh aus dem Fuß mir diesen Dorn heraus,
    auf daß mein Geist schmerzfrei zum Hades eingeh!"
„Gern will ich diesen Dienst dir tun", erwidert' jener
    und zog mit spitzen Zähnen den frischen Dorn heraus.
Der Esel, frei von Schmerz und allem Ungemach,
    versetzt' dem Wolf, der schon das Maul aufriß, 'nen
        Tritt und lief davon,

nachdem er Nase, Stirn und Kinn ihm weich gemacht.
„Weh mir", rief jener, „doch geschieht's mir recht!
Was wollt ich jetzt den Arzt für Lahme spielen,
nachdem ich doch seit je nichts anderes als morden
      lernte!" (122)

DAS HUHN MIT DEN GOLDENEN EIERN

Es war einmal ein gutes Huhn, das legte goldne Eier;
es glaubt' daher sein Herr, in seinem Bauche müsse sich
ein großer Klumpen Gold befinden, von dem es
      immerfort gebäre.
Er schlachtet' drum das Huhn, doch fand er alles so,
wie's der Natur entspricht. Und wenn er hoffte und
      begehrte,
den größten Reichtum zu gewinnen,
so hatt er jetzt, was doch ein wenig abwarf, auch
      verlorn. (123)

DER VOGELSTELLER, DAS REBHUHN UND DER HAHN

Zu einem Vogelsteller kam ein unverhoffter Freund,
als der gerad sein Mahl aus Sellerie und Kresse
      verzehren wollte.
Im Käfig war nichts drin, er war gerade nicht auf Jagd
      gewesen.
Und schon war er daran, das bunte Rebhuhn
      abzuschlachten,
das er gezähmt zur Jagd im Hause hielt.
Das aber fleht', er solle es nicht töten:
„Was wirst in Zukunft mit dem Netz du machen,
sooft du gehst zur Jagd? Wer wird die Schar
der schönen Vögel, die einander gut sind, dir
      zusammenlocken?
Von welches Sängers Lied wirst in den Schlaf du
      sinken?"

Da ließ der Mann das Rebhuhn laufen
und schickt' sich an, den Hahn zu packen mit dem
        Bart.
Der krähte laut von seiner Stang herunter:
„Wer sagt dir dann, wieviel noch fehlt zum Morgen,
wenn ich, der dir die Zeit verkündet, nicht mehr bin?
Wer wird dann wissen, wann Orion untergeht mit
        seinem goldnen Bogen?
Wer wird an deine morgendliche Arbeit dich erinnern,
wenn naß vom Tau die Vogelschwingen sind?"
Erwidert jener: „Ja, du weißt die rechten Stunden;
jedoch muß jetzt mein Freund etwas zu essen haben!"

(124)

DER ALBERNE ESEL

Ein Esel stieg aufs Dach und machte Albernheiten,
dabei zerschlug er viele Ziegel, bis ein Mann
herzukam und mit Schlägen ihn herunterholte.
Der Esel wandte sich an den, indes der Rücken ihn sehr
        schmerzte:
„Hat nicht der Affe gestern noch und vorher,
indem er Gleiches tat, euch großen Spaß gemacht?"

(125)

DIE WAHRHEIT IN DER EINSAMKEIT

Ein Wanderer verirrt' sich in der Einsamkeit.
Und stehend fand er da die Wahrheit, ganz allein.
Er spricht zu ihr: „Aus welchem Grunde, Alte,
hast du die Stadt verlassen, wohnst hier in der Fremde?"
Ihm gleich erwidernd, sprach sie voller Tiefsinn:
„Nun, noch vor kurzem war die Lüge nur bei wen'gen;
jetzt aber fand sie Eingang allenthalben."   (126)

DIE SÜNDENTAFELN

Auf Tafeln hieß Gott Zeus den Hermes schreiben
die Sünden und Verfehlungen der Menschen
und alles dann in einem Schrank verschließen,
der nahe bei ihm stünde, daß er Nachforschung
     betreiben und
bei jedem seine Schuld einfordern könne.
Die Tafeln kamen durcheinander, und die eine
gerät erst später und die andre früher
zur Urteilsfällung in Zeus' Hände.
Die Bösen sollten sich darum nicht wundern,
wenn alles Unrecht spät erst seine Sühne findet.

                                    (127)

DIE KLAGE DES SCHAFES

Ein Schaf sprach folgendes zu seinem Hirten:
„Du scherst mich und bekommst von meiner Schur die
     Wolle,
und wenn du melkst, so liebst du's, Käse draus zu
     machen,
und unser Nachwuchs mehrt dir deine Herden.
Uns nützt das nichts! Und unsre eigne Nahrung,
das ist bloß dünnes Gras, dazu vom Tau noch triefend;
denn was soll Frisches auf den Bergen schon gedeihn?
Den Hund jedoch, den du in unsrer Mitte hältst,
ernährst du mit den gleichen guten Speisen wie dich
     selbst!"
Der Hund vernahm es und erwiderte darauf:
„Wär ich nicht hier und weilte unter euch,
ihr würdet kaum genug je Futter haben;
ich lauf herum und halte alles fern,
den bösen Räuber und den Wolf, der auf euch scharf
     ist."   (128)

DER ESEL IN DER ROLLE DES SCHOSSHUNDES

Ein Mann hielt einen Esel und ein kleines Hündchen.
Des Hündchens freute sich sein Herr,
weil es possierlich spielte und immerfort um ihn herum
    war,
und jener drückt' es fest an seine Brust.
Der Esel aber mußt des Abends Körner vom Getreide
    mahlen,
das Demeter liebt, des Tages bracht er Holz
vom Bergwald und vom Acker, was man brauchte,
und stand danach im Stalle, an die Krippe festgebunden,
und mußte Gerste fressen, so wie er's gewohnt war.
Das ging ihm nahe, und es packte ihn die Wut,
sobald den Hund in seiner Üppigkeit er sah;
drum riß er los sich aus dem Krippenhalfter,
lief mitten auf den Hof und schlug dann aus nach allen
    Seiten.
Um schönzutun und um sich auszutollen,
ging los er auf den Tisch und warf ihn um,
und das Geschirr, das draufstand, machte er zu Scherben.
Den Herrn, der eben speiste, wollt er küssen
und sprang ihm auf den Rücken. Die Not war groß,
da retteten die Diener, die ihres Herrn Bedrängnis sahn,
ihn wahrhaft aus des Esels Backenknochen.
Mit Knüppeln aus hartem Kirschbaumholze schlugen sie
von allen Seiten auf ihn ein, bis daß er stöhnte:
„Jetzt muß ich Elender, was mir gebührt, ertragen!
Ach, wär ich doch als Esel bei den Eseln nur geblieben!
Was mußt ich Dummkopf auch mit einem Schoßhund
    mich vergleichen?"   (129)

DER GIERIGE WOLF UND DER FUCHS

Der Fuchs stand unweit einer Eisenfalle
und dachte bei sich nach, was wohl zu tun sei.
Der Wolf, der gleichfalls in der Nähe war,

bemerkte ihn, er kam herbei und gierte nach dem
    Fleisch.
Da sprach der Fuchs: „Komm her! Du kannst es gerne
    haben,
gehörst du doch zu meinen engsten Freunden."
Flugs trat der Wolf herzu. Beim Tasten aber
berührte er den Stock, da schlug die Falle zu,
und außer seiner Stirn wurd ihm die Nase auch
    getroffen.
„Wenn du", sprach er zum Fuchse, „deinen Freunden
    solche Geschenke machst,
wie sollen sie dir das entgelten?"   (130)

DER LEICHTSINNIGE JÜNGLING UND DIE SCHWALBE

Ein Jüngling hatt beim Würfelspiele sein Vermögen
    durchgebracht.
Nur einen Mantel wollte er sich retten,
damit ihm nicht, weil's Winter war, die Kälte schaden
    könne.
Doch sollte ihm das Spiel auch den noch nehmen.
Vorm Frühling nämlich kam von Theben her
geflogen eine Schwalbe, vor der Zeit;
die hört' er leise zwitschern.
„Was brauch ich jetzt den Mantel noch?" so meinte er.
„Sieh da die Schwalbe, das bedeutet Wärme!"
Er sprach's, ging hin und setzte sich zum Spiel,
nach kurzem Einsatz ging der Mantel ihm verloren.
Ein Schneesturm kam und fürchterlicher Hagel,
und jedermann hatt wollne Kleidung nötig.
Als er da halb bekleidet aus der Tür sich beugte
und nach der muntren Schwalbe spähte,
erblickte er den Vogel tot vor Kälte.
„Du Ärmste", sprach er, „wärst du mir doch nie vor
    Augen je gekommen!
Dich selber hast du ebenso wie mich betrogen!" (131)

DAS SCHAF AUF DER FLUCHT VOR DEM WOLFE

Ein Schaf erblickte plötzlich einen Wolf, der streunte,
da floh es in ein Heiligtum, das unverschlossen,
weil grad ein Opfer festlich ward begangen.
Der Wolf kam in das Heiligtum nicht mit hinein,
doch draußen stehend, sprach er mit dem Schaf:
„Siehst den Altar du, der befleckt von Blut?
So komm heraus! Man wird dich packen und dich
          opfern."
Jedoch das Schaf: „Um mein Asyl brauchst du dich
          nicht zu sorgen.
Mir geht es gut. Und wenn es dennoch sein muß, zieh
          ich's vor,
dem Gott zum Opfer als dem Wolf zum Fraß zu
          dienen."   (132)

DER ESEL UND DER FUCHS

Ein Esel fraß vom Dorngestrüpp die scharfen Enden.
Ihn sah der Fuchs, der höhnend sprach:
„Mit weicher, ausgestreckter Zunge willst du, Freund,
die harte Speise eßbar machen, um sie zu verzehren?"
                                                         (133)

DER SCHWANZ DER SCHLANGE ALS FÜHRER

Einst wollt der Schwanz der Schlange es nicht mehr
          ertragen,
daß immer nur der Kopf die Führung hab, und machte
          nicht mehr mit.
„Auch ich", so sprach er, „für mein Teil möcht einmal
          vorne sein!"
Die andern Teile murrten: „Was, willst *du* uns führen?
Du Elender, wie kannst du ohne Augen, ohne Nas uns
          leiten,
durch die allein erst alle Lebewesen sicher gehn

und ihre Füße richtig lenken können?"
Jedoch nichts half, die Einsicht unterlag
dem Wahn, und so regierte Hinten über Vorn,
der Schwanz ward Herrscher, der den ganzen Körper
in blindem Eifer nach sich zog.
Da stürzt in eine steile Felskluft er hinab
und schlägt das Rückgrat auf an dem Gestein.
Nun fleht der erst so Stolze untertänig:
„Herr Kopf, so rette uns, wenn du's vermagst!
Mit Bösern bin in einen bösen Streit ich eingetreten.
Jetzt will ich besser dir, wenn du befiehlst,
gehorchen, daß du später — niemals werd ich mehr
den Führer spielen wollen! — Übles nicht zu fürchten
    hast."   (134)

DIE WACHTEL UND DIE KATZE

'ne Wachtel kaufte sich ein Mann und ließ sie frei
im Hause laufen; denn er hatte Freude an dem Tier.
Der Vogel aber rief alsbald nach seiner Weise
und lief herum im Hof bis an die Stufen eines Herdes.
Da kam zu ihm die Katze voller Tücke
und fragt' zunächst: „Wer bist du, und wo kommst du
    her?"
„Die Wachtel bin ich, die man jüngst gekauft."
„Ich lebe hier schon lange Zeit,
die Mutter, die die Mäuse tötet, bracht im Hause mich
    zur Welt,
und trotzdem bin ich still und halte mich am Herd.
Du aber, sagst es selbst, bist frisch gekauft, kommst her,
machst viel Geschrei und störst die Leute!"   (135)

DER ÄNGSTLICHE VATER

Ein alter Mann, der ängstlich, hatte einen einz'gen Sohn;
das war ein kühner Jüngling und ein Freund der Jagd.
In seinen Träumen sah der Vater, wie vom Löwen der

erschlagen lag, und große Furcht erfüllte ihn,
daß je das Traumbild Wahrheit werden könnte.
Drum wählte er für seinen Sohn das schönste Zimmer,
    hoch gebaut
und gut und voller Sonne;
darin schloß er den Jüngling ein und hielt gar selber
    Wache.
Und daß in seinem Schmerz er Linderung erführe,
so ließ der Vater bunte Tiere an die Wände malen,
darunter einen Löwen, wohlgestalt.
Doch dessen Anblick machte ihm sein Leid noch größer.
So stand er einmal in des Löwen Nähe
und sprach: „Du böses Tier, weil du den falschen
    Traum
vor meines Vaters Augen führtest ohne Grund,
bin ich in Haft jetzt wie ein Weib.
Was nützt es, daß ich wider dich mit Worten streite?
Denn hier bedarf's der Tat!", und schlug mit seinen
    Fäusten,
das Tier zu blenden, auf die Zimmerwand.
Da löste sich ein Splitter von der Holzwand ab
und drang ihm unterm Nagel ein. Der Brand
erfaßt' alsbald den ganzen Körper,
und alles, was der arme Vater tat, es wollte doch nichts
    helfen.
Bis an die Leisten brannte ihn das Fieber
so lange, bis sein Leben er vollendet.
Der Leu, obgleich er nur gemalt war, hatte ihn
    vernichtet.
Des Vaters List vermochte nichts zu nützen.
Der Alte also konnte seinen Sohn nicht retten,
obgleich er ihn verbarg; denn jung zu sterben war für
    ihn bestimmt.
Drum trag dein Schicksal voller Würde
und sinne nicht darüber nach: Denn dem, was sein muß,
    wirst du nicht entgehn.   (136)

DIE GRÖSSENWAHNSINNIGE KRÄHE

Mit seinen Krallen riß ein prächt'ges Lamm
der Adler aus der Herde, zum Mahl bestimmt für seine
    Jungen.
Ihn nachzuahmen, schickte sich die Krähe an;
zu Boden fliegend, stieß sie auf des Widders Rücken.
. . .
. . .
„Ich büße". sagte sie, „mit Recht für meine Dummheit;
was mußte ich's, die Kräh, den Adlern gleichtun wollen?"
                                     (137)

DAS VERRÄTERISCHE REBHUHN

Ein Rebhuhn, das er sich gefangen, wollt ein Bauer
zum Abend schlachten, um es zu verspeisen.
Da fleht' das Tier ihn an: „Tu's nicht!
Denn wenn ich lebe, will ich dir viel andre
Rebhühner noch an meiner Statt erjagen."
. . .
„So werd ich dich aus noch viel besserm Grunde
        schlachten,
    da Freunden du und Blutsverwandten nachstellst."
                                     (138)

DER ESEL IM LÖWENFELL

Ein Esel, der ein Löwenfell sich hatte übern Kopf gestreift,
der meinte, daß er allen Menschen nun ganz furchtbar sei.
Er sprang wie toll herum, und alle Leute flohn
vor ihm, ja ganze Herden.
Doch als ein Windstoß kam und ihm das Fell
vom Rücken riß, erkannte man den Esel.
Sprach einer da zu ihm und schlug ihn mit dem Knüppel:
„Ein Esel bist du! Mach drum nicht den Löwen nach!"
                                     (139)

DIE AMEISE UND DIE GRILLE

Des Winters zog die Ameise aus einem Winkel Korn,
das sie im Sommer eingebracht, und blieb darum am
   Leben.
Da bat die Grille, die den Hunger spürte,
ihr doch ein wenig von der Nahrung abzugeben, daß
   auch sie dann lebe.
Es fragte jene: „Was denn tatst im letzten Sommer du?“
„Ich war nicht müßig, hatte immerfort zu singen.“
Ihr Korn verschloß die andre da und lachte.
„So tanz im Winter, wenn du flötetest im Sommer!“

Ja, besser ist's, an das zu denken, was notwendig,
und nicht auf Freuden und Gelag den Sinn zu richten.

(140)

DER ESEL DER BETTELPRIESTER

Da waren Bettelpriester, die hatten einen Esel; dem pflegten
sie, wenn sie durch das Land zogen, ihr Gepäck auf den
Rücken zu legen. Als nun der Esel infolge dieser Last verstorben war, zogen sie ihm das Fell ab, machten Pauken
daraus und bedienten sich dieser. Und als andere Priester
ihnen begegneten und fragten, wo denn der Esel sei, erwiderten sie, der sei wohl gestorben, doch bekomme er so
viele Schläge, wie er zu Lebzeiten nie ertragen mußte.

(141)

DIE NEIDISCHE ZIEGE

Ein Mann hielt eine Ziege und einen Esel. Die Ziege beneidete den Esel um sein reichliches Futter und sagte:
„Grenzenlos spielt man dir mit; bald mußt du mahlen, bald
mußt du Lasten tragen!“ Dann riet sie ihm: „Du mußt dich
fallsüchtig stellen und in einen Brunnen stürzen; so wirst
du Ruhe haben.“ Der Esel glaubte ihr, wagte den Sprung
und richtete sich dabei übel zu. Drauf ließ der Herr einen

Arzt kommen und bat ihn zu helfen. Man müsse, sagte der,
dem Esel Ziegenlunge eingeben; davon werde er genesen.
Also schlachtete man die Ziege und heilte den Esel.

(142)

DIE KLAGE DER EICHEN

Die Eichen beklagten sich bei Zeus: „Warum hast du uns,
da wir sowieso umgehauen werden, zusammen mit den
anderen Bäumen geschaffen?" Der Gott erwiderte ihnen:
„Ihr seid selbst schuld, daß man euch fällt;

> denn brächtet Stiele nicht hervor ihr alle,
> kein Bauer würde eine Axt im Hause haben."

(143)

DER GEFANGENE ADLER

Ein Bauer fand einen gefangenen Adler,

> des Schönheit schien ihm wunderbar;

darum ließ er ihn frei.

> Der war nicht ohne Dankbarkeit,

wie sich bald zeigte. Als der Adler nämlich sah, wie jener
Bauer sich gegen eine baufällige Mauer lehnte, erfaßte er
mit seinen Krallen das Mützchen, das der auf dem Kopfe
trug.

> Auf war der Bauer und ihm hinterher.

Da ließ der Adler die Mütze fallen. Der Bauer ergriff sie
und kehrte zurück. Da aber stellte er fest, daß die Mauer,
an der er gestanden hatte, eingestürzt war, und er geriet in
Verwunderung über so viel Dankbarkeit.   (144)

ATHENE UND HERAKLES

Als Herakles einst schritt auf engem Wege,
da sah er auf der Erde etwas liegen, einem Apfel
    gleich,

und versuchte, es zu zertreten.

Doch wie er's sich verdoppeln sah,

trat er noch stärker darauf und schlug mit seiner Keule
danach. Indes, zu voller Größe aufgebläht, versperrte es ihm
den Weg. Da warf er

die Keule weg und stand verwundert da, untätig.

Endlich erschien ihm Athene und sprach: „Hör auf, Bruder! Das da ist Zanksucht und Streit; wenn einer es nicht
angreift, so bleibt es,

wie's vorher war;

im Kampf aber schwillt es an."   (145)

DER GERBER UND SEIN NACHBAR

In der Nachbarschaft eines reichen Mannes wollte sich ein
Gerber ansiedeln. Doch jener war dagegen wegen des üblen
Geruchs. Als aber der Gerber meinte: „Du wirst nur die
kurze Zeit belästigt werden, bis du es gewöhnt bist; dann
wirst du nichts mehr riechen", erwiderte jener: „Deines
Handwerks wegen werde ich nicht meinen Geruchssinn
aufgeben."   (146)

DER BAUER UND DIE SCHLANGE

Ein Bauer fand eine Schlange, die vor Kälte schon fast starr
war; die erwärmte er an seiner Brust. Als die Schlange
wieder zu sich gekommen war und der Bauer sie mit der
Hand streicheln wollte, da biß sie zu und tötete ihn mit
diesem Biß.   (147)

22*

DIE GESCHWÄTZIGE SCHWALBE UND DIE KRÄHE

Die Schwalbe bemerkte zu der Krähe: „Ich bin eine Jungfrau und stamme aus Athen und bin eine Königin und die
Tochter des Königs der Athener." Und sie erzählte noch
von der Gewalttat des Tereus und davon, wie ihr die Zunge
abgeschnitten wurde. Da sagte die Krähe: „Was würdest du
erst tun, wenn du eine Zunge besäßest, wo du schon jetzt
so viel redest, obgleich man sie dir entfernte?"   (148)

DER LÖWE UND DER EBER AN DER QUELLE

    Zur Sommerszeit, da Hitze Durstesqual
bereitet,
        erschienen bei der kleinen Quelle Löw und Eber,
um zu trinken. Sie stritten darum, wer zuerst trinken sollte.
Daraus entstand ein gegenseitiger Kampf auf Leben und
Tod.
    Um aufzuatmen, wandten sie sich um

und wurden Geier gewahr, die darauf lauerten, den, welcher von beiden auf dem Platze bliebe, zu verspeisen. Da
ließen Löwe und Eber von ihrer Feindschaft und sprachen:
    „Geratner ist es doch, einander freund zu werden
    als eine Beute für die Geier und die wilden Raben."
                                                    (149)

DIE SCHLANGE UND DER WEIH

Der Weih packte eine Schlange und flog mit ihr davon.
Plötzlich drehte sich die Schlange um, biß den Vogel, und
beide stürzten in die Tiefe. Dabei verlor der Weih sein
Leben. Die Schlange aber sprach: „Was warst du so toll, daß
du einem, der dir nichts getan hat, schaden wolltest?

    So zahlest du für deinen Raub gerechte Buße."
                                                    (150)

DER KLAGENDE NUSSBAUM

Ein Nußbaum, der am Wege stand, trug reichlich Früchte.
Die Vorübergehenden bewarfen ihn mit Steinen und
schlugen ihn mit Stöcken wegen seiner Nüsse. Da sprach der
Nußbaum klagevoll: „Ich Ärmster, muß ich doch von
denen, die ich mit meiner Frucht erfreue, diesen Dank
erfahren!" (151)

DIE GELÖBNISSE DES RABEN

Ein Rabe, der von einer Schlinge erfaßt war, gelobte,
Apollon ein Weihrauchopfer darzubringen. Doch als er der
Gefahr entronnen war, vergaß er sein Versprechen. Wie er
nun eines Tages aufs neue in eine Schlinge geriet, überging
er Apollon und versprach Hermes das Opfer. Der aber sagte
zu ihm: „Du Bösewicht, wie soll ich dir vertrauen, der du
deinen früheren Herrn verleugnet und geschädigt hast?"
(152)

DER KAMPFHUND AUF DER FLUCHT

In einem Hause wurde ein Hund gehalten, der zum Kampfe
mit wilden Tieren abgerichtet war. Als er deren viele in
Kampfordnung aufgestellt sah, zerriß er sein Halsband

    und floh durch Seitengassen. Doch die andern
    Hunde,

die ihn erblickten, wohlgenährt wie einen Stier,

    befragten ihn: „Wo willst du hin?" Der aber

sprach:

    „Ich weiß, ich leb im Überfluß, und meinem Körper
    tut das gut;

doch bin ich immer am Rande des Todes, wenn ich mit
Bären und Löwen kämpfen muß." Da meinten die andern

unter sich: „Was haben wir doch für ein schönes, wenngleich bescheidenes Leben, die wir weder mit Löwen noch
mit Bären zu kämpfen brauchen!"   (153)

DER ÜBERFÜHRTE WOLF

Ein Wolf, der die übrigen Wölfe anführte,

    gab ein Gesetz für alle Tiere.

Danach sollte ein jeder, was er erjagte, stets für die All-
gemeinheit einbringen und für alle den gleichen Anteil zur
Verfügung stellen; so würden dann die andern nicht mehr
hungern und sich nicht mehr gegenseitig auffressen. Da
kam der Esel herzu, schüttelte seine Mähne und sprach:

    „Das, was der Wolf gedacht, war eine gute Sache;

doch wie konntest du dann die gestrige Jagdbeute unter
deinem Bett verstecken? Bring sie her und verteile sie!" Also
überführt, ließ der Wolf seine Gesetze fallen.   (154)

DER MENSCH VOR ZEUS

    Zuerst, so sagt man, sei das Getier von Gott erschaffen
    worden

und wurde einem jeden seine Qualität verliehen, dem einen
Stärke, dem zweiten Schnelligkeit, dem dritten Flügel. Der
Mensch aber stand nackt da und sagte: „Mich allein hat man
ohne Gnadenerweis gelassen!" Doch Zeus antwortete: „Du
hast bloß kein Gefühl für deine Gabe, obgleich dir die
größte zufiel; denn du hast die Vernunft bekommen,

    die etwas gilt bei Göttern und bei Menschen,

bist stärker als der Starke und schneller als der Schnellste."
Da erkannte der Mensch, was er erhalten hatte, betete an,
dankte und entfernte sich.   (155)

DAS HIRSCHKALB UND DER HIRSCH

Das Hirschkalb sprach zum Hirsch: „Du bist doch größer
als die Hunde, übertriffst sie an Schnelligkeit und hast dein
Geweih zur Abwehr; warum fürchtest du dann so sehr?"
Darauf antwortete der Hirsch: „Das weiß ich alles wohl;
doch wenn ich das Gebell höre, dann ist es aus mit ver-
nünftigem Überlegen, und es gibt nur eins: die Flucht."

(156)

DER AFFE ALS FISCHER

Das Nachahmen gehört zur Natur des Affen. Einmal stand
nun einer am Meere und sah am Strande ein Netz zum
Trocknen ausgebreitet. Das nahm er auf und bemühte sich,
es in die Tiefe zu werfen. Doch als es sich ihm um den Hals
gewickelt hatte, zog es den Affen mit sich in den Abgrund.

    Da rief er, als er schon dem Tode nah:
    „Man sollte lassen, was man nicht gelernt hat!"

(157)

DER HASE ALS BEUTE DES FUCHSES

Der Hase sprach zum Fuchs: „Bist du wirklich so reinlich,
daß du den Namen Reineke führst?" Der Fuchs erwiderte:
„Wenn du Zweifel hast, so werde ich dich gern bewirten."

    Der folgt' ihm, weil er seinen Worten traute;
    doch drinnen ward der Has des Fuchses Braten.

Da sagte der Hase: „Zu meinem Schaden zwar, aber ich habe
doch erfahren, woher dein Name kommt. Er kommt nicht
von der *Rein*lichkeit, sondern vom Um-die-*Ecke*-Bringen."

(158)

DIE WÖLFE UND DIE BETROGENEN HUNDE

Die Wölfe sprachen zu den Hunden: „Wir sind doch einander so ähnlich! Warum

stimmt ihr dann nicht in allem mit uns überein

wie Brüder?

Uns unterscheidet allenfalls die Weltansicht.

Wir leben nämlich in Freiheit; ihr dagegen beugt euch und dient den Menschen. Ihr ertragt ihre Schläge,

ihr laßt euch Eisen legen um den Hals

und hütet die Schafe.

Und wenn die Menschen essen, werfen sie euch bloß die Knochen zu. Doch wenn ihr

auf uns hören wollt, dann liefert uns die Herden ab, und wir werden alles gemeinsam haben und bis zum Überdruß essen!" Darauf ließen sich die Hunde ein. Als aber die Wölfe in die Pferche eingedrungen waren, fraßen sie zuerst einmal die Hunde auf.   (159)

DER ESEL UND DAS KRIEGSPFERD

Der Esel pries das Pferd

wegen seiner guten Ernährung und seiner Pflege und stellte dem sich und sein Schicksal gegenüber, daß er Lasten tragen müsse und wenig zu fressen erhalte, während das Pferd mit Zügel und Geschirr geschmückt einherlaufe und einen bequemen Weg habe. Während der Esel all das erwog, überzog Krieg das Land. Und der Soldat mit seinen Waffen bestieg das Pferd und ritt mitten in die Feinde hinein. Dort lag am Ende das Pferd, verwundet und in den letzten Zügen. Da änderte der Esel seine Meinung und empfand Mitleid mit dem Pferd.   (160)

DAS KAMEL VOR ZEUS

Es brauche Hörner, sagte das Kamel
zu Zeus und fuhr dann fort:
„Ich habe viel Betrübnis dessenthalben."
Doch Zeus willfahrte nicht, er macht' es lahm
und nahm ihm noch die Ohren.   (161)

DER STÖRRISCHE ESEL UND DER TREIBER

Ein Esel wandt sich von der Straße ab

und lief auf einen Abgrund zu. Obgleich sein Treiber ihm
zurief: „Du Unglücksvieh, wo willst du hin?", sich an dem
Schwanze des Esels festhielt und diesen an sich zu ziehen
suchte, ging das Tier immer weiter.

Da gab der Treiber ihm 'nen Stoß

und sagte: „Vorwärts, los! Besiegle deinen schlechten Sieg
mit der Verdammnis!"   (162)

DER EINGEBILDETE ESEL

Mit einem Götterbild belud ein Landmann seinen
          Esel,
     und viele, die vorüberkamen, machten ihre Reverenz.

Davon ließ sich der Esel blenden und meinte, daß ihm die
Verehrung der Bauern gelte,

     und Sprünge machend, suchte er den Gott von sich
          zu werfen.

Da schlug ihn sein Herr mit dem Knüppel und sagte:

     „Ein Esel bist du, magst du einen Gott auch tragen,
          und nicht den Göttern gleich."   (163)

DIE WARNUNG DER SCHWALBE

Als einst, den Vögeln zum Verderben, die Eiche
    Misteln wachsen ließ,

da forderte die höchstbesonnene Schwalbe alle Vögel auf,
das zu verhindern.

Doch sorgte sie sich ganz vergebens,

denn die andern schalten sie wahnsinnig und verachteten
ihren Rat.

So bat die Schwalbe flehentlich die Menschen,
    als Hausgenossin sie

aufzunehmen. Und von daher kommt es, daß allein an ihren
Flügeln noch niemals Mistelleim klebte.   (164)

DER ERTRINKENDE JUNGE

Ein Junge, der das Schwimmen nicht gelernt,
    der kam zur Sommerszeit an einen schönen, klaren
        Fluß
    und warf sich, um zu schwimmen, nackt hinein.
    Die Strömung und die Tiefe ließen ihn

nicht stehn. Da rief er einen Hirten an, er solle ihm vom
Ufer her die Hände entgegenstrecken. Doch der schalt ihn
nur tollkühn und rührte sich nicht. Da schrie der Junge: „So
hilf mir doch erst! Hernach, wenn du mich gerettet hast,
wirst du Zeit haben, mich auszufragen."   (165)

DAS PFERD IM KAMPF GEGEN DAS WILDSCHWEIN

Ein Pferd, das nicht des Reiters Zügel kannte

noch je seinen Rücken dem Menschen zum Aufsitzen geliehen hatte, hatte Not mit dem Wildschwein, weil das den

Rasen, den das Pferd abweiden wollte, niedertrat und
durchwühlte und

> das Wasser trübte, von dem jenes trank.

Deshalb wandte sich das Pferd zur Abwehr seines Peinigers,
des Wildschweins, an seinen Nachbarn, einen verschlagenen
Mann, und schloß Freundschaft mit ihm. Der versprach ihm
Hilfe und Sühne an seinem Gegner, durch den es Schaden
hatte. „Bekräftige mir durch deinen Eid", sprach er, „daß
du tun wirst, was ich dir sage!", und das Pferd willigte ein.
Darauf sagte er zu ihm: „Wenn ich zu Fuß gehen muß, ist
mir's nicht möglich, den Gegner niederzuwerfen; doch
wenn du Zügel annimmst

> und mich auf deinem Rücken trägst und zugestehst,
> daß ich dich lenke und dein Laufen dirigiere,

so hoffe ich,

> daß leicht das Schwein ich kann vernichten.

Seine Erbitterung hatte dem Pferd die Sinne benebelt, darum lieferte es sich aus und hatte

> von dem, der ihm zu nutzen schien, nur Nachteil.
>
> (166)

DIE SCHLANGE ALS FEINDIN DES BAUERN

> Es nistete die Schlange vor des Bauern Tür
> und tötete sein kleines Kind durch ihren Biß.

Da erfaßte die Eltern große Traurigkeit, und der Vater griff
in seinem Schmerz nach einer Axt in der Absicht, die
Schlange zu erschlagen, wenn sie aus ihrem Bau herauskäme. Als sie nun ein wenig den Kopf herausstreckte,
sprang der Bauer eilends hinzu, jedoch verfehlte sein Schlag
das Ziel, sondern beschädigte nur das Felsstück an ihrem
Bau. Da ging der Bauer fort und dachte, die Schlange
würde ihm die Sache nicht nachtragen. Also nahm er Brot
und Salz und rief die Schlange zum Frieden. Mit leisem

Zischeln sagte die: „Jetzt kann es zwischen uns noch weniger Vertrauen und Freundschaft geben, solange ich diesen Fels da sehe und du das Grab deines Kindes."   (167)

DER KNABE UND DER SKORPION

Ein Knabe, der Heuschrecken fing, wollte auch einen Skorpion mitnehmen, weil er ihn für eine Art Heuschrecke hielt. Als jener die Einfalt des Knaben sah, sprach er zu ihm,

den Schwanz erhebend und den Stachel schärfend:

„Lauf weg, mein Junge, und bring dich in Sicherheit! Denn wenn du auch mich fängst, könntest du alle die Heuschrekken, die du hast, verlieren."   (168)

BESTRAFTER ÜBERMUT

Ein Junge, der Schafe weidete, kam immerfort auf den Wall hinauf und rief: „Der Wolf ist da! Zu Hilfe!"

Die Bauern, die gelaufen kamen,

fanden sich angelogen. Als nun aber der Wolf wirklich kam und der Junge nach Hilfe rief, glaubte ihm keiner und machte sich niemand auf den Weg. So konnte der Wolf die Schafe fressen.   (169)

DER SCHWACHSINNIGE MAULWURF

Schwachsinnig ist der Maulwurf von Natur und blind.

Einer nun wollte seine Mutter küssen und berührte sie statt am Munde an der Scham. Dieses Tun konnte seinen Brüdern nicht verborgen bleiben, und es sagte einer von ihnen: „Weil du etwas ganz Besonderes machen wolltest, bist du zu Recht auch den Geruchssinn, den du besaßest, losgeworden."   (170)

DER MITLEIDIGE HUND

Ein Hirt hatte die Gewohnheit, seinen Hund von den ver-
endeten Schafen zu ernähren. Als er wieder einmal

    bei einem Lämmchen, das erkrankt war,

stand, sah er

    den Hund verstört und scheinbar weinend.

Da kraulte er ihn und sagte:

    „Du tust ja gut dran mitzuleiden;
    doch möcht ich nicht, daß uns gescheh,

was du dir wünschst!"   (171)

DER FLUSS UND DAS STÜCK RINDSLEDER

    Ein Fluß, der

ein Stück Rindsleder mit sich trug, fragte dieses: „Wie heißt
du?" Als die Antwort erfolgte: „Hartleder nennt man
mich", plätscherte er mit seinen Wellen darüber hin und
sagte: „Such dir einen andern Namen!

    In Kürze nämlich mach ich dich schon weich."

                                    (172)

DIE SCHLANGE AUF DEM SCHWIMMENDEN DORNSTRAUCH

In der Nähe eines Flusses lag ein Weinberg, als Umzäunung
dienten Dornsträucher. Bei einem Hochwasser riß der Fluß
einen der Dornsträucher aus. Dabei geschah es, daß sich
eine Schlange mit ihren Schuppen in dem Strauch festhakte
und mit ihm fortgespült wurde. Da sagte einer, der das
beobachtete:

    „Das ist ein übles Schiff, jedoch der Fahrgast seiner
        wert."   (173)

DER NEUE KÖNIG DER FRÖSCHE

Als die Frösche miteinander in Bürgerkrieg lagen, baten sie
Zeus, er möge ihnen einen König geben, der ihre Angelegenheiten ordnen könne. Da warf der Gott einen
Holzbalken in den Teich und machte das Wasser aufsprit-
zen. Voller Schrecken verstummten die Frösche. Nach einiger Zeit aber, da der Balken sich nicht regte, begannen
sie,
     ihn zu verachten, ja, sie stellten sich darauf

und fingen ihren Krieg von vorne an. Und wiederum baten
sie Zeus, sie möchten doch einen Herrscher oder Heerfüh-
rer haben. Angeekelt gab ihnen da der Gott die Wasserschlange, die den Fröschen den Garaus machte.

(174)

DER WOLF ALS ZÖGLING DES HIRTEN

Ein Hirt fand einen kleinen Wolf und zog ihn auf. Als er
herangewachsen war, lehrte er ihn,

     aus Herden in der Nachbarschaft

zu rauben. Der also unterwiesene Wolf sagte: „Nachdem du
mir jetzt das Rauben angewöhnt hast, solltest du darauf
achtgeben, daß du nicht

     von deinen Schafen viele dann auch suchen mußt."

(175)

DER ADLER IN GEFANGENSCHAFT

Ein Adler wurde einst von einem Menschen gefangen. Der
stutzte ihm sogleich die Flügel, und

     zusammen mit den Hühnern hielt er ihn

in seinem Hause. Der Vogel fühlte sich gedemütigt und
wollte vor Kummer nicht fressen und glich einem gefangenen König. Schließlich kaufte ihn ein anderer.

Der ließ die Flügel wieder wachsen und salbte sie mit
Öl

und ließ den Adler fliegen. Der erhob sich, ergriff mit
seinen Krallen einen Hasen

und bracht ihn jenem als Geschenk.

Der Fuchs, der das beobachtete, sprach: „Nicht dem

gib die Geschenke, vielmehr doch dem ersten!

Denn deinem jetzigen Herrn ist die Güte angeboren, jenen
aber mußt du dir geneigt machen, daß er nicht,

sollt er dich wieder packen, deiner Flügel dich beraubt."   (176)

DER WETTLAUF VON SCHILDKRÖTE UND HASEN

Die Schildkröte verspottete der Has der Füße wegen
und ihrer Langsamkeit; doch die erwidert' ihm: „Ich
werde
mit meinen Füßen dich, den Schnellfuß, bald besiegen."

„Nur mit Worten, Schildkröte", sagte der Hase,

„behauptest du's. Doch laß uns kämpfen, und du
wirst es sehn!" —

„Wer wird den Platz bestimmen und den Sieg entscheiden?"
— „Der Fuchs", antwortete jene, „er ist gerecht und höchst
weise." Der bestimmte also den Beginn des Wettlaufens. Die
Schildkröte, die nichts unbedacht ließ, machte sich in Rücksicht auf ihre geringe Beweglichkeit sogleich auf den Weg;
der Hase dagegen, der auf seine Läufe vertraute, legte sich
schlafen. Als er endlich an dem festgesetzten Platz ankam,
mußte er zur Kenntnis nehmen, daß die Schildkröte gesiegt
hatte.   (177)

DIE ROSEN UND DAS IMMERGRÜN

Zur Rose, welche bei ihm wuchs,

sprach das Immergrün: „Was bist du doch für eine präch-
tige Blume,

begehrt von Göttern und von Menschen!

Ich preise dich ob deiner Schönheit und deines Duftes.“
Erwiderte die Rose:

„Mein Immergrün, ich

lebe nur für kurze Zeit, und wenn mich niemand pflückt,
dann welke ich; du aber blühst und lebst auf ewig, immer
jung.“   (178)

DER KRIEGSGEFANGENE TROMPETER

Es war ein Mann, der die Trompete blasen konnte,
und sein Signal versammelte das Heer

zum kriegerischen Treffen.

In Kriegsgefangenschaft geraten, bat er um sein
Leben;

denn er töte ja niemanden, noch mache er Beute, sondern
verstehe sich nur auf diese seine metallene Trompete. Doch
die Feinde entgegneten: „Gerade darum wirst du um so
eher in den Tod gehen müssen, weil du, ohne selbst etwas
zu leisten, die andern anfeuerst.“   (179)

DER FUCHS UND DER PANTHER

Einst rühmte der gefleckte Panther sich,
sein Fell sei doch das bunteste von allen Tieren.
Da sprach der Fuchs zu ihm: „Ich hab Verstand,
der ist mir lieber als dein Fell und bunter.“ (180)

DER BOCK UND DER WEINSTOCK

Des grünen Weinstocks Trieb fraß ab der Bock.
Da sprach zu ihm der Stock: „Was frißt du meine
    Blätter
und schadest mir? Sie sind doch grün erst kaum!
Indes wenn man dich schlachtet und den Wein dann
    braucht,
so werd ich geben ihn...“   (181)

DER BOCK IM BRUNNEN

Durch Sommerhitze dürstete der Bock,
zum Wassertrinken stieg er in den tiefen Grund.

Doch als er getrunken und sich gesättigt hatte und er nicht
wieder heraussteigen konnte,

empfand er tiefe Reue, und er sucht' nach einem
    Helfer.

So erblickte ihn der Fuchs und rief ihn an: „Du Dummkopf,
wenn du so viel Verstand besäßest, wie du in deinem Bart
Haare hast, so wärst du

hinabgestiegen nicht, bevor den Rückweg du erkun-
    det.“   (182)

ZEUS UND DIE BIENEN

Die Biene vom Hymettos, die den Honig spendet,
kam in der Götter Haus, um frischen Honig

Zeus zu bringen. Zeus freute sich über das Angebinde und
versprach ihr, was immer sie erbitte, als Geschenk.

„Gib mir den Stachel!“ sagte sie. „Kommt einer von
    den Menschen

mir zu nahe, um mir den Ertrag meiner Arbeit zu nehmen,
so werde ich ihn töten.“ Zeus mißfiel die Bitte,

er liebt ja doch die Menschen. Trotzdem gab er ihr
den Stachel,
obgleich er es nicht wollte; denn er hatte es versprochen.
Doch gab er einen solchen, daß beim Stich

die Biene selber sterben muß.

Denn Leben ist der Stachel nur für sie, sofern sie
fliegt. (183)

DAS GUTE UND DAS BÖSE

Das Gute wurde von dem Bösen einst verfolgt,
so daß es als das Schwächre wieder von der Erde
fortzog.
Zurückgekehrt zum Himmel, fragte es den Zeus,
wie bei den Menschen wohl es weilen solle.
„Zusammen mit dem Bösen niemals", war die Antwort,

„ein jedes für sich muß die Menschen aufsuchen." Darum
kommt das Böse, da es ihnen nahe ist, immerfort zu den
Menschen, während das Gute langsamer vom Himmel hin-
absteigt. (184)

DER GETROFFENE ADLER

Hoch auf einem Felsen saß ein Adler und hielt Ausschau,
um Hasen zu erbeuten.

Da traf ein Jäger ihn mit seinem Pfeil.

Das Geschoß drang tief in seine Brust ein, doch der Schaft
mit den Federn stand vor seinen Augen. Der Adler

bemerkte es und sprach: „Welch neuer Schmerz,
daß von den eignen Federn ich muß sterben!"
(185)

DER FUCHS UND DER ADLER

Einst hatte der Fuchs Freundschaft mit dem Adler geschlossen. Der Adler hatte sein Nest oben auf dem Baume, der
Fuchs seinen Bau unter dessen Wurzel. Doch der Adler
wurde eidbrüchig, packte die Jungen des Fuchses und gab
sie seinem eigenen Wurf zum Fraße. Ein andermal stahl er
ein Opfertier vom Altar und setzte es samt der glühenden
Kohle

      ins Nest hinein, und das geriet sogleich in Flammen,

und die Jungen stürzten ab. Der Fuchs aber beutete das
Geschehene für sich aus. (186)

DER BAUM MIT DEM BIENENSTOCK

Ein Baum stand auf dem Acker eines Bauern, aber er trug
keine Frucht mehr, sondern diente bloß den Spatzen und
zirpenden Grillen als Zuflucht. Der Bauer wollte ihn

      als unfruchtbar umhaun,

und

      er nahm die Axt und setzte schon

zum Schlage an, da baten ihn die Grillen und die Spatzen,
er möge ihnen doch nicht ihre Zuflucht wegschlagen,
sondern sie ihnen lassen,

      so daß sie singen könnten hier —
      auch dir, du Bauersmann, zur Freude!
      Doch jener scherte sich nicht drum,

sondern führte einen zweiten und einen dritten Schlag.
Als aber der Baum angeschlagen war, da fand er

      'nen Bienenstock

mit Honig. Kaum hatte er davon gekostet, warf er die Axt
weg und verehrte den Baum wie ein Heiligtum und ließ ihm
alle Pflege angedeihen. (187)

23*

DER KAHLKOPF

Ein Kahlkopf, der eine Perücke auf dem Kopfe trug,

    war einst auf einem Ritt. Und plötzlich kam ein
        scharfer Wind
    und nahm ihm die Perücke fort, da war er wieder
        kahl.
    Und die, die's sahn, verfieln in schallendes Gelächter.
    Doch jener sprach, kaum hatte er sein Ziel erreicht:
    „Was ficht's mich an, daß mich die Haare fliehn, die
        nicht die meinen,

nachdem mich die, die mit mir geboren wurden, schon
längst verlassen haben?"   (188)

DAS SCHWEIN UND DIE LÖWIN

Das Schwein, erzählt man, das einen Haufen Ferkel um sich
hatte, sprach prahlend zu der Löwin: „Wieviel Junge wirfst
du denn?"

    Das war die Antwort: „Eines, aber einen Löwen!"
                         (189)

DER SCHMIED UND SEIN HUND

    Ein Schmied, der hatte einen Hund,

und wenn er schmiedete, dann schlief der Hund. Begann
er aber zu essen, dann war der Hund sofort wach und stellte
sich zu ihm. Sein Herr, der Schmied, warf ihm einen
Knochen zu und sagte: „Du dummer Schläfer,

    wenn mit dem Hammer ich den Amboß schlage,
    dann schläfst du fest; doch wenn die Zähne ich be-
        wege,
bist du gleich wach."   (190)

DIE FELDMAUS UND DER FROSCH

Die Feldmaus schloß zu ihrem Unglück Freundschaft

mit dem Frosch. In böser Absicht band dieser den Fuß der
Maus mit dem eigenen Fuße zusammen. Zuerst gingen sie
auf die Äcker, um Getreide zu verzehren. Als sie sich darauf
dem Ufer eines Sees näherten, da führte

    der Frosch sie in die Tiefe,
    und übermütig tauchte er ins Wasser, tauchte wieder
        auf
    und quakte: „Brekkekex koax koax."
    Die unglückliche Maus jedoch

ertrank im Wasser; am Fuße des Frosches festgebunden,
schwamm jedoch ihr Kadaver mit diesem. Das sah der Geier
und packte sie mit seinen Krallen.

    Und mitgefangen folgt' der Frosch
    und wurde selbst zur Speise für den

Geier.   (191)

DER SATYR UND DER MENSCH

Ein Schneesturm überfiel einst einen Menschen

im Gebirge. Als er auf der Berghöhe von einem Felsen
Rauch aufsteigen sah — dort wohnte ein Satyr, einer von
den sogenannten Tänzern —, begab er sich dahin. Der Satyr
hatte Mitleid mit dem Fremden und führte ihn in sein Haus.

    Und weil er mächtig fror, erwärmte er
    die Hände mit dem Atem seines Mundes.
    Der Hausherr brachte Warmes ihm

zu essen und Warmes zu trinken und erwärmte ihn am
Feuer. Als ihn zu schwitzen anfing, kühlte er diesmal mit
dem Atem seine Hände. Da führte ihn der Satyr hinaus mit
den Worten:

„An einem bösen Gaste hab ich nicht Bedarf,

der manchmal warm und manchmal kalt aus seinem Munde
atmet." (192)

DER IRDENE UND DER EHERNE TOPF

Einen irdenen und einen ehernen Topf brachte ein Fluß
getragen. Da sagte der irdene zu dem ehernen: „Schwimm
entfernt von mir und nicht zu nahe; denn wenn du mich
anschlägst, zerbreche ich

und werde dich, auch gegen meinen Willen, beschädigen!" (193)

LÖWE UND MENSCH IM STREIT

Einst wanderten ein Löwe und ein Mensch,
und jeder rühmte sich mit großen Worten.

Und da war nun am Wege eine Steinsäule mit einem Mann,
der einen Löwen erwürgte. Darauf wies der Mensch den
Löwen hin und sagte: „Siehst du nun, wieviel stärker wir
sind als ihr?" Doch lächelnd erwiderte der andere: „Wenn
wir Löwen die Bildhauerkunst verstünden,

so sähst du viele Männer unterm Fuß des Löwen."
(194)

DIE ZWEI FREUNDE UND DER BÄR

Zwei Freunde zogen denselben Weg. Als ihnen nun ein Bär
begegnete,

da stieg der eine voller Angst auf einen Baum

und verbarg sich da. Der andere aber, weil er des Bären
allein nicht Herr werden konnte und sich bereits von diesem

überwältigt sah, warf sich auf die Erde und stellte sich tot. Als der Bär bis an seinen Kopf herangekommen war, beroch er mit seiner Schnauze Ohren und Zwerchfell des Mannes. Der hielt mit aller Anstrengung den Atem an. Das machte den Bären glauben, daß er tot sei, und er trottete deshalb davon; es heißt nämlich, daß der Bär einen Toten nicht anrührt. Nachdem sich der Bär entfernt hatte, stieg der andere Freund von seinem Baume herab und fragte den ersten, was ihm der Bär wohl ins Ohr geflüstert habe. Der erwiderte: „Er hat mir gesagt, ich solle von jetzt ab nicht mehr mit solchen Freunden zusammen wandern, die in Gefahren nicht standhalten."   (195)

DIE GÄNSE UND DIE KRANICHE

Gänse und Kraniche weideten auf derselben Wiese. Als Jäger bei ihnen erschienen, flogen die Kraniche mit Leichtigkeit davon und brachten sich in Sicherheit; die Gänse dagegen mußten wegen ihres Körpergewichts zurückbleiben und wurden gefangen.   (196)

DIE SCHLANGE AUF DER HOCHZEIT DES ZEUS

Als Zeus Hochzeit machte, brachten alle Tiere Geschenke dar, ein jedes nach seinem speziellen Vermögen. Auch die Schlange kam herzugekrochen, mit einer Rose im Maul. Zeus erblickte sie und sprach: „Von allen andern nehme ich die Geschenke, aber aus deinem Munde möchte ich nichts annehmen."   (197)

TYCHE UND DER BAUER

Ein Bauer fand beim Graben

    im Boden

Gold. Da bekränzte er die Erdgöttin alle Tage, weil er ihr

ja diese Wohltat verdankte. Doch Tyche trat zu ihm mit den
Worten:

„Was schreibst du, Mann, der Erde meine Gaben zu,

die ich dir zum Geschenk machte, weil ich dich reich sehen
möchte? Wenn nämlich die Zeiten sich ändern und dieses
Gold da in andere Hände kommt, so weiß ich, daß du dann
mich, die Tyche, schelten wirst."   (198)

DER WOLF UND DIE ZIEGE

Ein Wolf sah eine Ziege an einem steilen Hange weiden. Da
er zu ihr nicht hinkommen konnte, riet er ihr hinabzusteigen,
         daß nicht sie unversehens falle,

außerdem, fügte er hinzu, sei bei ihm die bessere Weide,
denn sie dufte von frischem Gras. Doch die Ziege entgegnete ihm: „Aber du rufst mich ja gar nicht zur Weide,
sondern brauchst selber etwas zum Fressen!"   (199)

DIE DURSTIGE KRÄHE

Eine Krähe kam durstig zu einem Krug und versuchte, ihn
mit Gewalt umzustürzen. Weil der aber fest stand, vermochte sie das nicht; durch planmäßiges Vorgehen jedoch
gelang ihr Vorhaben. Sie warf nämlich Steinchen in den
Krug, und deren Menge brachte das Wasser von unten nach
oben zum Überlaufen. Auf diese Weise stillte die Krähe
ihren Durst.   (200)

DER ESEL BEI DREI DIENSTHERREN

Ein Esel diente bei einem Gärtner, und weil er wenig zu
fressen bekam und viel arbeiten mußte, betete er zu Zeus,
er möchte ihn doch von dem Gärtner erlösen und einem

andern Herrn übergeben. Zeus schickte den Hermes

und hieß den Esel einem Töpfer zu verkaufen.

Als er wieder Not litt — denn er war in der Lehmgrube und
in der Ziegelei zu viel größerer Schinderei gezwungen —,
bat er Zeus aufs neue um einen anderen Herrn. Da veranlaßte Zeus, daß er an einen Gerber verkauft wurde.
Dadurch geriet er an einen Herrn, der noch schlimmer war
als die vorangegangenen. Sein Schicksal betrachtend, sprach
er unter Seufzen: ,,Ach, ich Ärmster! Besser wäre es
für mich, ich wäre bei meinen früheren Herren; denn
der jetzige, das sehe ich schon, wird mir auch noch die
Haut gerben!"   (201)

DER FUCHS UND DER DORNSTRAUCH

Der Fuchs wollte einen Wall ersteigen. Als er dabei in
Gefahr geriet auszugleiten, griff er nach einem Dornstrauch, der ihm helfen sollte. Dabei zerkratzte er sich die
Fußsohlen und richtete sich arg zu. Sprach er zu dem
Dornstrauch: ,,Weh mir! Ich flüchtete mich zu dir, auf Hilfe
rechnend, du aber hast mir noch übler mitgespielt!" —
,,Da hast du dich allerdings verrechnet, mein Freund", erwiderte der Dornstrauch, ,,wenn du dich an mir festhalten
wolltest, bin ich es doch gewöhnt, mich an allem anderen festzuhalten!"   (202)

DER BESTRAFTE HIRSCH

Ein Hirsch, hinter dem die Jäger her waren,

verbarg sich unter einem Weinstock. Kaum

waren die Jäger vorüber, drehte er sich um und fraß die
Blätter des Weinstocks ab. Einer von den Jägern, der sich
umwandte, beobachtete das, richtete den Speer, den er bei
sich trug, auf den Hirsch und verwundete ihn. Als der sein

Ende kommen spürte, stöhnte er bei sich selbst und sagte:
„Recht geschieht mir's, weil ich dem Weinstock, der mich
gerettet hat, Böses antat!"   (203)

DIE ECHSE IM SPINNENGEWEBE

Der klugen Spinn Gewebe fand die Echse
und fuhr hinein ins zarte Kleid, das aus der Mauer
    sie geschlagen.   (204)

SPÄT- UND NACHANTIKE
FABELSAMMLUNGEN

FABELN DES ROMULUS

EPISTEL DES ROMULUS

Romulus grüßt seinen Sohn Tiberinus!
Von Attika her lehrt ein gewisser Äsop, ein genialer Grieche, durch seine Fabeln, was die Leute beachten müssen. Um Leben und Gewohnheiten der Menschen zu zeigen, führte er Vögel, Bäume, wilde Tiere und Haustiere ein, welche aussprechen, was eine jede Fabel besagt. Zur Unterrichtung der Leute hat er kurz und ohne Umschweife dargelegt, warum die Literaturgattung Fabel erfunden wurde. Sie nennt das Böse mit seinem wahren Namen, verbindet das Reine mit dem Guten, notiert die Umtriebe der Schurken und die Argumente der Schufte; sie lehrt, daß die Niedrigen ohnmächtig sind, fordert auf, sich vor glatten Worten in acht zu nehmen, und zeigt außer Mißlichkeiten vieles andere noch in den von ihr gebrachten Beispielen. Ich, Romulus, habe das vom Griechischen ins Lateinische übersetzt. Wenn du es liest, mein Sohn Tiberinus, und aufmerksam darauf achtest, so wirst du nebenher manchen Witz finden, der dein Lachen vervielfacht und deinen Verstand hinreichend schärft.

EPISTEL DES ÄSOP

Äsop an Magister Rufus.
Ich werde dir, liebster Rufus, meine Aufzeichnungen übergeben. Nimm sie, auf Pergament geschrieben und in solcher Pracht, die du von meiner Seite verdienst! Empfange das Geschenk wie ein kostbares Gefäß, das mit verschiedenfarbigen Steinen geschmückt ist! Mögest du dich deines Lebens freuen und mit ungebrochener Kraft den Jahren des Alters entgegengehen! Der Gattin mögest du dich mit Erfüllung hingeben, den Sklaven Zucht beibringen! Die

Wünsche der Deinen sollst du recht erfüllen und aufmerksam die Fabeln lesen. Und damit du beim Lesen nicht meinst, ich hätte eine Dummheit begangen, so achte auf deine Sklaven: da wirst du die Erzählweisen finden! Früher gab es nämlich nur ein paar alte Fabeln, doch damit die Sammlung etwas größer werde, habe ich noch meine eigenen, neuverfaßten hinzugefügt, die kurz und bündig sind. Das Böse habe ich mit seinem wahren Namen genannt, das Reine mit dem Guten verbunden. Die Wege der schlechten Menschen habe ich aufgezeigt, die der guten unterstrichen. Ein jeder möge dem folgen, der ihm gefällt! Nach alldem war es auch für mich als Sachverständigen keine geringe Arbeit — jeder, der mit dem Wesen der Fabel vertraut ist, weiß es —; indem ich das Leben der Leute so, wie es ist, und ihre Gewohnheiten aufzeigte, habe ich die unterwiesen, die zu lesen wünschen.

DER HAHN UND DIE PERLE

Zuerst hat Äsop eine Fabel über sich selber erzählt.

Ein Hahn, der auf einem Misthaufen seine Nahrung suchte, fand eine Perle, die an diesem unwürdigen Orte lag. Als er ihrer gewahr wurde, sagte er: „Du bist eine wertvolle Sache und liegst auf dem Mist! Hätte dich ein Habsüchtiger gefunden, mit welcher Freude würde er dich an sich gerissen haben, um dich in den Glanz deiner einstigen Schönheit zurückzuführen! Nun habe ich dich hier an diesem Ort gefunden und suche doch viel mehr nach Nahrung! Ich kann dir nichts nützen und du mir nichts!"

Das erzählt Äsop denen, die ihn lesen und doch nicht begreifen.   (1)

DIE HUNDE UND DIE GERBERHAUT

Ein gegerbtes Fell erblickten Hunde in einem Flusse. Um es leichter herausholen zu können, fingen sie an, das Wasser zu lecken. Dabei platzten sie und fanden den Tod, ehe sie zu erreichen vermochten, was sie begehrt hatten.

Die Fabel zielt auf Leute, die aus unreiflicher Überlegung etwas in Angriff nehmen möchten, was sie doch nicht schaffen können. (2)

DER WOLF UND DAS LAMM

Über einen Unschuldigen und einen Frevler erzählte Äsop die folgende Geschichte.

Das Lamm und der Wolf kamen durstig aus verschiedenen Richtungen zum Bach. Oben trank der Wolf und viel weiter unten das Lamm. Kaum hatte der Wolf das Lamm erblickt, brüllte er: „Du hast mir das Wasser, das ich trinken wollte, getrübt!" Das geduldige Lamm erwiderte: „Wie konnte ich dir das Wasser trüben, das doch von dir zu mir geflossen kommt?" Der Wolf indes errötete nicht, der Wahrheit zu widersprechen, sondern sagte: „Du verleumdest mich." — „Ich habe dich nicht verleumdet", entgegnete das Lamm. Darauf der Wolf: „Aber dein Vater war vor sechs Monaten hier, und der hat es getan." — „Da soll ich bereits geboren gewesen sein?" antwortete das Lamm. Darauf der Wolf mit seinem bösen Maule: „Was schwätzest du Räuber noch?" Und alsbald wandte er sich gegen das Lamm und nahm dem unschuldigen Wesen das Leben.

Die Fabel ist für diejenigen erzählt, die ihre Mitmenschen schikanieren. (3)

DER FROSCH UND DIE MAUS

Wer sich über das Wohl eines andern Nachteiliges ausdenkt, entgeht seiner Strafe nicht. Darüber hört die folgende Fabel!

Als die Maus einen Fluß überqueren wollte, bat sie den Frosch um Hilfe. Der verlangte einen dicken Faden, band damit die Maus an seinem Fuße fest und fing an zu schwimmen. In der Mitte des Flusses aber drehte der Frosch sich um, um der armen Maus das Leben zu rauben. Während diese ihre Kräfte stärker anspannte, kam ihnen der Weih entgegengeflogen, packte die Maus mit seinen Krallen und trug zugleich auch den Frosch, der an ihr hing, davon.

So nämlich ergeht es denen, die sich über das Wohl eines andern Nachteiliges ausdenken.   (4)

DAS VERKLAGTE SCHAF

Auf heimtückische Leute zielt diese Fabel. Die Heimtükkischen denken sich nämlich immer gegen die Anständigen Lügen aus und halten sich ihre Clique, ja kaufen sogar falsche Zeugen. Auf die also ist die folgende Fabel gemünzt.

Ein hinterhältiger Hund behauptete, das Schaf sei ihm noch ein Brot schuldig, das er ihm geliehen habe. Das Schaf erwiderte jedoch, es habe niemals von dem Hund Brot erhalten. Als sie aber vor den Richter kamen, gab der Hund an, er verfüge über Zeugen. Zur Aussage gerufen, sagte der Wolf: „Ich weiß, dem Schaf wurde Brot geliehen." Der Weih, zur Aussage gerufen, stellte fest: „In meiner Gegenwart hat das Schaf Brot erhalten." Als man den Habicht hereingeführt hatte, fragte der das Schaf: „Warum willst du leugnen, was du bekommen hast?" Das so durch drei falsche Zeugen überführte Schaf wurde hart bestraft. Den Nachrichten zufolge zwang man es nämlich, seine Wolle vor der

Zeit zu verkaufen, um zurückgeben zu können, was es nicht empfangen hatte.

So tun die heimtückischen Leute den Unschuldigen und Armen Böses an. (5)

DER HABGIERIGE HUND

Wer habsüchtig nach Fremdem giert, verliert das Eigene. Von solchen Leuten handelt Äsops Fabel, wie folgt.

Ein Hund, der einen Fluß überqueren wollte, trug ein Stück Fleisch im Maule. Als er dessen Schatten im Wasser gewahr wurde, öffnete er sein Maul, um auch danach zu schnappen. Alsbald trug der Fluß das Stück, das er zuvor gehalten hatte, mit sich fort, und jenes andere, das er im Wasser verborgen glaubte, konnte er nicht bekommen.

So verliert ein jeder, der Fremdes begehrt, während er doch mehr haben möchte, noch sein Eigentum. (6)

DIE BEIDEN HÄHNE UND DER HABICHT

Ein Hahn lag mit einem andern Hahn immer wieder in Streit. Schließlich rief er den Habicht als Unparteiischen an. Von dem Habicht aber hoffte er, daß dieser, wenn sie beide vor ihn kämen, seinen Gegner, den er mitbringen würde, auffressen werde. Als sie jedoch vor den Richter kamen, um ihre Sache vorzutragen, packte der Habicht gerade den zuerst, der ihn vorher um den Schiedsspruch gebeten hatte. Da schrie der Hahn: „Nicht ich bin es, sondern der, welcher jetzt fliehen möchte!" Ihm erwiderte der Habicht: „Glaub ja nicht, daß du heute aus meinen Klauen entkommst! Denn es ist nur recht und billig, daß du selber ertragen mußt, was du dem anderen zudachtest."

Leute, die den Tod anderer betreiben, wissen nicht, was dabei für sie selber auf dem Spiele steht. (7)

DER LÖWENANTEIL

Wenn der Mächtige mit dem Armen teile, ginge es niemals ordentlich zu, heißt es im Sprichwort. Wollen wir sehen, was dazu die folgende Fabel allen Menschen zu erzählen hat!

Die Kuh, die Ziege und das Schaf schlossen einmal mit dem Löwen Freundschaft. Als sie nun im Gebirge auf Jagd gegangen waren, brachten sie einen Hirsch zur Strecke und teilten ihn. Da sprach der Löwe: „Den ersten Teil erhalte ich, weil ich der Löwe bin; der zweite gehört mir, weil ich so viel stärker bin als ihr. Den dritten aber nehme ich für mich in Anspruch, weil ich mehr gelaufen bin als ihr, und wer endlich den vierten anrührt, muß auf meine Feindschaft rechnen." So trug er dank seiner Unverschämtheit die ganze Beute allein davon.

Die Fabel mahnt alle, sich nicht mit den Mächtigen einzulassen.   (8)

DIE SCHNECKE UND DER SPIEGEL

Eine Schnecke fand einen Spiegel, und wie sie ihn so glänzen sah, verliebte sie sich in ihn. Und sogleich zog sie sich über die Spiegelfläche hin und fing an, diese zu belecken. Doch dabei kam nichts anderes heraus, als daß sie seinen Glanz durch Schleim und Schmutz trübte. In solcher Verunreinigung fand der Affe den Spiegel und meinte: „Wer sich solchen Leuten hingibt, der verdient kein anderes Los!"

Das geht auf Frauen, die sich mit dummen, nichtsnutzigen Männern verbinden.   (9)

DIE HOCHZEIT DER SONNE

Von seiner Natur kann keiner los, und aus dem Schlechten wird nur Schlimmeres geboren; davon gibt die Fabel Zeugnis, wie folgt.

Leute, die in der Nachbarschaft eines Diebes wohnten, nahmen an dessen Hochzeitsfeier teil. Da kam unser Weiser hinzu, und wie er die Nachbarn gratulieren sah, begann er seine Erzählung.

„Vernehmt", sprach er, „eure Freuden! Der Sonnengott wollte sich eine Frau nehmen. Da waren alle Leute dagegen und wandten sich mit lautem Geschrei vorwurfsvoll an Jupiter. Das veranlaßte den Gott, danach zu fragen, was ihnen denn Böses geschehen sei. Einer aus der Menge antwortete Jupiter: ‚Jetzt gibt es nur eine Sonne, und bereits diese bringt mit ihrer Hitze alles in Unordnung, so daß die ganze Natur Mangel leidet. Was aber wird aus uns werden, wenn der Sonnengott noch Söhne zeugt?' "

Es mahnt die Geschichte, bösen Leuten nicht zu gratulieren.

(10)

DER WOLF UND DER KRANICH

Wer dem Bösen eine Wohltat erweisen möchte, begeht einen großen Fehler. Vernimm darüber eine ähnliche Geschichte!

Als der Wolf Knochen verzehrte, blieb ihm einer davon ganz quer im Halse stecken. Da stellte er dem, der ihn von diesem Übel befreite, eine große Belohnung in Aussicht. Angelegentlich wurde der Kranich gebeten, mit seinem langen Halse dem Wolfe Heilung zu bringen, das heißt, seinen Kopf in den Wolfsrachen zu stecken und das Hindernis herauszuholen. Als der Wolf wieder bei Gesundheit war, ersuchte der Kranich dessen Unterhändler um Auszahlung der versprochenen Belohnung. Der Wolf aber, sagt man, habe bloß geantwortet: „Dieser Kranich ist undankbar.

Unversehrt und unbeschädigt durch mein Gebiß hat er seinen Kopf herausgezogen und möchte dazu noch einen Lohn sehen! Wie springt man mit meinen guten Eigenschaften um!"

Dieses Gleichnis ist eine Mahnung für jene, die den Bösen Gutes tun wollen.   (11)

DIE HÜNDIN IM SCHWEINESTALL

Glatte Worte eines bösen Menschen bringen schweres Ungemach. Wie wir dem alle entgehen können, mahnen uns die folgenden Darlegungen.

Eine Hündin, die gebären wollte, bat die Sau: "Laß mich in deinem Stall meinen Wurf absetzen!" Die Sau willfahrte der Bitte und ließ die Hündin hinein. Nachdem diese aber geworfen hatte, bat sie darum, bis ihre Jungen widerstandsfähig wären, bleiben zu können. Auch dieser Bitte wurde entsprochen. Nach geraumer Zeit jedoch wollte die Sau ihr Quartier zurückhaben und nötigte die Hündin auszuziehen. Die aber sagte verärgert: "Was belästigst du mich? Warum zeigst du dich mir so ungerecht? Bist du freilich stärker als wir, so werde ich dir deinen Platz zurückgeben!"

So verlieren die Guten ihr Eigentum, die anderen um glatter Worte willen glauben.   (12)

DIE UNDANKBARE SCHLANGE

Wer einem Bösen Hilfe bringt, muß wissen, daß er einen großen Fehler begeht, und wenn er jenem Gutes getan hat, so muß er wissen, daß er durch ihn Schaden erleidet. Darum laßt uns die folgende Fabel anhören!

Weil sie vor Frost und Kälte erstarrt war, nahm einer, um ein gutes Werk zu tun, eine Schlange mit sich; die hielt er in seinen vier Wänden und ließ ihr den ganzen Winter

hindurch Gutes zuteil werden. Als sie aber mit der Zeit
wieder zu Kräften kam, verhielt sie sich höchst unpassend
und verdarb viel mit ihrem Gift. Denn um nicht mit Dank
scheiden zu müssen, wollte sie als Frevlerin vertrieben
werden.

Diese Fabel sollten die vielen beherzigen, die aus freien
Stücken sich für undankbare Leute hingeben, welche bei
ihrem Abgang noch Schaden bringen möchten.   (13)

DER ESEL UND DER EBER

Über die, welche zur Unzeit lachen, hat der weise Äsop die
folgende Geschichte zum besten gegeben.

Wenn manche Leute sich zum Gelächter machen, fügen sie
einem andern Schaden zu und tun sich selbst Böses an, so
wie jener Esel, der dem Eber begegnete. „Sei gegrüßt,
Bruder!" sprach er. Verdrossen schwieg der Eber, seinen
Zorn verbergend, und schüttelte das Haupt. „Das sei ferne",
meinte er, „daß ich mit dummem Blut meine Zähne be-
schmutze; denn ich muß diesen Kerl schmähsüchtig, wie er
ist, oder aber in Fetzen gerissen auf dem Platze lassen!"

Die Fabel erinnert uns daran, daß wir den Schwachsinnigen
Schonung angedeihen lassen, uns aber gegen die Dummköpfe zur Wehr setzen müssen, die sich an ihnen Überlegenen zu vergehen wagen.   (14)

DIE LANDMAUS UND DIE STADTMAUS

Daß es besser ist, sorgenfrei in Armut zu leben als im
Reichtum von Ekel verzehrt zu werden, wird durch die
folgende kurze Geschichte unseres Autors bewiesen.

Die Stadtmaus machte sich auf die Reise und fand gastliche
Aufnahme. Die Landmaus bat sie nämlich, daß sie ihr in
ihrer Hütte, so bescheiden sie auch sein mochte, Eicheln

und Korn vorsetzen dürfe. Bei ihrer Rückkehr lud darauf die Stadtmaus ihre Gevatterin zum Mitkommen und zum Frühstück ein. So geschah es, daß sie sich gemeinsam auf den Weg machten. Zusammen betraten sie ein wohlhabendes Haus, wo ihrer ein Keller harrte, der mit allen guten Dingen angefüllt war. Das zeigte die Stadtmaus der Landmaus und sprach: „Genieße mit mir, Freundin, was uns alle Tage im Überfluß zur Verfügung steht!" Und während sie sich an den vielen Genüssen gütlich taten, kam der Kellermeister angeeilt und schlug an die Kellertür. Durch den Lärm aufgeschreckt, suchten die Mäuse auf verschiedenen Wegen zu entrinnen. Die Stadtmaus vermochte sich in den ihr wohlbekannten Gängen rasch zu verbergen, die arme Landmaus dagegen bemühte sich in ihrer Unerfahrenheit, über die Wände zu entkommen, und glaubte ihr letztes Stündlein nahe. Sowie aber der Kellermeister hinausgegangen war und die Kellertür hinter sich verschlossen hatte, wandte sich die Stadtmaus an die vom Lande: „Warum hast du dich durch dein Davonlaufen so in Aufregung gebracht? Genießen wir, Freundin, diese guten Sachen; du brauchst nichts zu scheuen und nichts zu fürchten!" Doch die Landmaus erwiderte: „Du sollst das alles genießen, weil du ja Angst und Furcht nicht kennst und dir die tägliche Aufregung nichts ausmacht. Ich dagegen lebe bescheiden auf dem Lande, wo ich immer fröhlich sein kann, kein Schrekken mich stört und keine Unruhe. Du nämlich lebst in ständiger Aufregung, es gibt für dich keine Sättigung, und am Ende wirst du in der Mausefalle sitzen, die Katze wird dich fangen und auffressen."

Diese Fabel schilt diejenigen, die sich mit Bessergestellten verbinden, um irgendwelche guten Dinge genießen zu können, die ihnen das Schicksal versagt hat. Die Leute sollten jedoch das einfache Leben lieben und werden dann sorgenfrei in ihren Behausungen leben.   (15)

DER ADLER UND DIE FÜCHSIN

Die Mächtigen müssen die Schwachen fürchten, wie diese
Fabel bezeugt.

Einst packte der Adler die Jungen der Füchsin und brachte
sie in sein Nest, um sie seinen Sprößlingen als Futter darzubieten. Die Füchsin verfolgte den Adler und bat ihn
inständig, ihr ihre Jungen zurückzugeben. Doch der Adler
mißachtete die Füchsin als ihm unterlegen. Schmerzerfüllt
nahm sich da die Füchsin von einem Altar Feuer in Gestalt
einer brennenden Fackel und häufte Stroh um den Baum
herum. Als nun Rauch und Flamme sich ausbreiteten, erfaßte den Adler qualvolle Sorge um seine eigene Brut, daß
sie in den Flammen den Tod finden könnte, und er brachte
die jungen Füchslein der flehentlich bittenden Mutter
unversehrt zurück.

Die Fabel ist eine Lehre für viele, daß man an den Schwachen nicht sein Mütchen kühlen und sich nicht von irgendeiner Flamme verbrennen lassen soll.   (16)

DER ADLER UND DIE SCHILDKRÖTE

Wer beschützt und gesichert ist, kann von einem schlechten
Ratgeber zu Fall gebracht werden. Unser Erzähler berichtet
darüber, wie folgt.

Der Adler packte die Schildkröte und flog mit ihr durch die
Lüfte. Die Schildkröte zog sich zusammen und war von
keiner Seite zu fassen. Da kam die Krähe entgegengeflogen
und machte dem Adler schöne Worte. „Du trägst eine
vortreffliche Beute", sagte sie. „Doch ich will dir einen Kniff
verraten; denn grundlos schleppst du dich an einer Last, zu
der deine Kräfte nicht ausreichen werden." Der Adler
versprach einen Teil der Beute, da gab die Krähe ihren Rat:
„Bis zu den Sternen mußt du fliegen, dort, wo unten stei-
niger Boden ist. Dort, schlage ich vor, läßt du die Beute von

oben herunterfallen, so daß die Hornschalen zerbrechen und wir das Fleisch als Futter nutzen können." Das habe der Adler getan, und die Schildkröte, welche ihre Natur geschützt hatte, verlor durch den bösen Rat das Leben.

(17)

DER KRANICH UND DIE KRÄHE

Der Kranich und die Krähe hatten sich miteinander verbündet und beschlossen, daß der Kranich die Krähe gegen die andern Vögel schützen und die Krähe dem Kranich über zu erwartende Geschehnisse berichten sollte. Als nun die beiden des öfteren einen Acker aufsuchten und das Getreide, das dort einmal gesät worden war, bis zur Wurzel abzupften, sah das der Besitzer des Ackers mit Schmerzen und sprach zu seinem Buben: „Gib mir einen Stein!" Das signalisierte die Krähe dem Kranich, und sie verhielten sich vorsichtig. Als die Krähe auch am nächsten Tage hörte, daß der Stein verlangt wurde, warnte sie aufs neue den Kranich vor bösen Folgen. Da wurde jenem Manne klar, daß die Krähe Warnungen gab, und er sagte zu seinem Buben: „Wenn ich sage: ‚Gib mir einen Bissen!', dann reichst du mir einen Stein!" So geschah's; der Mann bat den Buben um einen Bissen, der aber reichte ihm den Stein, welcher den Kranich traf und ihm die Schenkel zerschmetterte. Da sprach der Verwundete die Krähe an: „Wo sind deine göttlichen Weissagungen? Warum hast du mich nicht gewarnt, daß mir das passieren könnte?" Doch die Krähe antwortete: „Nicht meine Intelligenz trägt hierbei die Schuld, leidbringend sind vielmehr die Ratschläge all der bösen Leute, die etwas anderes tun, als sie sagen."

Die Fabel geht auf Leute, die durch Versprechungen Unschuldige verleiten, denen sie später ohne Zögern Schaden zufügen.   (18)

DER FUCHS UND DER RABE

Wer sich mit hinterhältigen Worten loben läßt, hat es zu
bereuen, wenn er betrogen wird. Auf solche Leute paßt
diese Fabel.

Der Rabe stahl aus einem Fenster einen Käse und ließ sich
auf einem Baumwipfel nieder. Als dessen der Fuchs gewahr
wurde, rief er den Raben an: „O Rabe, wer möchte dir
gleichkommen? Wie prachtvoll ist der Glanz deiner Federn!
Und welchen Schmuck würde es für dich bedeuten, wenn
du eine helle Stimme hättest; kein andrer Vogel könnte dir
überlegen sein!" Der Rabe aber wollte sich dem Fuchs
gefällig zeigen und seine Stimme zu Gehör bringen; also
begann er laut hoch droben zu krächzen, dabei vergaß er
den Käse, der ihm, als er den Schnabel öffnete, entfiel. Der
hinterlistige Fuchs dagegen schnappte voller Gier danach.
Da seufzte der Rabe, denn es reute ihn, daß er sich so dumm
hatte hinters Licht führen lassen. Doch was hilft die Reue,
wenn, was geschah, nicht mehr zu ändern ist?   (19)

DER KRANKE LÖWE

Wer seine Stellung verliert, sollte auch sein früheres Auftreten preisgeben, um nicht von jedem x-beliebigen Unrecht
erdulden zu müssen, wie die folgende Fabel beweist.

Altersschwach und abgezehrt lag der Löwe schwer leidend
vor seiner Höhle und harrte seines letzten Stündleins. Da
trat der Eber mit seinen scharfen Zähnen zu ihm und nahm
wutschnaubend Rache für einen früheren Schlag. Der Stier
stieß seine Hörner in den Leib seines Feindes, des Löwen.
Als dessen der Esel gewahr wurde, trat er ihm mit seinen
Hufen ins Gesicht. Da sprach der Löwe mit Seufzen und
Stöhnen: „Als ich bei Kräften war, da stand ich in Ansehen
und erweckte Furcht, daß alle meinen Anblick mieden und
manche sogar vor meinem Namen erschraken. Und selbst
die, denen ich aus Wohlwollen nichts antat, denen ich sogar

zum Helfer wurde, mißhandeln mich heute. Weil ich eben
kraftlos bin, ist es mit meiner früheren Geltung dahin.''

Diese Fabel ist eine Warnung für viele, die sich daran gewöhnt haben, in Geltung zu stehen.   (20)

DER ZÄRTLICHE ESEL

Wer keine Reverenz zu erweisen hat, der sollte sich nicht
den Höhergestellten aufdrängen. Darüber hat der Dichter
die folgende Fabel erzählt.

Der Esel sah, wie das Hündchen täglich seinem Herrn
schmeichelte, sich von seinem Tische nährte und von den
Angehörigen des Herrn viele Geschenke erhielt. Da habe
sich der Esel gesagt: ,,Wenn mein Herr und seine ganze
Familie ein so schmutziges Tier derart lieben, um wieviel
höher müßten sie mich dann schätzen, wenn ich ihnen
meine Reverenz erweise? Denn ich bin doch etwas sehr viel
Besseres als der Hund, weil ich zu vielen Sachen nützlich
bin. Ich nähre mich von Wasser aus geweihten Quellen, und
saubere Speise wird mir dargeboten; ich könnte jedoch noch
ein besseres Leben haben und größere Achtung genießen.''
Während der Esel das bei sich erwog, bemerkte er, daß sein
Herr eintrat. Eilig lief er zu ihm hin, iahend sprang er an
ihm hoch, trat zu ihm und legte die erhobenen Vorderfüße
auf beide Schultern des Herrn; dabei beleckte er ihn mit der
Zunge, beschmutzte ihm den Rock und wurde ihm durch
sein Gewicht lästig. Das Geschrei des Herrn rief dessen
Angehörige herbei; die greifen zu Knüppeln und Steinen,
fallen über den Esel her, schlagen ihn zum Krüppel und
treiben ihn mit gebrochenen Gliedern und Rippen zu seiner
Krippe zurück, halbtot und entkräftet.

Diese Fabel mahnt, daß kein Unwürdiger sich vordrängen
soll, um die Funktion eines Höherstehenden wahrzuneh-
men.   (21)

DER LÖWE UND DIE MAUS

Begeht der Schwache einen Fehler, so muß er, wenn er darum bittet, Verzeihung erlangen, damit nicht eine Lage eintreten kann, wo er Rache zu üben vermag. Vernehmen wir die Fabel, die für uns auf diese Situation hin abgefaßt ist!

Als der Löwe im Walde schlief, gerieten die Feldmäuse außer Rand und Band, und eine von ihnen stieg unfreiwillig über den Löwen. Dadurch aufgeweckt, schlug der Löwe blitzschnell nach der armen Maus und packte sie. Die bat flehentlich um Gnade, denn sie habe ja nicht in böser Absicht gehandelt. Ihr Vergehen begründend, gestand sie demütig, daß auch die andern herumgetollt seien und sie allein von ihnen die Schuld auf sich geladen habe. Der Löwe aber bedachte bei sich, ob es in dieser Sache Vergeltung bedeute, wenn er die arme Maus töte; Ruhm würde es ihm bestimmt nicht einbringen, allenfalls Tadel. Darum verzieh er ihr und ließ sie laufen.
Wenige Tage später geriet der Löwe in eine Grube. Als er sich gefangen sah, fing er ein gewaltiges Gebrüll an und brachte laut seinen Schmerz zum Ausdruck. Kaum hatte das die Maus bemerkt, lief sie herbei und fragte den Löwen, was ihm denn Schlimmes passiert sei. Und nachdem sie erfuhr, daß er gefangen sei, sprach sie: „Es besteht keine Veranlassung, daß du dich ängstigst; denn ich werde mich dir in gleicher Weise gefällig zeigen, da ich mich sehr wohl deiner Großmut erinnere." So sprach sie und sah sich genau alle seine Stricke an. Nachdem sie die Stellen, die sie annagen mußte, gefunden hatte, nahm sie mit ihrem Schnäuzchen die Arbeit auf, trennte nach und nach mit ihren Zähnen die Schnüre und lockerte die kunstvollen Fesseln. So gab die Maus den gefangenen Löwen in Freiheit seinen Wäldern zurück.

Es mahnt die Fabel, auch den ganz Kleinen kein Leid zu tun.

(22)

DER KRANKE WEIH

Was soll, wer immer lästert, in der Bedrängnis erbitten?
Wollen wir sehen, was für eine Fabel unser Autor dazu zu
erzählen weiß!

Als der Weih krank war und schon viele Monate daniederlag
und für sein Leben schon keine Hoffnung mehr sah, bat
er seine Mutter unter Tränen, die heiligen Stätten zu besuchen und für seine Errettung große Gelübde zu leisten.
„Ich will tun, was du möchtest, mein Sohn", erwiderte diese.
„Nur befürchte ich, daß ich nichts erreiche; denn, mein
Kind, ich hege Besorgnis und große Furcht. Nachdem du
nämlich all die heiligen Haine verwüstetest und alle Altäre
beschmutztest und auch die Tempel nicht verschontest,
worum, willst du, soll ich jetzt bitten?"

Das sollen alle die hören, die Sünden begingen und, befleckt
mit ihren Sünden, die heiligen Stätten betreten. Sie müssen
vielmehr darauf sinnen und trachten, daß ihre bösen Taten
getilgt werden.   (23)

DIE SCHWALBE UND DIE VÖGEL

Wer nicht auf guten Rat hört, wird in sich einen schlechten
finden, wie die folgende Fabel beweist.

Einst waren einige Vögel versammelt, die bemerkten, wie
ein Mann Lein säte, und gaben nicht viel darauf. Die
Schwalbe aber sah tiefer, rief die andern Vögel zusammen
und machte sie darauf aufmerksam, daß das ihr Schade sein
werde. Doch alle die Zusammengerufenen gaben nichts
darauf und lachten bloß. Als später der Samen Frucht zu
tragen begann, sprach die Schwalbe wieder zu ihnen: „Das
ist etwas Schlimmes; kommt, wir wollen es herausreißen!
Denn sowie es ausgewachsen ist, werden die Menschen,
geschickt, wie sie sind, Netze daraus machen, mit denen sie
uns fangen wollen." Alle jedoch lachten über die Worte der
Schwalbe, mißbilligten und verschmähten ihren Rat. Als das

die Schwalbe sah, begab sie sich zu den Menschen, um unter
deren Dächern geschützt zu sein. Und weil die andern Vögel
ihren Rat nicht hören wollten und ihre Mahnungen in den
Wind schlugen, so geraten sie jetzt immer in Netze.

(24)

DIE KATZE, DIE EULE UND DIE MAUS

Die Eule bat die Katze, daß sie auf deren Rücken steigen
dürfe, und schlug vor, nach der Spitzmaus zu suchen. Die
Katze brachte die Eule zum Hause der Maus. Da bat die Eule
die Katze, jene zu rufen. Und so geschah's. Als die Maus
die Stimme der Katze gehört hatte, kam sie zur Haustür und
fragte: „Was sucht ihr? Was habt ihr zu sagen?" — „Wir
möchten mit dir sprechen", lautete die Antwort. Doch
die Maus erkannte, daß sie einen bösen Plan gegen sie
ausgeheckt hatten. „Verflucht seist du, Katze", rief sie
daher, „du, meine Herrin, und die, welche auf dir sitzt,
und eure Familien, eure Söhne und Töchter und eure
ganze Verwandtschaft seien verflucht! Zur Unzeit wäret
ihr gekommen, und zur Unzeit sollt ihr diesen Ort verlassen!"

Die Geschichte geht auf Leute, die ihren Feinden kein gutes
Wort zu sagen vermögen, die sich in Feindschaften ver-
stricken und Böses unter sich ausbrüten.   (25)

DER KAHLKOPF UND DER GÄRTNER

Der Kahlkopf bat einen Gärtner in der Nachbarschaft, er
möchte ihm eine von seinen Melonen geben. Doch der
spottete und sprach: „Geh, Kahlkopf, geh, dir will ich meine
Melonen nicht geben, du bist mir zu dumm. Im Winter wie
im Sommer soll dein Schädel immer Beschwerden haben.
Fliegen und Bremsen sollen auf deiner Stirn sitzen, die aus
deinem kahlen Kopfe Blut fressen und saufen und ihn
hinterher bekacken!" Da ergrimmte der Kahlkopf, zog sein

Schwert und riß den Gärtner an den Haaren, um ihn zu töten. Der Gärtner seinerseits packte eine Melone und warf sie dem Kahlkopf an die Stirn. Dieser jedoch war stärker und schlug dem Gärtner das Haupt ab.

Das geht auf Leute, die Bittstellern nichts Gutes tun und auf vernünftige Reden und Antworten nicht eingehen.

(26)

JUPITER UND DIE FRÖSCHE

Als die Athener in besten Verhältnissen lebten, frei waren, niemanden zu fürchten brauchten und einander in guter Gesinnung dienten, ließen sie sich durch einen eitlen Plan verleiten und forderten für sich einen Oberen, der die schlechten Sitten zügeln oder bestrafen sollte. Darauf wurden viele terrorisiert, andere ausgebeutet, dritte sogar bestraft. Wie von einer Krankheit befallen, bedauerten sie da ihre Handlungsweise, weil sie, hinreichend unglücklich, Leid erduldeten und weil sie, durch ihr Gesetz belastet, arge Gefahr befürchteten. Nicht daß jener Obere grausam gewesen wäre, die Tatsache vielmehr, daß sie, ohne daran gewöhnt zu sein, unter einem fremden Gesetz oder einem fremden Willen dienen mußten, beschwerte sie sehr, und voller Reue weinten sie. Da erzählte ihnen Äsop die folgende Geschichte.

„Die Frösche", berichtete er, „die in aller Freiheit in ihren Sümpfen und Teichen hausten, forderten mit vielem Stimmaufwand von Jupiter einen Leiter, der die Irrenden auf die rechte Bahn bringen sollte. Als sie diesen Wunsch vorbrachten, lachte Jupiter. Darauf begannen sie wiederum ihr Gequake. Als sich trotzdem nichts zeigte, verlegten sie sich aufs Bitten. Jupiter, der den Unschuldigen gewogen ist, ließ in den Teich ein großes Holzstück gelangen, das die Furchtsamen allesamt in Schach hielt. Schließlich aber steckte ein Frosch, weil er den König über alle Frösche kennenlernen wollte, seinen Kopf aus der Wasserfläche; als er das Holz erblickte, machte er allen von seinem Wissen

Mitteilung. Manche kamen furchterfüllt herbeigeschwommen, um den großen Leiter zu begrüßen, andere näherten sich noch mit einer gewissen Bangigkeit. Als aber in dem Holz sich kein Leben findet, betreten sie es, erkennen, daß es ein Nichts ist, und stampfen es mit den Füßen. Ein zweites Mal verlegten sie sich aufs Bitten, da schickte ihnen Jupiter die Wasserschlange; die fraß die Frösche einen nach dem andern auf. Nun richten sie alle ihr mit Tränen vermischtes Quaken zum Himmel: ‚Zu Hilfe, Jupiter, wir sterben!‘ Doch der in der Höhe Donnernde erwiderte ihnen: ‚Als ihr batet, wollte ich nicht, und als ich wollte, habt ihr Mißliches bekommen. Da ihr nun das Gute nicht ertragen wolltet, müßt ihr das Schlimme aushalten.‘“

Daß der sorgenfrei lebt, der nichts hat, was er zu fürchten braucht, beweist die Fabel.   (27)

DIE TAUBEN UND DER HABICHT

Wer sich zum Schutze einem Bösen unterstellt, verliert zu seinem Schaden die Hilfe, wenn er sie braucht. Das lehrt die folgende Fabel.

Weil die Tauben oftmals vor dem unerbittlichen, wilden Weih Ausreiß nehmen mußten, wählten sie sich den Habicht zum Patron und Schutzherrn; denn sie meinten, unter seiner Obhut sicher zu sein. Körperschwäche vortäuschend, fing der an, eine nach der andern zu verspeisen. Da sagte eine von den Tauben: „Eine geringere Last war es für uns, daß wir den brutalen Weih ertragen mußten; denn die Macht des Habichts bringt uns ums Leben. Aber es geschieht uns schon ganz recht dabei; warum wollten wir uns einem solchen Betrüger anvertrauen?“   (28)

DER TREUE HUND UND DER DIEB

Über Verführer laßt uns die folgende Fabel vernehmen!

Von einem Dieb, der bei Nacht dem Hund Brot brachte, erzählte man, daß dieser antwortete: „Nicht umsonst wird dieses Brot gegeben; vielmehr tust du es in der Absicht, mich zu schädigen, und ich soll dafür büßen zusammen mit dem Hausherrn und unserer ganzen Familie. Denn wenn du alles mit dir wegschleppst, wirst du mir dann auch noch Brot hinhalten? Würdest du mir auch später noch etwas abgeben und dich meiner erbarmen wollen, wenn der Hunger über mich kommt? Ich möchte nicht, daß du mir den Mund verschließt, möchte nicht Speise empfangen unter der Bedingung, daß ich schweigen muß. Vielmehr werde ich selber laut bellen, den Herrn und die Familie wecken, ihnen sagen: Ein Dieb ist da! Nicht auf das Heute, auf das Morgen will ich sehen. Mach dich also fort, oder ich zeige dich an!"

Das sollten die im Auge haben, die um eines Diners willen ihr Vermögen verlieren.   (29)

DER WOLF UND DIE SAU

Man soll darauf achten, dem Bösen nicht Glauben zu schenken; davon handelt die folgende Fabel.

Als die Sau, weil sie gebären sollte, dalag und vor Schmerzen seufzte, trat der Wolf zu ihr und sprach: „Du kannst, Schwester, noch in dieser Stunde deine Sprößlinge unbesorgt zur Welt bringen. Ich werde das Amt der Hebamme wahrnehmen und dir tröstend beistehen." Doch kaum war die Sau des Bösewichts gewahr geworden, als sie sein Anerbieten zurückwies. „Ich kann, Bruder", erwiderte sie, „meine Jungen unbesorgt zur Welt bringen, wenn du dich trollst. Ich ersuche dich also, gib mir die Ehre!" Und sowie der Wolf fort war, gebar die Sau alsbald. Hätte sie dem Bösewicht geglaubt, es wäre ihr schlecht ergangen.   (30)

DER KREISSENDE BERG

Wo Furcht herrscht und schwerer Schrecken, ist oftmals nichts, wie diese Fabel beweist.

Einst kreißte ein Berg und machte dabei viel Gestöhne. Als das die Leute in der Umgebung vernahmen, trat alsbald große Verwirrung ein, und alle erfaßte Schrecken. Niemand konnte sich an Ähnliches erinnern, das starke, kräftige Dröhnen erfüllte alle mit Furcht, und man vergaß die eigenen Angelegenheiten. Denn der kreißende Berg stöhnte gewaltig, und schließlich brachte er eine Maus zur Welt. Die Kunde davon verbreitete sich rasch, und die, welche vorher Furcht erfüllt hatte, faßten wieder Mut. Und was man als ein Übel angesehen, löste sich für alle in nichts auf.

(31)

DAS LAMM UND DIE ZIEGENMUTTER

Die Güte macht die Eltern aus, nicht, wie man sagt, die Abkunft. Damit wir das erkennen können, bringt der Erzähler die folgende Fabel.

Einem Lamm, das unter die Ziegen geraten war, sagte, so will es der Erzähler, der Hund: „Hier ist deine Mutter nicht", und wies statt dessen auf die gesondert in der Ferne weidenden Schafe. „Nicht nach der verlangt mich", erwiderte das Schaf, „die mich in ihrem Schoße empfing, ihre Monate trug und mich dann zur Welt brachte, sondern um die geht es, die mich nährt, mir ihre Euter darbietet und ihre eigenen Jungen benachteiligt, damit es mir nicht an Milch fehle." Doch der Hund entgegnete: „Trotzdem ist die, welche dich gebar, in erster Linie deine Mutter." Darauf das Lamm: „Es stimmt, was du sagst, doch, wie es recht ist, folgte sie dem natürlichen Triebe, ohne zu wissen, ob das Junge männlich oder weiblich sein werde. Was nützt den Tieren ein Junges, wenn es bloß für den Metzger vorteilhaft ist? Und was haben die Menschen, wie sie glauben, von ihren Söhnen? Auch bei denen ist es ja zweifelhaft, ob ein jeder die Treue wahren wird."

(32)

DER ALTE JAGDHUND

Einen Alten darf man nicht mißachten oder verstoßen, denn auch er war einmal jung. Darum, wenn du für dich ein gutes Alter wünschst, so ehre die Alten, und willst du sie nicht ehren, so ehre doch wenigstens nach Kräften ihre früheren Leistungen und vernimm zur Sache die folgende Fabel!

Ein Hund, der in seiner Jugend seinem Herrn auf der Jagd stets zufriedenstellend gedient hatte, wurde von Kurzatmigkeit geplagt, das Alter hatte seinen Lauf verlangsamt, und seine Zähne waren stumpf geworden. Als er einmal einen Hasen zu erjagen suchte, vermochte Meister Langohr dem Biß des Hundes zu entrinnen, und da er ja nicht verwundet war, ließ er den Hund sich durch das Feld hin müde laufen. Das brachte den Herrn gegen seinen Hund auf, und er schalt ihn als seiner Aufgabe nicht gewachsen. Doch — so will es die Fabel — der Hund gab ihm Antwort: „Meinem Wollen fehlt die Kraft, stumpf sind meine Zähne, doch früher war ich stark. Du lobtest, was ich war, und jetzt verdammst du, was ich bin. Denk an das Frühere, so wird dir das, was ich heute noch vermag, gut und angenehm sein!"

Somit beweist uns die Fabel, daß, wenn einer als Jüngling erfolgreich handelte, er als Greis nicht mißachtet werden sollte.   (33)

DAS REBHUHN UND DER FUCHS

Während das Rebhuhn irgendwo an einem hohen Orte saß, kam der Fuchs des Weges und redete es an: „Wie formvollendet ist dein Antlitz! Deine Beine gleichen einer Rosenhecke, dein Schnabel einer Koralle. Doch wenn du schliefest, wärest du wohl noch schöner!" Das Rebhuhn glaubte ihm und schloß die Augen; flugs holte es der Fuchs herunter. Mit tränenerstickter Stimme sprach das Rebhuhn: „Bei deinem ungewöhnlichen Scharfsinn bitte ich dich, sag mir zuvor deinen Namen; dann magst du mich fressen!"

Doch sowie der Fuchs seinen Namen nennen wollte, mußte
er sein Maul öffnen, und das Rebhuhn machte sich davon.
Ärgerlich bemerkte jener: „Ich Dummkopf, was mußte ich
bloß reden?" Gab das Rebhuhn zur Antwort: „Und wozu
mußte ich schlafen, da ich doch gar nicht müde war?"

Die Geschichte zielt auf Leute, die reden, wo es nicht notwendig ist, und die schlafen, wo sie wach zu sein hätten.

(34)

DIE LEBENSMÜDEN HASEN

Die Menschen müssen die Zeitläufte ertragen und sich den
Umständen fügen. Wem seine Last zu schwer wird, der soll
sich die Lasten anderer ansehen. Davon vernimm die
Fabel!

Als plötzlich großer Lärm die Hasen bedrohte, faßten sie
unter sich den Plan, sich lieber das Leben zu nehmen als
beständiger Furcht ausgesetzt zu sein. Und sie begaben sich
an das Ufer eines Flusses, wo sich viele Frösche aufhielten.
Wie aber der Hasenzug näher kam, gerieten die Frösche in
Schrecken und stürzten sich in den Fluß. Als das die Hasen
sahen, sprach einer von ihnen: „Es gibt auch andere, die
in Furcht leben wie wir. Setzen wir also unser Leben fort
wie die andern auch, ertragen wir's, wenn uns etwas Böses
trifft; denn immerfort wird es ja nicht Böses sein!"

(35)

DAS GEHORSAME ZICKLEIN

Auf die Weisungen der Eltern zu hören dient den Kindern
zum Wohl, wie die folgende Fabel lehrt.

Als die Ziege trächtig war und zur Weide gehen wollte,
warnte sie ihr unerfahrenes Zicklein, jemandem aufzuma-
chen; denn sie wußte, daß viele Raubtiere um die Ställe der
Haustiere herumschlichen. So mahnte sie und verließ das
Haus. Da erschien der Wolf, und während er die Stimme

der Mutter nachahmte, forderte er das Zicklein auf zu öffnen. Das Zicklein guckte durch die Spalten und sagte: „Die Stimme der Mutter höre ich wohl; doch du bist hinterlistig und böse, und unter dem Vorwand der Stimme der Mutter möchtest du mein Blut saufen und mein Fleisch fressen."

So lebt vorsichtig, wer auf Mahnungen hört.   (36)

DER HUND UND DAS KROKODIL

Die Hunde pflegen im Laufen aus dem Nil zu trinken, um nicht von den Krokodilen gepackt zu werden. Als nun ein Hund, der aus dem Nil zu trinken begonnen hatte, sein Tempo steigerte, sprach ein Krokodil zu ihm: „Was deinen Lippen wohltut, brauchst du nicht zu fürchten!" Antwortete der Hund: „Ich wollte mich schon an deine Worte halten, wüßte ich nicht, daß du nach meinem Fleisch gierst."

Wer klugen Leuten unkluge Ratschläge gibt, verliert nicht nur, was er plant, sondern wird von jenen noch schmählich verlacht.   (37)

DER HUND ALS SCHATZGRÄBER

Der Hund und der Geier gruben menschliche Gebeine aus. Da fand der Hund einen Schatz, wodurch er die Schattengeister der Toten verletzte. Zugleich befiel ihn Verlangen nach den Reichtümern, durch die er sein Vergehen sühnen zu können meinte. Während er nun sein Gold bewachte, vergaß er, für Nahrung zu sorgen, und ging an Hunger ein. Da sprach der Geier, der bei ihm stand: „Mit Recht büßest du, Hund, weil du, der du am Straßenrand gezeugt und auf dem Mist auferzogen wurdest, königliche Schätze begehrtest. Was nutzte es dir, diese Reichtümer zu finden?"

Auf Habgierige zielt diese Fabel, die eher erschöpft zugrunde gehen, als bis sie ihr unersättliches Begehren zu stillen vermögen. (38)

DER ARME MANN UND DIE GLÜCKSSCHLANGE

Als allzeit verdächtig hat zu gelten, wer einmal einem andern Böses zufügte, so wie es diese Fabel beweist.

Ins Haus eines armen Mannes kam mit Regelmäßigkeit eine Schlange zu Tisch und genoß dort die Brocken. Nicht lange darauf kam der Arme zu Besitz und wurde zornig über die Schlange und verletzte sie mit einem Axthieb. Es verging einige Zeit, und jener Mann kehrte zu seiner früheren Dürftigkeit zurück. Da wurde ihm deutlich, daß das Mißgeschick der Schlange sein Unglück bewirkt hatte, so wie er um ihretwillen reich geworden war, ehe sie durch ihn verletzt wurde. Also verlegte er sich aufs Bitten, daß sie dem Sünder doch verzeihen möge. Ihm erwiderte die Schlange: „Da du dein Vergehen bereust, will ich dir verzeihen. Bis jedoch die Narbe geschlossen ist, darfst du mir nicht voll vertrauen. Ich will aber in deine Gunst zurückkehren, wenn ich die tückische Axt zu vergessen vermag."

So muß verdächtig sein, wer einen andern einmal verletzte. (39)

DAS ANGEBORGTE SCHAF

Wenn Betrüger borgen, stellen sie unredliche Bürgen, wie die folgende Fabel berichtet.

Einst bat der Hirsch das Schaf, ihm bis zu einem bestimmten Tage, an dem er das Geborgte zurückbringen werde, einen Scheffel Weizen zu leihen, wobei der Wolf als Bürge zugegen war. Erschrocken durch die Anwesenheit des Feindes, erklärte sich das Schaf auf der Stelle bereit. Als aber der Hirsch zu ihm kam, sagte es ihm: „Wenn der Termin da ist, wer wird mir dann das Geborgte zurückgeben? Du

stampfst mit deinem Huf das Feld, der Wolf eilt fort, wohin
es ihm gefällt, und groß sind eure Ränke."

Es lehrt die Fabel, den Leuten nur vorsichtig Glauben zu
schenken.   (40)

DER UNBARMHERZIGE ESEL

Der Esel und der Ochse waren einmal zum Ziehen in dasselbe Joch gespannt. Da versuchte der Ochse, weil sein Horn
krank war, ein bißchen langsamer zu gehen. Der Esel jedoch
weigerte sich, irgendeine Erleichterung einzuräumen. Infolgedessen brach das Horn, und der Ochse verendete
sogleich davon. Den Kadaver lud der Treiber dem Esel auf.
Durch viele Schläge geschwächt, kam dieser zu Sturz, und
erdrückt durch die Last, hauchte er mitten auf der Straße
sein Leben aus. Die Vögel kamen herzu, flogen auf ihre
Beute und sagten: „Hättest du dem Ochsen, als er dich
darum bat, Milde gezeigt, so würdest du uns nicht dank
deinem frühen Tode zum Fraße dienen."   (41)

DER KAHLKOPF UND DIE FLIEGE

Wenn einer sich selbst etwas antut, weil ein andrer ihn reizt,
über den soll man nicht lachen, wie die folgende Fabel
berichtet.

Einem Kahlkopf wurde eine Fliege lästig, die in einem fort
in sein von Haaren entblößtes Haupt stach. Der Mann sparte
nicht mit Schlägen, denn er wollte die Feindin erledigen. Die
aber lachte darüber und setzte ihr Tun fort. Da wandte sich
der Kahlkopf an sie: „Du verlangst nach deinem Tod,
Ruchlose. Denn mit mir komme ich leicht wieder ins reine,
du aber wirst unter meinem Schlag sterben."

Von aufgebrachten Leuten handelt die Geschichte, die sich
Feinde machen.   (42)

DER FUCHS UND DER STORCH

Was du nicht willst, daß man dir tu, das füg auch keinem
andern zu! In ähnlichem Sinne gestaltete unser Erzähler
seine Fabel.

Der Fuchs hatte einmal den Storch zum Essen eingeladen
und setzte ihm in einer Schüssel dünne Brühe vor, von
welcher der Storch nicht satt werden konnte. So kehrte er
hungrig nach Hause zurück.
Nach ein paar Tagen lud er den Fuchs zu Gast. Dabei,
erzählt man, habe der Storch sich folgendermaßen verhalten. In einer Glasflasche trug er appetitliche Speisen auf.
Zuerst nahm sich der Storch selber davon, dann forderte
er den Fuchs auf. Alsbald merkte der Fuchs den Tort, und
der Storch sagte zu ihm: ,,Hast du Gutes getan, so nimm
es an! Willst du nicht zulangen, so liegt's nicht an mir. Wenn
du willst, so verzeih!"

Diese Fabel bezieht sich auf jene Leute, die so, wie sie andere
mit Worten foppen, selber am Ende von Unbill heimgesucht
werden. — Es mahnt die Geschichte, mit niemandem sein
Spiel zu treiben.   (43)

DER WOLF UND DER MIME

Über unkluge Leute erzählte Äsop diese Fabel.

Einen Tragödienschauspieler fand der Wolf auf dem Felde,
den drehte er mehrmals um. ,,Was für ein Anblick", rief
er, ,,doch Hirn hat er nicht!"

Dies bezieht sich auf jene, die Ruhm und Ehre genießen,
aber doch keine Empfindung besitzen.   (44)

DIE KRÄHE UND DIE PFAUEN

Darüber, daß sich einer nicht mit fremdem Gut groß machen, sondern sich lieber mit dem bescheidenen Eigenen
schmücken soll, damit es ihm nicht zum Schimpf wird, wenn
man ihn beraubt, darüber vernimm die Fabel unseres
Autors!

Geschwollen von Hochmut und eitlem Wahn, hob eine
Krähe Pfauenfedern auf, die auf dem Wege lagen, und
schmückte sich damit. Den andern Krähen begegnete sie
von da an mit Verachtung und mischte sich vielmehr unter
die Herde der Pfauen. Doch diese rissen ihr, der unverschämten Unbekannten, aufgebracht die Federn aus und
schwächten sie mit Tritten und mit Bissen. Halbtot von
ihnen zurückgelassen und erheblich verwundet, fürchtete
sich die unglückliche Krähe, zu ihrer eigenen Sippe zurückzukehren, wo sie, als sie im Glanz stand, viele ungerecht-
fertigt terrorisierte. Da begann einer von ihren Leuten:
,,Denk daran, wenn du nicht erröten mußt, hättest du deine
Kleider liebgehabt und dich mit dem beschieden, was dir
die Natur gewährte, du würdest von anderen kein Leid
erduldet haben und wärest von uns nicht ausgestoßen
worden! Es wäre dein Gutes gewesen, hättest du nach dem
gelebt, was du besaßest!"   (45)

DIE FLIEGE UND DIE AMEISE

Wer sich selber lobt, geht oftmals vor die Hunde, wie durch
die folgende Fabel gelehrt wird.

Die Ameise und die Fliege stritten heftig miteinander, wer
von ihnen beiden die Bessere wäre. Die Fliege begann:
,,Wirst du es mir vielleicht an Berühmtheit gleichtun
können? Wo geopfert wird, genieße ich als erste die Op-
ferstücke, sogar auf des Königs Haupte kann ich sitzen, und
allen Damen gebe ich süße Küsse; du aber kannst nichts von
alledem." Darauf erwiderte die Ameise: ,,Das sagst du, du

elendes Miststück? Und du preist noch deine Zudringlich-
keit? Kommst du etwa je erwünscht? Könige aber nennst du
und unbescholtene Frauen? Lästig bist du, wo du erscheinst
und sagst, dir gehöre alles, und wo du Zugang findest,
verscheucht man dich. Uberall wirst du als eklig vertrieben,
als widerlich verjagt. Im Sommer tust du dich groß; aber
wie der Winter kommt, mußt du verrecken. Ich dagegen
bin verwöhnt. Im Winter bin ich geschützt, unversehrt
findet mich die gute Jahreszeit. Die Freuden kommen auf
mich zu, dich Schmutztier dagegen vertreibt man mit dem
Wedel."

Diese Fabel geht auf die Streitsüchtigen. Du sagst ein Wort,
ich sage ein Wort; du lobst, ich lobe; du tadelst, ich tadle.

(46)

DIE FLIEGE UND DAS MAULTIER

Manche Leute, die nichts sind, haben Zorn auf die, welche
besser sind, und stoßen gewaltige Drohungen aus, da sie
doch nichts durchzusetzen vermögen. Das erhellt aus der
nachstehenden Fabel.

Es sprach die Fliege, die auf der Deichsel saß, zu dem
Maultier, das daran angebunden war: „Wie langsam läufst
du? Lauf zu, sonst steche ich dir in den Hals!" Darauf, so
erzählt man, erwiderte das Maultier: „Deine Worte fürchte
ich nicht, wohl aber die des Mannes, der auf dem
Kutschbock sitzt, der mit den Zügeln das Gebiß lenkt und
mit den Riemen den Weg weist und dabei die Peitsche nicht
scheut. Den haben wir in erster Reihe zu fürchten. Du aber
bist anmaßend und prahlerisch, weil du den Stärkeren
gegenüber nichts anderes vermagst."

(47)

DER WOLF UND DER FUCHS VOR GERICHT

Wer einmal durch Betrug bekannt geworden ist, lebt immer
in Schande, und selbst wenn er die Wahrheit sagt, glaubt
man ihm nicht. Dies bezeugt die nachfolgende kurze Fabel
Äsops.

Voll Zornwut beschuldigte der Wolf den Fuchs, einen
Diebstahl begangen zu haben. Jener leugnete seine Schuld.
Da trat der auf Recht und Wahrheit bedachte Affe in das
Richteramt, um unter den Anwesenden den Schuldigen
herauszufinden. Jetzt brachten beide Rechtsgründe gegeneinander vor, legten ihre Gaunereien bloß und warfen sich
gegenseitig ihre Schandtaten vor. Da fällte der wahre, gerechte Richter sein Urteil über beide Parteien und leitete aus
der Klageschrift seinen Spruch ab. „Du, Wolf", sagte er,
„verlangst, was du nicht verloren hast, und ich glaube, daß
du, Fuchs, trotzdem etwas beiseite gebracht hast, was du
dem Gericht gegenüber energisch verleugnest. So sollt ihr
beide straflos bleiben und unter gleichen Bedingungen
einmütig davongehen!"

Alle sollen wissen, daß, wer sich an Betrügerei gewöhnt
hat, immer sehr schlecht leben wird.   (48)

DAS GEFANGENE WIESEL

Wo wohlgesonnene Sklaven dienen, vergelten ihnen die
Herren ihr Verdienst; doch ungerechtfertigte Täuschungen
machen jede Leistung zunichte, wie uns die folgende Fabel
beweist.

Als das Wiesel nach Mäusen jagte, fing es der Mensch. Weil
das Tier nicht entrinnen konnte, sprach es zu jenem: „Ich
bitte dich, verschone mich; denn ich habe allzeit dein Haus
von den lästigen Mäusen befreit!" Doch der Angesprochene
erwiderte: „Nicht um meinetwillen tust du das; denn ich
würde dich in Ehren halten, wenn du es für mich getan
hättest, und dir gern verzeihen. Indessen tötest du die

Mäuse darum, daß du unsere Reste verzehren kannst, die
jene angeknabbert hatten. Du machst gänzlich reinen Tisch
und trägst alles mit dir fort. Ich möchte nicht, daß du dir
eine Guttat zuschreibst." Also sprach er und brachte das
unselige Tier zu Tode. (49)

DER AUFGEBLASENE FROSCH

Wenn ein Armer es einem Mächtigen gleichtun will, dann
platzt er. Darüber hat Äsop die folgende Fabel erzählt.

Auf einer Wiese sah einmal ein Frosch einen Ochsen weiden
und meinte, daß er genauso wie dieser werden könne, wenn
er seine faltige Haut aufblase. Also pustete er sich nach
Kräften auf und fragte seine Jungen: „Bin ich so groß wie
der Ochse?" Die erwiderten: „Nein." Nun pustete er sich
von neuem und noch mehr auf und sagte zu den Seinen:
„Wie ist's jetzt?" Doch die antworteten: „Nicht zu ver-
gleichen." Als er sich aber zum drittenmal aufpustete,
platzte die Haut, und er fand den Tod.

So soll durch dieses Exempel gewarnt sein, wer über seine
Kräfte hinaus zu agieren versucht. Und im Sprichwort heißt
es: „Blase dich nicht auf, damit du nicht platzt!" (50)

DER DANKBARE LÖWE

Die Mächtigen müssen den Geringen ihre Dankbarkeit
erweisen, und auch wenn lange Zeit vergeht, darf es kein
Vergessen geben. Daß Entsprechendes wirklich geschah,
davon zeugt die folgende Fabel.

Ein Löwe hatte sich einmal im Walde verirrt, und während
er hin und her lief, trat er in einen Splitter, und weil sich
innen Eiter ansammelte, begann er zu hinken. So traf er
einen Hirten. Dem schmeichelte er in einem fort mit seinem
Schweif und hob dabei beständig die Pfote. Als der Hirt den
Löwen auf sich zukommen sah, entsetzte er sich zunächst

und hielt ihm seine Schafe hin, weil er meinte, jener suche nach Nahrung. Doch dem Löwen ging es nicht um Nahrung, sondern vielmehr um Heilung, und ohne zu zögern, legte er seine Pfote dem Hirten auf den Schoß. Sobald nun der Hirt die Wunde und die große Eiterbeule erblickte, kam ihm geistesgegenwärtig der rettende Gedanke. Er nahm eine scharfe Ahle und öffnete damit vorsichtig die Wunde. Sowie das Geschwür aufgestochen war, ging mit dem Eiter zugleich der Splitter ab. Der Löwe verspürte Erleichterung, und zum Dank für die Heilung beleckte er die Hand des Hirten. Ein Weilchen blieb er noch bei ihm sitzen, dann hatte sich seine alte Kraft wiedereingestellt, und er trollte munter davon.

Nach geraumer Zeit wurde der Löwe gefangen und für die Arena des Amphitheaters bestimmt, der Hirt aber wurde in einem Prozeß verurteilt und den wilden Tieren zum Fraße vorgeworfen, gerade dort, wohin man den Löwen gebracht hatte. Man führte den Hirten in die Arena und ließ gleichzeitig den Löwen los. Der ging mit gewohntem Schwung zum Angriff, um dann allmählich innezuhalten. Sobald er nämlich zu dem Hirten gekommen war, hatte er ihn erkannt und hob nun unter mächtigem Gebrüll seine Augen und seinen Blick zu den Anwesenden. Darauf machte er am Balkon entlang die Runde und nahm zurückkehrend seinen Platz neben dem Verurteilten, heißt ihn, nach Hause zu gehen, und weicht nicht von dem Menschen. Da erst begriff der Hirt, daß der Löwe um seinetwillen so lange verharrte, und er vermutete, er müsse derjenige sein, mit dem er bereits im Walde Bekanntschaft geschlossen und dem er die Geschwulst geöffnet hatte. Ein weiterer und ein dritter Löwe werden in die Arena gelassen, damit der erste zurückweichen sollte; doch der blieb, wo er war, und verteidigte seinen Schützling. Als das die Zuschauer sahen, verfielen sie in großes Staunen und fragten den Verurteilten nach den Zusammenhängen. Nachdem der Hirt den Leuten den Grund berichtet hatte, forderten diese in großer Abstimmung für beide die Begnadigung. Und so wurden sie denn zugleich entlassen, der

Löwe in seinen Wald und der Hirt zu seinen Angehörigen.

Diese Geschichte muß publik gemacht werden, damit alle
Menschen aneinander Dankbarkeit üben.   (51)

DER LÖWE UND DAS KLUGE PFERD

Wer nichts kann, verrät sich selber, wie uns die nachstehende Fabel berichtet.

Ein starker Löwe sah ein Pferd auf einer Wiese weiden. Um
dieses bequem täuschen zu können, näherte er sich ihm wie
ein Freund und gab sich als Arzt aus. Das Pferd erkannte
den Betrug, verweigerte jedoch trotzdem nicht den an-
gebotenen Dienst. Schließlich kam ihm geistesgegenwärtig
ein Einfall. Es hob den Fuß und gab vor, in einen Dorn
getreten zu sein. „Bruder", rief es, „steh mir bei! Wie froh
bin ich, daß du gerade vorüberkommst! Schaffe mir Erleichterung, weil ich in einen Dorn getreten bin!" Geradezu
demütig kam der Löwe herzu und verbarg seine Hinterlist.
Aber das Pferd ließ ihn alsbald seine harten Hufe spüren.
Da fiel der Feind und blieb für längere Zeit besinnungslos
liegen. Doch als er wieder zu sich kam, war von dem Pferd
nirgends mehr etwas zu sehen. Da merkte der Löwe, daß
er an Kopf und Gesicht und daß er am ganzen Körper
verletzt war, und er sprach: „Mit Recht habe ich das
erduldet, da ich sonst immer wie ein Metzger daherkam,
während ich mich diesmal trügerisch als Freund und als
Arzt näherte, der ich doch, wie gewohnt, als Feind hätte
kommen müssen."

Deshalb sage ich allen, die das hören: Sei, was du bist, und
lüge nicht!   (52)

DAS HOCHMÜTIGE PFERD UND DER ESEL

Eine Fabel, die von den Zeit- und Glücksumständen handelt, wollen wir jetzt hören. Die sich glücklich wissen, sollen niemandem Unrecht tun und sich daran erinnern, daß alles, was vom Glück abhängt, zweifelhaft ist, wovon die folgende Fabel berichtet.

Ein Pferd, das mit goldenem und silbernem Zaumzeug geschmückt und mit Sattel und prächtiger Schabracke hinreichend aufgeputzt war und von Jugendkraft strotzte, begegnete an einer Wegenge einem Esel, der von weit her seine Last trug. Und weil er, ermüdet von der Reise, dem Pferd beim Vorübergehen erst spät den Weg freigegeben hatte, fuhr dieses ihn an: ,,Ich muß schwer an mich halten; sonst würde ich dir mit meinen Hufen die Knochen brechen, weil du bei unserer Begegnung nicht zurückgewichen oder wenigstens stehengeblieben bist, bis ich vorüber war.'' Über so viel Anmaßung erschrocken, verstummte der arme Esel.
Es verging nicht lange Zeit, da war das Pferd abgeritten, und weil es keine ausreichende Versorgung und Pflege hatte, magerte es ab. Sein Herr gab Befehl, es aufs Landgut zu bringen, damit es Mist auf die Felder führe. Es mußte bäuerliches Geschirr annehmen und ging mit schwerer Last über Saumpfade. Unser Esel, der auf einer Wiese weidete, erkannte das jetzt unglückliche Pferd und plärrte es an: ,,Was hat dir nun deine kostbare Aufmachung genützt, die dich so arrogant machte? Jetzt gehst auch du bloß der gleichen Landarbeit nach wie ich; bist du nun vielleicht auch noch frech?''

Es mahnt diese Geschichte alle, es möge niemand, wenn er in der Macht steht, andere terrorisieren.   (53)

DIE FLEDERMAUS IM KRIEG DER TIERE

Über doppelzüngige Menschen hat Äsop die folgende Fabel
abgefaßt. Wer sich zwei Parteien unterwürfig zeigt, ist für
die eine wie für die andere unwillkommen und wird sich
dafür selbst die Schuld geben müssen.

Die Vierfüßler führten mit den Vögeln einen großen Krieg,
und keine Seite wollte der anderen nachgeben, sondern
beide kämpften tapfer und zogen den Streit in die Länge.
Die Fledermaus aber war sich im Zweifel und fürchtete
schwere Zwischenfälle. Weil nun die Streitmacht der Vierfüßler mächtig und überlegen schien, begab sie sich zu
diesen als den vermeintlichen Siegern. Plötzlich kam der
Adler auf Mars' Rechte geflogen; darauf schüttelte er sein
Gefieder und machte gemeinsame Sache mit den Vögeln.
Dadurch erlahmten die Vierfüßler, und der Sieg stand bei
den Vögeln. Schließlich kehrten Vögel wie Vierfüßler zum
früheren Friedenszustand zurück. Die Fledermaus aber
wurde, weil sie die Ihren im Stich gelassen hatte, durch den
Spruch der Vögel dazu verdammt, für alle Zeit das Licht
zu meiden, und man beraubte sie ihrer Federn, so daß sie
nun des Nachts nackt herumfliegen muß.

So muß es denen ergehen, die sich auf die Seite anderer
schlagen und ihre eigenen Leute im Stich lassen.

(54)

DIE NACHTIGALL UND DER HABICHT

Wer andern nachstellt, muß selber fürchten, Opfer der
eigenen Bosheit zu werden, wie die folgende Fabel beweist.

Als sich der Habicht im Nest der Nachtigall niederließ, um
dem Hasen aufzulauern, fand er dort die kleinen Jungen.
Überraschend kam die Nachtigall dazu und bat den Räuber,
ihre Jungen zu verschonen. „Ich will deinem Wunsche
entsprechen", antwortete der, „wenn du mir etwas Schönes

vorsingst." Da begann die Nachtigall, obgleich ihr die Lust fehlte, zu singen, durch Furcht und Angst genötigt und voller Schmerz. Der Habicht, der wider Erwarten auf Beute gestoßen war und diese nicht preisgeben wollte, sagte nur: „Du hast nicht gut gesungen", ergriff eines der Jungen und begann, es zu verspeisen. Von der gegenüberliegenden Seite kam ein Vogelsteller dazu, der legte ohne viel Aufhebens seine Rute aus und zog den Habicht, der in dem Leim festklebte, zur Erde herunter.

So muß, wer andern nachstellt, befürchten, selber ge-schnappt zu werden.   (55)

DER FUCHS VERRÄT DEN WOLF

Guten und Bösen hilft das Glück; wem es aber nicht hilft, auf den ist es neidisch. Wer gegen die vom Glück Be-günstigten Neid im Herzen hegt, den bringt nachher die eigene Bosheit zu Fall. Gegen solche Leute hat unser Erzähler die nachfolgende Geschichte gerichtet.

Der Wolf hatte mit der Zeit reiche Beute in seinem Bau zusammengetragen, um davon mehrere Monate exquisit leben zu können. Kaum hatte der Fuchs davon erfahren, als er an dem Wolfsbau erschien und mit heuchlerischer Stimme sprach: „Warum nur habe ich dich so viele Tage nicht gesehen? Ich war traurig darüber, auch weil du mit mir keine Streifzüge unternommen hast." Ihm entgegnete der Wolf, der den Neid des Fuchses durchschaute: „Nicht weil du über mich beunruhigt wärest, bist du gekommen, sondern um etwas zu stehlen. Ich lege keinen Wert auf deinen Besuch; denn ich weiß, daß du etwas im Schilde führst." Über diese Worte höchlichst erzürnt, begab sich der Fuchs zu dem Schafhirten. „Wirst du mir es danken", fragte er ihn, „wenn ich dir noch heute den Feind deiner Herde ausliefere, daß du darum keine Sorge mehr zu haben brauchst?" — „Ich bin zu Gegendiensten bereit", erwiderte der Hirt, „und werde dir zur Verfügung stehen, wenn du einen Wunsch hast." Da verriet der Fuchs den eingeschlossenen Wolf. Der Hirt durchbohrte ihn mit dem Jagdspieß, und der Rivale sättigte sich an dem fremden Gut. Nicht viel später freilich traf er selber auf den Jäger. Als ihn dessen Hunde gepackt und zerrissen hatten, rief er aus: „Ich habe schon schlecht gehandelt, und entsprechend gehe ich zugrunde, weil ich einem anderen weh tat."

So müssen auch die Menschen sich davor fürchten, anderen Schaden anzutun. (56)

DER EITLE HIRSCH

Mitunter loben wir das, was unnütz, und tadeln wir das, was gut und höchst notwendig ist. Das bezeugt Äsops folgende Fabel.

Ein Hirsch, der aus einer Quelle trank und sein großes Geweih erblickte, lobte dieses über die Maßen, dagegen tadelte er die Schenkel als zu dünn. Als dieser Hirsch sich wieder an die Quelle begab, vernahm er plötzlich die Stimme des Jägers sowie das Gekläff der Hunde. Durch Flucht über das Feld, so hört man, vermochte sich der Hirsch zunächst den Doggen zu entziehen. Sowie ihn aber der Wald aufgenommen hatte, gab ihn die Größe seines Geweihs den Jägern preis. Den Tod vor Augen, sprach er: „Was mir von Nutzen war, habe ich getadelt, und gelobt, was mir trügerisch wurde."

So loben auch wir oft das Unnütze und tadeln das Gute. (57)

VENUS UND DIE GÖTTER

Über die Eigenschaften der Frauen hat der Erzähler diese Fabel erdichtet.

Vor den Göttern und Göttinnen lobte Juno die Keuschheit und versuchte zu überzeugen, daß es besser sei, wenn eine

Frau mit nur einem Manne verheiratet sei und sich mit dem ihrigen bescheide. Da trug Venus, um zu scherzen, Aussprüche von Hennen vor. Als sie eine geduldige, verschwiegene Henne gefragt habe, wieviel sie, um satt zu werden, brauche, habe die geantwortet: „Was ich bekomme, ist mir reichlich genug, und trotzdem scharre ich." Venus nun habe dieser Henne in aller Gegenwart gesagt: „Damit du nicht scharrst, gebe ich dir einen Scheffel Weizen." Doch die Henne erwiderte der Göttin: „Und wenn du mir die ganze Scheune aufmachst, ich werde trotzdem scharren." Da habe Juno gelacht über das, was Venus von der Henne zu erzählen wußte. Von daher erkannten die Götter, daß es den Frauen ähnlich ergeht. So fing denn Jupiter an, sich vielen Frauen zu nähern, und keine versagte sich dem Zudringlichen.   (58)

DIE WITWE UND DER SOLDAT

Keusch ist die Frau, welche dem ungestümen Liebhaber nicht nachgibt. Darüber äußert sich der Verfasser dieser Sentenz in seiner Fabel folgendermaßen.

Eine Frau, die ihren Gatten verloren hatte, begab sich zu dem Mausoleum, in welchem der Gemahl beigesetzt war, um dort ihre Trauertage zu verbringen. Da geschah es, daß einer, weil er sich vergangen hatte, nach dem Gesetz das Urteil empfing, am Kreuze aufgehängt zu werden. Ihm wird ein Soldat beigegeben, um zu verhindern, daß die Angehörigen des Nachts den Leichnam beiseite brachten. Bei seinem Wachdienst überkam den Soldaten der Durst, er begab sich infolgedessen zu dem Mausoleum, bat um ein bißchen Wasser, empfing es, trank es und machte sich auf den Heimweg. Als er aber die Frau gewahr wurde, wendete er sich um und spendete ihr Trost. So geschah es ein zweites und ein drittes Mal. Während er nun des öfteren von der Freundin gerufen wurde, entwendete man den Leichnam jenes, der am Kreuze hing. So mußte der zurückkehrende Soldat den Toten vermissen; erschrocken flüchtete er sich zu der Frau, warf sich ihr zu Füßen und klagte. „Was soll ich tun, was machen?" plärrte er. „Komm mir zu Hilfe, dich bitt ich um Rat!" Schließlich erbarmte sie sich des Soldaten, hob den Leichnam des Gatten von seinem Platze auf und befestigte ihn des Nachts an dem Kreuz. Die heimliche Tat blieb verborgen. So konnte dank solchen Erbarmens der Soldat seinem Dienste gerecht werden, die Frau dagegen errötete nicht angesichts ihrer Dienstleistung, und sie, die einst keusch gewesen war, ließ doppeltes Verbrechen zu.

Es sollen die Toten Grund haben zu trauern und die Lebenden Grund haben zu fürchten. (59)

DIE DIRNE UND DER JÜNGLING

Über die Dirnen hat uns der Erzähler die folgende Geschichte zu berichten, wie nämlich diese unverschämten Weiber die Männer absichtlich hereinlegen.

Eine bestimmte Dirne war wahrhaft gemeingefährlich. Einmal schmeichelte sie einem jungen Mann, dem sie schon öfter Unrecht getan hatte, und da jener sich ihr wegen des Geschlechtsverkehrs leicht ergeben hatte, wandte sich schließlich das Weib mit folgenden Worten an ihn: „Mag sein, daß viele mit Geschenken um mich bemüht sind, ich jedenfalls liebe dich und habe dich sehr gern!" Und obwohl der junge Mann daran denken mußte, wie oft er von ihr hintergangen worden war, gab er ihr trotzdem freundlich Antwort: „Auch ich, mein Stern, mag dich leiden, nicht weil du mir die Treue hältst, sondern weil du mir angenehm bist!" So foppten sie einander mit Worten.

Denn die Männer sind einfältig, und gar wenn die Weiber sie nackt antreffen, plündern sie sie aus. (60)

ÄSOP UND DER WILDE SOHN

Manche muß man in jungen Jahren zähmen, weil es bei den Größeren schwierig ist.

Ein Vater hatte einen wilden Sohn; der blieb alle Tage draußen, und die Sklaven erhielten seinetwegen Prügel. Dazu äußerte sich unser Erzähler in einer Fabel: „Ein Bauer schirrte ein Kalb mit einem älteren Rind zusammen. Da versuchte das Kalb, mit der Ferse und mit den Hörnern sich das Joch vom Halse zu streifen. Als es dadurch das Rind verärgerte, sagte der Bauer zu diesem: ‚Nicht des Arbeitens wegen habe ich euch zusammengebunden; vielmehr wünsche ich die Zähmung des Jüngeren. Hat der nämlich erst einmal durch Fehltritte und Hornstöße jemanden verletzt, so wird man ihn mit Steinen und Knüppeln kleinkriegen.'"

Also muß jeder seine jüngeren Söhne in Schach halten.

(61)

DIE SCHLANGE UND DIE FEILE

Über zwei Bösewichte hat der Erzähler die folgende Geschichte gemacht. Der Böse tut dem Schlimmeren nichts an, der Ungerechte setzt dem Ungerechten nicht zu, und der Hartherzige klebt nicht an dem Hartherzigen.

In die Werkstatt eines Meisters kam einstens eine Schlange. Und während sie nach etwas Eßbarem suchte, fing sie an, die Feile zu benagen. Da wandte sich die Feile lachend an die Schlange: „Möchtest du, Böse, vielleicht deine Zähne beschädigen? Ich bin's nämlich, die daran gewöhnt ist, jedes Eisen zu benagen. Ist aber etwas rauh, so mache ich's durch mein Reiben glatt, und wenn ich eine Ecke behandle und es ist da etwas, so schneide ich's ab."

Demgemäß soll man mit einem, der leidenschaftlicher ist, nicht streiten.

(62)

DIE SCHAFE UND DIE WÖLFE

Den Schutzherrn und Patron darf man nicht im Stich lassen.
Darüber hat Äsop die folgende Geschichte erzählt.

Die Schafe und die Wölfe führten einen so heftigen Krieg
miteinander, daß kein Part dem anderen nachgeben wollte.
Die Schafe waren in der Überzahl, und zu ihnen standen
die Hunde und die Widder. So schien der Sieg den Schafen
zu gehören. Das wußten die Wölfe. Darum schickten sie
Gesandte ab, die um Frieden bitten sollten unter der Bedingung, daß die Schafe die Hunde als Geiseln stellten und
sie ihrerseits die Wolfsjungen erhielten. So geschah es, und
man bestätigte eidlich die Abmachungen. Nachdem bei den
Schafen Frieden eingetreten war, fingen einmal die Wolfsjungen an zu heulen. Die Wölfe, die daraus schlossen, daß
ihre Jungen gequält würden, kamen eilends von überallher
zusammen und behaupteten, die Schafe hätten den Frieden
gebrochen. Mit dieser Begründung begannen sie die Schafe
zu zerfleischen, denen kein Schutzherr Hilfe gewährte und
die kein Patron verteidigte.   (63)

DIE BÄUME UND DER MENSCH

Dem Feinde Hilfe zu leisten kann den eigenen Tod bedeuten, wie die nachfolgende Fabel beweist.

Nachdem er sich eine Axt angefertigt hatte, forderte der
Mensch von den Bäumen, daß sie ihm dazu den Stiel lie-
ferten aus einem Holz, das fest sein müsse. Einstimmig
wiesen sie auf das Holz des Ölbaums. So nahm der Mensch
den Stiel, befestigte ihn an der Axt und begann bedenkenlos
Zweige und dicke Stämme und alles, was ihm gut dünkte,
abzuhauen. Da sprach die Eiche zur Esche: „Mit vollem
Recht müssen wir all das erdulden; warum haben wir voller
Verblendung unserm Feind auf sein Ersuchen den Stiel in
die Hand gegeben?"

Also soll, wer klug bedenkt, dem Feind nichts zur Verfügung stellen.   (64)

DER HUND UND DER WOLF

Wie angenehm die Freiheit ist, erzählt in Kürze die Fabel unseres Autors. Jede Freiheit ist der Inbegriff, recht zu handeln. Denn bei den Freien herrscht Willkür, bei den Sklaven Tugend und Ruhm. Leistungsstark sehen wir nämlich häufig die Sklaven und ohne Wirkung die Freien.

Ein Beispiel: Als der Hund und der Wolf einander im Walde begegneten, sprach der Wolf zum Hund: „Woher, Bruder, bist du so schmuck und wohlgenährt?" Der Hund antwortete dem Wolfe: „Weil ich zu Haus Wache halte gegen Räuber, die vorüberkommen könnten. Nirgendwo kann jemand eindringen, und sollte zufällig des Nachts ein Dieb kommen, so zeige ich es an. Man reicht mir Brot, mein Herr gibt mir Knochen, und die andern machen es ähnlich. Die ganze Familie hat mich lieb, und man wirft mir hin, was ein jeder überhat. Alles, was nicht aufgegessen wird, bekomme ich; darum ist mein Leib prall. Will ich mir etwas zugute tun, ruhe ich unter dem Dach. Wasser habe ich im Überfluß. So führe ich ein geruhsames Leben." Der Wolf erwiderte darauf: „Gut geht dir's, lieber Bruder; ich wünschte, es würde auch mir zuteil, daß ich geruhsam mich nähren und ein besseres Leben unter einem festen Dache führen könnte." Dazu sagte der Hund: „Wenn du willst, daß es dir gut geht, so komm mit mir; es besteht kein Grund zur Furcht!" Als nun die beiden miteinander des Weges zogen, sah der Wolf, wie der Hals des Hundes von der Kette durchgerieben war. „Was ist das, Bruder?" fragte er. „Welches Joch hat dir den Hals zerrieben?" Der Hund erklärte: „Weil ich recht scharf bin, werde ich tagsüber festgelegt und nachts losgebunden; im Hause habe ich freien Auslauf und kann schlafen, wo ich will." Da rief der Wolf: „Ich habe es nicht nötig, jene Dinge zu genießen, die du gelobt hast. Ich will leben, was immer auch auf mich zukommen mag. Frei streife ich herum, wo es mir gefällt, keine Kette hält mich fest, keine Überlegung behindert mich. Offen stehen mir die Wege im freien Feld, Zugang

habe ich zu den Bergen, nichts brauche ich zu fürchten. Von
der Herde nehme ich meine Kostprobe, und die Hunde
täusche ich mit meinen Einfällen. Leb du so, wie du es
gewöhnt bist! Ich führe mein Leben nach meiner Weise."

(65)

DER MAGEN UND DIE GLIEDER

Wer aus Dummheit seine Angehörigen im Stich läßt, der soll
wissen, daß er zuerst sich selber täuscht.

Niemand vermag etwas ohne die Seinen; dazu dieses Beispiel! Von den Körperteilen, den Händen und Füßen,
erzählt man, sie seien ärgerlich geworden und hätten dem
Magen die Nahrung verweigert, deshalb, weil er sich ohne
jegliche Arbeit jeden Tag neu fülle. Er selbst sitze bloß
müßig dabei. Weil aber den Magen hungerte, erhob er ein
Geschrei. Die Körperteile indes wollten ihm einige Tage hindurch nichts geben. Dadurch, daß der Magen fasten mußte,
erschlafften alle Glieder. Später jedoch, als sie ihm wieder
Nahrung zuführen wollten, versagte sich der Magen; denn
er hatte schon alle Wege verschlossen. So gingen Glieder
und Magen zusammen vor Erschöpfung zugrunde.

Die Fabel ermahnt die Diener zur Treue, weil sie dadurch
stark sind und auf Dauer rechnen können.   (66)

DER AFFE UND DER FUCHS

Über den Reichen und den Armen erzählt man diese
Fabel.

Inständig bat der Affe den Fuchs, er möchte ihm doch von
seinem langen Schwanz ein Stückchen abgeben, damit er
seinen gar so häßlichen Hintern darunter verbergen könne.
„Was hast du davon", meinte er, „wenn du dich nutzlos mit
solch einem langen Schwanz belädst, den du bloß durch den
Schmutz ziehst?" Doch der Fuchs entgegnete: „Ich

wünschte, er wäre noch länger und noch größer und ich
könnte ihn nicht nur durch den Schmutz, sondern auch
über Felsen, Dornen und Kot ziehen! Nur du sollst durch
meinen Schmuck nicht schöner werden!"

O du reicher Geizhals, dich schilt diese Geschichte, weil du
nicht das abgibst, was du im Überfluß hast!   (67)

DER GEPRÜGELTE ESEL

Viele müssen selbst nach dem Tod noch Qual erleiden,
wie die folgende Geschichte beweist.

Einst zog ein Kaufmann mit seinem Esel seine Straße, und
weil er rechtzeitig zum Markt kommen wollte, schlug er mit
Peitsche und Knüppel auf das schwerbeladene Tier ein, um
der Geschäfte wegen schneller sein Ziel zu erreichen. Der
Esel aber sehnte den Tod herbei, weil er meinte, wenigstens
nach dem Tode ohne Plage zu sein. Schließlich ging er vor
Abspannung und Entkräftung ein. Doch da machte man
sogleich aus seiner Haut Trommeln und Siebe, auf die
immerfort geschlagen wird, und er, der da glaubte, nach
dem Tode frei von Plage zu sein, wird auch nach seinem
Hinscheiden noch geprügelt.   (68)

DER HIRSCH IM KUHSTALL

Die da fliehen, sind nicht außer Gefahr, sondern werden
allenfalls durch Zufall bewahrt, wie uns die nachstehende
Fabel berichtet.

Ein Hirsch, den der Jagdlärm aufgescheucht und zittern
gemacht hatte, flüchtete sich, um den Jägern zu entkommen, in den nächsten Gutshof und begab sich in den Stall,
ohne den Kühen zu verhehlen, weswegen er gekommen
war. Da redete eine Kuh ihn an: „Warum willst du hier in
den Tod gehen? Der Wald hielt dich verborgen, ja, du
würdest besser die Fluren durcheilen als hierherkommen."

Doch der Hirsch entgegnete flehentlich: „Verbergt mich nur für ein Weilchen! Wenn es dunkel wird, kann ich ungeschoren überallhin gehen." Und während er das sprach, versteckte er sich an einem verborgenen Orte. Als die Schweizer Heu und Laub und anderes Futter im Stall stapelten, sahen sie den Hirsch nicht, und auch der Meier, der alles beaufsichtigte, wurde seiner nicht gewahr. So dankte der Hirsch beredt den Kühen, daß sie ihn auf seiner Flucht verborgen hielten. Indes erwiderte ihm eine von diesen: „Wir werden dich schon heil bewahren, vorausgesetzt, daß der dich nicht sieht, der hundert Augen hat; denn wird der auf dich aufmerksam, so wird er dir sogleich das Leben nehmen." Noch während die Kuh das zu dem Hirsch äußerte, trat plötzlich der Herr ein, und weil er letzthin hatte feststellen müssen, daß die Kühe infolge Vernachlässigung abmagerten, kam er herzu, um die Krippen zu besehen. Als er da konstatieren mußte, daß diese leer und das Futter gestapelt war, wurde er wütend auf die Schweizer; während er selber in das Laub greift, erblickt er plötzlich das Hirschgeweih. „Was soll das?" schrie er und ruft die Schweizer zu sich. „Woher kommt der Hirsch?" fragte er sie. Doch die schwören alle guten Glaubens, daß sie es nicht wüßten. Da freut sich der Herr über den Hirsch, und keiner kommt, nach diesem zu suchen. So ergötzt er sich mit den Seinen für ein paar Tage an Hirschbraten.

Die Fabel zeigt, daß der Herr in allen Dingen mehr zu erblicken vermag. (69)

DER AFFE AM KÖNIGSHOF DES LÖWEN

Vor Tyrannen zu reden ist eine Strafe, vor ihnen zu schweigen eine Marter. Das beweist die folgende Fabel.

Als die Tiere den Löwen als den Stärksten zum König gemacht hatten, beschloß dieser, im Interesse seines guten Rufes der Gewohnheit der Könige zu folgen, auf seine früheren Schandtaten zu verzichten und seine Lebensformen zu ändern. Keinem Tier, schwor er, etwas zuleide zu tun, nur unblutige Speise zu sich zu nehmen und sein Wort heilig und treu zu wahren. Es dauerte nicht lange, da reute ihn die Sache, und weil er seine Natur nicht ändern konnte, nahm er seine Opfer beiseite und fragte sie hinterhältig, ob er aus dem Munde rieche. Ob das nun einer bejahte oder einer verneinte, er zerriß sie alle, daß er bald vom Blute troff. Nachdem das mit vielen so geschehen war, rief er den Affen zu sich und fragte ihn, ob er ein stinkendes Maul habe. Der erwiderte, sein Mund dufte süßer als Zimt und wie ein Götteraltar. Der Löwe errötete angesichts dieses Lobredners und tat ihm nichts. Um ihn aber zu treffen, umging er sein Gelöbnis und suchte nach einer List: er stellte sich, als sei er erschöpft. Fortwährend kamen Ärzte, um ihm den Puls zu fühlen, und als sie diesen gesund fanden, rieten sie ihm zu einer Speise, die leicht sei und ihm zwecks guter Verdauung den Ekel nehme. Weil nun aber Königen alles erlaubt ist, rief der Löwe: ,,Noch unbekannt ist mir das Affenfleisch, ich möchte es probieren." Kaum gesagt, wird sogleich der schönrednerische Affe getötet, damit der Löwe rasch zu seiner Speise käme.

Die gleiche Pein trifft eben den, der redet, wie den, der nicht redet. (70)

DER FUCHS UND DIE TRAUBEN

Mit Worten verheißt ein Geschäft, wer's nicht mit Taten kann. So erzählt diese Fabel.

Hungrig erblickte der Fuchs eine Traube, die noch oben am Weinstock hing. Zu ihr wollte er gelangen, doch sosehr und sooft er sich auch reckte, konnte er sie trotzdem nicht erreichen. Da sprach er, so ist es überliefert, voller Zorn: ,,Ich mag dich nicht, du bist herb und unreif." Und so, als habe er sie nicht anrühren wollen, trollte er sich.

Dergestalt demonstrieren diejenigen, die mit ihren Kräften nichts ausrichten können, ihr Unvermögen und ihr Nicht-wollen trotzdem mit Worten. (71)

DAS WIESEL UND DIE MÄUSE

Daß einer mit Schlauheit vermag, wozu seine physischen Kräfte nicht reichen, darüber gibt uns die folgende Fabel kurze Belehrung.

Ein Wiesel, das schon alt geworden war und den Mäusen nicht mehr folgen konnte, wälzte sich im Mehl und verbarg sich an einem dunklen Ort in der Absicht, im Kreise Unschuldiger ohne eigene Anstrengung Beute zu machen. Da kam eine arme, dumme Maus, die dachte an ein Gras, und da war es schon um sie geschehen, ohne Verschulden und unverdient! Eine zweite wird auf gleiche Weise gefangen und eine dritte ebenso. Schließlich erschien eine betagte, vorsichtig gewordene Maus, die sich mit allen Mausefallen, Fanglöchern, Fallstricken und sonstigen Täuschungsinstrumenten auskannte. Als die den Trick der Feindin bemerkte, sagte sie zu dieser (so erzählt man es sich jedenfalls): „Du verführst die Mäuse und verschlingst die Unschuldigen; mich, du Böse, wirst du jedoch nicht fangen, denn ich kenne alle deine Schliche."   (72)

DER WOLF UND DER TREULOSE HIRT

Wer blanke Worte führt und treulos ist, sündigt im Herzen, wie es die folgende Fabel berichtet.

Als der ruchlose Wolf einmal eilig vor einem Verfolger floh, wurde einem Rinderhirten sichtbar, in welche Richtung er lief und an welchem Orte er sich verbarg. Von Furcht erfüllt, flehte der Wolf den Hirten an: „Ich bitte dich bei allen deinen Hoffnungen, verrat mich nicht meinem Verfolger, dem — ich schwör es dir — ich nichts getan habe!" Der Angesprochene erwiderte: „Hab keine Angst und sorg dich nicht! Ich werde ihm sagen, du seiest in die andere Richtung gelaufen." Bald erschien der Verfolger und hieß den Hirten den Wolf zeigen: „Du hast gesehen, daß hierher der Wolf kam; mach mir kenntlich, wo er ist!" Darauf der

Hirt: „Der Wolf war schon hier, aber er ist nach links fort.
Dort mußt du weiterfragen." So sprach er, doch mit den
Augen wies er den Verfolger in die Richtung nach rechts.
Indes, jener verstand den Wink nicht und ging eilig weiter.
So wandte sich der Hirt an den Wolf: „Welchen Dank werde
ich dafür haben, daß ich dich verbarg?" Der Wolf jedoch
entgegnete ihm: „Deiner Zunge schulde ich Dank, deinen
betrügerischen Augen dagegen wünsche ich volle Blind-
heit."

Diese Fabel tadelt die, deren Doppelzüngigkeit offenbar ist.

(73)

JUNO UND DER PFAU

Was einem jeden verliehen ist, das möge er brauchen, wie es
uns die folgende Fabel Äsops erzählt.

Zornig und verärgert erschien der Pfau vor Juno und führte
Beschwerde darüber, daß die Nachtigall singe und sich in
den menschlichen Gesängen auskenne, während er diese
Gabe nicht besitze, sondern man ihn vielmehr verlache,
wenn er seine Stimme erhebe. Um ihn zu trösten, spricht
Juno ihn freundlich an: „Deine Erscheinung übertrifft
deine Stimme und deine Figur die der Nachtigall. Die Farbe
und der Glanz eines Smaragdes umfließt dich, keiner
kommt dir gleich, es glitzert deine Brust, und wie von
Edelsteinen leuchten dein Schwanz und dein Hals." Doch
der Pfau erwiderte Juno: „Was soll mir all das? An Stimme
bin ich unterlegen." Darauf Juno: „Nach dem Spruch des
Schicksals sind euch allen von den Göttern jeweils Teile
zugewiesen worden. Du empfingst Glanz und Farbe und
Figur, der Adler die größere Männlichkeit, die Nachtigall
die Singstimme, der Rabe die Wahrsagekunst, die Rin-
geltaube ihr Gurren, die Turteltaube ist immerfort traurig,
der Kranich zeigt die Jahreszeiten an, und im Ölbaum nistet
die Drossel, die Grasmücke hält sich an die Früchte, die
Schwalbe freut sich des Morgensterns, nackt fliegt zu später
Stunde die Fledermaus, der Hahn kennt die Stunde der

Nacht, und ein jeder hat Überfluß an dem Seinigen. Du solltest drum nicht nach dem fragen, was dir die Götter nicht gaben."   (74)

DER PANTHER UND DIE BAUERN

Man sollte einem Fremden mit Wohlwollen begegnen und ihm, wenn er fehlt, verzeihen, damit er keine Möglichkeit hat, sich schadlos zu halten. Das beweist diese Geschichte.

Ein Panther stürzte, ohne Schaden zu tun, in eine Grube. Als das die Bauern gewahr wurden, fielen manche mit Stöcken über ihn her, während andere hohnlachend Steine auf ihn warfen. Einige dagegen sagten: „Laßt den Unschuldigen in Ruhe, der niemandem etwas zuleide getan hat!" Mit solchen Worten hielten sie die Mehrzahl davon ab, den Panther totzuschlagen. Ja, manche sandten ihm sogar Brot oder bedauerten sein Unglück so, wie es eben unterschiedliche Auffassungen gibt.

Sowie es dunkel wurde, gingen die Leute allesamt nach Hause in dem Glauben, das Tier werde des Nachts verenden. Nachdem indes der Panther neue Kräfte gesammelt hatte, befreite er sich durch einen raschen Sprung aus seinem Gefängnis und begab sich zu seinem Lager. Eingedenk dessen, was ihm geschehen war, kehrte er nach ein paar Tagen an jenen Ort zurück, machte das Vieh nieder, verscheuchte die Hirten, griff Pflüger und Bauern an und verheerte weite Landstriche. Da ergriff alle Angst, und sie sorgten sich schon nicht mehr, Schaden zu nehmen, sondern verlegten sich darauf, bloß um ihr Leben zu bitten. Doch der Panther wandte sich sanft an sie: „Ich erinnere mich sehr wohl", sagte er, „wer mich mit dem Stocke schlug, wer mich mit dem Stein verletzte, wer sich ungebührlich aufführte, wer mir Brot schickte. Denen jedenfalls kehre ich als Feind zurück, die mir nach dem Leben trachteten."

Die ruchlosen Bösewichter sollen das hören und sich in acht nehmen, daß sie niemandem Schlimmes antun.   (75)

DIE HAMMEL UND DER METZGER

Verwandte oder Freunde, die miteinander nicht gut harmonieren, nehmen ein schlimmes Ende, wie uns die folgende Fabel berichtet.

Einst waren die Hammel mit den Böcken zusammen, da bemerkten sie, wie der Schlächter eintrat; doch taten sie so, als sähen sie ihn nicht. Und als sie auch wahrnahmen, daß einer aus ihrer Mitte von der todbringenden Hand des Fleischers gepackt, weggerissen und geschlachtet wurde, bekamen sie trotzdem noch keine Angst, sondern bemerkten unüberlegt zueinander: „Mir tut er nichts, und dir tut er nichts; so möge er mitnehmen, wen er gerade mitnimmt!" Zu guter Letzt blieb nur noch einer übrig; als der ebenfalls mitgenommen werden sollte, sagte er zu dem Schlächter: „Es geschieht uns recht, daß wir alle nacheinander von einem einzigen abgeschlachtet werden, weil wir das vor kurzem, als wir noch zusammen waren, nicht vorausgesehen haben. Da erblickten wir dich in unserer Mitte und versäumten es, dich mit unsern Hörnern zu stoßen, dir die Knochen zu brechen und dich zu töten."

Diese Fabel beweist, daß der vom Übel verzehrt wird, der sich im Leben nicht zu schützen weiß.   (76)

DIE VÖGEL UND DER VOGELSTELLER

Daß man den Ratschlag des Weisen niemals beiseite schieben darf, mahnt uns die nachstehende Äsopische Fabel.

Als einst im Frühling Vögel aller Art jubilierten und, durch das Laub verborgen, ihre Nester bevölkerten, gewahrten sie, wie ein triefäugiger Vogelfänger seine Ruten aufstellte und seine Fäden in Leim tauchte. Da sagten die Vögel in ihrer Harmlosigkeit und Einfalt zueinander: „Was für ein edler Mensch muß das sein! Vor lauter Güte kommen ihm die Tränen aus den Augen, sowie er uns nur ansieht!" Einer von ihnen jedoch, der klüger und mit allen Listen des

Vogelstellers vertraut war, ließ sich, so erzählt man, folgendermaßen vernehmen: „Macht euch fort, ihr einfälti-
gen, unschuldigen Vögel, und entflieht dieser Tücke! De-
rentwegen rate ich euch, erhebt euch eilends und unverzüg-
lich mit den Schwingen eurer Federn hinauf zum freien
Himmel! Wenn ihr nämlich die Wahrheit erkennen wollt,
müßt ihr sorgsam auf dessen Taten achten. Dann werdet
ihr sehen, wie er die Vögel, die er mit List fing, totbeißt oder
erwürgt und dann in seinen Ranzen legt."

Es lehrt diese Fabel, daß zweifelsfrei durch den Rat eines
einzigen viele aus Gefahr befreit werden.   (77)

DER AFFENKAISER

Seit alters ist es so, daß von bösen Menschen Trug und
Schmeichelei hochgehalten werden, während Ehrenhaftigkeit, Wahrheitsliebe und Güte Tadel finden. Darüber unter-
richtet uns die folgende Fabel.

Zwei Männer, verlogen der eine und wahrheitsliebend der
andere, unternahmen zusammen eine Reise, und während
sie ihres Weges zogen, gelangten sie in das Land der Affen.
Als einer aus der großen Affenhorde, der nämlich, der sich
zum Herrscher über die anderen aufgeworfen hatte, ihrer
gewahr wurde, ließ er die beiden festhalten, um sie zu
befragen, was sie über ihn dächten. Dazu ließ er alle Affen
seinesgleichen antreten, vor sich und in langer Reihe zur
Rechten und zur Linken. Gegenüber hieß er für sich einen
Thron errichten, und so, wie er es beim Kaiser gesehen
hatte, sollten die anderen Affen vor ihm stehen. Darauf
werden die beiden Wanderer hereinbefohlen. Der re-
gierende Affe fragte: „Wer bin ich?" Antwortete der Verlogene: „Du bist der Kaiser." Nächste Frage: „Und die, die
ihr vor mir stehen seht, was sind die?" — „Das sind deine
Paladine, Würdenträger, Feldherren und andere Chargen",
entgegnete der Lügenbold. Dafür nun, daß er samt seinem
Anhang fälschlich gepriesen wurde, ließ der Affe jenen

Mann, der ihm geschmeichelt und alle andern betrogen hatte, belohnen. Da erwog der Wahrheitsliebende bei sich: Wenn jener Unaufrichtige, der nur lügen kann, so angesehen ist und ausgezeichnet wird, wie muß es mir dann erst ergehen, wenn ich die Wahrheit sage? Und während er das bei sich bedachte, sprach jener Affe, der Kaiser genannt zu werden wünschte: „Sag mir, wer bin ich und die, welche du vor mir siehst!" Der Gefragte aber, der immer die Wahrheit liebte und stets die Wahrheit sagte, antwortete: „Du bist ein Affe, und diese alle sind Affen, dir ähnlich." Da wurde alsbald Befehl erteilt, ihn mit Zähnen und Krallen zu zerfleischen, darum, weil er, was wahr war, ausgesprochen hatte.

So ist es häufig auch bei bösen Menschen der Fall, daß Täuschung und Verschlagenheit geliebt, Ehrenhaftigkeit und Wahrheitsliebe aber verunglimpft werden.   (78)

DAS PFERD UND DER MENSCH

Es ist besser, eine Feindschaft beizulegen als später, wenn man zur Rache nicht stark genug ist, die Feindschaft zu bereuen. Das erweist sich aus der nachstehenden Fabel.

Das Pferd und der Hirsch standen zueinander in Feindschaft. Weil das Pferd mit ansehen mußte, wie der Hirsch zu allem geschickt, hochgewachsen, höchst behend, von schmuckem Körper und mit einem blühenden Geweih verziert war, packte es der Neid, und es begab sich zum Jäger. Zu dem sprach es: „Dort in der Ferne steht der Hirsch, ein wunderbarer Anblick für alle. Vermagst du den mit deinem Spieß zu durchbohren, so wirst du in Fülle das schönste Fleisch zu essen haben. Sein Fell, sein Geweih und seine Knochen wirst du für ein gutes Stück Geld verkaufen können." Da erfaßte den Jäger die Gier: „Doch wie werden wir den Hirsch fangen können?" Das Pferd antwortete ihm: „Ich werde dir zeigen, wie mit meiner Hilfe der Hirsch jagbar wird. Du brauchst bloß auf mich zu steigen, mir zu folgen, deinen Speer zu schleudern, den Hirsch zu verwunden und zu töten, dann werden wir nach vollendeter Jagd einander gratulieren." Nach dieser Rede bestieg der Jäger das Pferd und brachte den Hirsch in Bewegung. Als der indes ins Laufen kam, besann er sich bald seiner natürlichen Gaben, streckte seine flinken Beine, überquerte Hügel und Felder und gelangte raschen Schrittes unversehrt in den Wald. Das Pferd aber sprach verschwitzt und ermüdet zu seinem Reiter: „Wonach ich strebte, vermochte ich nicht zu erreichen. Steig darum herab und geh wie üblich deinem Leben nach!" Doch ihm entgegnete von oben der Reiter: „Du hast keine Möglichkeit, frei zu laufen, da du ja den Zügel im Maule hältst, und kannst keine Sprünge machen, weil der Sattel dich drückt. Solltest du aber ausschlagen wollen, so habe ich die Peitsche in der Hand."

Gegen diejenigen richtet sich unsere Fabel, die sich selber in härteres Joch bringen, während sie anderen schaden möchten. (79)

DIE GANS UND DER STORCH

Als der Storch an seinen gewohnten Teich kam, stieß er auf die Gans, die immer wieder im Wasser untertauchte. Der Storch fragte sie, warum sie das täte. „Es ist eine Gewohnheit bei uns", erwiderte die Gans, „im Schlamm finden wir nämlich unsere Nahrung, und überdies entgehen wir dem Angriff des Habichts, wenn er auf uns niederstößt." Ihr entgegnete der Storch: „Ich bin stärker als der Habicht. Halte darum Freundschaft mit mir, so will ich dafür sorgen, daß du seiner spotten kannst!" Die Gans glaubte ihm und bat ihn sogleich um seinen Beistand. Als sie nun mit dem Storch hinaus auf den Acker ging, stieß alsbald der Habicht herab, packte die Gans mit seinen Klauen und fraß sie auf. Dazu bemerkte eine andere Gans: „Wer sich mit einem so jämmerlichen Beschützer verbindet, der sollte noch elender zugrunde gehen."

Die Geschichte bezieht sich auf jene, die bei Leuten Schutz suchen, die keinen Schutz zu gewähren vermögen. (80)

DER SCHADENFROHE SPERLING

Den Hasen, der, vom Adler überwältigt, kläglich schrie, schmähte der Sperling: „Wo ist denn deine Behendigkeit geblieben? Was säumst du im Lauf? Davon kam es, daß du erwischt wurdest und leiden mußt." Und während sich der Sperling in solchen Reden erging, packte ihn selber unversehens der Habicht und machte ihm den Garaus, sosehr er auch jammerte und schrie. Da sprach der Hase: „Es ist ein Trost, daß du, der du unbekümmert über unser Leid spottest, nunmehr aus gleicher Veranlassung dein eigenes Schicksal zu beklagen hast!"

Auf dumme Leute zielt die Fabel, die sich nicht vorsehen und anderen noch Rat geben.   (81)

DAS GEIZIGE PFERD

Der Esel bat das Pferd, ihm doch ein bißchen Gerste abzugeben. Das Pferd erwiderte: „Wie gerne würde ich, wenn ich es nur könnte, dir meiner Stellung gemäß großzügig abgeben! Doch wenn wir am Abend zur Krippe kommen, da will ich dir einen ganzen Sack voll Weizen schenken." Der Esel jedoch wandte ein: „Wenn du solch eine kleine Sache verweigerst, wie soll ich dann bei einer größeren an deine Tatbereitschaft glauben?"

Auf Leute, die viel versprechen, das Geringe aber versagen. Wer beim Geben sich zurückhält, ist meist groß im Versprechen.   (82)

DER ESEL UND DER LÖWE

Viele glauben, mit ihrer Stimme könnten sie die tapferen Leute, als wenn sie schwach wären, erschrecken. Dazu wollen wir die folgende Fabel hören.

Einmal begegnete der Esel dem Löwen. Zu diesem sprach der Esel: „Komm, wir steigen auf die Bergeshöhe! Da will ich dir zeigen, wie viele mich fürchten." Die Worte des Esels belächelnd, erwiderte der Löwe: „Gehen wir!" Als sie ihr Ziel erreicht hatten und der Esel mit der Bestie auf der Bergeshöhe stand, erhob er seine Stimme und fing an zu iahen. Und die Füchse und Hasen, die ihn hörten, liefen eilends davon! Da, berichtet man, sprach der Löwe: „Deine Stimme würde auch mich erschrecken können, wenn ich nicht wüßte, wer du bist."

Die Fabel erinnert daran, daß der noch Hohn verdient, der mit seiner Kraft nichts vermag und darum mit leeren Worten die Leute erschrecken zu können glaubt.

(83)

DIE MÜCKE UND DER STIER

Als die Mücke den Stier herausgefordert hatte, erschienen viele Leute, um das Schauspiel mit anzusehen. Da sprach die kleine Mücke: „Es genügt mir, daß du dich zum Kampfe gestellt hast. Denn nach deiner Auffassung war ich ja nur ein winziges Ding." Darauf erhob sie sich mit leichtem Flug durch die Lüfte, hielt die Menge zum besten und machte die Drohungen des Stiers zunichte. Wenn sie freilich an sein kräftiges Gehörn gedacht hätte, so würde sie den Gegner schamvoll verachtet haben, und es hätte in der ungereimten Sache kein Rühmen gegeben.

Der nämlich, der sich mit Unwürdigen vergleicht, bringt sich selbst um seinen Kredit. (84)

DER RABE UND DIE VÖGEL

Der Rabe gab vor, seinen Geburtstag zu feiern, und lud die Vögel zum Mahle ein. Darauf schloß er die Eingänge des Hauses und fing an, einen nach dem andern zu töten.

Diese Fabel bezieht sich auf jene, die, wenn sie zu Freund-
schaftsdienst ausgehen, an das Gegenteil denken.   (85)

DER FUCHS VOR DER LÖWENHÖHLE

Der Löwe, der in die Jahre gekommen war, täuschte eine
Entkräftung vor, und dank dieser List betraten die anderen
Tiere seine Höhle, um ihn zu besuchen. Der Löwe aber
verspeiste sie eines nach dem andern. Auch der Fuchs kam,
blieb jedoch vor der Höhle stehen und entbot seinen Gruß.
Auf die Frage des Löwen, weshalb er nicht einträte, gab er
zur Antwort: „Darum, weil ich zwar die Spuren der Ein-
getretenen, nicht jedoch die der Herausgekommenen sehe."

So muß uns die Gefahr anderer als Lehre zu unserm Wohl
dienen. Denn leicht kommt einer ins Haus eines Mächtigen,
zum Herauskommen aber ist es oft zu spät.   (86)

DIE DURSTIGE KRÄHE

Die Krähe kam durstig zu einem zur Hälfte mit Wasser
gefüllten Gefäß und versuchte, es umzustoßen. Da es jedoch
fest stand, vermochte sie es nicht zu bewegen. Als sie das
sah, kam sie auf folgenden Einfall. Sie nahm Steinchen und
ließ sie in das Gefäß fallen, und mit der Menge der Steine
trat das Wasser in dem Gefäß nach oben. So konnte die
Krähe ihren Durst löschen.

Also wird es den schlechten Leuten gehen, die ihr Eigentum
nicht mit den Freunden teilen wollen.   (87)

DER SKORPION UND DER KNABE

Ein Knabe, der im Walde nach dem Vogelfluge schaute,
stand auf einem Stein, unter dem ein Skorpion lag. Diesen
Stein versuchte der Knabe umzudrehen. Doch der Skorpion

sprach zu ihm: „Paß auf, du Armer, daß du nicht, während du nach mir haschst, dich selber schädigst!"

Diese Fabel gebietet, nichts dergleichen zu wagen, was gefährlich ist. (88)

DER WOLF UND DER KRANKE ESEL

Einem bösen Menschen darf man niemals trauen. Dazu vernimm die folgende Fabel!

Den kranken Esel besuchte der Wolf und fing an, seinen Körper zu betasten und zu fragen, wo es ihn am meisten schmerze. „Dort, wo du mich anfaßt", erwiderte der Esel.

So ist es auch mit den bösen Menschen. Wenn sie nützlich zu sein vorgeben und sich auf schöne Reden einstellen, dann sind sie vollends darauf aus, Schaden zuzufügen. (89)

DAS PFERD UND DIE DREI BÖCKE

Gelegentlich suchen die Kleineren in ihrem Kreise die Größeren herabzusetzen. Dazu vernimm die folgende Fabel!

Es waren einmal drei Hirsche, die erblickten ein Pferd, das aus Angst vor dem Löwen floh. Da lachten sie das Pferd aus, doch dieses entgegnete ihnen: „Ihr elenden Dummköpfe, wenn ihr wüßtet, vor wem ich fliehe, so würdet ihr nicht über mich lachen!"

So nämlich wird oftmals von den Untergebenen über die mächtigen Personen hergezogen. (90)

DER LÖWE UND DER MENSCH

Tüchtigkeit muß durch Taten bewiesen werden. Auch dazu vernimm die Fabel!

Der Mensch und der Löwe lagen miteinander in Streit, wer von ihnen überlegen wäre, und suchten nach einem Beweismittel für ihre Auseinandersetzung. Als sie zu einem Denkmal kamen, auf dem bildlich dargestellt war, wie ein Löwe von einem Menschen erwürgt wurde, zeigte der Mensch seinem Begleiter dieses Bild als Beweis. Ihm antwortete der Löwe: „Das ist von einem Menschen gemalt. Wenn nämlich die Löwen malen könnten, so würdest du öfter dargestellt finden, wie ein Löwe einen Menschen erwürgt. Doch ich", fuhr er fort, „will dir ein wirkliches Zeugnis zuteil werden lassen." Darauf führte er den Menschen zum Amphitheater und zeigte ihm in natura, wie ein Mensch von einem Löwen erwürgt wird, und sagte dazu: „Hier bedarf es keiner Farben zum Zeugnis, hier spricht die Wahrheit."

Diese Fabel beweist, daß eine farbig aufgeputzte Lüge rasch der Wahrheit unterliegt, wenn es zur harten Prüfung kommt. (91)

DER FLOH UND DAS KAMEL

Oftmals brüsten sich gerade die, welche selbst nichts bedeuten. Darüber erzählt die folgende kurze Fabel Äsops.

Ein Floh befand sich im Gepäck eines Kamels, als dieses beladen wurde, und kam sich sehr wichtig dabei vor. Nachdem sie lange unterwegs gewesen, gelangten sie gegen Abend zu einem Stall. Da sprang der Floh alsbald vor die Füße des Kamels und begann die folgende Rede: „Ich habe gut daran getan, daß ich dich schonte und nicht länger belastete." Doch das Kamel erwiderte dem Floh: „Ich bin dir dankbar, doch dadurch, daß du aufsaßest, wurde ich

nicht belastet und bin auch jetzt nicht entlastet dadurch, daß
du absitzest."

Diese Geschichte sollen alle jene hören, welche die Besseren
weder be- noch entlasten können.   (92)

DIE AMEISE UND DIE ZIKADE

Von den Bequemen und Langsamen hat unser Autor die
folgende Geschichte erzählt.

Zur Winterszeit zog die Ameise Korn aus ihrem Loch, das
sie im Sommer zusammengetragen und gespeichert hatte,
und trocknete es. Da bat sie die Zikade, welche hungerte,
sie möchte ihr doch zum Weiterleben etwas von ihrer
Nahrung abgeben. Doch die Ameise fragte sie: „Was hast
du denn im Sommer getan?" Jene erwiderte: „Ich war nicht
müßig, vielmehr sprang ich singend durchs Gebüsch." —
„Wenn du im Sommer gesungen hast, so tanze jetzt im
Winter!" entgegnete ihr die Ameise, lachte und verschloß
ihr Korn.   (93)

DAS SCHWERT UND DER WANDERER

Ein schlechter Mensch reißt viele ins Verderben, und selber
geht er allein zugrunde. Auch dazu vernimm die nachstehende Fabel!

Während ein Wanderer seines Weges zog, fand er ein
Schwert, das auf der Straße lag. Dieses fragte er: „Wer hat
dich so hingeworfen?" Ihm erwiderte die Waffe: „Mich
einer, ich aber viele."

Diese Geschichte erzählt, daß ein schlechter Mensch wohl
untergehen, zuvor aber vielen Schaden zufügen kann.
                                                    (94)

DIE KRÄHE UND DAS SCHAF

Vom Unrecht, das Unschuldige leiden, erzählt Äsop die folgende Geschichte.

Müßig saß eine Krähe auf einem Schaf und pickte ihm den Rücken. Nachdem sie das lange genug getan hatte, wandte sich, so berichtet man, das Schaf an sie: „Wenn du dem Hund das angetan hättest, so würdest du sein Gebell und seine wütende Schnauze nicht haben ertragen können." Doch die Krähe entgegnete ihm: „Ich sitze auf deinem starken Hals und weiß sehr wohl, wohin ich mich setze, und weiß auch, wen ich reizen kann. Denn ich habe genug erlebt, bin scharf gegen die Schüchternen und befreundet mit den Bösen. So nämlich haben die Götter mich geschaffen."

Die Fabel ist auf jene gemünzt, die sich an den Niedrig-gestellten und ihrer Redlichkeit vergehen.   (95)

DER ADLER UND DER WEIH

Ein Adlerweibchen saß traurig auf einem Baume, als ein Weih sich hinzusetzte. Der sprach zu jenem: „Warum muß ich dich so betrübt sehen?" Das Adlerweibchen antwortete: „Wie sollte ich nicht betrübt sein, da ich doch einen für mich passenden Gatten suche und ihn nicht finden kann?" — „So nimm mich", fiel der Weih ein, „denn ich bin dem gegen-über, den du suchst, sogar überlegen!" — „Was kannst du denn jagen?" fragte das Adlerweibchen. „Ich habe schon öfter einen Strauß mit meinen Klauen gepackt und auf-gefressen", antwortete der Weih. Das Adlerweibchen gab sich mit dieser Antwort zufrieden und hielt mit jenem Hochzeit. Nachdem nun die Zeit, die für die Hochzeit bestimmt war, vergangen war, sagte das Weibchen zu dem Weih: „Mach dich auf und bring uns Beute herbei, so, wie du es versprochen hast!" Da flog der Weih hoch hinauf und brachte eine ganz ekelhafte Maus, die schon halb verwest war. „Das ist dein Versprechen?" fragte entrüstet das

Adlerweibchen. Doch der Weih erwiderte: „Ich wollte dich doch unter allen Umständen heiraten! Selbst wenn du mir Unmögliches abgetrotzt haben würdest, so hätte ich dir die Erfüllung niemals versagen dürfen."

Das geht auf Frauen, die zunächst reichere Männer suchen und sich dann doch mit untüchtigen einlassen.   (96)

JUPITER UND DIE FÜCHSIN

Ein schlimmes Wesen verdeckt kein Schicksal.

Als Jupiter sich in Menschengestalt verwandelt und die Füchsin sich gleichsam als legitime Lagergenossin beigesellt hatte, sah diese einmal einen Skarabäus an einem Baum hervorkriechen und stürzte sich unvermittelt auf die wohlbekannte Beute. Über dieses Verhalten waren die Götter und vor allem Jupiter bestürzt. Dieser verstieß daher die Füchsin, trieb sie aus dem Ehegemach und rief ihr nach: „Scher dich dorthin, wo die Verhältnisse zu dir passen; denn zu unseren Verhältnissen paßt du nicht!"   (97)

DER ALTE UND DER JUNGE STIER

Nicht ist der Schüler über den Lehrer.

In einem engen Eingang hatte ein Stier Schwierigkeiten mit seinen Hörnern, daß er kaum zur Krippe eintreten konnte. Da zeigte ihm ein Kalb, wie er sich drehen müsse. „Schweig", sagte ihm der Stier, „das wußte ich schon, ehe du noch geboren warst!"

Wer also einen Gelehrten korrigiert, macht sich selbst mißfällig.   (98)

DIE ÄSOP-STATUE

Sobald die Leute die Schriften und den Geist Äsops erkannten, setzten sie ihm eine Statue, weil er aus vielen
Pfaden breite Wege gemacht, die Niedrigen freundlich
behandelt und sich viele angesehene Athener verpflichtet
hatte. Auf dieser Statue stand zu lesen: „Da ich die Wege
der Kunst genial erkannte, habe ich bald Fabeln herausgegeben. Dafür haben meine Mitbürger diese Statue errichtet, was für die Mühe ein guter Lohn ist."

AVIAN

Fabeln

BRIEF DES VERFASSERS AN THEODOSIUS

Als ich, mein bester Theodosius, bei mir bedachte, welcher literarischen Gattung ich das Andenken an meinen Namen anvertrauen sollte, kam mir unwillkürlich die Fabel in den Sinn, weil in diesem Genus die Täuschung, sofern man sie nur in hübsche Worte kleidet, gestattet ist und ein Zwang zur Wahrheit nicht besteht. Denn wer könnte mit dir über Redekunst, wer über Dichtung das Wort führen? Mit dir, der du doch in beiden literarischen Gattungen sowohl die Attiker an griechischer Bildung wie sogar die Römer an Latinität überragst! In jener Materie also wirst du mir Äsop als Führer zuerkennen, der, gemahnt durch den Spruch des delphischen Apollon, mit scherzhaften Dingen begann, um sich einen Leserkreis zu sichern. Indessen hat auch Sokrates solche Fabeln seinen göttlichen Werken zur Exemplifizierung eingefügt und Horaz sie in seine Dichtung einbezogen, da sie ja unter der Form umgänglichen Scherzes Lebensregeln beinhalten. Fabeln hat in griechischen Jamben Babrios wiedergegeben und in zwei Bänden zusammengefaßt. Weiter brachte Phaedrus einen Teil davon in fünf kleinen Büchern. Hieraus habe ich zweiundvierzig Nummern zu einer Ausgabe vereinigt; dabei versuchte ich, was in naturwüchsigem lateinischem Stil konzipiert war, im elegischen Maß wiederzugeben. Du hast somit ein Werk vor dir, an dem du dein Herz erfreuen, mit dem du den Geist schärfen, durch das du Kummer beheben und nach dem du dein ganzes Leben zuverlässig einzurichten vermagst. Allerdings haben wir darin Bäume sprechen, wilde Tiere gemeinsam mit den Menschen seufzen, Vögel mit Worten streiten und andere Lebewesen lachen lassen, damit je nach den Erfordernissen des Gegenstandes sogar von leblosen Wesen Einsichten ausgesprochen werden können.

DIE AMME UND DAS KIND

Dem Knäblein, weil es weinte, hatt die Bäurin einst
    gedroht,
wollt es nicht schweigen, daß der böse Wolf es dann
    verzehre.
Vertrauensselig hört der Wolf dies Wort
und wartet gierig draußen vor dem Tor, der eitlen
    Wünsche voll.
Das Kind ergibt die müden Glieder sanftem Schlaf,
dem Räuber aber nimmt der Hunger alle Hoffnung.
Als ihn Frau Wölfin sah ins Reich der Wälder
zurückkehrn ohne Beute, rief sie spöttisch:
„Warum nur bringst du keinen Fang, wie man's gewohnt?
Statt dessen sind die Backen schlaff und leer das Maul!"
„Nein, wundere dich nicht", entgegnet' er, „getäuscht
    durch böse List,
lag elend ich vergebens auf der Lauer!
Denn welche Beute, welche Hoffnung, sag mir, konnte
    ich erwarten,
als mir des Weibes Worte nichts als bösen Streit
    einbrachten!"

Das soll auf sich beziehn — denn jeder ist damit
    gemeint —,
der an des Weibes Zuverlässigkeit je hat geglaubt!   (1)

DIE SCHILDKRÖTE UND DER ADLER

Es sprach die Schildkröt zu den Vögeln, die da fliegen,
    einst, wie folgt:
Wenn einer von den Vögeln sie vom Boden heben wollte,
so würde aus dem roten Meeressand sie Muscheln
    bringen,
die ihre Perle, fest umhüllt, so wertvoll mache.
So sprach sie, weil sie selbst sich grollte, daß am ganzen
    Tag

mit ihrem trägen Schritte sie nichts schaffte, nichts zu
    Ende brachte.
Doch als mit ihren trügerischen Sprüchen einst den
    Adler sie
für sich gewann, mußt ihre ungetreue Zunge gleiche
    Treu erfahren.
Als mit den schlimmerkauften Schwingen nämlich sie
    zum Himmel strebt',
stürzt' ab sie, von des Adlers scharfer Kralle fest
    gepackt.
Und während schon ihr Leben sie verhauchte, beklagte
    stöhnend
in höchsten Lüften sie das Los, das ihrem Wunsch zuteil
    geworden.
Erwiesen war doch dieses: Wer die Ruhe haßt,
vermag das Große nicht zu fassen ohne tiefstes Leid.

So muß, wer groß sich tut, weil Ruhm ihn überhöhte,
auf Strafe rechnen, da sein Schicksal er verschmäht'.

                                    (2)

DER KREBS UND SEINE MUTTER

Ein Krebs, der rückwärtskriechend seine Spuren zog,
verletzt' den rauhen Rücken sich im stein'gen Wasser.
Die Mutter, die ihm gut voranzukommen wünschte,
vermahnte ihn, so sagt man, wie es folgt:
„Laß dir, mein Sohn, die Rückwärtswege nicht gefallen,
und lenke deinen Fuß nicht wieder auf die schiefe Bahn!
Bemühe dich, die Schritte straff zu lenken,
und ungefährdet richt nach vorwärts deinen Gang!"
Darauf der Sohn: „Wenn du vorangehst, will ich folgen,
um soviel sichrer, als das Rechte du mir zeigst."   (3)

DER WINDGOTT UND DER SONNENGOTT

Der grauenvolle Unhold Boreas und Phoebus, sanfter
    Himmelsherrscher,
sie führten vor dem großen Jupiter ein Streitgespräch,
wer wohl zuerst ein angefangnes Werk vollende.
Indes zog auf der Erde eilends den gewohnten Weg ein
    Wanderer.
Es hieß, daß dieser sollt den Streit entscheiden,
es sei der Sieger, der den Mantel ihm entreißt.
Vom Sturm der Winde hallte bald der Äther,
ein frost'ger Regen strömt' in mächt'ger Flut hernieder.
Doch jener doppelt seinen Mantel auf der Schulter,
wenn ihn des Sturmes Wüten drängt und stößt.
Die anfangs schwachen Strahlen aber hatte Phoebus
    wachsen lassen,
auf daß ein Glanz von Feuerhitze sich erhob,
bis daß die müden Glieder gerne ausstreckt unser
    Wandrer,
den Mantel ablegt und erschöpft sich niedersetzt.
Da lehrt die Götter, die zugegen, Titan, unser Sieger,
daß niemand siegen kann, der es mit Drohn beginnt.

                      (4)

DER ESEL MIT DEM LÖWENFELL

Ein jeder muß sich messen und sich freuen an der
    eignen Kraft
und darf, was eines andern ist, für sich nicht nehmen.
Sonst wirst verlacht du, wenn der Schein entlarvt
und du in deinen Schwächen bleibst zurück.

Per Zufall fand ein Esel eines Löwen Fell aus Afrika.
Das neuerworbne legte er sich selber um,
die Glieder steckt' er in die Hülle, die für sie nicht
    paßte,
und preßte seinen blöden Kopf ins ehrenvolle Kleid.
Doch wie die Lust des Terrors seinen Sinn umfing

und vorgestellter Kampfmut seine trägen Knie erfaßte,
zerstampfte er dem milden Weidevieh das Futter
und scheuchte er die Küh, die angstvoll, übers Feld.
Nachdem indes an seinem langen Ohr der Bauer ihn
    ergriffen,
band er mit einem Strick ihn fest und züchtigt' ihn mit
    Schlägen.
Zugleich riß er vom Körper ihm das Fell, entblößte ihn
und schalt das unglücksvolle Tier mit diesen Worten:
„Vielleicht magst andre du, die dich nicht kennen,
    täuschen;
für mich jedoch bleibst du der Esel, der du immer
    warst!"   (5)

DER FROSCH UND DER FUCHS

Hoch oben bald im Strudel, bald auf tiefstem Grund,
jedoch stets wühlend in dem Schlamm,
bald unterwegs zu Hügeln und zu grünen Wiesen,
sprach, blähend sich, der Frosch zum Trost dem
    Wildgetier,
so klug, wie *er* sei, könnt er Krankheiten beheben
und längres Leben durch die Kunst verleihn.
Selbst hinterm Meisterarzt Päon, so prahlt' er, braucht' er
    nicht zurückzustehn,
mocht der den Göttern ständig auch Betreuer sein.
Der schlaue Fuchs jedoch belacht' der Tiere Einfalt
und prangerte, was jener nichtig sagte, an.
„*Der*", sprach er, „soll für kranke Glieder Medizin
    besitzen,
des fahles Antlitz ist gezeichnet von der Farb des
    Todes?"

Es mög von Dingen, die er nicht vermag,
leichtfertig keiner etwas auf sich nehmen. Dies die
    Mahnung unsrer Fabel.   (6)

DER HUND

Nicht ist es niedern Seelen angeboren, zu erkennen,
ob guten Lohn, ob Strafe sie verdienen.

Ein Hund, der weder durch Gebell erschreckte
noch warnend seine Zähne fletschte,
vielmehr den Schwanz einzog aus Furcht,
biß einst den eignen Herrn mit frechem Mut.
Damit geheuchelte Gesinnung nicht verborgen bliebe,
befahl der Herr, daß er am bösen Rachen eine Schelle
    trage.
Mit eigner Hand band an den Hals er ihm die laute
    Glocke,
die, wenn sie leicht bewegt nur, Warnungszeichen geben
    sollte.
Der Hund, der glaubte, das geschähe ihm zum Lohne,
verachtet' triumphierend der Genossen Schar.
Da trat zu ihm, dem Stolzen, aus der Hunde Kreis
ein Alter, der, wie folgt, das Wort ergriff:
,,Du Narr, welch Wahnwitz hat dir die Vernunft
    geraubt,
daß jene Gaben dir Belohnung scheinen?
Denn nicht der Tugend Preis wird offenbar durch
    deine Schelle,
als Zeugnis deiner Bosheit vielmehr trägst du sie." (7)

DAS KAMEL

Daß sich der Weise mit dem Eigenen bescheidet
und Fremdes nicht begehrt, das lehret unsre Fabel,
auf daß Fortuna nicht erzürnt zurück sich wende
und nicht ihr Rad zermalme, was es eben erst gegeben.

Ein mächtig großes Tier stieg auf zum Himmel, so
    erzählt man,
bestürmt' den großen Jupiter mit seinen Bitten,
zu häßlich sei es und für alle Gegenstand des Spotts;

die Rinder zögen her in ihrer Hörner Schmuck,
nur das Kamel sei allen Schutzes bar
und jedem Feinde hilflos preisgegeben.
 Der Gott zwar lächelt, aber das Erhoffte schlägt er ab
und nimmt dazu noch weg die Last des großen Ohres:
„Bescheidner sollst mit Recht du leben, dem sein
          Schicksal nicht genügt,
und ewig, weil du neiderfüllt, dein Los beklagen!" (8)

DIE BEIDEN WANDERER UND DER BÄR

Mit Bergen und gewundnen Tälern unbekannt,
zog seine Straße einst ein Mann mit dem Gefährten,
gewiß, was Schlimmes bringe auch das Schicksal,
daß mit vereinter Kraft sie ihm begegnen würden.
Wie sie den Marsch im wechselseitigen Gespräch
          fortsetzen,
tritt unversehens mittendrein ein Bär auf ihren Weg.
Der eine von den zwein nutzt seine Kraft, um leicht
          zu fliehn;
im grünen Laub hängt er als zitterige Last.
Der andre auch hält inne, wirft zu Boden sich,
sich leblos stellend, gänzlich auf die Erde hingestreckt.
Nach Beute gierig, eilt heran der grimm'ge Bär,
und mit erhobner Tatze dreht den Armen er herum.
Fürwahr, von eis'ger Furcht erstarrten dem die Glieder;
des Lebens Wärme war ihm aus dem Leib gewichen!
Der Bär, ob ihn gleich hungert, meinte wohl, es sei
          verwest der Mann,
trollt sich und trabt zurück in seine Höhle.
Als nun die zwei, vom Schreck erholt, zu Worten fanden,
da wandt sich, der zuerst entflohn, recht kühn an den
          Gefährten:
„Sag, Freund, was hat der Bär dir im Vorübergehn
          berichtet?
Denn lang genug hat heimlich er mit dir gesprochen!"
„Er hat mir viel gesagt, vor allem aber dieses mir geboten,

wie ich es halten soll, wenn wieder ich in Not gerate.
‚Mögst nie du wieder traun auf Freundestreue‘, sagte er,
‚daß eines wilden Tieres Raub nicht abermals du wirst!‘“

(9)

DER KAHLE RITTER

Ein Ritter, kahlen Kopfs, trug Haare, die dereinst
ein andres Haupt geziert; die pflegte er mit großer
      Sorgfalt.
Zum Marsfeld kam geritten er in einer Rüstung voller
      Glanz
und zügelt’ mit geschickter Hand sein Roß.
Ihm bläst Boreas’ kräft’ges Wehn entgegen,
und so erblickt das Volk — ihm zum Gespötte —
      seine Blöße.
Denn da sie fort ist, die Perücke, leuchtet seine Glatze
in einem andern Glanze, als die Haare sie gehabt.
Doch jener, da so vielen Tausend zum Gelächter er
      geworden,
vermochte klug den Spott durch seinen Scharfsinn
      abzuschwächen:
„Ist’s denn ein Wunder“, sprach er, „daß die falschen
      Haare flohn,
nachdem die echten längst schon mich verlassen
      haben?“

Wenn jemand dich verlacht, so such ihm zu begegnen,
indem du mit Verstand die Wahrheit ihm
      entgegenhältst.   (10)

DIE BEIDEN TÖPFE

Zwei Töpfe riß der Fluß vom überschwemmten Ufer
und trieb sie beide in das wilde Tosen.
Der eine war aus Erz gegossen, der andere aus Lehm
      gebildet;

so hatte unterschiedlich sie die Kunst wie die Natur
    geschaffen.
Und da zerbrechlich dieser, fest der andre, wirkte
    ungleich
die Flut, und oftmals wechselte der Fluß die Bahn.
Auf daß der ehrne Topf den andern nicht beschäd'ge
    und zerbreche,
schwor er, mit ihm den gleichen Weg zu ziehn.
Doch dieser war in Sorge, daß der Stärkere dem
    Schwächern schaden könnte,
und wußte, daß es für den Kleinen mit dem Größern
    keine Treue geben könnte.
„Sosehr du auch mit Worten mich beruhigst", sprach er,
„so wird trotzdem die Furcht nicht aus dem Herzen
    weichen.
Denn wirft die Woge mich auf dich, wirft dich auf
    mich sie,
stets werd allein ich beiden Übeln ausgeliefert sein."

Der Schwächere sei auf der Hut, sich mit dem Starken
    zu verbinden;
denn beßre Freundschaft bietet ihm, der mit ihm gleich.
Dem Schwachen nämlich treu zu sein, das ist dem
    Mächtigen unmöglich.   (11)

DER BAUER UND DER SCHATZ

Ein Bauer, der, das Pflugschar eingedrückt, das Land
    durchfurcht,
erblickte in der aufgewühlten Erde einen Schatz.
Alsbald läßt er den Pflug zurück, der ihm nicht mehr
    geziemt,
und führt die Rinder bessern Triften zu.
Aufs neue stets errichtet dankbar er Altäre für die
    Tellus,
weil sie aus eignem Antrieb ihm den Schatz, dem
    Finder, gab.

Da mahnt Fortuna ihn, der sich des neuen Glückes
    freut,
daß er für sie, die es verdient', Weihrauch zu spenden
    unterließ:
„Nicht *meinen* Tempeln weihst du den Besitz, den du
    gefunden,
doch andre Götter, wünschst du, sollen davon Nutzen
    haben.
Wenn aber das gestohlne Geld dir Unheil bringen
    sollte,
wirst du an mich zuerst mit deiner Not dich weinend
    wenden."

Mit Lachen nicht, mit Tränen in den Augen mußt du
    mich
betrachten, deine Wünsche sollen immer unbefangen
    sein.
Denn schwer versündigt sich, wer von dem einen ein
    Talent annahm
und einem andern zuschreibt, was von jenem er
    empfing.   (12)

DER STIER UND DER BOCK

Als einst der Stier vor dem gewalt'gen Löwen floh
und sich nach sichrer Unterkunft auf abgelegnen
    Wegen umsah,
da fand er eine Höhle, die der Bock bewohnte,
derselbe, welcher die cinyph'sche Herde anzuführen
    pflegt.
Doch als er eintrat, senkt' der Bock die Stirn
und richtete sich wütend gegen ihn mit bösem Blick.
Dem Abgewiesenen verbot die Furcht zu streiten,
er trollte sich betrübt und rief vom fernen Pfade nur
    zurück:
„Nicht dich fürcht ich, du Stinkbock mit dem Zottelhaar,
nur jenen, der mir überlegen und mich jetzt verfolgt,

gibt der mich frei, so wirst du Dummkopf bald erfahren,
wie groß der Unterschied von starkem Stier und
    stink'gem Bock."   (13)

DIE ÄFFIN

Wer ihm den schönsten Nachwuchs hätt zu
    präsentieren,
erforscht' einst Jupiter im weiten Erdenkreis.
Wetteifernd zogen hin zum König alle wilden Tiere,
zusammen mit dem Menschen kam das Hausgetier.
Nicht fehlten bei dem Wettbewerb die Fische, welche
    Schuppen tragen,
auch nicht der Vögel Schar in reiner Luft.
Die Mütter trugen ängstlich ihre lieben Kleinen,
um sie dem Spruch des höchsten Gotts zu stellen.
Als nun die Äffin brachte an ihr häßlich Kind,
da konnt selbst Jupiter das Lachen nicht verhalten.
Doch nicht ertrug die Mutter ihres Kinds
    Beschimpfung,
selbst häßlich, hub sie laut zu kreischen an:
„Wer siegen wird, das weiß nur Jupiter.
Doch gilt für dieses Kind mein Urteil mehr als alle
    andern."

Drum halte dich zurück, in einem Punkt die Deinen
    lobzupreisen,
der nicht von andrer Seit schon früher Lob erfuhr!
So ist's: Was sich der Mensch höchstselbst geschaffen,
mag's auch gering nur sein, er selber billigt's doch.
    (14)

DER KRANICH UND DER PFAU

Der Pfau, der Juno Vogel, so erzählt die Sage, hatte einst
den Kranich, der aus Thrakien stammt, als ständ'gen
    Gast.

Da gab es zwischen beiden Streit der Körperformen
    wegen,
und aus geringem Anlaß wuchsen böse Worte.
Ja er, der Pfau, erglänze in der Farben Pracht,
indes das Grau des Kranichs Leib entstelle.
Zugleich schlug mit dem Schweif der Pfau sein Rad
und schickt' der Regenbogenfarben Glanz gen Himmel.
Mit solcher Federnpracht vermocht der Kranich nicht
    zu eifern,
jedoch mit bittern Worten, heißt es, ließ er sich
    vernehmen:
„Du magst, soviel du willst, der Federn Ordnung
    wechseln,
stets trägst du deine Zier hier an die Erde festgebannt.
Doch ich im armen Federkleid erheb mich hoch zum
    Himmel,
ich streb zur Sternenwelt, ich strebe zu den Göttern
    hoch empor."

Wenn du in Tugend strahlst, verachte nie den Nächsten!
In andrem Glanz vielleicht erstrahlt auch dieser.   (15)

DIE EICHE UND DAS SCHILFROHR

Die Eiche stürzte einst entwurzelt von der Höh des
    Bergs herab,
gebrochen von des Südwinds wirbeligem Rasen.
Der Fluß ergriff sie unten mit dem Brausen seiner Wogen,
in seiner Strömung riß er sie mit fort.
Da ward sie an die Ufer hart gestoßen, bald hierhin
    und bald dahin,
bis im zerbrechlichen Geschilf festhing die große Last.
Daß auf so schwankem Grund das Schilfrohr stand,
sich leicht nur mit dem Rasen verbindend, wunderte die
    Eiche.
Trotz ihres kräft'gen Stammes habe sie sich doch nicht
    halten können,

indes des Rohres dünner Schaft dem Dräuen
    widerstehe.
Antwortend drauf, belehrte sie mit leisem Säuseln da das
    Schilfrohr,
daß grade seine Schwäche Sicherheit ihm biete.
„Indem der Winde Toben und die wilden Wogen du
    verachtest,
fällst nieder du, gestürzt durch eigne Kraft.
Dagegen halte ich den Südwind, wenn er sich erhebt,
    nur mählich
und gebe schon beim ersten leisen Wehen nach.
Der Sturm, im jähen Tosen bricht er deinen Widerstand
    entzwei,
doch macht mein schwankend Spiel den Hauch zunichte."

Es mahnt uns dies Gedicht: Vergeblich ist's,
    dem Mächt'gen Widerstand zu leisten,
jedoch Beharrlichkeit läßt furchtbares Drohen
    überwinden.   (16)

DER JÄGER UND DER TIGER

Ein Jäger, der mit scharfem Schuß verwunden konnte,
erschreckte rings das flinke Wild auf seiner Bahn.
Da bot den Ängstlichen der kühne Tiger seine Hilfe
und forderte den Jäger auf, von der Bedrohung
    abzusehn.
Doch jener mit geübtem Arme schleudert sein Geschoß:
„Der Bote hier wird dir berichten, wer ich bin!"
Da schlägt auch schon das Eisen seine Wunden,
die schnellen Füße sind durchbohrt vom blutigen
    Geschoß.
Als der Getroffne sich bemüht, das Eisen sanft
    herauszuziehn,
hält ihn der Fuchs vorsichtig lang zurück:
wer das denn sei, der solche Wunden schlage,
und wo sein wirksames Geschoß er denn verborgen halte.

Mit schon gebrochner Stimme murmelte der Tiger —
denn Zorn und Schmerz behinderten sein Reden —:
,,Bedeutungslos erschien mir die Gestalt, die da
    einherschritt;
ach, könnt ich schauen sie ein zweites Mal!
Doch Blut und Waffen, die mit starkem Arm auf mich
    gerichtet,
die zeigen mir den Menschen an.''   (17)

DIE VIER STIERE UND DER LÖWE

Vier kräft'ge Stiere, sagt man, schlossen für die Wiesen
    einst
ein Freundesbündnis solcher Art,
daß nie sie, auf die Weide ziehend, Furcht zersprengte
und bei der Rückkehr Freundschaft sie umschlang.
Nachdem sie unter sich der Hörner Stoß gemessen,
erfaßte selbst den Leu, den Herrn der Wälder, Angst;
die hindert ihn, den Raub zu wagen, der ihn lockte,
und schreckt ihn, die verschwornen Stiere anzugehn.
Denn wenn er kühn auch war und ungebärdig in der
    Leidenschaft,
so fühlte er allein so viel vereinter Kraft sich nicht
    gewachsen.
Drum streut er Worte der Verleumdung aus,
geleitet von dem Wunsch, den Bund zu sprengen,
und als mit seinen bösen Reden Spaltung ihm gelungen,
drang mordend in die arme Schar er ein.
Da seufzte klagend einer von den Stieren: ,,Wer ruhig
    sich
sein Leben will bewahrn, der kann aus unserm Tode
    lernen.
Nie möge falschen Worten leihen er sein Ohr
noch jemals alte Treue brechen!''   (18)

DIE TANNE UND DER DORNSTRAUCH

Den Dornstrauch, weil er häßlich, lachte aus die schöne
        Tanne,
als heftig beide um Gestalt und Wuchs sie stritten.
„Unwürdig ist", so meinte sie, „ein jeder Wettkampf,
in dem sich Würde und Leistung nicht vereinen.
Bei mir zum Beispiel hebt der Körper sich hinauf bis
        zu den Wolken
und trägt des Scheitels Haar bis zu den Sternen hin.
Und wenn im breiten Schiff man hoch mich richtet,
dann bringt der Wind die Segel, die an mich gehängt,
        zum Schwellen.
Dich aber macht Gestrüpp ganz häßlich an Gestalt,
und jeder geht verachtungsvoll an dir vorbei."
Doch der erwiderte: „Jetzt sprichst du froh vom Guten
        nur allein,
doch wenn die drohnde Axt dir an die schönen Glieder
        geht,
dann möchtest du schon meine Dornen haben!"

Es freu sich keiner körperlicher Schönheit über alle
        Maßen,
damit, verachtungswert geworden, später er sein
        Schicksal nicht beklage.   (19)

DER FISCHER UND DER FISCH

Ein Fischer, der zum Fang die Angel auszuwerfen pflegte,
zog eines kleinen Fischs geringe Last am Haken hoch.
Doch als den Fang nach oben er befördert
und aus dem gier'gen Maul den Köder er entnommen.
da sprach das Fischlein tränenvollen Augs: „Ich bitt
        dich, schone mich;
denn was wohl könntest du an mir gewinnen?
Soeben hat die Mutter in der Felsenhöhle mich zur
        Welt gebracht

und ließ mich spielen in den eigenen Gewässern.
Droh nicht! Laß zart mich, wie ich bin, für deinen Tisch
    noch warten!
Der gleiche Strand hier wird mich wiederbringen.
Dann will ich, auf des weiten Meeres Blau gesättigt,
gemästet gern zu deiner Rute kommen."
Doch jener hielt's für falsch, was er gefangen,
    freizugeben,
beklagt' den argen Wechsel des Geschicks.
„Denn schlimm ist's", sprach er, „Beute, die vorhanden,
    loszulassen,
und dümmer noch, Versprechungen zu folgen."   (20)

DAS VÖGLEIN UND SEINE JUNGEN

Ein Vöglein hatte seine Jungen anvertraut der Erde,
wo neben grünem Rasen wogend stand die goldengelbe
    Saat.
Das Korn vom Halm zu ernten war des Bauern Wunsch,
und flehend bat er um der Nachbarn Hilfe.
Doch war noch arglos nicht das Wort verklungen,
als schon das Nest zu fliehn die Vogelschar begann.
Die Mutter, die zurückkehrt, hält sie fest und spricht
    erfahren:
„Noch drohet nicht von außen uns Gefahr!"
Zur Arbeit teilt der Bauer seine Freunde ein,
die Vogelmutter bleibt aufs neu in Sicherheit.
Sobald sie aber sah, daß selbst der Herr zur Sichel griff
und Hand anlegte bei der Ernte, rief sie aus:
„Ihr Armen, jetzt hinweg aus euch vertraueten Gefilden,
wenn in die eigne Kraft die Hoffnung jener setzt!"
                             (21)

DER HABGIERIGE UND DER NEIDISCHE

Um recht der Menschen schwankend Herz zu prüfen,
sandt aus der Himmelsburg Gott Jupiter den Phoebus
    auf die Erde.
Es wandten hier gerade zwei sich ganz verschieden
    an die Götter;
den einen füllte Habsucht aus, den anderen beherrschte
    Neid.
Titan begab zu ihnen sich, um beide auszuforschen,
und als man bittend zu ihm kam, erwidert' er:
„Bereit zum Geben sind die Götter; und was der eine
    sich erhofft,
das wird der andere gleich doppelt haben."
Doch wer die starke Gier in sich nicht stillen konnte,
den stürzen neue Bitten bald in neue Leiden,
weil er darauf vertraut, durch fremde Wünsche
zu wachsen und den doppelten Gewinn alleine zu
    erhalten.
Denn als der andre sah, wie jener seinen Lohn bekam,
da flehte er, den eignen Körper zum Opfer bringend,
daß er sein Leben fristen wolle, geblendet auf dem
    einen Auge,
wenn — in Verdoppelung — der andere sie beide nicht
    behielte.
Apollo jetzt belächelte das Menschenschicksal,
und über jenes Übel des Neids erstattet er Bericht.

Wer sich erfreut am Übel, welches andre trifft,
der rufet, ohne es zu wollen, sein eignes Unglück sich
    herbei.   (22)

DER VERKÄUFER UND DER KÄUFER

Ein Steinmetz, welcher einen prächt'gen Bacchus
aus Marmor hatt geschaffen, bot zum Kaufe gegen
    Geld den Gott.

Ein Nobler war zum Kauf bereit, weil er die Statue
fürs eigne Grabmal zu erwerben wünschte;
ein andrer wollte sie zum heil'gen Tempel bringen,
darbieten sie, um ein Gelöbnis einzulösen.
„Für meine Ware", sprach er, „hab ich nun ein doppelt
    Omen,
sofern die Hoffnung auf Gewinn in zweifacher
    Richtung geht,
ob Toten lieber oder Göttern ich sie geben soll,
als Zierde für ein Grabmal oder für die Himmlischen.
Bei dir liegt die Verehrung für den großen Gott,
zugleich auch hast du mein Begräbnis in der Hand."

Auf jene, denen Macht gegeben, paßt die Fabel,
ob sie zum Nutzen sie, ob sie zum Schaden sie
    gebrauchen wollen.   (23)

DER WANDERER UND DER LÖWE

Es führten einen langen, heft'gen Streit vorzeiten
ein Wandrer und der edle Leu.
Und als sie schließlich dem Gezänk ein Ende setzen
    wollten,
sahn sie durch Zufall auf ein Denkmal, das sich da
    erhob.
Des Künstlers Hand schuf einen Löwen, der,
    den Nacken beugend,
sich niederlegte auf des Menschen Schoß.
Wie sich versteht, nahm da der Wandrer sich das Bild
    zum Zeugen,
daß er der Überlegne, seh man doch das Tier
    bezwungen.
Indes, das Auge blinkend auf die vagen Zeichen richtend,
fing jener an zu brülln und sprach aus
    zornentbranntem Herzen:
„Zum Lachen ist das Selbstvertraun, das dich zu euerem
    Geschlecht erfaßte,

wenn du des Künstlers Hand zum Zeugen nimmst.
Denn wenn sich unsere Begabung dahingehnd
    erweiterte,
daß auch der Leu mit kund'ger Hand den Stein
    behaute,
dann würdest du den Menschen schaun, von
    donnerndem Gebrüll bezwungen,
besiegelt sein Geschick durch unsern grimmen Rachen."

                                  (24)

DER KNABE UND DER DIEB

Am äußern Brunnenrand saß weinend einst ein Knabe,
und aus dem offnen Mund erscholl vergeblich sein
    Geschrei.
Als ein durchtriebner Dieb den Weinenden bemerkte,
da fragt er ihn nach dem, was ihm den Schmerz
    bereite.
„Der Strick", lügt jener, „ach, riß mir entzwei,
ein Krug voll Goldes fiel mir in die Tiefe."
Da gab's kein Zögern. Gierig legt der Dieb die Kleider
    ab,
und nackend steigt hinab er in den Brunnen.
Alsbald der Kleine legt den, ach! so großen Mantel
    um die Schultern,
verschwindet im Gestrüpp und ward nicht mehr gesehn.
Der Dieb, getäuscht in seiner Hoffnung, nach
    bestandener Gefahr,
verloren das Gewand, setzt traurig nieder sich,
und der Verschlagne, heißt es, brach in Klagen aus
und wandte sich mit Seufzen an die Götter:
„Dumm, wenn ich hoff, daß je ich den verlornen Mantel
    wiederseh,
der ich geglaubt, daß in der Flut da schwimm ein Topf!"

Es richte niemand sein Begehr nach fremdem Gute,
    daß er nicht
verliere, was er hat, wenn er nach Weitrem strebt!

                                    (25)

DER LÖWE UND DIE ZIEGE

Auf steilem Felsen weidend hatt der Leu die Ziege
    ausgemacht,
als seinen Weg er nahm, und schon packt ihn der Hunger.
Er ruft sie an: „He du, die schwindeligen Hänge da
verlaß und such nicht deine Nahrung auf den rauhen
    Höhn!
Komm lieber zu des Klees rötlichen Blüten auf den
    duft'gen Wiesen,
den grünen Weiden, zu dem Thymian mit seinem
    Wohlgeruch!"
Doch jene seufzte bloß: „Hör auf, mich schmeichelnd
    zu betören
mit wohlgefäll'gen Listen, mich, die ich so sorglos bin!
An wahre, größere Gefahr magst du mich mahnen, sie
    beseit'gen;
trotzdem vermag ich Glauben nicht dem Wort zu
    schenken.
Viel Wahrheit liegt gewiß in deiner richt'gen Rede;
doch weckt Verdacht, wer Rat gibt, weil er ungebändigt."

Glaub vorschnell nicht den schönen Worten eines
    Schmeichlers!
Doch warnen Treue dich, dann achte ihres Rufs!

(26)

DIE KRÄHE UND DAS GEFÄSS

Die Kräh erblickte dürstend ein gewaltiges Gefäß,
das auf dem Grund nur noch ein wenig Wasser barg.
Lang war sie drum bemüht, umstoßend das Gefäß
zu leeren, daß sie ihren allzu großen Durst sich stille.
Nachdem mit Kraft ihr Ziel sie nicht erreichte,
griff zornig sie zu kluger, neuer List.
Indem sie nämlich kleine Steinchen in das Wasser warf,
stieg dieses an und bot bequem und leicht Gelegenheit
    zum Trunk.

Daß Klugheit mehr vermag als Körperstärke, lehrt die
　　Fabel,
so wie der Vogel sie geübt und zum Erfolge kam.　(27)

DER BAUER UND DER STIER

Es sträubte sich ein Stier, daß man ihn band,
und weigert' sich, den trotz'gen Hals ins harte Joch zu
　　beugen.
Da schnitt der Bauer das Gehörn ihm mit gekrümmter
　　Sichel ab
und glaubte, so das wilde Tier im Zaum zu haben.
Mit Vorsicht führt' den Nacken er in den gewalt'gen
　　Pflugbaum —
denn mit dem Horn und Füßen wütete das Tier —,
damit die lange Deichsel ihn vor Schlägen schütze
und er gesichert bleibe vor dem Stoß der Hufe.
Jedoch die Zügel für den wilden Nacken lehnte ab der
　　Stier
und stampfte mit den Füßen immerfort den Boden
und wühlte ohne Unterlaß im Sand und schleuderte
　　ihn heftig
nach rückwärts in das Angesicht des Herrn, der folgt.
Der reinigt sich die Haare, die vom Schmutz entstellt,
und spricht, in seines Herzens Innern überwunden:
„Ohn Zweifel fehlte noch ein Beispiel eines bösen
　　Wesens,
so wie es mit Bewußtheit schädlich werden kann." (28)

DER WANDERER UND DER SATYR

Als sich mit dichtem Schnee der harte Winter angezeigt
und grimme Kälte alle Flurn erfaßte,
da irrt' ein Wandrer durch die Nebelmassen;
weil er den Weg verlor, so hemmte er den Schritt.
Ein Satyr, Wächter eines Hains, erbarmte sich des Armen

und nahm in seiner Höhle den Verlaßnen freundlich
    auf.
Kaum hat der Wälder Sohn den Menschen angesehn,
so faßt Bewundrung ihn und Staunen, was der alles
    kann.
Denn um die Hände, die erstarrt, zum Leben wieder zu
    erwecken,
hatt jener aus dem Munde warmen Hauch geblasen.
Die Kälte war gewichen bald, und fröhlich fing er an,
sich an des Wirtes Sorgsamkeit zu freuen.
Denn weil das Leben auf dem Land der Satyr zeigen
    wollte,
so brachte er von all dem Guten, das die Wälder boten,
und trug auch einen Mischkrug auf, mit heißem Wein
    gefüllt,
auf daß der warme Trank die kalten Glieder gut
    durchpulse.
Doch weil der Wanderer den heißen Krug mit seinen
    Lippen
nicht zu berühren wagte, blies er, ihn ein wenig
    abzukühlen.
Verwirrt durch dieses zweifache Wunder, ward erzürnt
    der Satyr,
er trieb den Gast hinaus und hieß den Wald ihn zu
    verlassen.
„Denn niemals", sprach er, „wünsche ich, daß der in
    meine Höhle trete,
der mit demselben Mund so ganz Verschiednes tut."
                                                    (29)

DER EBER UND DER BAUER

Den Eber, der die Saat verwüstet und die reifen Felder
    ruiniert,
den hat mit abgeschnittnem Ohr der Bauer laufenlassen,
damit er, tragend eine Spur, sich an den Schmerz
    erinnre

und fernerhin die zarte Saat verschone.
Als er aufs neue ward ertappt, wie er durchwühlt
    den Acker,
verlor zur Strafe, daß er nachgab, er das zweite Ohr.
Doch nicht genug: schon wieder wühlt er in den Saaten,
indes den Übeltäter doppelt Buße trifft.
Gefangen und geschlachtet kommt er auf den reichen
    Tisch des Herrn,
und für die einzeln Gänge macht der Landmann
    Leckerbissen.
Als aber nach dem Mahl der Herr des Ebers Herz
    verlangt,
das niederträchtig, wie es hieß, der Koch gestohlen
    hatte,
beschwichtigte der Bauersmann den nur gerechten
    Zorn,
behauptend, daß das dumme Schwein kein Herz
    besessen habe.
„Wie hätt es sonst, verrückt, zu seinem eignen Schaden
    wiederkehren
und von demselben Feind so oft sich fangen lassen
    können?"

Aus der Erzählung mögen jene lernen, die öfter sich
    vermaßen
und niemals von den sünd'gen Taten lassen wollen.

(30)

DIE MAUS UND DER OCHSE

Die kleine Maus, erzählt man, wagt' es einst, den
    Riesenochsen,
als unterwegs sie war, mit ihrem Zähnchen anzunagen;
sobald mit ihrem scharfen Biß sie ihn verwundet,
zog in den sichern Unterschlupf sie sich zurück.
Natürlich droht der Dickbenackte schnaubend,
in seinem Zorn jedoch erkennt er nicht sein Ziel.
Die Maus dagegen setzt dem Wütenden mit Worten zu

und spricht mit Witz die Drohung feindlich aus:
„Zwar haben deine Eltern große Glieder dir gegeben,
jedoch gewährt das deiner Kraft noch nicht Erfolg."
(31)

DER MANN UND SEIN WAGEN

Dem Bauern blieb im kot'gen Pfuhl der Wagen stecken.
Er ließ ihn stehn mitsamt den Ochsen, die ins Joch
    gespannt,
verließ sich — nur vergeblich! — auf die Götter, die er
    treu verehrt,
daß sie in seiner Lage ihm zu Hilfe kommen würden.
Doch aus dem höchsten Himmel sprach ihn an der
    Herr von Tiryns,
an den er flehend sein Gebet gerichtet hatte:
„Komm, mit der Peitsche treibe an die Stiere, die sich
    mühen,
und mit den eignen Händen lerne in die Speichen
    greifen!
Nur wenn du selber zupackst und, was über deine
    Kräfte gehet, wagst,
hast du ein Recht, für dich die Götter zu gewinnen.
Denn wisse, daß bequemen Wünschen sich die
    Himmlischen nicht beugen!
Sofern du aber selber handelst, stehn sie gerne
    dir zur Seite."
(32)

DIE GANS UND IHR HERR

Besaß da einer eine Gans, die hatte eine seltne Gabe,
sie legte täglich ihm ein goldnes Ei ins Nest.
Doch hatte der erhabne Vogel von Natur aus das
    Gesetz,
daß nie zugleich er legte zwei der Eier in das Nest.
Jedoch der Herr, der sich noch größeren Gewinn
    erhoffte,

er wollt in seiner Gier die läst'gen Pausen nicht mehr
    dulden,
ja meinte gar, der Tod des Vogels könn von Nutzen
    sein,
dessen beständ'ger Fleiß ihm solchen Reichtum gab.
Nachdem er nun den tödlich spitzen Stahl gestoßen in
    die Eingeweide
und er im Inneren der Gans von den gewohnten Gaben
    nichts gefunden,
da fing er laut zu jammern an, ein Opfer seiner
    eignen Habsucht;
denn Strafe, seiner würdig, hatte er empfangen.

Wer von den Göttern solcherart zu einer Zeit gleich
    alles fordert,
dem nehmen sie zu Recht, was vorher täglich sie
    gespendet.   (33)

DIE AMEISE UND DIE GRILLE

Wer träge läßt vorüberziehn die Jugendzeit
und nicht mit Vorbedacht fürs spätre Leben sorgt,
wird, wenn die Jahre ihn bedrängen und die Last des
    Alters,
vergebens Fremder Hilfe sich erbitten.

In Sonnenglut verrichtete die Ameis Arbeit
und füllte für den Winter ihre kleinen Kammern.
Jedoch als Reif mit Glanz die Fluren überzog
und unter strengem Frost die Saat verborgen lag,
da ruhte sie sich aus — ihr kleiner Körper war den
    Stürmen nicht gewachsen —
und hütete in ihrem Heim das säftereiche Korn.
Da bat die Grille flehentlich um Nahrung,
die vordem durch elegisch Lied die Luft erfüllt.
Als damals auf der Tenne man die reiche Ernte drosch,
da habe sie mit ihrem Sang den sommerlichen Tag
    verbracht.

Drauf, lächelnd, sprach die Kleine zu der Grille
(denn beiden war's vergönnt, noch fortzuleben):
„Ich habe mir mit großer Mühe meine Existenz
    errungen,
und mitten jetzt im Winter hab ich lange Muße.
Doch dir bleibt nun zuletzt Gelegenheit zum Tanzen,
weil mit Gezirp zuvor dein Leben du vertrödelt!" (34)

DER AFFE UND SEINE JUNGEN

Ein Affe, so erzählte man, der Zwillinge geworfen hatte,
verteilt' mit Unterschied auf beide seine Zärtlichkeit.
Den einen zog die Mutter auf mit großer Liebe,
doch für den andern kannte sie nur Haß.
Wie einst nun gräßliches Gelärm die Mutter schreckte,
riß fort die Kleinen sie in sehr verschiedner Form:
mit ihren Händen trägt sie das geliebte an der Brust
    sogar,
doch das verachtete hebt auf den Rücken sie nur hoch.
Als nun erlahmten ihre Füße und sie länger nicht sich
    halten konnte,
entglitt ihr gegen ihren Willen auf der Flucht die Last.
Jedoch das andre Junge faßt den borst'gen Rücken mit
    den Armen
und hält sich fest, es überlebt, ohn daß die Mutter
    es gedacht.
Bald wird geherzt es und geküßt wie schon der Bruder,
gerettet er als einz'ger Sproß des alten Stamms.

Verachtung vielen frommt, und wenn sich umkehrt
    dann die Reihe,
erhöht die Hoffnung den Erniedrigten zum bessern
    Los.   (35)

DAS KALB UND DER OCHSE

Ein schönes, muntres Kalb, des Nacken nie ein Joch
     gedrückt,
sah einen Ochsen, der ohn Unterlaß die Furche pflügte.
„Schämst du dich nicht", beginnt es da, „auf deinem
     alten Rücken
das Joch zu tragen? Magst du nicht, vom Joch befreit,
     der Ruh genießen?
Mir steht es frei, zu tummeln mich im weiten Grase
     oder,
wenn's mir gefällt, im Schatten eines Haines zu ergehn."
Jedoch den Ältern konnte diese Rede nicht erzürnen,
er pflügt, wie er's gewohnt ist, müde seine Scholle,
bis daß den Pflug er stehen lassen darf
und auf dem Blumenbett die Glieder sanft ausstrecken
     kann.
Bald drauf erblickt er jenes Kalb bekränzt am heiligen
     Altare,
bereit, zu sterben durch das scharfe Messer eines
     Opferpriesters.
„Des Schicksals traurige Nachsicht gab dir diesen Tod",
     so sprach er,
„die unsres Joches Schwere dich nie fühlen lassen
     wollte.
Wahrhaftig, besser ist es, Mühn, sie seien noch so
     schwer, zu tragen
als in der Jugend Glück, das rasch vergehet, zu
     genießen."

So ist der Menschen Schicksal, daß die Glücklicheren
     rascher Tod ereilt,
indes ihr Alltag ewig quält die Armen.   (36)

DER HUND UND DER LÖWE

Ein Hund, der wohlbeleibt, traf einst auf einen Löwen,
    der erschöpft,
und redete nicht ohne Spott ihn an:
„Du siehst wohl nicht, wie sich mein Bauch in doppelter
    Fülle dehnt
und wie die edle Brust vor Muskeln strotzt?
Als Freund des Menschen werd ich nach der Muße
    an den Tisch geführt
und nähr mich reichlich von der gleichen Speise."
„Was aber", fragt' der Löwe, „trägt dein fetter Hals
    für schlimmes Eisen?"
„Damit ich mich vom Haus, das zu bewachen, nicht
    entfernen kann.
Doch du mußt, bis zu Tode hungrig, weites Feld
    durchstreifen,
bis endlich Beute dir im Wald begegnet.
Drum komm und füg in meine Kette deinen Nacken,
solange so bequem dein Essen du verdienen kannst!"
Doch da brach jener aus in wilden Zorn
und ließ in edeler Entrüstung so vernehmen sich:
„Hinweg, und trage so, wie du's verdienst, den Hals
    in einer Schlinge
und nimm die harten Fesseln als Entgelt für Stillung
    deines Hungers!
Mir aber bleibt die Freiheit, ist bescheiden auch die
    Höhle,
und wenn's mich hungert, streif ich durch die Felder,
    wie es mir beliebt.
Du magst gedeckte Tische denen preisen,
die ihre Gaumenlust der Freiheit ziehen vor!"   (37)

DER FLUSSFISCH UND DER SEEFISCH

Des Flusses Strömung trieb den Flußfisch aus dem
     süßen Wasser,
und unversehens stand der Meeresflut er gegenüber.
Mit Hochmut blickt er dort die schupp'gen Meeresfische
     an
und brüstet sich, er übertreffe alle sie an Vornehmheit.
Jedoch der Seefisch duldet nicht im eigenen Gebiet
     den Fremdling,
sondern entgegnet ihm mit scharfen, bittren Worten:
„Weg mit dem Lügenwerk erdichteter Behauptungen,
     die leicht zu widerlegen sind, wovon du selber Zeuge
     wirst!
Wer mehr an Wert besitzt, wird durch des Volkes
     Stimme sich erweisen,
wenn bei dem gleichen Fang das feuchte Netz uns
     zieht heraus.
Dann wird für teures Geld ein reicher Mann mich
     kaufen,
indes für einen Groschen kaum ein Armer dich
     erwirbt.“

Wer eben erst von fernher angekommen,
dem ziemt es nicht, sich über die Einheimischen
     zu setzen.   (38)

DER KRIEGER, DER SEINE WAFFEN VERBRANNTE

Ein Krieger hatte einst gelobt, der müde war von vielen
     Schlachten,
daß alle Waffen er dem Feuer übergeben wolle,
sei's, daß der Feind sie ihm, dem Sieger, sterbend
     übergebe,
sei's, daß dem Feind er auf der Flucht sie abnehm.
Inzwischen war das Schicksal günstig seinem Schwur,
     und dessen eingedenk

trug nun der Mann die Waffen Stück für Stück zum
    Scheiterhaufen.
Jedoch ein Horn mit rauhem Ton bestritt sein Schicksal;
den Tod in reiner Flamme habe niemals es verdient.
„Niemals", so sprach es, „haben die Geschosse dich
    getroffen,
die durch mein Wirken abgeschossen wurden, wie du
    selbst gestehst.
Ich habe die Verstreuten zu den Waffen nur gerufen
durch diesen meinen Ton — ihr Sterne könnt's
    bezeugen!"
Doch jener warf es, mocht es sich auch sträuben,
    in die Flammen:
„Jetzt muß dich größrer Schmerz und größre Pein erfassen;
denn wenn du auch nicht schaden kannst und nicht
    zu schaden wagst,
so ist es um so schlimmer, daß andere zu Schlimmem
    du verleitest."   (39)

DER PANTHER UND DER FUCHS

Geziert durch Sprenkeln und durch schönen Brustlatz,
schritt einst der Panther durch die Flurn mit
    seinesgleichen,
und weil die Löwen er erblickte ohne Flecken auf
    den Rücken,
so meinte er bei sich: „Welch ganz erbärmliches
    Geschlecht!"
Als Wesen, deren Anblick häßlich, schalt er auch die
    andern Tiere,
und nur er selber, meint' er, sei der Schönheit Muster.
Und während sich der Panther seines Aussehns freut,
stellt ihn der schlaue Fuchs und zeigt ihm seine
    Nichtigkeit.
„Geh", spricht er, „und vertrau nicht gar zu sehr der
    Jugend Schönheit;
denn Schöneres vermag, so scheint mir, der Verstand!"

So laßt bewundern uns viel lieber die, die Geistesgaben
        zieren,
als jene, deren Glanz des Körpers Eigenschaften sind.

(40)

DER REGEN UND DAS TONGEFÄSS

Vom Wind getrieben, aus der Wolke weggedrängt,
ging eisig einst ein heft'ger Regenguß hernieder.
Als er das Land mit seinem Stürmen überflutet hatte,
bespült' er auch ein Tongefäß, das draußen stand.
(Denn den geschmeid'gen Lehm lehrt erst die laue Luft,
daß er hernach erführ, in Feuers Näh gebrannt zu
        werden.)
Jetzt fragt der stürm'sche Wind nach des Gefäßes
        Namen.
Seiner vergessend, spricht's: „Amphora werde ich
        genannt,
denn kundig lehrte mich die Hand an Kreise ziehnder
        Scheibe
die sanft zur Seite gehnde Form."
„In der Gestalt zu bleiben mag bis jetzt vergönnt dir
        sein;
denn der dich unterwarf, der Regen, wird im Wasser
        dich hinwegspüln."
Zugleich zerbrach der Regen, der zum Strom geworden,
        das Gefäß,
besiegt ergab es sich den zarten Wassern,
das unglücksel'ge, das mit großen Worten sich benannte,
das wagte, mit dem köchertragenden Gewölk zu sprechen!

Dies Beispiel mag in Zukunft die vom Elend
        Heimgesuchten lehren,
daß sie, den Großen untertan, beklagen ihr Geschick.

(41)

DER WOLF UND DER BOCK

Durch Zufall hatt den Wolf, weil überlegen er im Lauf,
    genarrt der Bock,
als er die Flur durcheilte, welche an die Hütten grenzt.
Von da aus nahm er seinen Weg gerade auf die Mauern zu
und macht erst halt im Tempel bei der Schafe Schar.
Der Räuber folgt ihm eifrig mitten in die Stadt
und suchet voller List, sein Süppchen sich zu kochen.
„Bemerkst du nicht, wie in den Tempeln überall das
    Opfertier
mit seinem Blute unter Stöhnen unerbittlich rot den
    Boden färbt?
Wenn du dich nicht bemühst, ins sichre Feld zu kommen,
dann fällst auch du, die Stirn umwunden mit der Binde!"
Darauf der Bock: „Mach darum, bitt ich dich, nur keine
    Sorgen dir
und halt dein eitles Drohn bei dir zurück, du Böser!
Denn besser ist's, das heil'ge Blut den Göttern zu
    vergießen
als dem gefräß'gen Wolf zur Sättigung zu dienen."

Wenn also doppelt Unheil dir bevorsteht,
dann ist es besser, sich den rühmlicheren Tod zu
    wählen.   (42)

IGNATIOS DIAKONOS

Fabeln

DER MANN UND DER LÖWE

Fußtritte gab ein Mann dem Löwen, der aus Stein.
Spricht einer zu dem Löwen: „Erkennst du seine
    Stärke?"
Darauf der Leu: „Wenn wir, die Leun, Bildhauerkunst
    beherrschten,
dann würdest viele Menschen du versteinert sehn."

                                                   (1)

DER GEFANGENE STORCH

Die Kraniche zu fangen, stellt ein Bauer eine Falle.
Mit jenen fing er einen Storch, der klagte laut.
Darauf der Bauer: „Daß ein Freund du bist, bestreit
    ich nicht.
Jedoch die Falle, die dich fing, hält fest dich mit den
    Bösen."   (2)

DER WOLF UND DER HUND

Der Wolf erblickte einen fetten Hund mit einem
    Halsband.
„Wer hat denn den", so fragt er, „fett gemacht und so
    gekettet?"
Die Antwort war: „Der Jäger." — „Nun, kein Wolf
    könnt das ertragen;
denn lieber ist der Hunger mir als eines Bandes Last."

                                                   (3)

DER SCHRECKHAFTE LÖWE

Der Löwe schlief, da lief die Maus
ihm übern Hals. Flugs sprang der Löwe auf.
Da lacht der Fuchs, jedoch der Leu erwidert:
„Ich fürchte nicht die Maus, den Weg nur ändre ich."

(4)

DER LÖWE UND DER EBER

Der Löwe kämpfte mit dem Eber um die Tränke.
Die Geier sahn den Streit der wilden Tiere,
ob nicht der Unterlegne ihre Beute werden könnte.
Sie freund zu sehn hätt ihre Hoffnungen enttäuscht.

(5)

DIE GRILLE UND DIE AMEISE

Kalt war's, da bat die Grille die Ameise um Speise.
Die fragt die Grille: „Warum hast du nichts?"
„Als Sommer war", entgegnet jene, „hatt ich viel zu
       singen."
„So sollst du jetzt im Winter", war die Antwort, „tanzen,
       nicht nach Speise gieren."   (6)

DER BOCK UND DER WEINSTOCK

Zum Bock der Weinstock sprach: „Du tust mir Schaden,
indem du meine Blätter frißt; gibt's denn kein frisches
       Grün?
Wie sehr du mir auch Schaden tust, ich werde Wege
       finden,
bei deiner Opferung den Göttern Wein zu spenden."

(7)

DIE MAUS IN DER SCHMIEDE

Die Maus trug eine andre, die verhungert war.
Das sahn die Schmiede und verbargen nicht ihr Lachen.
Jedoch die Maus, die lebte, sagte unter Tränen:
„Nicht mal ein Mäuslein, ach! vermögt ihr zu
      ernähren!"   (8)

DER GIERIGE HUND

Ein Hund trug Fleisch ganz nah bei einem Bache;
als er sich beugte, sah im Wasser er 'nen zweiten Hund.
So öffnet er das Maul, damit er noch das andre Fleisch
      bekomme;
dabei verlor er auch das erste Stück, das er besessen.
                                      (9)

KYPRIS UND DIE DIENERIN

Die Liebe eines Mannes lenkte Kypris auf die eigne
      Dienerin.
Und die erbot der Göttin Ehre jeden Tag,
bis sie im Traum ihr sagte: „Mich verehre nicht!
Der Mann, der tut mir leid; dich aber mag ich nicht!"
                                    (10)

DER LÖWE UND DIE DREI RINDER

Einträchtig gingen einst drei Rinder auf die Weide,
und auch der wilde Löwe konnte ihnen nicht zu
      schaffen machen.
Da aber brachte er durch seine Reden sie in Feindschaft
      und in Widerstreit
und fraß zu ihrem Unglück eines nach dem andern auf.
                                    (11)

DIE FRÖSCHE UND DAS HOCHZEITSFEST DES HELIOS

An Helios' Hochzeitsfest erfreuten sich die Frösche.
Doch einer wandte sich an sie: „Was seid ihr dumm!
Denn da wir zittern müssen vor des *einen* Helios'
    Strahlen,
wer wird dann, wenn er einen Sohn zeugt, den
    ertragen?"   (12)

DAS TÖRICHTE KAMEL

Um Hörner flehentlich bat das Kamel den Gott,
der es darum der Torheit zeiht.
Doch krümmt er ihm die Ohren und den Kopf,
daß allen das Kamel zum Abscheu wird.   (13)

DER EITLE HIRSCH

Ein Hirsch, der in dem Quell sein Spiegelbild erblickte,
schalt seine dünnen Läufe und freute sich an dem
    Geweih.
Doch als er vor dem Löwen aus des Waldes Dickicht
    floh,
da mußte sterben er durch das Geweih, worüber er
    vergeblich sich gefreut.   (14)

DER FUCHS UND DER RABE

In einen Käse biß der Rabe, und der Fuchs betrog ihn
    drum:
„Wenn Stimme du besäßest, wärst du Jovis großer Vogel."
Der Dummkopf krächzte, und der Fuchs erhielt den
    Käse.
„Ja, alles hast du, Rabe", sprach er, „und Verstand schaff
    dir noch an!"   (15)

DIE KRANKE HENNE UND DIE KATZE

Die Henne, die erkrankt war, kam der Katze vor die
    Augen.
„Wie geht es dir in deiner Krankheit?" fragte die.
Darauf das Huhn mit Zittern: „Wenn du dich
    entferntest,
dann hätte ich ein Leben, besser als die Rehe."   (16)

DER BAUER UND DIE SCHLANGE

Ein Bauer wärmte eine Schlange unter seinem Rock
zur kalten Jahreszeit. Doch als sie dann die Wärme
    spürte,
da biß sie den zu Tode, der sie warm gemacht.
Also verfahrn die Bösen gegen die, die ihnen Gutes tun.
    (17)

DER JUNGE UND DER SKORPION

Ein Junge, der Heuschrecken fing, streckt' seine
    Hand
nach einem Skorpion. Der sagte nur: „Faß mich nicht
    an!
Denn wenn du mich berührst, wirst stöhnen du aus
    tiefer Brust
und auch die echten Heuschrecken verlieren."   (18)

DER ESEL IN DER LÖWENHAUT

Ein Esel, der ein Löwenfell um seine Schultern trug,
vermeinte nun, ein Leu zu sein, weil er die Hirten
    scheuchte.
Doch als man ohne Löwenhaut ihn fand,
erinnerte das Mühlenhaus ihn seiner Ungebührlichkeit.
    (19)

DER LÖWE IM KAMPF MIT DEM BOGENSCHÜTZEN

Der Löwe ließ in Kampf sich ein mit einem
    Bogenschützen.
Jedoch getroffen vom Geschoß, sprach er im Kreis der
    Tiere:
„Wenn jener viele solcher Boten senden kann,
    wie muß es dann erst sein, wenn in Person er auftritt?"

                                  (20)

DER WOLF UND DER ESEL

Der Wolf mit seinen Zähnen zog dem Esel einen Dorn
    heraus.
Doch als den Lohn er fordert, schlägt ihm jener mit dem
    Fuße ins Gesicht.
Da spricht der Wolf: „Wie konnt ich, Schlächter von
    Beruf,
so dumm ins ärztliche Metier hinübergehn?"   (21)

DER GEFANGENE STRAUSS

Es war ein Kampf der Vögel mit dem Landgetier.
Da nahm gefangen man den Strauß; er täuschte nämlich
    vor,
er sei ein Vogel, doch zugleich ein Landtier auch:
den Vögeln zeigte er den Kopf, den andern seine Füße.

                                  (22)

DER FUCHS UND DIE TRAUBEN

Ein Fuchs, der an dem großen Weinstock Trauben sah,
sprang in die Höh, und als er vielmals sich bemüht,
gab den Versuch er auf und sprach zu sich zum Trost:
„Laß ab! Die Trauben sind zu sauer."   (23)

DER REITER UND DER BAUERSMANN

Um einen Hasen bat ein Reiter einen Bauersmann
und fragte nach dem Preis, als er ihn in den Händen
     hielt.
Gleichzeitig trieb sein Pferd er an. Der Bauer sprach:
„Beeil dich nicht! Ich geb ihn dir umsonst."   (24)

DER GETROFFENE ADLER

Getroffen an der Brust war einst ein Adler,
und voller Tränen saß er da, beklagend seinen Schmerz.
Als nun den Federpfeil er sah, da sprach er:
„O weh! Die Feder bringet ihrem Träger, mir, den Tod."
                                                      (25)

DER FEIGE JÄGERSMANN

Es sprach der feige Jägersmann zu einem Hirten:
„Wenn irgendwo des Löwen Spur du siehst, dann sag es
     mir!"
„Ich kann ihn selbst dir", war die Antwort, „wenn du
     willst, von nahem zeigen."
„Ich suche bloß die Fährte", sprach der Jäger, „und
     nicht mehr."   (26)

DER GEFRÄSSIGE FUCHS

Ein Fuchs drang in die tiefe Höhlung eines Eichbaums
     ein,
wo er das Frühstück eines Hirten fand. Das fraß er auf,
so daß vor Fett er nicht sich strecken konnte. Sagte
     einer:
„Du willst heraus? Dann werde so, wie du hineingegangen
     bist!"   (27)

DER SPEIENDE KNABE

Ein Knabe, der beim Fest des Rindes Innerein verschlang,
erbrach sich und rief laut: „Die Eingeweide, Mutter,
    spei ich aus!"
Die aber sagte lachend: „Keine Furcht, mein Sohn;
denn das ist nicht von dir, nur Fremdes speist du aus!"
                         (28)

DIE DOHLE MIT DEN FREMDEN FEDERN

Mit fremden Federn ausgestattet, rühmte sich
die Dohle ihrer Überlegenheit vor andern Vögeln.
Als erste pflückt die Schwalbe ihre angemaßte Gabe,
darauf die andern alle; schließlich stand die Dohle
    nackend da.   (29)

DER WOLF UND DER KRANICH

Ein Knochen war im Schlund des Wolfes
    steckengeblieben.
Der Kranich, der heraus ihn zog, verlangte Lohn für
    seinen Dienst.
Darauf der Wolf: „Ganz unversehrt kam jetzt dein Hals
    aus meinem Schlund.
Auf einen andern Lohn als diesen rechne nicht!" (30)

DAS SCHAF AUF DEM TURM UND DER WOLF

Von einem Turm herunterschauend, schalt ein Schaf
    den Wolf
als häßlich und sehr bös, als voller Mißgunst.
Hinauf sah da der Wolf und sprach: „Nicht du bist's,
    der mich schmäht;
der Turm ist's, der dich erst zu solcher Kühnheit
    wappnet."   (31)

DER VERTRIEBENE STIER

Von seinem Lager trieb den Stier ein Bock,
der vor dem wilden Löwen floh. Und seufzend sprach
    der Stier:
„Wenn nicht die Furcht vorm Löwen mich in Schrecken
    setzte,
du würdest bald erkennen, was ein Stier und was ein
    Bock vermag."   (32)

DER WOLF UND DAS LAMM

Es spricht der Wolf zum Lamm: „Hast neulich du mir
    nicht getrübt
das Wasser?" — „Damals war ich doch noch gar nicht
    auf der Welt.
Wie ich das Wasser hätte trüben können, weiß ich
    nicht."
„Und selbst wenn du die Wahrheit sagst, so bist du doch
    ganz schlecht."   (33)

DER KREBS UND SEINE MUTTER

„Geh aufrecht", sagt' zum Krebse seine Mutter,
„und weich nicht schräg vom Wege ab!"
„Geh, Mutter, du voran, und führ dein Kind!
    Ich will dann sehn und deinen Spuren folgen."   (34)

DAS ZERSCHLAGENE ZIEGENHORN

Mit seinem Stab zerschlug der Hirt ein Ziegenhorn.
Da fiel er nieder, bat mit lautem Wehgeschrei:
„Ach, sag, ich bitt dich, nichts davon dem Herrn!"
Darauf die Ziege: „Um so lauter wird das Horn sich nur
    vernehmen lassen!"   (35)

DER EINGEBILDETE ESEL UND DAS GÖTTERBILD

Auf seinen Schultern trug ein Esel Phoibos' silbern Bild,
vor dem ein jeder, anzubeten, auf die Erde fiel.
Erfaßt vom Dünkel, wollte da der Esel nicht mehr Esel
  sein;
doch mußt er hörn: „Kein Gott bist du, du trägst nur
  einen Gott."   (36)

DAS HUHN MIT DEN GOLDEIERN

Es war ein Huhn, das pflegte Goldeier zu legen.
Von Gier nach Gold ließ sich sein Herr verblenden
und schlachtete das Huhn, auf mehr an Gold noch
  rechnend.
Die Gier nach mehr doch macht' das Glücksgeschenk
  zunichte.   (37)

DER WAHNSINNIGE LÖWE

Den Löwen einst erblickt' der Hirsch im Wahn.
„O großes Unheil für uns Tiere!" rief er da.
„Wenn bei Gesundheit schon der Löwe schwer erträglich
  ist,
wie sollt er, wenn er rast, Leidbringendes vermeiden?"
      (38)

DIE KATZE ALS BRAUT

Ein Mann führt' eine Katze als Gemahlin in sein Haus,
und Kypris selber nahm am Hochzeitsfeste teil.
Doch als die Braut bei Tische eine Maus erblickte,
war sie gleich hinterher; ihr Wesen konnte sie nicht
  ändern.   (39)

DIE SCHILDKRÖTE UND DER ADLER

Die träge Schildkröt hatte mit den Vögeln wollen gehn.
Da packte sie der Adler, trug sie in die Höh
und ließ sie fallen auf den Felsen, daß sie barst. Da
    sprach das Tier:
„Mehr nützte mein Gewicht mir als der Flügel Schnelle!"
                              (40)

DER BEUTEANTEIL DES LÖWEN

Die Beute teilt' der Löwe mit dem Esel und dem Fuchs.
„Das erste Stück", sprach er, „gebührt mir als dem
    Teiler.
Das zweite muß ich haben, weil ich König bin.
Und wer das dritte anrührt, soll mich kennenlernen!"
                              (41)

DIE MUTTER DES ZERTRAMPELTEN FROSCHES

Vom Huf des Ochsen ward der kleine Frosch
    zertrampelt.
Da sprach im Zorn die Mutter: „War er, aufgebläht, so
    groß?"
Ein andres Junges ihr erwiderte: „Selbst wenn du
    birst,
ihm wirst du, Mutter, trotzdem niemals ähnlich sein."
                              (42)

DER VATER UND DIE SCHLANGE

Ein Mann, der für den Tod des Kindes an der
    Schlange Rache nahm,
beschädigt' ihren Felsen und begehrt' dann Freundschaft.
Jedoch die Schlange sprach: „Wie könnt es einen
    Ausgleich geben,
solange du des Kindes Grab und ich den Felsen sehen
    muß?"   (43)

DIE MUTLOSEN HASEN

Zu sterben nahmen sich die Hasen vor, statt fortzuleben,
weil schwach sie seien und nichts nütze.
Und als nun in den Teich sie sich schon stürzen wollten,
erfaßt' sie neuer Mut, als dort die Frösche Reißaus
      nahmen.   (44)

DER EICHBAUM, DAS ROHR UND DIE WEIDEN

Den Eichbaum, der vom Sturm geschlagen, führt' die
      Flut davon.
Da fragte er die Weiden und das Rohr,
wodurch sie aufrecht stünden. „Nun, wir beugen uns
      den Winden.
Wo die sich brechen, stehn wir fest."   (45)

DER SCHÜTZENWETTSTREIT ZWISCHEN APOLL UND ZEUS

Zum Schützenwettstreit forderte Apoll den Vater
und richtete vom Osten bis zum Westen sein Geschoß.
Doch Zeus kam ihm mit einem großen Schritt zuvor
und wandt sich um: „Mein Sohn, so sag, wohin soll
      ich nun schießen?"   (46)

DER NORDWIND UND DER SONNENGOTT

Der Nordwind stritt sich, als es kalt war, mit dem
      Sonnengott,
wer einen Mann zuerst wohl zum Entkleiden brächte.
Der Nordwind blies, und fester knüpfte nur der Arme
      seine Lumpen;
doch als erwärmt er war, gab er der Sonne, was er trug.
                 (47)

DER LÖWE, DER ESEL UND DER FUCHS

Der Löw, der Esel und der Fuchs, die gingen auf die
     Jagd,
und als der Esel dann die Beute in drei Stücke teilte,
zerfleischte ihn der Leu. Der Fuchs gab ihm darauf
das größte Stück; des Esels Schicksal hatte ihn belehrt.
                                                (48)

DER FUCHS UND DER STRAUCH

Der Fuchs, der einen Pferch wohl übersteigen wollte,
glitt dabei aus und hielt an einem Strauch sich fest.
Des Fußes Sohle ward verletzt, drum schalt der Fuchs
     den Strauch.
„Dich selber", sprach der, „und nicht meine Eigenart hast
     du zu schelten!"   (49)

DIE MÜCKE UND DER STIER

Die Mücke saß einst auf dem Horn des Stieres;
er müßt's nur sagen, meinte sie, wenn fort sie fliegen
     solle.
Doch sie vernahm: „Da ich es nicht gemerkt, als du
     dich niedersetztest,
so werde ich auch kein Empfinden haben, wenn du weg
     dich machst."   (50)

DER HIRSCH UND DAS WEINGEBÜSCH

Den Hirsch, der sich im dichten Weingebüsch
verborgen hielt, verfolgten seine Jäger.
Weil er den Stöcken ihre Blätter abgenagt,
ward er zu Recht zur Beute für die Jäger.   (51)

DER ASTRONOM IM BRUNNEN

Ein Astronom, der nach den Sternen Ausschau hält,
in einen Brunnen unversehens fällt. Und einer, der
          vorüberkam
und ihn so stöhnen hörte, spricht: „Weil du, mein
          Freund,
den Sinn nach oben richtest, siehst du nicht, was unten
          auf der Erde ist." (52)

DAS PFERD IM STREIT MIT DEM WILDSCHWEIN

Im Streite lag das Pferd mit einem bösen Wildschwein,
und weil es seinem Angriff zu begegnen außerstande
          war,
so liefer' es sich aus und sucht' die Freundschaft eines
          Mannes
mit viel Erfahrung, um die Bestie zu töten. (53)

DER MANN MIT DEN ZWEI GELIEBTEN

Ein Mann, des Haare schwarz und weiß gesprenkelt
          waren,
hatt zwei Geliebte. Mit der Zeit auf alle Art
trug die die schwarzen, jene ihm die weißen Haar davon.
So ward er kahl und allen zum Gespött. (54)

DIE GRÖSSENWAHNSINNIGE KRÄHE

Mit dem geraubten Lamm erhob zum Himmel sich der Aar;
das sah die Krähe und versucht' sich gleichermaßen an
          dem Bock.
Der Hirt ergriff sie, und ein Junge sagt' nur dies:
„Für mich die Krähe; denn der Adler ist sich selbst
          genug!" (55)

DAS SCHWALBENNEST AM DACHE DES GERICHTS

Am Dache des Gerichtes baut' die Schwalb ihr Nest,
und ihre Jungen tötete die Schlange.
Da sprach die Schwalbe: ,,Welche Not!
Dort, wo Vergeltung ist, erlitt allein ich Schaden."

(56)

DER BETROGENE ESEL

Ein Esel, überquerend einen Fluß, trug eine Ladung
     Salz:
indem er hinfiel, fand Erleichtrung er von seiner Last.
Doch als er später eine Menge Schwämme trug,
da ward, als er sich wieder fallen ließ, zu seinem Unheil
     er erstickt.   (57)

ANHANG

ANMERKUNGEN

Erläuterungen zu Götternamen der griechischen und römischen Mythologie werden in dem alphabetischen Verzeichnis gegeben, das sich an diesen Anmerkungsteil anschließt.

Verweise beziehen sich auf dieses Verzeichnis.

Die arabischen Ziffern vor dem Stichwort geben die Zählung der Fabeln innerhalb der einzelnen Sammlungen an.

Archilochos

Der Fuchs und der Affe — Diesem Fragment liegt offenbar das Motiv zugrunde, das durch die Fabeln des Äsop, 83, bekannt wurde.

Kerykides — Eine sonst nicht erwähnte Person, die durch die Fabel gemahnt werden soll.

Der Adler und der Fuchs — Dieses Fabelmotiv kehrt in den Fabeln des Äsop, 1, wieder.

Der Löwe, der Fuchs und der Hirsch — Die Erzählung ist nach Babrios, 95, zu rekonstruieren; die knappen Fragmente geben jedoch kein Gerüst für die Handlung ab.

Sophokles

Des Esels Schatten — Die Herkunft der mehrfach belegten sprichwörtlichen Wendung erklärt das byzantinische Sachwörterbuch Suda (Suidas, herausgegeben von Ada Adler, Band 3, S. 543) mit einer Anekdote, die allerdings dem ein Jahrhundert nach Sophokles lebenden Demosthenes in den Mund gelegt wird.

Die Fabeln des Äsop

1 *Gottes Strafe* — Es braucht nicht unbedingt an den Christengott oder an christliche Bearbeitung der Fabel gedacht zu werden; monotheistische Vorstellungen bzw. Vorstellungen, in denen der oberste Gott ↑ Zeus zum Gott schlechthin wird, begegnen bereits im 5. Jh. v. u. Z.

5 *Mysterienfest* — Zu den Mysterien, dem Geheimkult der Fruchtbarkeitsgöttinnen ↑ Demeter und Persephone, fand in Eleusis eine Prozession auf der Heiligen Straße statt. Das Fest wurde gegen Ausgang des Sommers begangen.

Panathenäenfest — Dieses Fest zu Ehren der Stadtgöttin ↑ Athene wurde ursprünglich alljährlich, später im Vierjahreszyklus im Hekatombaion, dem ersten Monat des attischen Kalenders (im Hochsommer), feierlich begangen.

Dionysosfest — Dem Weingott ↑ Dionysos galten die großen und die kleinen Dionysien, beide in der Winterszeit gefeiert.

8 *Chaos* — Als Chaos bezeichneten die griechischen Weltentstehungslehren den ungeordneten Urzustand. Die Vorstellung von ↑ Zeus als Weltschöpfer ist unklassisch.

18 *Salzfisch* — Maena vulgaris, ein kleiner Seefisch, der wie der Hering eingesalzen und besonders von der ärmeren Bevölkerung gegessen wurde.

20 *Gymnasien* — Von griech. gymnós (nackt), zunächst Stätten der gymnastischen Bildung; erst in der nachklassischen griechischen Epoche trat der allgemeinbildende Unterricht hinzu, der mit der Zeit die erste Stelle einnahm.

28 *Hekatombe* — Von griech. hekatón (hundert), ein feierliches Opfer, bei dem 100 Rinder geschlachtet wurden.

Drachme — Die attische Münzeinheit. Zur Zeit Solons (7./6. Jh. v. u. Z.) kostete ein Stier 5 Drachmen; im 5. Jh. v. u. Z. war der Wert so abgesunken, daß eine halbe Drachme das Existenzminimum einer Familie für einen Tag ausmachte.

31 *Hetären* — „Gefährtinnen". Die Hetären verfügten oftmals über musische und wissenschaftliche Bildung und vermochten sich im Unterschied zu den Ehefrauen in der Öffentlichkeit frei zu bewegen.

33 *Fünfkämpfer* — Der Fünfkampf, bestehend aus Diskuswurf, Weitsprung, Speerwurf, Lauf und Ringkampf, er wurde 708 v. u. Z. in das Programm der Olympischen Spiele aufgenommen.

34 *Hekatombe* — Vgl. die erste Anm. zu Fabel 28.

35 *Satyr* — Die Satyrn waren bocks- oder auch pferdegestaltige Naturdämonen der griechischen Sage, wilde, übermütige, lüsterne Wesen.

36 *Orakel in Delphi* — Das wohl berühmteste Orakel des ↑ Apollon. Vgl. die Anm. zu Phaedrus, Appendix, 6.

63 *Demades* — Der athenische Politiker Demades (geboren um 380 v. u. Z.) brachte es infolge seiner natürlichen Rednergabe,

seines politischen Instinkts und seiner Skrupellosigkeit unter Philipp von Makedonien und Alexander dem Großen zu bedeutendem Einfluß.

65 *der Kyniker Diogenes* — Die Philosophenschule der Kyniker hatte nach volkstümlicher Deutung ihren Namen daher, daß ihre Anhänger wie Hunde (griech. kynes) lebten, indem sie Bedürfnislosigkeit lehrten. Ihr populärster Vertreter war Diogenes von Sinope (um 412 bis um 323), der ein Bettlerdasein führte.

75 *maltesische Hunde und Affen* — Die ursprünglich in Malta gezüchteten Hunde waren eine Art von Zwergspitzen. Affen, und zwar namentlich der schwanzlose türkische Affe und die geschwänzte Meerkatze, begegnen in der Antike öfters als Haustiere.

80 *Penaten* — Hausgötter der Griechen und namentlich der Römer; sie wurden im Privatkult verehrt.

90 *Drachme* — Vgl. die zweite Anm. zu Fabel 28.

91 *Teiresias* — Berühmtester Seher, Zeichendeuter und Wahrsager der griechischen Sage.

93 *Malteserhund* — Vgl. die Anm. zu Fabel 75.

102 *Olymp* — Höchster Gebirgsstock in Griechenland, der als der Sitz der Hauptgötter, der Olympier, galt.

104 *die Erde* — Die lebenerzeugende und lebentragende Erde erscheint personifiziert als Göttin, Gaia oder Ge.

111 *Päderast* — Die Päderastie, Knabenliebe, war im alten Griechenland weit verbreitet, teilweise — wie in Sparta — staatlich sanktioniert, vielfach — wie bei Platon — mit ethisch-pädagogischen Momenten verbunden. In Rom entbehrte sie zumeist dieses ethischen Aspekts.

112 *Heros* — Unter Heroen verstand man Halbgötter, meist Helden der Sage, Abkömmlinge aus einer Verbindung von Gott und Mensch.

173 *Bettelpriester* — Die sogenannten Menagyrten; sie begegnen häufig in Verbindung mit dem Kult der Göttin ↑ Kybele.

210 *daß das Kamel keine Galle besitzt* — Diese Auffassung galt im Altertum als anatomische Tatsache.

231 *Mäander* — Fluß, der in Phrygien entspringt und im Altertum bei Milet ins Ägäische Meer mündete. Sein Lauf erfolgt in vielen Windungen, daher wurde das gleichnamige Ornamentband nach ihm benannt.

240 *sie wechselten ... ihr Geschlecht* — Der alte Volksglaube, die Hyäne habe männliche und weibliche Geschlechtsorgane zugleich und

könne daher alljährlich ihr Geschlecht wechseln, wurde schon
von Aristoteles (384—322) zurückgewiesen.

246 *das Kamel könne ... nicht zürnen* — Vgl. die Anm. zu Fabel 210.

260 „*O Herakles, ... wie wirst du mir ... beistehen?*" — Der erfolg-
reiche Kämpfer † Herakles wird, nach dem Tode zum Gott
erhoben, verständlicherweise gerade von den Athleten angerufen.

293 *Die Bäume und der Ölbaum* — Die Fabel geht zurück auf die
Erzählung des Jotham im Alten Testament, Richter 9,7 ff.

306 *Aptaistos* — Der Text ist verderbt überliefert, der Name
Aptaistos eine gelehrte Konjektur. Er spielt nicht auf eine
historische Persönlichkeit an, sondern ist ein redender Name:
„der, welcher nicht stolpert".

Livius

Die Fabel des Menenius Agrippa — Nach Livius erreichten die
innerrömischen Auseinandersetzungen zwischen Patriziern
und Plebejern im Jahre 494 v. u. Z. einen Gipfelpunkt. Empört
über die ihnen zuteil werdende Bedrückung, weigerten sich die
Plebejer, gegen die Äquer ins Feld zu ziehen, und besetzten
den Heiligen Berg bei Rom. Der als Abgesandter der Patrizier
ausgeschickte Menenius Agrippa soll mit seiner Fabel einen
Ausgleich erreicht haben.

Horaz

Molosserhunde — Die von dem epirotischen Stamm der Molosser
gezüchteten Hunde waren die größte und stärkste Rasse in
Griechenland und galten als scharf und bissig.

Phaedrus, Äsopische Fabeln

ERSTES BUCH

Vorrede *Jamben* — Der Jambus besteht aus einer Kürze und einer ton-
tragenden Länge: ∪ —. Phaedrus bedient sich des Senars, der
„sechsfachen" Wiederholung des Jambus, als der römischen
Variation des griechischen Trimeters.

2 *gleiche Rechte ... in Athen* — Im Jahre 594 v. u. Z. hatte die
Solonische Verfassung eine formale Rechtsgleichheit für alle
freien Bürger Athens geschaffen, während die politischen
Rechte und Pflichten nach der Höhe des Ernteertrags festgelegt wurden. Diese halben Maßnahmen führten zu ver-
schärften Klassenkämpfen, in denen sich Peisistratos an die
Spitze der armen Bauern stellte; als Selbstherrscher (Tyrann)
ergriff er 561 v. u. Z. die Macht in dem athenischen Staatswesen und bereitete dessen Entwicklung zur Sklaven-
halterdemokratie vor.

27 *Manen* — Die Seelen der Verstorbenen in der römischen Re-
ligion, Totengeister.

ZWEITES BUCH

4 *Aquila* — (lat.) Der Adler.

5 *Tiberius* — Nachfolger von Kaiser Augustus; er regierte von 14
bis 37. Tiberius besaß in Misenum an der kampanischen Küste,
das Villenort und zugleich Flottenbasis für das Tyrrhenische
Meer (Tuskermeer) war, ein Landgut, das der reiche Lucullus
(um 117 bis um 57) errichtet hatte.
Backenstreiche — Den Backenstreich erhielt der Sklave bei seiner
Freilassung von seinem bisherigen Herrn.

DRITTES BUCH

Eutychus — Über die Persönlichkeit des Eutychus, dem das
dritte Buch des Phaedrus gewidmet ist, besteht keine Klarheit;
möglicherweise handelt es sich um den Wagenlenker, der in
den letzten Regierungsjahren des Kaisers Caligula (37—41)
zu Einfluß kam.
den die Mutter auf dem Musenberg gebar — Phaedrus stammte aus
Piërien, einer Gebirgslandschaft im nördlichen Griechenland,
der Heimat der neun Musen, die Mnemosyne (das personifizierte Gedächtnis) dem ↑ Jupiter gebar.
Sinon — Der Grieche Sinon ließ sich im Trojanischen Krieg von
den Trojanern fangen, um sie zur Aufnahme des hölzernen
Pferdes in ihre Stadt zu bewegen.
ein andrer Kläger als Sejan — Phaedrus war mit dem herrsch-
süchtigen Befehlshaber der kaiserlichen Leibgarde (seit
17 u. Z.), Lucius Aelius Seianus, in Konflikt geraten; über
Einzelheiten sind wir nicht informiert.

Anacharsis — Philosoph aus Skythien — ebenso wie der Phryger Äsop kein Grieche —, der etwa 589 v. u. Z. nach Athen kam und zum Freundeskreis Solons gehörte.

Thrakervolk — Die Thraker, deren Wohnsitze hauptsächlich im heutigen Bulgarien lagen, galten als Volk, das der Musik und Poesie zugetan war; als Beispiele werden die Sagengestalten Linos und Orpheus angeführt.

Hebros — Die heutige Maritza.

1 *Falernerwein* — Er wurde im Norden Kampaniens angebaut.

5 *As* — Kleinste römische Kupfermünze.

9 *Sokrates* — Griechischer Philosoph (469—399), der in einem Religionsprozeß verurteilt und hingerichtet wurde; späteren Zeiten war er der Inbegriff philosophischer Tugenden sowie des Weisen schlechthin.

10 *Es starb Hippolytus* — Phaidra liebte ihren Stiefsohn Hippolytos. Von diesem abgewiesen, führte sie bei ihrem Gatten Klage, jener habe ihr nachgestellt. Diese Beschuldigung kostete Hippolytos das Leben.

Kassandra — Tochter des Trojanerkönigs Priamos; sie sagte den Untergang ihrer Stadt voraus, fand jedoch bei ihren Mitbürgern kein Gehör.

weiße Toga — Dieses Gewand legten die römischen Knaben mit dem 15. Lebensjahr als Zeichen erreichter Mannbarkeit an.

Zentumvirn — Das Kollegium der „hundert Männer" entschied in Zivilsachen, besonders über Erbstreitigkeiten.

göttlicher August — Gaius Iulius Caesar Octavianus (63 v. u. Z. bis 14 u. Z.), seit 31 v. u. Z. unumschränkter Herrscher in Rom. Ihm wurden bereits zu Lebzeiten göttliche Ehren erwiesen.

19 *„Vor aller Augen ..."* — Das Zitat stammt aus der Tragödie „Telephus" des frührömischen Dichters Ennius (239—169).

VIERTES BUCH

Particulo — Über Phaedrus' Freund Particulo, dem das vierte Buch gewidmet ist, wissen wir sonst nichts.

7 *Kothurn* — Ein Schuh mit hohem Absatz, dessen sich die Schauspieler der attischen Tragödie bedienten, um größer und erhabener zu wirken und um zugleich besser sichtbar zu sein.

O wäre nie in Pelions Felsenhain ... — Das Peliongebirge liegt im östlichen Thessalien. Hier erbaute Argos die Argo, das Schiff, welches die Argonauten nach Kolchis am Schwarzen Meer (ungastliches Meer) führte, um das Goldene Vlies zu holen. Iason, ihr Anführer, raubte aus dem Hause des Königs Aietes sowohl das Vlies als auch die Königstochter Medeia. Diese schreckte nicht zurück, zur Erleichterung ihrer und Iasons Flucht den eigenen Bruder zu zerstückeln, und ließ die Töchter des Königs von Thessalien ihren Vater Pelias töten.

Minos — Mythischer König von Kreta; er galt als gerechter Herrscher.

7 *mein strenger Cato* — Der altrömische konservative Staatsmann Marcus Porcius Cato (234—149), im Jahre 184 v. u. Z. Censor, galt als der strenge Sittenrichter schlechthin.

23 *Simonides* — Der Lyriker Simonides aus Keos (um 556 bis um 468) führte ein Wanderleben, das ihn an verschiedene griechische Fürstenhöfe brachte.

zogen mit der Tafel los — Schiffbrüchige pflegten eine Darstellung ihres Schiffbruchs als Votivtafel einem Götterbild zu weihen und, an dieser Tafel sitzend, die Vorübergehenden anzubetteln.

26 *Simonides* — Vgl. die erste Anm. zu Fabel 23.

der Leda Söhne — Leda, von ↑ Zeus in Gestalt eines Schwans verführt, gebar das Zwillingspaar Kastor und Pollux (Polydeukes), die nach ihrem Tode als Sternbild der Zwillinge an den Himmel versetzt wurden.

FÜNFTES BUCH

Praxiteles — Berühmter griechischer Bildhauer des 4. Jh. v. u. Z.

Myro — Myron (5. Jh. v. u. Z.), griechischer Bildhauer und Erzgießer, der u. a. Arbeiten für Athen, Olympia und Delphi ausführte.

Zeuxis — Griechischer Maler des 5./4. Jh. v. u. Z.; er gehörte zum Freundeskreis des Sokrates.

1 *Demetrius* — Demetrios von Phaleron (um 350—283), ein Schüler des Theophrast, Befürworter des Königtums, wurde 317 v. u. Z. von Kassandros, König von Makedonien, mit der Führung der Regierungsgeschäfte in Athen betraut, die er zehn Jahre innehatte.

Menander — Menandros (342/341—293/290), der bedeutendste Vertreter der scheinbar unpolitischen Neuen Komödie.

7 *Flötenspieler Princeps* — Durch eine Inschrift ist ein solcher Musiker namens Lucius Cassius Princeps bekannt.

7 *Bathyllus* — Ein Tänzer aus Alexandria, einer der populärsten Pantomimen zur Zeit des Kaisers Augustus.

es lebt der Princeps — Damit ist Augustus gemeint, der den Titel Princeps, „der Erste", führte.

die Ritter — Der zweite bevorrechtete Stand in Rom; sie bildeten seit der ausgehenden römischen Republik, da sich in ihren Händen die Handels- und Finanzgeschäfte konzentrierten, den Geldadel neben dem grundbesitzenden aristokratischen Senatsadel.

10 *Philetus* — „Der Geliebte"; ob damit ein Mitglied aus Phaedrus' Freundeskreis gemeint ist oder nur symbolhaft ein Freundesname gesetzt wird, muß dahingestellt bleiben.

APPENDIX

5 *wie's die Sage will* — Der mythische König Ixion war, weil er Hera zu verführen versucht hatte, zur Strafe auf ein sich ewig drehendes Rad gebunden. Sisyphus büßte in der Unterwelt für Betrügereien, indem er einen Felsblock einen Berg hinaufwälzen mußte, der jedoch kurz vor dem Gipfel immer wieder herunterrollte. Tantalus hatte die Götter hintergangen und war deshalb verdammt, in der Unterwelt hungernd und durstig im Wasser unter Früchten zu stehen, die stets vor ihm zurückwichen. Die fünfzig Danaïden, Töchter des Danaos, hatten ihre Männer ermordet und mußten zur Strafe mit Sieben Wasser in ein durchlöchertes Faß schöpfen. Der Riese Tityus hatte die Göttin Leto bedrängt und büßte dafür in der Unterwelt; dem am Boden Ausgestreckten fraß ein Geier die beständig nachwachsende Leber ab.

6 *Herr von Delphi* — ↑ Apollon, der in Delphi am Fuße des Parnaß das berühmte Orakel besaß, in dem die Priesterin, die Pythia, in der Ekstase ihre Wahrsagungen gab.

8 *Pompeius Magnus* — Gnaeus Pompeius Magnus, „der Große" (106—48), römischer Feldherr und Staatsmann; er erfocht 66—64 bedeutende Siege gegen Mithridates von Pontos (Kleinasien) und schloß 60 v. u. Z. mit Caesar und Crassus das 1. Triumvirat. Im Bürgerkrieg 48 v. u. Z. von Caesar geschlagen, wurde er auf der Flucht nach Ägypten ermordet.

13 *Jovis* — Genetiv zu ↑ Jupiter.

25 *Sokrates* — Vgl. die Anm. zu Phaedrus, III 9.

28 *Kastor* — Vgl. die zweite Anm. zu Phaedrus, IV 26; Kastor ist auch die griechische Bezeichnung für den Biber.

29 *Der Schmetterling und die Wespe* — Der Fabel liegt der in der Antike weit verbreitete Glaube an eine Seelenwanderung, d. h. eine fortwährende Existenz in verschiedenen Gestalten, zugrunde.

Babrios, Äsopische Fabeln

ERSTES BUCH

Prolog *Zeitalter* — Der Mythos von den sich verschlechternden Weltaltern rückt häufig zwischen das eherne (bronzene) und eiserne Zeitalter die Heroenzeit mit ihren Kämpfen um Troja und Theben.

Branchos — Vermutlich der Sohn eines nicht näher bestimmbaren Königs Alexander.

bittere Jamben — Der Jambus ist der Vers der Spott- und Schmähdichtung. Vgl. die Anm. zu Phaedrus, I, Vorrede.

2 *Drachme* — Vgl. die zweite Anm. zu Fabeln des Äsop, 28.

5 *Tanagra* — Stadt im östlichen Böotien, die vor allem durch ihre lebensnahen Terrakottafiguren bekannt wurde.

12 *Itys, der zur Unzeit aus des Lebens Blüte schied* — Der thrakische König Tereus war mit der attischen Königstochter Prokne vermählt. Deren Schwester Philomela wurde von ihm geschändet. Die Schwestern rächten sich, indem sie Itys, den Sohn des Königspaares, töteten und dem Vater zum Mahle vorsetzten. Die Götter verwandelten darauf Prokne in eine Nachtigall, Philomela in eine Schwalbe, Tereus in einen Wiedehopf.

15 *der Alkmene Sohn* — ↑ Herakles, der im böotischen Theben geboren wurde. Seine berühmten zwölf Arbeiten mußte er im Dienst des Königs Eurystheus, als „Knecht", ausführen.

Theseus — Der attische Nationalheros, späterer König von Athen.

26 *der Pygmäen Land* — Dieses Zwergenvolk wurde südlich von Ägypten lokalisiert.

45 *Macchia* — Undurchdringliches, immergrünes Dickicht der mediterranen Küstenländer.

63 *Halbgott* — Heros, vgl. die Anm. zu Fabeln des Äsop, 112.

68 *Hesperos* — Der Abendstern; er besaß einen paradiesischen Garten am Westende der Welt.

74 *Branchos* — Vgl. die erste Anm. zum Prolog.

75 *Lethe* — Der Strom des Vergessens in der Unterwelt.

76 *Demos* — „Das Volk", die kleinste Verwaltungseinheit in Athen.

85 *Molosser* — Vgl. die Anm. zu Horaz.

97 *Göttermutter* — ↑ Kybele.

ZWEITES BUCH

Prolog *Alexanders Sohn* — Offenbar identisch mit Branchos, dem das
erste Buch gewidmet ist. Vgl. den dortigen Prolog. Über die
Person des Königs Alexander ist nichts Sicheres auszumachen.

unter Ninos, unter Belos — Ninos war nach griechischer Überlieferung der Begründer des assyrischen Reiches, Belos (Baal)
ist ein phönizisch-kanaanäischer Gottesname. Zu Syrien hat nur
der letztgenannte eine Beziehung, mit der Erfindung der Fabel
haben beide nichts zu tun.

hat ... Libyens Söhnen Kibyssas Fabeln nacherzählt — Neben den
äsopischen wußte die antike Überlieferung von libyschen Fabeln, die auf einen gewissen Kibyssas zurückgeführt wurden.
Über ihre Besonderheiten ist nichts bekannt.

108 *Horn der Amaltheia* — Die Nymphe Amaltheia nährte Zeus als
Kind mit der Milch einer Ziege. Deren abgebrochenes Horn,
gefüllt mit Früchten und bekränzt mit Blumen, wurde zum
Zeichen des Überflusses.

141 *Bettelpriester* — Vgl. die Anm. zu Fabeln des Äsop, 173.

148 *Gewalttat des Tereus* — Vgl. die Anm. zu Fabel 12.

183 *Hymettos* — Gebirgszug in der griechischen Landschaft Attika,
wegen des dort gewonnenen Honigs berühmt.

192 *Satyr* — Vgl. die Anm. zu Fabeln des Äsop, 35.

204 Auf diese Fabel folgen in der Sammlung noch die zwei Fragmente: „Die Maden ..." (205) und „Der libysche Strauß..."
(206).

Fabeln des Romulus

Magister Rufus — Eine fingierte Person.

Avian, Fabeln

Theodosius — Wahrscheinlich der Grammatiker und Antiquar
Ambrosius Theodosius Macrobius (um 400 u. Z.), bekannt
durch seine „Saturnalia" (Gespräche am Saturnalienfest) und

seinen Kommentar zu Ciceros „Somnium Scipionis" (Der Traum Scipios).

die Attiker — Vornehmlich die im Athen des 5. Jh. v. u. Z. wirkenden Autoren, deren Sprachform als Stilmuster genommen wurde (Attizismus).

gemahnt durch den Spruch des delphischen Apollon — Die Äsop-Legende brachte den Fabeldichter auch mit Apollon, dem Gott des Orakels von Delphi, in Verbindung.

hat auch Sokrates solche Fabeln … eingefügt — Dem Philosophen Sokrates (469—399) wurden fälschlich Fabeln zugeschrieben.

im elegischen Maß — Das elegische Maß ist das Distichon, die Verbindung eines Hexameters mit darauffolgendem Pentameter.

4 *Titan* — Der Sonnengott stammte von den Titanen ab, dem vor den Olympiern herrschenden Göttergeschlecht.

8 *ihr Rad* — Das Glücksrad war ein Attribut der ↗ Fortuna.

10 *Ritter* — Vgl. die vierte Anm. zu Phaedrus, V 7.

Marsfeld — Gelände in der Tiberschleife nordwestlich von Rom, das als Versammlungsplatz diente.

12 *Talent* — Griechische Geldeinheit.

13 *cinyph'sche Herde* — Die Gegend um den Fluß Cinyps im nördlichen Afrika war durch ihre schönhaarigen Ziegen berühmt.

22 *Titan* — Vgl. die Anm. zu Fabel 4.

29 *Satyr* — Vgl. die Anm. zu Fabeln des Äsop, 35.

32 *der Herr von Tiryns* — Die Stadt Tiryns in der Argolis, einer der Brennpunkte der mykenischen Kultur, war dem ↗ Herakles heilig.

41 *Amphora* — Ein zweihenkliges, bauchiges Gefäß, meist aus Ton, zur Speicherung von Öl und Wein.

Ignatios Diakonos, Fabeln

15 *Jovis* — Genetiv zu ↗ Jupiter.

VERZEICHNIS DER GÖTTERNAMEN
AUS DER GRIECHISCHEN UND RÖMISCHEN
MYTHOLOGIE

Aphrodite: Griechische Göttin der Liebe und der Schönheit, die aus dem Meeresschaum geboren wurde. Ihr entspricht im römischen Bereich Venus.

Apollon, Apollo: Sohn des ↑ Zeus, Gott des Lichtes und der Weissagung.

Ares: Griechischer Gott des Krieges, Gemahl der ↑ Aphrodite. Ihm entspricht im römischen Bereich Mars.

Athene: Jungfräuliche Tochter des ↑ Zeus (ihr Beiname Pallas bedeutet ,,Mädchen"), griechische Göttin der Künste und der Wissenschaft, zugleich Schutzherrin Athens. Ihr entspricht im römischen Bereich Minerva.

Bacchus: Römischer Gott des Weins, dem griechischen ↑ Dionysos entsprechend.

Boreas: Der kalt und heftig wehende Nordwind.

Demeter: Die ,,Koren"mutter, griechische Fruchtbarkeitsgöttin, welcher der Geheimkult in Eleusis galt. Ihre Tochter ist Persephone, lateinisch Proserpina.

Dionysos: Griechischer Gott des Weins. Ihm entspricht im römischen Bereich Bacchus.

Dolus: Die Personifikation von List, Heimtücke und Betrug.

Eros: Der griechische Liebesgott, Sohn des ↑ Ares und der ↑ Aphrodite.

Fortuna: Die römische ,,blinde" Glücksgöttin, der griechischen Schicksalsgöttin ↑ Tyche entsprechend.

Helios: Der griechische Sonnengott.

Hera: Als Gattin des ↑ Zeus oberste griechische Göttin, Beschützerin der Ehe. Ihr entspricht im römischen Bereich Juno.

Herakles: Sohn des ↑ Zeus und der Thebanerin Alkmene; er wurde von seinem Vater, nachdem er überragende Taten verrichtet hatte, als Gott in den Olymp aufgenommen. Die lateinische Namensform ist Herkules.

Herkules: Die lateinische Form für ↑ Herakles; der Held galt auch als Kulturbringer, als Heilgott und Beschützer der Athleten.
Hermes: Sohn des ↑ Zeus, griechischer Gott der Wege, der Kaufleute und auch der Diebe; überdies fungierte er als Götterbote. Ihm entspricht im römischen Bereich Merkur.
Horkos: Die personifizierte Eidestreue.
Hybris: Der personifizierte Frevelmut.
Hymenaeus: Der Hochzeitsgott.

Iris: Die griechische Götterbotin, der Regenbogen.

Juno: Gattin des ↑ Jupiter, der griechischen ↑ Hera entsprechend.
Jupiter: Der oberste römische Gott, mit dem griechischen ↑ Zeus gleichgesetzt.

Kore: Persephone, die Tochter der ↑ Demeter und des ↑ Zeus, Gemahlin des ↑ Pluton.
Kybele: Die Magna Mater (Große Mutter), eine phrygische Fruchtbarkeitsgöttin, die im nachklassischen Griechenland und seit dem 3. Jh. v. u. Z. auch in Rom verehrt wurde.
Kypris: „Die auf Kypros (Zypern) Geborene“, Beiname der ↑ Aphrodite.

Mars: Römischer Kriegsgott, dem griechischen ↑ Ares entsprechend.
Merkur: Sohn des ↑ Jupiter, in seiner Funktion dem griechischen ↑ Hermes entsprechend.
Minerva: Römische Göttin, der griechischen ↑ Athene entsprechend.
Momos: Die Personifikation des Tadels und der Nörgelei.

Neptun: Römischer Gott der Meere, dem griechischen ↑ Poseidon entsprechend.

Paian, Paion, Päon: „Nothelfer“, der Götterarzt, auch Beiname des ↑ Apollon als Heilgott.
Pallas: „Mädchen“, Beiname der ↑ Athene.
Pan: Sohn des ↑ Hermes, ein Walddämon, Schutzgott der Hirten und der Kleinviehherden.
Phoebus, Phoibos: Beiname des ↑ Apollon als Licht-, Sonnen- und Himmelsgott.
Polemos: Der personifizierte Krieg.
Pluto, Pluton: Römischer Gott der Unterwelt, dem griechischen Hades entsprechend.

Poseidon: Bruder des ↑ Zeus, griechischer Gott der Meere. Ihm
entspricht im römischen Bereich Neptun.

Prometheus: Ein Titan, der im griechischen Mythos als der
Feuerbringer für die Menschen galt, in einem Teil der Überlieferung auch als Schöpfer der Menschen, ja der Lebewesen
überhaupt.

Tellus: Römische Göttin der Erde und der Fruchtbarkeit.

Tyche: Griechische Göttin des personifizierten Schicksals, des glücklichen Zufalls wie der bösen Fügung. Ihr entspricht im römischen
Bereich Fortuna.

Venus: Römische Liebesgöttin, der griechischen ↑ Aphrodite entsprechend.

Zeus: Der oberste Gott der Griechen, Vater der Götter und Menschen. Ihm entspricht im römischen Bereich Jupiter. Mitunter
stellt er die Gottheit schlechthin dar.

BIBLIOGRAPHISCHE HINWEISE

Texte

1. Fabeln des Äsop:
   Corpus fabularum Aesopicarum, ed. August Hausrath, 1^2, ed. Herbert Hunger, Leipzig 1970; 2^2, ed. Herbert Hunger, Leipzig 1959 (Textgrundlage unserer Übersetzung).

   B. F. Perry, Aesopica, 1, Illinois 1952.

   Fabulae Aesopicae collectae, rec. Carolus Halm, ed. ster., Leipzig 1911.

   Aesopi Fabulae, rec. Aemilius Chambry, 2 Bde., Paris 1925/26 (mit französischer Übersetzung).

Konkordanz

Unsere Nr.	Hausrath	Perry	Halm	Chambry
1	1	1	5	3
1a	—	275	—	6b
2	2	2	8	5
3	3	3	7	4
4	4	4	9	8
5	5	5	11	10
6	6	6	12	17
6a	(317)	—	(17)	15
7	7	7	16	14
8	8	8	19	19
9	9	9	45	40
10	10	10	39	42
11	11	11	27	24
12	12	12	42	37
13	13	13	23	23
14	14	14	43	39
15	15a	15	33	32
16	16	16	14	12
17	17	17	46	41

Unsere Nr.	Hausrath	Perry	Halm	Chambry
18	18	18	28	26
19	19	19	32	31
20	20	20	37	35
21	21	21	24	22
22	22	22	35	34
23	23	23	22	21
24	24	24	31	30
25	25	25	29	28
26	26	26	25	27
27	27	27	47	43
28	28	28	58	55
29	29	29	59	56
30	30	30	300	53
31	31	31	56	52
32	32	32	48	45
33	33	33	203b	51
34	34	34	49	46
35	35	35	64	60
36	36	36	55	50
37	37	37	57	54
38	38	38	70	64
39	39	39	417	350
40	40	40	72	65
41	41	41	38	36
42	42	42	98b	83
43	43	43	74	68
44	44	44	76	66
45	45	45	79	70
46	46	46	82	73
47	47	47	348	293
48	48	48	85	75
49	49	49	83	74
49a	—	—	—	74d
50	50	50	88	76
51	51	51	96	81
52	52	52	95	80
53	53	53	103	86
54	54	54	214	173
55	55	55	110	89
56	56	56	112	91

Unsere Nr.	Hausrath	Perry	Halm	Chambry
57	57	57	107	87
58	58	58	111	90
59	59	59	86	77
60	60	60	90	78
61	61	61	101	84
62	62	—	97	82
63	63	63	117	96
64	64	64	221	178
64a	—	—	122	99c
65	65	247	119	98
66	66	65	311	255
67	67	66	301	248
68	68	67	309	257
69	69	68	144	115
70	70	69	75	67
71	71	70	—	101
72	72	71	67	62
73	73	62	116	95
74	74	72	289	236
75	75	73	363	306
76	76	74	128	103
77	77	75	126	106
78	78	76	129	105
79	79	77	127	104
80	80	78	367	309
81	81	79	15	13
82	82	80	293	241
83	83	81	44	38
84	84	82	323	270
85	85	83	365	307
86	86	84	185	150
87	87	85	115	94
88	88	86	194	158
89	89	87	343b	288d
90	90	88	137	109
91	91	89	140	111
92	92	90	147	118
93	93	91	331	276
94	94	92	217	176
95	95	93	146	117

Unsere Nr.	Hausrath	Perry	Halm	Chambry
96	96	94	166	300
97	97	95	52	49
98	98	96	145	116
99	99	97	134	108
100	100	98	135	107
101	101	99	2	2
102	102	100	155	125
103	103	101	200b	163
104	104	102	138	110
105	105	103	136	112
105a	—	—	(141)	113
106	106	104	151	122
107	107	105	173b	140
108	108	106	154	126
109	109	107	149	120
110	110	108	150	121
110a	—	—	—	57
111	111	109	148	119
112	112	110	161	132
113	113	111	160	131
114	114	112	295	243
115	115	113	167	133
116	116	114	169	135
117	117	115	171	138
118	118	116	186	151
119	119	117	184	147
120	120	118	189	154
121	121	119	191	155
122	122	120	192	156
123	123	121	193	157
124	124	122	195	159
125	125	123	201	162
126	126	124	204	166
127	127	125	212	171
128	128	126	199	161
129	129	127	213	172
130	130	128	207	168
131	131	129	201b	164
132	132	130	197	160
133	133	131	202	165

Unsere Nr.	Hausrath	Perry	Halm	Chambry
133a	—	—	114	93
134	134	254	232	184
135	135	132	226	188
136	136	133	233	186
137	137	134	231	185
138	138	135	218	177
139	139	136	229b	183
140	140	137	235	190
141	141	250	188	153
142	142	249	182	148
143	143	138	237	192
144	144	139	239	194
145	145	140	249	199
146	146	141	248b	202
147	147	142	246	197
148	148	143	262	212
149	149	144	250	198
150	150	145	251	203
151	151	146	257	214
152	152	147	247	201
153	153	148	254	205
154	154	149	260	210
155	155	150	256	207
155a	—	—	258	208a
156	156	151	259	209
157	157	152	264	215
158	158	153	268	218
159	159	154	277	226
160	160	155	274b	222
161	161	156	276	225
162	162	157	270	221
163	163	158	275b	224
163a	(344)	—	279	228a
164	164	159	271b	231
165	165	234	283	230
166	166	160	284	232
167	167	257	240	195
168	168	261	273	223
169	169	256	236	191
170	170	161	286	234

Unsere Nr.	Hausrath	Perry	Halm	Chambry
171	171	162	—	295
172	172	163	287	235
173	173	164	290	237
174	174	165	291	239
175	175	166	294	242
176	176	235	296	244
177	177	167	292	240
178	178	168	94b	247
179	179	169	304	249
180	180	170	305	250
181	181	171	306	251
182	182	172	307	252
183	183	173	308	254
184	184	174	316	262
184a	—	355	314	260
185	185	175	313	258
186	186	176	97b	82b
187	187	177	310	259
188	188	178	315	261
189	189	—	115b	94b
190	190	179	329	274
191	191	180	322	266
192	192	181	177b	142f
193	193	182	324	267
194	194	183	321	265
195	195	184	337	279
196	196	185	319	263
197	197	186	335	278
198	198	187	334b	282
199	199	188	336	268
200	200	237	320	264
201	201	189	327	272
202	202	190	330	275
203	203	191	326	271
204	204	263	—	273
205	205	265	—	286
206	206	192	342	287
207	207	193	340	284
208	208	194	100b	285
209	209	238	—	283

Unsere Nr.	Hausrath	Perry	Halm	Chambry
210	210	195	180	149
211	211	196	346	291
212	212	197	345	290
213	213	198	347	292
214	214	239	354	299
215	215	199	350	294
216	216	200	351	297
217	217	201	357	302
218	218	202	358	303
219	219	203	362	305
220	220	204	368	310
221	221	205	369	311
222	222	206	372	313
223	223	207	370	312
224	224	208	378	317
225	225	209	373	314
226	226	210	353b	319
227	227	236	312	256
228	228	240	383	323
229	229	266	—	304
230	230	211	352	298
231	231	232	30	29
232	232	212	382	322
233	233	213	385	325
234	234	214	71b	327
235	235	215	392	330
236	236	216	393	331
237	237	268	—	33
238	238	269	—	329
239	239	—	179c	101e
240	240	243	406	340
241	241	242	405	341
242	242	217	396b	332
243	243	218	366	308
244	244	219	398	334
245	245	241	400	335
246	246	220	183	146
247	247	223	216	175
248	248	221	153	123
249	249	—	397b	333

Unsere Nr.	Hausrath	Perry	Halm	Chambry
250	250	222	408b	342
251	251	223	409b	343
252	252	224	407	328
253	253	225	412	345
254	254	226	420	353
255	255	227	418b	348
256	256	228	421	354
257	257	—	334	282d
258	258	229	415	349
259	259	230	419	352
260	260	231	424b	357
261	261	244	423	356
262	262	—	123	100
263	263	—	—	102
264	264	—	63	59c
265	265	253	223	182
266	266	—	21	20
267	267	255	234	189
268	268	252	225	181
269	269	258	255	206
270	270	—	113	92
271	271	251	209	170
272	272	(357)	328	269b
273	273	276	4	7
274	274	393	13	11
275	275	—	303	238b
276	276	267	374	315
277	277	399	215	174
278	278	246	108	88
279	·279	363	349	296b
280	280	368	381	321
281	281	—	403	338
282	282	375	410	344
283	283	—	62	179c
284	284	—	66c	61b
285	285	—	157	129
286	286	—	177	142
287	—	—	78b	69d
288	288	—	208	169
289	289	—	386	326d

Unsere Nr.	Hausrath	Perry	Halm	Chambry
290	290	245	379	47
291	291	—	344	289b
292	292	259	261	211
293	293	262	—	253
294	294	—	278	227
295	295	264	332	277
296	296	270	402	337
297	297	271	414	347
298	298	387	(65)	—
299	299	388	109	—
300	300	420	—	—
301	301	419	196	—
302	302	384	298	246
303	303	381	(3)	—
304	304	379	—	—
305	305	386	—	—
306	306	421	—	—
307	307	—	—	—

2. Andere antike Sammlungen:
Phaedrus, Fabulae, herausgegeben von Johannes Siebelis-Polle, Leipzig [6]1889 (Textgrundlage unserer Übersetzung).

Phaedrus, Liber fabularum. Fabelbuch. Lateinisch und deutsch. Übersetzt von Friedrich Rückert und Otto Schönberger, herausgegeben und erläutert von Otto Schönberger, Stuttgart 1975.

Babrius, Fabulae Aesopicae, rec. Otto Crusius, Leipzig 1897 (enthält auch Ignatios Diakonos).

Georg Thiele, Der Lateinische Äsop des Romulus, Heidelberg 1910.
Avianus, Fabulae, rec. Antonius Guaglianone, Turin 1958.

Übersetzungen

Fabeln der Antike, griechisch und lateinisch. Deutsch von Harry C. Schnur, München 1978.

Antike Fabeln: Hesiod, Archilochos, Aesop, Ennius, Horaz,

Phaedrus, Babrios, Avianus, Romulus, eingeleitet und neu übertragen von Ludwig Mader, Zürich 1951.

Schöne Fabeln des Altertums: Äsop, Phädrus, Babrios. Ausgewählt und übertragen von Horst Gasse, Leipzig [15]1973.

August Hausrath, Äsopische Fabeln, München [3]1944.

Das Leben Äsops, deutsch von Günther Poethke, eingeleitet, herausgegeben und erläutert von Wolfgang Müller, Leipzig 1974.

Phädrus, Äsopische Fabeln, herausgegeben von Jürgen Werner, Leipzig 1961 (im wesentlichen nach der Übersetzung von Eduard Saenger 1929, zum Teil nach der von Johannes Siebelis, Berlin 1855–1898).

Avian, Fabeln, deutsch von V. Rabenlechner, Wien 1883.

Lateinische Fabeln des Mittelalters. Lateinisch – deutsch von Harry C. Schnur, München 1979.

Sekundärliteratur

M. J. Luzzatto/J. Küppers, Stichwort »Fabel«, in: Der Neue Pauly, herausgegeben von H. Canzik und H. Schneider, Band 4, Stuttgart 1998, S. 355–363.

L. Koepl, Fabel, in: Reallexikon für Antike und Christentum, Lieferung 49, Stuttgart 1966, 129 ff.

Morten Nøjgaard, La fable antique, 2 Bände, Kopenhagen 1964–1967.

Klaus Doderer, Fabeln. Formen, Figuren, Lehren; Zürich 1970.

Reinhard Dithmar, Die Fabel. Geschichte, Struktur, Didaktik; Paderborn 1971.

M. L. Gasparow, Antičnaja literaturnaja basnja (Fedr i Babrij), Moskau 1971 (mit wichtiger Bibliographie).

Gotthold Ephraim Lessing, Abhandlungen über die Fabel, in: Gesammelte Werke, herausgegeben von Paul Rilla, Band 4, Berlin 1955, S. 5 ff.

Walter Wienert, Die Typen der griechisch-römischen Fabel. Mit einer Einleitung in das Wesen der Fabel, Helsinki 1925.

M. L. Gasparov, Socialnyje motivy antičnoj literaturnoj basni (Fedr i Babrij), deutsches Resümee in: Bibliotheca classica orientalis 10, 1965, 107 f.

Antonio La Penna, La morale della favola esopica come morale delle classi subalterne nell' antichità, Società 17, 1961, 459 ff.

Leopold Hervieux, Les fabulistes latins depuis le siècle d'Auguste jusqu' à la fin du moyen âge, 5 Bände, Paris 1893–1899 (Untersuchungen und Texte).

ALPHABETISCHES VERZEICHNIS DER FABELN

ZU DIESER AUSGABE

Die vorliegende Ausgabe unternimmt den Versuch, in deutscher Übersetzung die gesamte antike Fabeltradition vorzuführen. Der Benutzer erhält auf diese Weise einen lebendigen Eindruck von der Vielfalt poetischer Überlieferung und muß es dabei freilich in Kauf nehmen, daß ihm manches Motiv, das besonderen Anklang fand, bald zum Besseren, bald zum Schlechteren hin variiert, immer neu begegnet. Selbst künstlerische Fehlleistungen werden bei einer solchen vollständigen Darbietung offenbar und machen deutlich, daß auch die Antike ihre Trivialliteratur besaß. Hinsichtlich der Anordnung der einzelnen Stücke schließt sich die Ausgabe den jeweils tradierten Sammlungen an, die sie, soweit angängig, zu reproduzieren sucht.

Die einzelnen Textausgaben, die der Übersetzung zugrunde liegen, sind in den „Bibliographischen Hinweisen", S. 469, aufgeführt. Die philologische Zählung innerhalb der Sammlungen ist am Schluß der einzelnen Fabeln in Klammern mitgeteilt.

Ausfall von Text wird mit drei Punkten angegeben. Nicht gekennzeichnet ist der unterschiedliche Charakter der Überschriften. Sie sind in den Fabeln des Äsop und bei Avian bereits in frühester Überlieferung vorhanden, bei Phaedrus (mit Appendix) treten sie in der philologischen Überlieferung noch in antiker Zeit hinzu, bei den Fabeln des Romulus stammen sie vom Herausgeber der zugrunde gelegten Originalausgabe, und in den übrigen Sammlungen gehen sie auf den Herausgeber dieser Ausgabe zurück.

Das gesamte Material wurde neu übersetzt, manche Stücke zum ersten Male. Die Übersetzung trägt philologischen Charakter; sie möchte fremdsprachige Texte erschließen, diese jedoch nicht nach- und neugestalten. Trotzdem wurde versucht, Verse auch im Deutschen als solche in Erscheinung treten zu lassen, gleichzeitig jedoch darauf verzichtet, die antiken Versmaße durch die entsprechenden deutschen wiederzugeben — es ist deshalb für die Versfabeln ein durchgängiger jambischer Grundrhythmus angestrebt. Bei dieser Gestaltung erwarb sich Wolfgang Ritschel Verdienste.

Die bewußt knapp gehaltenen Erläuterungen beschränken sich auf notwendige Verständnishilfen; ein umfassender Kommentar zu der antiken Fabeltradition liegt außerhalb der Möglichkeiten unserer Edition.

INHALTSVERZEICHNIS